时，不可避免地带有当时的时代特征，其理论观点也是在当时的实践水平上提出来的，其中的一些理论观点需要随着时代和实践的发展而发展，才能使马克思主义哲学永葆青春。依据当今时代和实践的发展，在坚持马克思主义哲学革命精神的基础上，完善马克思主义哲学的理论和观点，发展马克思主义哲学，是我们的重要责任和使命。在本书中，《黑格尔的经济学研究与马克思〈1844年经济学哲学手稿〉》、《论马克思的"自由人联合体"》、《马克思对落后国家社会主义道路的探索》、《大同思想中的经济全球化情结》等章在这方面做了一些积极的探索。

马克思主义哲学需要关注政治、经济、社会、文化、科技的进步和发展。马克思主义哲学是实践的哲学，现实的政治、经济、社会、文化、科技的进步和发展不断向马克思主义哲学提出需要解决的问题，我们应当面对这些问题、研究这些问题，勇敢地和科学地回答这些问题。在这个过程中，我们的认识可能有不完善的地方，但是，只有大胆地探索和研究，才能使我们对政治、经济、社会、文化、科技的进步和发展的认识，不断从相对真理向绝对真理前进。对此，书中的《从经济民主到政治民主》、《市场经济、合作制、社会主义》、《论马克思主义哲学的反映范畴》、《论人工智能与人类智能的关系》等章进行了一些有益的探讨。

马克思主义哲学需要面对时代的矛盾和问题。马克思主义哲学的本质是批判的和革命的，对于当今时代的种种矛盾和问题，马克思主义哲学不应当回避，也决不会回避。面对现实的矛盾和问题，我们应当站在广大的人民群众的立场上，鲜明地提出自己的观点，说出自己的主张，以马克思主义哲学的理论武器为社会的进步和发展贡献自己的力量，为真理而斗争我们义不容辞。本书中的《论全球化时代的区域经济协调发展》、《21世纪中国少数民族地区的社会经济发展问题》、《民主经营论》等章内容表达了作者对当代社会一些热点问题的冷静思考。

二

马克思主义哲学的当代视域是深刻的。

面对纷繁复杂的世界和各种矛盾，如何能够保持清醒的认识，如何把握

图书在版编目(CIP)数据

马克思主义哲学的当代视域/石向实等著.—北京:中央编译出版社,2008.12

(马克思主义研究丛书)

ISBN 978-7-80211-838-6

Ⅰ.马… Ⅱ.石… Ⅲ.马克思主义哲学-研究 Ⅳ.B0-0

中国版本图书馆 CIP 数据核字(2009)第 001768 号

马克思主义哲学的当代视域

出版发行:	中央编译出版社
地　　址:	北京西单西斜街36号　邮编(100032)
电　　话:	010-66509360(总编室)　010-66509364(发行部)
	010-66509618(读者服务部)
网　　址:	http://www.cctpbook.com.cn
E - mail:	edit@cctpbook.com
经　　销:	全国新华书店
印　　刷:	北京东方圣雅印刷有限公司
开　　本:	787×1092毫米　1/16
字　　数:	391千字
印　　张:	24
版　　次:	2009年2月第1版第1次印刷
定　　价:	48.00元

本社常年法律顾问:北京建元律师事务所　首席顾问律师鲁哈达

绪　言

当今的时代,同160多年前马克思恩格斯创立马克思主义哲学的时代相比,同列宁为建立工人阶级国家创造性地发展马克思主义哲学的时代相比,同毛泽东为建立新中国而学习和发展马克思主义哲学的时代相比,已经发生了巨大的变化。马克思主义哲学走进了新的时代。

面对新的时代,马克思主义哲学必须认识、研究和解决经济、政治、文化、科技领域的重大课题,必须提出自己的适应时代要求的理论观点。也就是说,必须要有马克思主义哲学的当代视域。

一

马克思主义哲学的当代视域是广阔的。

马克思主义哲学的理论研究需要拓展。马克思主义哲学从创立到现在已经历了100多年的历史,当年,马克思恩格斯批判地吸收了西方古典哲学中唯物主义、辩证法、经验主义中的合理思想,创立了辩证法和唯物史观。哲学史上的一切优秀思想,都是马克思主义哲学的重要源泉。当今,我们研究和发展马克思主义哲学,哲学史上的一切优秀思想仍然是我们的重要源泉,我们不仅要深入研究马克思主义哲学史,还要研究西方哲学史、东方哲学史,作为中国人还要特别研究中国哲学史,从中吸收理论营养,不断丰富和发展马克思主义哲学理论。马克思主义哲学创始人当年提出马克思主义哲学理论事物的本质，这就需要我们有正确的思想方法和认识方法，需要我们用马克思主义哲学的方法来观察世界和认识世界。

深刻性是与全面性相联系的，只有全面地认识事物才能深刻地把握事物。马克思主义哲学一贯提倡要用全面的观点、发展的观点、辩证的观点来观察问题和认识世界。我们在研究和分析问题时，在强调理论的敏锐性和创新性的同时，还要注意保持视角的全面性，注意到事物之间的相互关系和相互制约，注意到事物不断随着时间、地点、条件而变化，意识到我们认识能力的局限性。只有这样，我们才可能更全面和更深刻地认识事物，更接近事物的本质。我高兴地看到，本书的不少作者在这方面表现出了很高的马克思主义哲学素养，写出了见解深刻而又分析全面的好专题，如《论马克思晚年探索"非欧社会"的社会主义道路的理论动机》、《马克思主义对德国民族性的思考》、《认识论与科学决策》、《认识的冲突：实践检验真理的必要条件》《知识分子的批判精神和现代性危机的解决》等章。

哲学研究是通过研究和分析事物的现象进而认识事物的本质和规律。因此，我们在对社会现象进行哲学思考时，不能只做表面的分析，而要特别注意分析和研究其思想基础和社会基础，才能使我们能够深刻地把握社会现象的本质。本书中的《论薛定谔的真理观》、《理性的限度》、《论合作与人类文明》、《人性论与激励理论》、《论当代社会主义研究的方法论》、《中美欠发达地区城市化进程比较研究》等章，比较鲜明地体现了这一特点。

三

马克思主义哲学的当代视域是前瞻的。

我们研究哲学理论问题，不是单纯为了解释问题、完善理论和学术兴趣，而是为了把握时代精神，为了指导实践，为了使未来更加美好。因此，我们的研究既是面向现实的，同时也是指向未来的。只有真正理解现实，才能现实地指向未来。只有前瞻未来，才能真正地理解现实。在本书中，《论马克思主义关于"社会主义就是合作制"的思想》、《论西方现代生态伦理学的"东方转向"问题》、《论现代性社会的共同基础》、《论合作与人类文明》、《论建设社会主义政治文明》各章就较好地体现了这方面的特点。

绪　言

优秀的哲学研究成果一定是在理论上有所突破和发展，其主要观点在经历了长时期的时间和实践之后，依然被证明是正确的，依然具有生命力，这就是理论的前瞻性。优秀的哲学理论研究成果一定是具有前瞻性的理论成果。本书中，就有一批这样的理论成果。它们作为单独文章曾经发表过，并且经历了较长时间检验证明其依然有重要的理论价值和现实意义，有一些还在国内理论界产生了重要的影响，比如，《列宁的感觉理论与感觉心理学》(《学术月刊》1991年第2期，《新华文摘》1991年第8期全文转载)、《论汤川秀树的真理观》(《哲学研究》1997年第7期)、《马克思主义与18世纪启蒙哲学》(《哲学研究》1999年第6期)、《技术专家治国论话语和学术失范》(《自然辩证法通讯》2003年第2期)，等等。

四

本书作为杭州师范大学哲学社会学系的哲学教师们集体完成的一本学术专著，既是大家长期从事马克思主义哲学研究的一个积累，更是大家近年来从各个当代视域深入探索马克思主义哲学所取得成果的一个集中展示。马克思主义哲学一直是我们教学和科研的重点，为了准确地理解和把握马克思主义哲学，我们的哲学教师在对马克思恩格斯列宁的经典著作的解读研究、对马克思主义哲学史、认识论、马克思主义与当代现实、历史唯物主义等方面进行了深入的研究，产生了一批较有分量的研究成果。这些研究成果对当代重大理论问题和现实问题以马克思主义为视域，进行了认真的研究和深入的思考，提出了一些重要的理论问题和有价值的见解。我们力图以一定的系统性把这些研究成果呈现出来，名之为《马克思主义哲学的当代视域》，希望能够在现时代的境域中为坚持和发展马克思主义哲学做出我们的贡献。

石向实
2008年9月于杭州

目 录
CONTENTS

第一篇　经典的当代诠释

第一章　黑格尔的经济学研究与马克思《1844年经济学哲学手稿》 …………………………………………… / 3

第二章　马克思《1844年经济学哲学手稿》中对政治经济学说史的研究 …………………………………… / 7

第三章　论马克思的"自由人联合体" ……………………… / 16

第四章　马克思主义关于"社会主义就是合作制"的思想 …… / 34

第五章　马克思对落后国家社会主义道路的探索 ………… / 41

第六章　马克思晚年探索"非欧社会"的社会主义道路的理论动机 …… / 48

第七章　马克思主义与18世纪的启蒙哲学 ………………… / 56

第八章　马克思主义对德国民族性的思考 ………………… / 67

第九章　西方马克思主义对恩格斯的自然辩证法思想的研究 …… / 77

第十章　列宁的感觉理论与感觉心理学 …………………… / 85

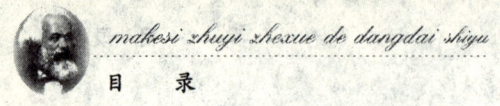

第二篇　认识与真理

第一章　论马克思主义哲学的反映范畴 ……………………… / 97
第二章　论人工智能与人类智能的关系 …………………… / 106
第三章　理性的限度 ……………………………………… / 115
第四章　论汤川秀树的真理观 …………………………… / 119
第五章　论薛定谔的真理观 ……………………………… / 133
第六章　认识论与科学决策 ……………………………… / 143
第七章　认识的冲突：实践检验真理的必要条件 ………… / 163

第三篇　多维视域中的发展

第一章　论作为经济伦理的诚信 ………………………… / 169
第二章　论西方现代生态伦理学的"东方转向" ………… / 180
第三章　论全球化时代的区域经济协调发展 …………… / 193
第四章　21世纪中国少数民族地区的社会—经济发展问题 … / 200
第五章　中美欠发达地区城市化进程比较研究 ………… / 209
第六章　城市文化与现代化 ……………………………… / 217
第七章　大同思想中的经济全球化情结 ………………… / 223

第四篇　民主、合作和现代性

第一章　从经济民主到政治民主 ………………………… / 235
第二章　论合作与人类文明 ……………………………… / 244
第三章　论合作社会主义的制度特征 …………………… / 259

第四章	市场经济、合作制、社会主义	/274
第五章	民主经营论	/284
第六章	人性论与激励理论	/291
第七章	论建设社会主义政治文明	/301
第八章	论当代社会主义研究的方法论	/308
第九章	市场经济与自由人	/316
第十章	技术专家治国论话语和学术失范	/321
第十一章	知识分子的批判精神和现代性危机的解决	/335
第十二章	论现代性社会的共同基础	/344
第十三章	历史唯物主义视域中的现代性体验	/354
第十四章	"消极自由主义者"的消极生活	/363

后　　记　……………………………………………………　/374

第一篇

经典的当代诠释

第十篇

슐로엣 대베르크

第一章

黑格尔的经济学研究与马克思《1844年经济学哲学手稿》

马克思的《1844年经济学哲学手稿》（以下简称《手稿》），无论就其最初的写作意图来讲，还是就其内容的基本结构来说，都首先而且主要应算一部经济学手稿。但整部手稿的内容和意义已经远远超出了经济学的范围，其中，这部手稿的哲学内容和哲学意义成了引起人们最广泛注意的部分。这样，手稿中的哲学与经济学的关系自然也成了值得注意的问题。但关于这方面，过去关于《手稿》的研究是缺少重视的。

《手稿》不仅有关于人、人的异化、劳动等许多富有哲学意义的内容，而且有些地方直接论述了哲学问题。如被编者们称为"对黑格尔的辩证法和整个哲学的批判"的片断占了第三个手稿的很大分量。人们在读这部分手稿时首先会感到奇怪：马克思为什么要在研究经济学的过程中批判黑格尔哲学，特别是批判黑格尔的辩证法呢？

马克思自己在这部分开头说：这种批判是"为了便于理解和论证……"①这个"理解和论证"的对象指的是前面对劳动与资本关系问题的经济学研究，对共产主义发展的历史必然性和人类扬弃异化的历史主体性等问题的论述。马克思自己的这个说明表示了他对黑格尔哲学的研究也与对经济学史和共产主义学说史的研究②一样，是为了从理论形态的角度进一步论证他对社会历史

---

① 《马克思恩格斯全集》第42卷，人民出版社1979年版，第156页。
② 见"第三手稿"的第 I–XI 页。

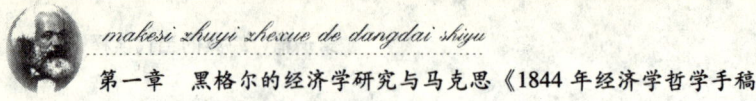

的物质过程的理解。

对黑格尔哲学批判部分的文本考察表明：马克思在写作过程中把它和经济学研究及理论史的考察交错在一起，给人以各种思想齐头并进的印象，而不是像现在一般的《手稿》版本中那样把各部分内容连成一块放在了全部手稿的最后。这种写作现象真实地反映了马克思把经济学和哲学两者的研究紧密地结合起来的独特习惯和方法。至于为什么马克思恰恰选了黑格尔——特别是黑格尔的《精神现象学》——作为哲学和经济学结合的对象，我认为除了马克思思想本来就和黑格尔哲学有批判继承的关系外，还因为马克思发现了黑格尔哲学本身与政治经济学的一种内在的、鲜为人知的重要联系。①

黑格尔的主要工作是他的哲学。但他的哲学思想的渊源，却应该算上古典政治经济学的一份。

黑格尔所处的时代正是古典政治经济学发展成熟的时期。黑格尔在开始建立自己的哲学体系时就很重视经济学的研究，并深受其影响。据早期的黑格尔研究者罗森克兰茨在1844年出版的《黑格尔生平》里记载，在青年黑格尔的法兰克福时期、耶拿时期，他就认真阅读了詹姆斯·斯图亚特、亚当·斯密等经济学家的著作。黑格尔留下的当时的一些手稿、笔记和发表的文章，以及一些黑格尔研究者的研究包括卢卡奇著的《青年黑格尔》一书，都向我们提供了黑格尔曾深入研究过古典经济学的证明。

青年黑格尔写于伯尔尼和法兰克福的著作，希望通过对基督教进行历史的考察，探讨解决社会问题的途径，推演出他自己的包括宗教和哲学问题在内的理论体系。但只是到了耶拿时期即1805年至1806年的讲稿里，以及《精神现象学》里，黑格尔才通过研究政治经济学，获得了理解历史和社会现实的钥匙，他的整个哲学体系也就可以进行构造了。

黑格尔从经济学研究中得来的最重要成果就是关于辩证法、特别是人类历史辩证法的原型。写于1806年前后的黑格尔体系的第一部著作《精神现象学》，就明显地反映了他的经济学研究如何深刻地影响了他的哲学，尤其是其辩证法思想的形成。

《精神现象学》写作前后的经济学研究主要得益于亚当·斯密。亚当·斯

---

① 参见朱晓鹏：《论〈1844年经济学哲学手稿〉的逻辑结构》，载《马克思主义来源研究论丛》第九辑，商务印书馆1987年版。

密的经济学说把人的物质生产过程当作研究客体，强调人的需要，并以劳动作为财富的源泉，区分和阐明了生产流通各阶段的特点和联系，从而在内容和动态上把握了这一客体。斯密对黑格尔的影响，首先在于他使黑格尔找到了人的实践领域的前提和推动原则，从而促成和丰富了他的关于事物运动源泉的辩证法思想。所以，马克思在《手稿》中指出，黑格尔的《现象学》及其最后成果——作为推动原则和创造原则的否定性辩证法的伟大之处首先在于，黑格尔"站在国民经济学家的立场上"发现了劳动的本质，把它理解为人的本质、人的自我创造活动①。正由于《现象学》中有着丰富的关于人、劳动、社会运动的辩证法思想，所以马克思赞颂它是"包含着真正理论革命的著作"②。可见，马克思之所以要在《手稿》中专门研究和批判《精神现象学》，这不是没有深刻道理的。马克思本人在写于《手稿》基本完成时的《序言》中也强调，这书中对黑格尔辩证法和整个哲学的剖析，"是完全必要的"。③

黑格尔的经济学研究至少从三个方面影响了马克思的《手稿》：

第一，它使马克思在探求"历史之谜"的过程中，较快地从研究法哲学、市民社会转到了直接的经济学研究，写下了一批经济学札记和《手稿》，取得了经济学和哲学（特别是唯物史观）的一些初步的但重要的成果。马克思在谈到自己最初研究经济学的缘起时说，1842－1843 年间，当他第一次遇到要对所谓物质利益发表意见的难事时，他意识到了要认真研究经济问题。这样，"为了解决使我苦恼的疑问"，马克思就开始着力研究黑格尔的法哲学（注意！马克思这时还未去研究古典经济学，而是黑格尔的法哲学！）。这种研究使他懂得了，法律的关系和国家的形式根源于社会的物质生活关系，这种物质的生活关系的总和，黑格尔按照 18 世纪的英国人和法国人（主要是一些古典经济学家和历史学家）的先例，称之为"市民社会"，而对市民社会的解剖则应该到政治经济学中去寻求。④ 这段自述明白地体现了黑格尔的经济学研究与马克思的经济学研究之间的关系。

第二，《手稿》中无论对政治经济学的研究批判，还是对人的劳动、异化

---

① 《马克思恩格斯全集》第 42 卷，第 163 页。
② 《马克思恩格斯全集》第 42 卷，第 46 页。
③ 《马克思恩格斯全集》第 42 卷，第 46 页。
④ 《马克思恩格斯选集》第 2 卷，人民出版社 1975 年版，第 81－82 页。

第一章 黑格尔的经济学研究与马克思《1844年经济学哲学手稿》

及社会历史的研究,都可以看出受黑格尔影响的痕迹。这些影响中的主要因素包括:劳动作为人的本质、人的自我创造、自我肯定的活动;通过考察社会经济自身运动的源泉和动力而得出的否定性辩证法思想;辩证运动中环节的规定、区分和扬弃的思想以及它们对主体客体关系的历史内容的启发,等等。尤其值得注意的是,这里出现了一个思想史上的有趣现象:黑格尔通过他的经济学研究发现了思辨的辩证法,建立了自己的哲学体系;随后的马克思也走了基本相同的路径,也就是一面研究政治经济学、一面逐渐完成他的哲学的革命变革;而且,这种哲学经济学相结合的过程又是靠了黑格尔这个环节才实现的。在马克思的思想史上,他与黑格尔的关系不能不因此而变得更为深化和复杂化,值得多加注意。

第三,最富有意义的是,马克思正是在黑格尔哲学中敏锐地发现了它所包含的经济思想以及与此相关的一些黑格尔哲学中的合理成分,反过来借此深刻地批判了黑格尔的思想错误,从而走出了黑格尔哲学的思辨的迷宫。马克思认为,虽然黑格尔站在现代政治经济学家的立场上,正确地把劳动看作人的本质,看作人的自我确证的本质。但是,黑格尔的辩证法颠倒了主体与客体的真实关系:黑格尔认为它们的对立无非是抽象思维同感性现实在思想范围内的对立。因此,黑格尔哲学的主要错误与古典经济学家们的错误是一样的:他只看到劳动的积极方面,而没有看到它的消极方面。也就是说,黑格尔唯一知道并承认的劳动最终成了抽象的精神的劳动。① 这样,本来具有丰富生动的历史内容的辩证法——譬如,《精神现象学》就紧紧抓住了人的异化,包括了对宗教、国家、市民社会等整个领域的批判——变成了纯思想的辩证法,"只是为那种历史的运动找到抽象的、逻辑的、思辨的表达,这种历史还不是作为既定主体的人的现实的历史,而只是人的产生的活动、人的发生的历史"。② 马克思的批判正是以惊人的逻辑性指出了黑格尔辩证法的全部神秘性是如何从这里产生出来的。

---

① 《马克思恩格斯全集》第42卷,第163页。
② 《马克思恩格斯全集》第42卷,第159页。

第二章

马克思《1844年经济学哲学手稿》中对政治经济学说史的研究

一

资产阶级政治经济学经历了几个世纪的发展之后，从马克思开始发生了彻底的革命变革，从而使政治经济学的发展进入了一个崭新的历史阶段。这是对它以前的全部发展进行总结的时期，是完全科学的、批判的政治经济学即马克思主义政治经济学形成的时期。

但是，如果以为在这个时期马克思别的什么也没干、单单对政治经济学进行专门的探讨，那就错了。实际上，马克思在创立自己的经济学的同时，也极其认真广泛地研究了资产阶级政治经济学说史，这无论在马克思早期的各种著作、笔记、手稿中，还是在后来的《政治经济学批判》、《资本论》等名著中，都有很多的反映。这个事实使我们回想起，马克思一开始研究政治经济学就曾立意要写一部名为《政治经济学批判》的著作。他要求自己在这部著作中，既要建立自己的科学的经济理论，又彻底批判资产阶级政治经济学。他不但把它们当作一般的研究任务，而且把它们当作构成自己的经济学体系及其著作的逻辑结构的两大部分，即所谓"基本理论部分"和"历史批判部分"。① 这种逻辑结构后来在《资本论》四卷中得到了最后的体现：第

---

① 《马克思恩格斯〈资本论〉书信集》，人民出版社1975年版，第7-9页。

第二章 马克思《1844年经济学哲学手稿》中对政治经济学说史的研究

一、二、三卷阐述马克思自己的政治经济学原理,第四卷评述了以发现剩余价值理论的过程为中心的政治经济学说史。马克思本人很满意上述结构,并自豪地把它称为"一个艺术的整体",是"德国科学的辉煌成就"。①

通常研究马克思经济思想史的人,大都较重视研究其理论原理部分而容易忽视历史批判部分,更少有人注意在马克思的早期著作中研究政治经济学史方面的思想成果,这应该说是一种遗憾。其实,在马克思那里,对经济学的理论研究和历史批判是互相交替、互相构造的发展关系。而且,马克思历史批判的深度也反映着其经济理论发展的深度,我们研究了马克思批判政治经济学说史的路径,也就从一个侧面追溯了马克思经济思想乃至哲学思想的发展过程。正是基于这种考虑,我们不妨认真地考察一下《1844年经济学哲学手稿》这部马克思最早的经济学著作对政治经济学说史所作的研究情况。因为1844年马克思刚刚开始研究经济学,他先阅读了许多前辈经济学家的著作,然后一边阅读一边写作,于是分别产生了七本经济学著作摘录笔记和由三个手稿组成的《手稿》。所有这些笔记和手稿不仅表明了马克思最初的经济学思想的形成情况,而且还有许多对政治经济学说史的评论,从而反映出早期马克思经济学、哲学等思想发展演进的重要轨迹。当然,主要的材料是在《手稿》中。

二

马克思在《手稿》的许多地方都评论了政治经济学说史,但只有"第三手稿"较集中地研究和评述了从重商主义到李嘉图学派的总的历史发展过程。显然,马克思当时已认识到,在"第一手稿"和"第二手稿"研究了客观的社会经济发展的历史过程之后,应接下去完成这样一个研究任务,这个物质过程怎样表现在思想体系上?怎样表现在经济理论甚至哲学理论的发展上?

整个"第三手稿"主要就是回答上述问题的。它以许多片段的形式分别评述了资产阶级政治经济学史、社会主义或共产主义的三种理论形式及其发展阶段。黑格尔哲学特别是其辩证法的批判以及有关费尔巴哈和青年黑格尔

---

① 《马克思恩格斯〈资本论〉书信集》,第196、202页。

学派的批判这几个主要的内容。总起来说，它们都属于广泛的理论史的范围，可以看作是马克思后来著作中经济理论逻辑结构的"历史批判部分"的雏形。不过，我们在这里只能单独考察一下马克思有关经济学说史的研究情况。

首先必须明确的是，马克思在"第三手稿"里研究政治经济学说史的理论基础或逻辑前提就是他在前两个手稿里刚刚取得的劳动理论这一思想成果。他把经济学说史的发展看成是正在发展的资产阶级社会的意识形态的表现，并且从劳动的角度把它看成是"私有财产的主体本质"的表现，马克思高度评价把劳动提高为经济学的唯一原则的做法，是英国政治经济学一个合乎逻辑的大进步。① 它标志着古典经济学在理论研究上实现了一个重大的转变，即从流通和交换的领域转向了生产领域，使剩余价值的产生与劳动挂起了勾，从此开了确认生产关系为政治经济学研究对象的先河。按照马克思的观点，政治经济学科学发展的基本逻辑就在于：财富（私有财产）的本质日益从外在的对象性移入财富的源泉——劳动。所以，马克思认为，在政治经济学史上，最初出现的是重商主义学派，后来出现的是重农学派，只是在他们之后才出现了斯密学派和李嘉图学派，——这样一种理论发展的逻辑顺序只不过重复了现实历史的过程：它们反映了作为私有财产的主体本质的劳动的不同发展阶段。② 这里马克思显示了卓越的把握历史和逻辑相统一的辩证方法的才能。它也使马克思得到了评价每个经济学派和每个经济学家的历史地位的客观标准。

那么，马克思在这个手稿中是怎样评述了历史上各经济学派和经济学家呢？

（一）前古典的重商主义

马克思说："只有把劳动理解为私有财产的本质，才能同时弄清国民经济学的运动本身的真正性质"。③ 在经济学说史上，分析劳动的性质一开始就与对财富的认识联系在一起，重商主义者从商业资本的运动形式出发，宣布金银即货币是唯一的财富。对他们来说，财富只是一种存在于人身之外的、与人的主体本质即劳动毫无关系的有价物。人们都千方百计地想得到它，然而

---

① 《马克思恩格斯全集》第42卷，第105页。
② 《马克思恩格斯全集》第42卷，第115页。
③ 《马克思恩格斯全集》第42卷，第114页。

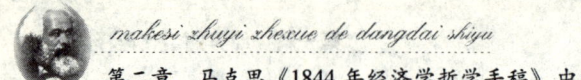

第二章 马克思《1844年经济学哲学手稿》中对政治经济学说史的研究

这种价值却并不是他们创造的,它似乎只产生于商品的交换过程中。这是一种囿于粗俗的经验外观而非科学的认识。因此,马克思引述亚当·斯密这类政治经济学中的启蒙者的话说:货币主义和重商主义的代表都是一些"拜物教徒和天主教徒"。① 因为正像天主教只抓住了外在的宗教观念一样,重商主义也只承认了财富的外在规定,而不理解财富的主体本质即劳动的性质。

(二)重农主义:过渡性的理论

马克思认为,魁奈的重农主义理论是从重商主义到亚当·斯密学说的一个过渡。重农主义"直接是封建所有制在国民经济学上的解体。但正因为如此,它同样直接是封建所有制在国民经济学上的变革、恢复,不过它的语言这时不再是封建的,而是经济学的了"。②

重农主义学派之所以成了从重商主义到亚当·斯密之间的过渡者,是因为他们认为财富的物质担当者不是贵金属,而是土地这一点。当然,与此相关的是,与特殊的自然因素联系在一起的农业劳动被他们看成了唯一的生产性的劳动。这种认识使重农主义一方面超出了重商主义的水平,另一方面又尚未达到斯密的观点。也正是根据这一点,马克思深入剖析了重农主义在经济学史上的科学贡献和理论缺陷,指出重农学派既然把劳动宣布为财富的本质,也就否定了特殊的、外部的、纯对象性的财富,从而就把财富增值的源泉的探寻从流通转向生产,开创了系统理解资本主义生产劳动的理论史,这是重农学派的伟大科学贡献。但是,整个重农学派在理论上的一个严重缺陷,就在于他们没有从物质生产劳动的普遍性来认识生产劳动内在的物质属性,他们不懂得:财富既然来源于土地和耕作,那它就有一种广泛存在于自然界范围内的普遍性,而不仅仅是农产品。同样,创造财富的劳动也只是某一种具体形式的劳动。

(三)斯密和李嘉图:古典学派的一流泰斗

资产阶级政治经济学家的发展到了亚当·斯密的时代,已经面临了这样的要求,即要求对自身进行一场伟大的革命,以推动古典政治经济学,自配第到休谟的点点滴滴的理论发展中产生出一个综合的整体、一个完备的体系。显然,要完成这场革命的中心问题在于:认识财富的普遍本质,并因此把具

---

① 《马克思恩格斯全集》第42卷,第112页。
② 《马克思恩格斯全集》第42卷,第114页。

有完全绝对性即抽象性的劳动提高为政治经济学的唯一原则。

亚当·斯密成了实现这场革命的领袖。马克思引用恩格斯的话把他称为"政治经济学的路德"。① 这样,斯密同前述的重商主义学派的差别也就可以比作新教徒同天主教徒之间的差别了。

就像路德把宗教、信仰认作为现实世界的本质,从而起来反对天主教的异教精神一样,就像他扬弃了外在的宗教信仰而把宗教变成人内在的本质,并且否弃了众俗以外的僧侣而把他们移置到众俗的心中一样,亚当·斯密提高了人的身价。他宣称人是财富的创造者,劳动是财富的唯一的内在本质。实际上,作为"启蒙政治经济学"的斯密理论一方面继承了重农学派把劳动限定为生产物质产品的劳动这个基本思想,但又使它摆脱了只限于某种具体劳动的狭隘眼界;另一方面,它也继承了重农学派关于生产劳动必须生产剩余产品的基本思想,并且进一步规定了劳动就是给资本家带来投资利润的雇佣劳动,比他的前辈更深刻地理解了剩余价值。当然,对这后一点,马克思在《手稿》时期还未充分认识清楚,而是在《剩余价值理论》中达到那种认识的。

在《手稿》中,马克思对斯密的不满还缺乏经济理论上的严格批判,而是更多地表现为一种哲学的批判和道义的谴责。在马克思看来,以劳动为原则的斯密经济学在承认人的假象下,毋宁说不过是彻底实现对人的否定而已。因为人同时也变成了空洞的、毫无人性的纯粹经济实体,而私有制却被赋予自行保存和自行增殖的能力和意志。

李嘉图及其信徒比亚当·斯密更急进和更彻底地发展了他的矛盾的观念,而这是完全符合于当时现实的发展的。随着工业的发展,人的积极性,他的主体本质都在工业活动中全面地展开了,但工业现实却更彻底无情地使他的劳动和资本以及整个私有制的关系对立起来,人的劳动在进一步对象化的同时也异化了。"物的世界的增殖同人的世界的贬值成正比"。② 李嘉图的经济学正是最深刻地体现了当时社会的这种客观事实的。所以马克思总结说:"从斯密经过萨伊到李嘉图、穆勒等等,国民经济学的犬儒主义不仅相对地增长了(因为工业所造成的后果在后面这些人面前以更发达和更充满矛盾的形式

---

① 《马克思恩格斯全集》第42卷,第112页。
② 《马克思恩格斯全集》第42卷,第90页。

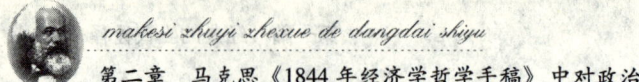

第二章 马克思《1844年经济学哲学手稿》中对政治经济学说史的研究

表现出来),而且他们总是积极地和自觉地在人的异化方面比他们的先驱者走得更远,但这只是因为他们的科学发展得更加彻底、更加真实罢了"。①

三

马克思在《手稿》中对政治经济学说史的研究情况大致就如上述。现在,我们试着对它再作些简单的评价和总结。

首先,我们必须承认《手稿》在马克思经济思想史上第一次较系统地研究了政治经济学说史,并且在创立真正科学的政治经济学说史的道路上迈出了可贵的第一步。

我们知道,马克思以前的一些著名经济学家就已经研究过政治经济学史。因为任何一种理论的创立都离不开对以前的思想成果的吸取和批判,这样便自觉地涉及了对思想史的考察。例如,亚当·斯密在其代表作《国富论》的第四卷中,就曾专门讨论了他以前的各种政治经济学体系。但是,只是从马克思开始才把研究理论历史的内容作为其经济理论的有机组成部分,并且始终把历史主义的观点作为方法论贯彻到经济研究的各个时期,成为研究的起点和结果。因此,创立真正科学的政治经济学说史的功绩无疑是属于马克思的。不过,马克思本人研究政治经济学说史也有一个发展、深入的过程。虽然马克思是在《资本论》第四卷即《剩余价值理论》中才完成对在他以前的资产阶级政治经济学发展史的系统研究,但这并不等于说马克思在那之前就没有取得过政治经济学说史研究的任何成果。实际上,早在19世纪40年代,马克思就由于制定新的经济学说的需要而从多个方面探讨了政治经济学说史。譬如,前面我们通过对《手稿》的考察,看到了马克思批判政治经济学说史的第一批成果。紧接着《手稿》,马克思于1845年2月计划写作一部二卷本的《政治和政治经济学批判》,其中第二卷就准备论述"大多一些历史性的东西"。② 1847年《哲学的贫困》第一次划分出了资产阶级政治经济学史上的古典学派。③ 1857-1858年马克思在写作《政治经济学批判》(草稿)这段时

---

① 《马克思恩格斯全集》第42卷,第113页。
② 《马克思恩格斯〈资本论〉书信集》,第7-9页。
③ 《马克思恩格斯全集》第4卷,第156页。

间,曾把自己的著作明确划分为理论部分和历史批判部分,并把后者又分为两篇:政治经济学和社会主义的历史,以及经济范畴和经济关系发展的历史。① 所以,我们没有理由忽视《手稿》中对政治经济学说史的研究在马克思经济思想史上的历史地位。

其次,马克思《手稿》对政治经济学说史的研究还有独立的理论价值,这就是:马克思注意从历史和逻辑相统一的角度把握政治经济学说史,这也是马克思在《手稿》及以后的经济学研究及哲学研究中普遍运用的一种方法论。

这里从两个方面评述这个问题。

(1) 马克思通过研究劳动这个基本概念,指出:资产阶级政治经济学的发展,大体上反映了社会经济的发展状况。任何一个经济学家在政治经济学史上的地位决定于其观点在何种程度上恰当地反映了他们当时的经济现实。马克思说:"地产是私有财产的第一个形式,而工业在历史上最初仅仅作为财产的一个特殊种类与地产相对立。或者不如说它是地产的被释放了的奴隶,同样,在科学地理解私有财产的主体本质即劳动时,这一过程也在重演。而劳动起初只作为农业劳动出现,然后才作为一般劳动得到承认"。② 正是这样,马克思为我们大致描述了一个政治经济学发展的粗略轮廓,即重商学派 → 重农学派 → 亚当·斯密 → 大卫·李嘉图……。应该说,早期马克思对政治经济学说史的上述理解是合乎科学的。

(2) 马克思认为,在这一或那一理论的内在矛盾后面总是存在着资本主义现实的内在矛盾。归根结底,维护资本主义私有制的基本立场决定了其理论的矛盾本质。这种观点使马克思找到了批判资产阶级政治经济学的正确方法。例如,在"第一手稿"的"工资"部分中,马克思通过对社会的三种状态对工资水平和工人阶级状况的影响的深入考察,揭露了资产阶级政治经济学的种种自相矛盾。③ 又如,马克思认为,"国民经济学从私有财产的事实出发,但是,它没有给我们说明这个事实"。"国民经济学没有给我们提供一把理解劳动和资本分离以及资本和土地分离的根源的钥匙。例如,当它确定工

---

① 《马克思恩格斯〈资本论〉书信集》,第124页。
② 《马克思恩格斯〈资本论〉书信集》,第115页。
③ 《马克思恩格斯〈资本论〉书信集》,第51-55页。

第二章 马克思《1844年经济学哲学手稿》中对政治经济学说史的研究

资和资本利润之间的关系时,它把资本家的利益当作最后的根据;也就是说,它把应当加以论证的东西当作前提"。① 那么,要想弄清楚经济学中的这种根本矛盾,问题在于要考察这个被资产阶级经济学家视为不言而喻的前提,考察私有财产的本质,考察土地、资本和劳动三者分离的根源,而决不应像神学家用原罪来说明人类的堕落那样,把私有制和三者分离当作既成事实加以肯定,用以说明资本主义的现实,那无异于同时也就承认了资本主义私有制的合理性。马克思正是从这种研究和批判出发,引发了一场政治经济学的革命。

第三,我们也不必否认《手稿》中对政治经济学说史的研究毕竟是初始的,有许多不完整不成熟之处。这种不完整不成熟的地方是与当时马克思整个经济学理论的不成熟性相一致的。马克思虽然大致描述了政治经济学的发展史,但远未深入而全面地研究过几个世纪以来所有主要的经济学体系,因而他对政治经济学史的描述还是很粗略的。

(1)他还没有分别指出一个经济学派与另一个经济学派的具体差别和理论贡献。特别是还没有明确地、有意识地对各种概念、范畴进行具体的分析研究,指出它们在经济学逻辑发展过程中的产生顺序,而恰恰这点是被后来的马克思在研究经济学史时很强调的。②

(2)马克思也还没有区分古典学派和庸俗学派。李嘉图是英国古典政治经济学完成的标志,政治经济学的随后发展出现了庸俗学派。但马克思在1844年的《巴黎笔记》和《手稿》中都未觉察上述变化,相反,我们看到当时马克思却是通过大量阅读许多庸俗经济学家(如萨伊、詹姆斯·穆勒、麦克库洛赫等)的著作而逐步理解了政治经济学这门科学的。当然,这种情况发生在马克思研究经济学的早期是并不值得奇怪的。到了1847年他写《哲学的贫困》时,才第一次在经济学史上区分了古典学派和庸俗学派。

(3)《手稿》中研究政治经济学说史是围绕劳动理论展开的。而在现在《剩余价值理论》中的政治经济学史,它是"政治经济学核心问题即剩余价值理论的详细的批判史"。③ 这种对比的差别表明了马克思前后期经济理论的不

---

① 《马克思恩格斯〈资本论〉书信集》,第89页。
② 参见《马克思恩格斯全集》第13卷,第532页。
③ 《马克思恩格斯全集》第24卷,第4页。

同水平。1844年的马克思还没有发现剩余价值理论，因而也就不可能包含政治经济学文献中对资本主义生产方式唯一的核心范畴——剩余价值——所作解释的历史分析，抓住评述这个或那个经济学家的真正基础。不过，当时马克思对劳动问题的理解与资产阶级经济学家还是有着根本区别的。因为他不但看到了劳动的积极方面，还看到并研究了其消极的方面；[①] 他还进一步指出了资产阶级经济学家无法解释劳动价值与市场价值相违背的现象。马克思在《手稿》中对这些问题的探索，使他开始过渡到承认劳动价值论的立场，而马克思由否定到肯定劳动价值论的时候，也就奠定了剩余价值论的基础。在这个意义上讲，《手稿》对于我们理解马克思本人的经济思想史自有特殊的意义。

通过上述的探讨，我们可以发现一个过去一直鲜为人知的事实：《手稿》不但包含马克思最初的经济学思想，而且包含了他第一次批判研究政治经济学史的重要成果。这样，它直接为后来马克思形成包括"基本理论"和"历史批判"两大部分的经济理论逻辑结构做了开拓性的工作。[②] 而发现这个事实，对于我们无论是研究经济学史，还是研究马克思本人的经济思想史乃至哲学思想史，都会有独特的意义。

---

① 《马克思恩格斯〈资本论〉书信集》，第163页。
② 参见朱晓鹏：《论〈1844年经济学哲学手稿〉的逻辑结构》，载《马克思主义来源研究论丛》第九辑，商务印书馆1987年版。

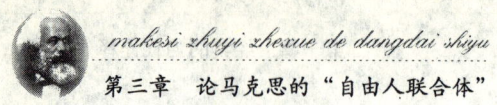

第三章

论马克思的"自由人联合体"

马克思在《资本论》中谈到未来社会时说:"设想有一个自由人联合体,他们用公共的生产资料进行劳动,并且自觉地把他们许多个人劳动力当作一个社会劳动力来使用。……这个联合体的总产品是社会的产品。这些产品的一部分重新用作生产资料。这一部分仍旧是社会的。而另一部分则作为生活资料由联合体成员消费。因此,这一部分要在他们之间进行分配。这种分配的方式会随着社会生产机体本身的特殊方式和随着生产者的相应历史发展程度而改变。"① 马克思关于自由人联合体的设想,在逻辑上是以承认个体的"自由人"的存在为前提的,但实际上,其论述的重点是探讨如何为所有的个体都能提供必要的物质及社会关系方面的自由发展的条件。也就是说,它探讨的是人类在总体上应建立一种什么样的社会制度和结构,从而保证其个体都能自由地发展,并由此而创造出更辉煌的文明。所以,马克思在这里所使用的"自由人联合体"概念,实际上首先是用来表达作为未来社会自由人存在的重要条件的占有方式和劳动方式的,因为在马克思看来,在这种自由人联合体中,实行的是联合占有(形成公共的生产资料)和联合劳动(个人劳动力联合为社会劳动力),是一种真正的社会合作共同体。总之,马克思所设想的未来理想社会就是一个大"自由人联合体",而这个"自由人联合体"实际上是合作社会主义经过长期发展之后所达到的高级形态,是一种全体社

---

① 马克思:《资本论》第 1 卷,人民出版社 1975 年版,第 95 页。

会成员作为自由人平等充分地进行合作的社会共同体。

具体来说,这种自由人联合体在其概念内涵、社会形态结构及其发展运行机制上具有以下一些基本内容和突出特点。

一、重建个人所有制

马克思在《资本论》第一卷第二十四章阐述资本主义积累的历史趋势时,提出了未来社会"重新建立个人所有制"的著名设想,指出:"从资本主义生产方式产生的资本主义占有方式,从而资本主义的私有制,是对个人的以自己劳动基础的私有制的第一个否定。但资本主义生产由于自然过程的必然性,造成了对自身的否定。这是否定之否定。这种否定不是重新建立私有制,而是在资本主义时代成就的基础上,也就是说,在协作和对土地及靠劳动本身产生的生产资料的共同占有的基础上,重新建立个人所有制。"[①] 由于马克思的这一论述中既有"共同占有"又有"个人所有",加之马克思和恩格斯在其他论著里对未来社会的所有制又使用了"社会所有制"、"公有制"等概念,所以导致人们对马克思"重建个人所有制"的思想产生许多不同的理解。笔者认为,马克思这一思想的要点可从几个方面来把握。

(一)它彻底肯定了劳动者的所有权

马克思认为,在未来社会,由于消除了资本对劳动的统治所产生的劳动异化,劳动者直接拥有对社会总产品的所有权,即劳动者个人成为自己的劳动能力和劳动产品的最终所有者,这样一种所有权制度,自然可称之为"个人所有制"。马克思在谈到资本主义制度下的合作工厂时说,合作工厂是对资本主义生产方式的积极扬弃,是向联合的生产方式转化的过渡形式。而在合作工厂内,"工人作为联合体是他们自己的资本家,也就是说,他们利用生产资料来使自己的劳动增殖。"[②] 所谓"自己的资本家",正是说工人、劳动者是资本的所有者,即拥有自己的劳动及其成果的所有权。所以,合作社会主义的发展将不断恢复劳动者对自己劳动能力的实际所有权,使劳动者的劳动能力转化为劳动者自己的资本。在资本主义社会中劳动者这种权利被资本家

---

① 马克思:《资本论》第1卷,人民出版社1975年版,第832页。
② 马克思:《资本论》第3卷,人民出版社1975年版,第498页。

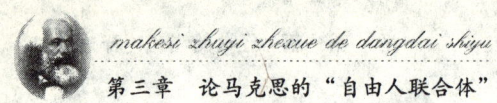

第三章 论马克思的"自由人联合体"

的资本权利所剥夺，劳动力所创造的剩余价值被资本家的资本权利全部占有。只有恢复劳动者的这种权利，才能从根本上抛弃雇佣劳动制度，避免被重新剥夺，实现劳动解放，从而使劳动的"无产者"转变为劳动的"有产者"。联合起来的劳动者人人都成为有产者正是"个人所有制"实现的标志。马克思在反驳资产阶级辩护士们攻击巴黎公社"想消灭构成全部文明基础的所有权"时说："是的，诸位先生，公社曾想消灭那种将多数人的劳动变成少数人的财富的阶级所有权。它曾想剥夺剥夺者。它曾想把现在主要用作奴役和剥削劳动的工具的生产资料，土地和资本变成自由劳动的工具，以实现个人所有权。"① 这也就如《共产党宣言》指出的："共产主义并不剥夺任何人占有社会产品的权力，它只剥夺利用这种占有去奴役他人劳动的权力。"共产主义的特征并不是要废除一般的所有制，而是要废除资产阶级的所有制。"② 未来理想社会并不是要剥夺一切个人所有权，成为一个"无产者社会"，反而是要通过"剥夺剥夺者"，重新确立"个人所有权"，建立一个普遍的"有产者社会"。这种个人所有权，曾在资本主义时代被普遍地否定了，变成了极少数人的专有特权，而现在需要经过否定之否定，消除"无产者"普遍存在的贫困状况，实现劳动者的共同富裕和全面发展。

（二）它肯定了劳动者个人的社会主体地位

在资本主义社会，劳动者的社会主体地位是被否定的，社会经济、政治运动的最终目的是为资本的扩张服务。劳动者虽然是社会财富及整个社会文明的创造主体，但由于资本统治和劳动的异化，他们却未能同时是社会的主体。合作社会主义社会第一次恢复了劳动者个人的社会主体地位，这样一方面，就使劳动者能够真正以主人翁的姿态从事自由的劳动，消除劳动的外在强制性和异己性。马克思指出："合作工厂提供了一个实例，证明资本家作为生产上的管理人员已经成为多余的了"。"在合作工厂中，监督劳动的对立性质消失了，因为经理由工人支付报酬，他不再代表资本而同工人相对立。……所以，留下来的只有管理人员，资本家则作为多余的人从生产过程

---

① 马克思：《法兰西内战》，载《马克思恩格斯选集》第2卷，人民出版社1972年版，第378页。

② 马克思、恩格斯：《共产党宣言》，载《马克思恩格斯选集》第1卷，人民出版社1972年版，第267、265页。

中消失了"。① 也就是说，工人劳动者作为自己的资本家，是自己的劳动活动的主人。另一方面，劳动者作为"自由人"和生产资料及其劳动成果的所有关系与以往人们和生产资料及劳动成果的所有关系具有完全不同的性质和内容。以往人们的所有权具有排他性，表现为一定量的能用价值分割的物权，表现为劳动占有支配关系。而"自由人"与生产资料及其劳动成果的所有关系中排他性已经消失，价值分割已失去意义，生产资料及其劳动成果对"自由人"而言已不是谋生的财产和手段，已失去"生产资料"的属性，只是"生活资料"，只是进行劳动的社会合作的对象和手段。

资本制度的不合理性，不仅在于它剥夺了劳动者在与生产资料的所有关系上的主体地位，而且更重要的是它通过这种物的奴役关系进一步束缚了人的存在和发展上的自由，剥夺了人在个人和社会生活中的自由自主的主体权利。马克思在其对资本主义的批判中，就一再地透过资本制度的物役形式，看到人的异化的深层本质，提出人的自由和发展的要求。在自由人联合体中，由于重建了"个人所有制"，使劳动者成了"自己的资本家"，从而真正挣脱了资本对劳动的统治及其他一切物役形式，使社会经济政治运动不再以资本的增殖为最终目的，而是致力于劳动者个人的自由发展。这时候的个人已不是单个的、孤立的自然人，而是社会化的个人，是自由人联合体的成员，他不仅具有自由发展的全部能力，而且拥有社会所提供的自由发展的全部条件。显然，如果不能重建个人所有制，个人的自由发展就不具备最重要的基本社会条件。正如马克思和恩格斯指出的："个人力量（关系）由于分工转化为物的力量，不能靠从头脑里抛开关于这一现象的一般观念的办法来消灭，而只有靠个人重新驾驭这些物的力量并消灭分工的办法来消灭。没有集体，这是不可能实现的。只有在集体中，个人才能获得全面发展其才能的手段，也就是说，只有在集体中才能有个人自由。"② 因而，劳动者个人作为自由人联合体的成员，将是自我和社会的真正主宰者："共产主义和所有过去的运动不同的地方在于：它推翻了一切旧的生产关系和交往关系的基础，并且破天荒第一次自觉地把一切自发产生的前提看作是先前世世代代的创造，消除这些前

---

① 马克思：《资本论》第3卷，人民出版社1975年版，第498页。
② 马克思、恩格斯：《德意志意识形态》，载《马克思恩格斯选集》第1卷，人民出版社1972年版，第82页。

提的自发性,使它们受联合起来的个人的支配。……共产主义所建立的制度,正是这样的一种现实基础,它排除一切不依赖于个人而存在的东西,因为现存制度只不过是个人之间迄今为止所存在的交往的产物。"①

(三) 它是对"个人私有制"的否定

马克思所说的"个人所有制",不同于私有制。所谓"私有制",总是指个人私有或私人所有的制度,但它可以包含不同的性质。马克思在《资本论》中明确指出:"私有制作为公共的、集体的所有制的对立物,只是在劳动资料和劳动的外部条件属于私人的地方才存在。但是私有制的性质,却依这些私人是劳动者还是非劳动者而有所不同。私有制在最初看来所表现的无数色层,只不过反映了两极间的各种中间状态。"② 也就是说,无论是个体劳动者私有制还是资本主义私有制,都属于私有制,它们的主要区别在于是否以自己的劳动为基础。不过,尽管不同的私有制的性质不尽相同,但其共性是都属于具有排他性的私人所有制,是使人与人相分离和对立,把人孤立和封闭起来的私人财产权利,就如马克思早年曾说过的,私有财产权利就是自私自利的权利,"这项权利就是这种分离的权利,是狭隘的、封闭在自身的个人的权利。"③ 正是由于它建立在人与人相分离和对立的基础上而不是建立在人与人结合和合作的基础上,因而马克思对其进行了批判否定。马克思对非劳动者的资本家的私有财产权利或者说资本主义私有制的否定已是众所周知,但马克思同样也否定以往纯个人占有的,以自己劳动为基础的个人私有制,因为它本质上还停留在使人与人相分离和对立的占有状态和制度形式下,而未能实现人与人的结合和合作;因为马克思相信,未来理想社会是自由人之间实现真正联合、合作的社会。马克思恩格斯说:"联合起来的个人对全部生产力的占有,消灭着私有制。"④ 由此可见,马克思所主张重建的"个人所有制",已不是以往纯个人占有的,以自己劳动为基础的"个人私有制",而是实现了联合占有和联合劳动的个人所有制。这种"个人所有制"与"个人私有制"的区别在于前者是联合起来的社会个人对社会生产资料的完全占有,使联合

---

① 马克思、恩格斯:《德意志意识形态》,载《马克思恩格斯选集》第1卷,第77-78页。
② 马克思:《资本论》第1卷,人民出版社,第829-830页。
③ 马克思:《论犹太人问题》,载《马克思恩格斯全集》第1卷,人民出版社1975年版,第438页。
④ 马克思、恩格斯:《德意志意识形态》,载《马克思恩格斯选集》第1卷,第75页。

起来的劳动者真正实现对生产资料的直接占有和结合，成为具有"自由"支配生产能力的主人。

二、实行联合的生产方式

要准确地理解马克思的"重新建立个人所有制"理论，还有一个理论难点需要解决，这就是要搞清楚马克思那段话中，"重新建立个人所有制"前面的那句话的意思。这句话是："在资产主义时代成就的基础上，也就是说，在协作和对土地及靠劳动本身生产的生产资料的共同占有基础上。"许多人认为，马克思这句话的意思是，资本主义灭亡之后建立起来的新的社会经济制度，要实行土地和其他生产资料公有制。但既然前一句话已经讲了要建立公有制，再把后一句话"重新建立个人所有制"理解为重新建立生产资料公有制，就是同义反复了，因而合理的解释只能是把"个人所有制"理解为消费资料的个人所有制。也就是说，马克思所谓的"共同占有"是指针对生产资料实行公有制，而"个人所有制"则是针对生活资料。其实，笔者以为，这种观点是值得仔细推敲的。实际上，要进一步准确地理解马克思的"重建个人所有制"思想，还应把它与马克思关于未来社会的另一重要思想即合作社会主义社会必须实行"联合的生产方式"的思想联系起来考察。

（一）生产社会化

马克思在那段话中首先强调的不是新的社会经济制度要建立什么样的所有制问题，而是新的社会经济制度建立的所有制即"个人所有制"所需的前提问题。一种所有制形式不是凭空产生的，而总是建立在一定的生产力水平基础之上的。自由人联合体的所有制即"个人所有制"，就是在资本主义时代成就的基础上建立起来的。马克思这句话体现了他的唯物史观。

资本主义时代的一个重要成就就是生产的社会化。也可以说生产社会化是随着资本主义的发展而逐步形成和发展起来的现代生产方式。现代社会的生产社会化首先就表现在劳动生产资料虽然还在总体上属私人所有，但其形式和内涵已具有高度的社会性。现代生产方式使原来分散的、小规模的个体生产转变为由分工和协作联系起来的机器大工业。机器大工业用社会形成的自然力来代替单个的人力，用自觉应用主要由社会提供的自然科学和技术来

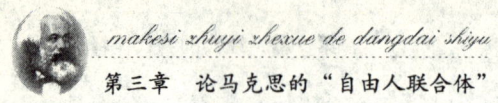

第三章 论马克思的"自由人联合体"

代替从个人经验中得出的成规。劳动过程的协作性质由于劳动资料本身的这种性质而实现了生产的社会化。资本主义生产社会化的另一个重要内容就是生产过程本身的社会化,就是说生产本身从一系列的个人行动变成了一系列的社会行动,产品也从单个人的产品变成了社会性的产品。特别是生产专业化的发展,一些综合性较高或结构较复杂的产品都是许多人、许多工厂共同合作的产品。于是,虽然新的行业和生产部门不断出现,但各行业、各企业、各部门的相互依赖和相互合作的关系也更加扩大和加强,使原来分散的生产过程变成不可分割的统一的社会生产过程。这种生产社会化的表现形式,马克思在这里所概括为"协作"也就是生产合作。当然这种合作不是简单协作,而以机器大工业为基础的复杂合作。可见,由于随着近代资本主义的发展,生产活动已是社会化大生产,劳动不再是纯个人的劳动而是社会化的联合劳动,所以未来社会要恢复到资本主义以前普遍存在的个人的、以自己单个劳动为基础的私有制既不可能也没有意义。只是在资本主义制度下,生产社会化的发展是与劳动生产资料的私人所有制相矛盾的,因而其发展受到了限制。正因此,马克思主义要求废除资本主义私有制,建立与现代的生产社会化状况相适应的新型所有制形式,而未来合作社会主义社会的"个人所有制"就正是在这种高度发达的社会化生产、合作化劳动的基础上建立起来的新型所有制形式。"因此,只有在大工业的发展的条件下才有可能消灭私有制。"① 也正因此,马克思主义的社会经济发展的一个目标就是"消灭单个分开的经济",实现最普遍意义上的"共同的经济"和劳动的联合。②

(二)共同占有和使用

我们还应注意的一点是,马克思在那段话中,非常明确地区分了"占有"和"所有"这两个概念。人们对生产资料的权利,主要可分为这样几个层次:一、所有权,二、占有权,三、使用权,四、经营权,五、管理权。其中,所有权有是最根本的,其他权利都是由所有权派生出来,并受所有权制约的。马克思认为,在自由人联合体中,每一个个人都对自己应得的那份生产资料及其他社会产品拥有最终的所有权,但是,其占有权及使用权、经营管理权等却可以与所有权适当剥离,而归社会全体成员共同占有和使用。那么,为

---

① 马克思、恩格斯:《德意志意识形态》,载《马克思恩格斯选集》第1卷,第72页。
② 马克思、恩格斯:《德意志意识形态》,载《马克思恩格斯选集》第1卷,第33页。

什么马克思要强调在未来社会里，代替资本主义私有制的，应是以联合的方式集体地共同占有生产资料呢？我们看到，现代社会的生产社会化除了指劳动生产资料的形成和生产劳动过程的社会化、合作化之外，它还有一个重要表现就是生产资料使用上的社会化，即生产资料只能由大批人共同使用。这种生产社会化的表现形式，马克思在这里把它概括为"对土地及靠劳动本身生产的生产资料的共同占有。"在这里，我们应该把土地和生产资料的"共同占有"理解为土地和生产资料的共同使用，即不是理解成生产关系中的生产资料所有制，而是理解成生产过程中生产资料使用的社会化。因为在马克思主义看来，社会主义代替资本主义，其中一个基本内涵就是确立劳动权利，消除资本对劳动的统治。而要做到这一点，一个最重要的途径就是要废除资产阶级的所有制，实现由劳动者直接而且共同地占有生产资料，并在此基础上进行联合劳动。这正如恩格斯指出的："工业工人只有当他们把资产者的资本，即为生产所必需的原料、机器和工具以及生活资料变成社会财产，即变成自己的、由他们共同享用的财产时，他们才能解放自己。同样，农业工人，也只有当首先把作为他们主要劳动对象的土地从大农民和更大的封建主私人占有中夺取过来，而变作由农业工人的合作团体共同耕种的社会财产时，他们才能摆脱可怕的贫困。"① 可见，社会主义要消灭私有制，实现全体劳动者对生产资料的直接占有，必须是劳动者的联合占有。马克思恩格斯在《德意志意识形态》中说："占有只有通过联合才能得到实现"，"联合起来的个人对全部生产力总和的占有，消灭着私有制。"② 由于合作社会主义是建立在社会化大生产的条件下的，所以生产工具及其他生产资料，都不可能像小生产条件下那样由劳动者个人所占有和使用，而必定要由全体社会成员联合地占有和使用。也就是说，对于生产资料的个人所有权，由于生产的社会化、机器化和生产资料的庞大化、整体化、不可能真正分割为以个人占有的方式出现，而只能以社会整体性地共同占有的方式表现出来。马克思强调，新社会的"这种财产不再是各个互相分离的生产者的私有财产，而是联合起来的生产者的财产，即直接的社会财产。"③ 这样，个人的所有权与其表现形式的社

---

① 恩格斯：《〈德国农民战争〉序言》，载《马克思恩格斯选集》第 2 卷，人民出版社 1972 年版，第 295 页。
② 马克思、恩格斯：《德意志意识形态》，载《马克思恩格斯选集》第 1 卷，第 75 页。
③ 马克思：《资本论》第 3 卷，人民出版社 1975 年版，第 494 页。

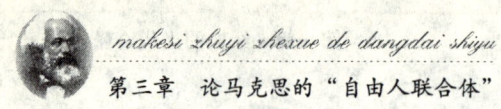

会共同占有权,就有了一定层次上的分离。社会以一定的共同体组织,如合作社等来行使占有权,但它又不妨碍由劳动者自己自由地行使由所有权所派生出的使用权,从而实现劳动者的劳动创造权利,成为保障劳动者自主劳动、自由发展的客观条件。

(三)联合的生产方式

合作社会主义以劳动合作和资本合作的统一为基本原则,从而实行"联合的生产方式"。这一点,既已普遍体现于一般的合作社中,更体现于合作制发展的高级形态——自由人联合体中。但是,对于这种"联合的生产方式"的具体实现形式,马克思主义原有的合作制理论中却缺乏进一步的研究论述,目前学术界也尚未予以应有的关注。而实际上,这个问题在合作社会主义的实践中是一个影响非常重大的问题。可以说,由于在过去相当长的一个时期里,中国、前苏联等社会主义国家对"联合的生产方式"存在着简单化的、片面的,甚至是完全错误的理解,因而在合作社会主义的实践中导致了许多错误的做法,为此付出了沉重的代价。正确的做法应该是遵循列宁在"政治遗嘱"中的有关设想和要求,结合当代社会发展的实际,对实行"联合的生产方式"的具体方式、途径作深入的探讨。其中,应特别注意探讨以下问题:

首先,关于联合的生产方式中的联合劳动问题。

人类社会的劳动生产形式,自从进入近代以来,已发生了重大的变化。从世界的范围来看,19世纪的工业革命已把生产劳动功能从传统社会中的个人和家庭中剥离出来,开始从私人领域进入到了公共领域,从以自己劳动为主的个人性生产活动变成了以集体性的合作劳动为主的社会化大生产活动。合作社会主义正是要在这种社会化大生产的基础上实行联合劳动。不过,由于生产力发展水平及劳动对象、产品、劳动环境等等的不同,联合劳动的具体实现形式可以是多种多样的,其中,正如艾宏扬所指出的,它们可以区分为两种不同的主要类型,即工厂化的联合劳动和社会化的联合劳动。① 所谓工厂化的联合劳动,也就是我们通常所理解的"集体劳动",它的特点一般是由众多的劳动者在同一时间、同一空间(劳动场所),按照一定的分工、统一的工作标准和管理要求进行劳动和生产,彼此协调和配合,不同工序之间相互

---

① 参见艾宏扬:《对改革开放以来我国合作制发展的考察》,载《中国社会科学》1997年第3期,第31-40页。

衔接，上道工序为下道工序提供劳动的对象和资料，有计划地进行协同劳动。所谓社会化的联合劳动，则主要是指劳动者由于社会经济活动的内在联系而进行合作，在社会分工的基础上，按生产中的各个工序或环节进行专业化生产，并彼此提供劳动产品和服务。它的特点是其联合劳动存在着较为自由的合作形式和多样化个性特征。区分这两种不同类型的联合劳动形式有着十分重要的意义。由于传统社会主义国家在合作制实践中把联合劳动简单地等同于工厂化的大集体劳动，否定劳动合作的多样化形式，从而在实行合作化的过程中强制推行集体化，采用"大呼隆"、"归大堆"式的大集体性作业方式，把工厂化的联合劳动当作唯一的社会主义合作劳动方式，取消一切分散劳动和家庭经营等非集体劳动形式，因而导致了集体生产的严重低效率和经济生活的普遍贫困。实际上，如果承认社会化的联合劳动也是联合劳动的主要形式之一，那么建立在专业化、社会化服务基础上的家庭或劳动者个人的分散经营也已经属于社会主义的合作劳动范畴，因为在具有专业化的合作组织格局和社会化的劳动合作形式下，专业化的分工、社会化的服务，已经使家庭经营逐步依赖于合作社组织的各种服务中，被纳入了社会化的合作网络体系，成为整个社会联合劳动的有机组成部分。可以说，在现阶段及今后相当长一个时期里，农业、手工业、智力服务业及科学艺术领域，其社会化的联合劳动形式将主要表现为家庭经营或个体劳动的方式，所以不能把它们看作是非社会主义的、暂时的、过渡性的，而应承认它们的合作社会主义性质。

另外，我们也不能把联合劳动仅仅理解为是直接的生产性领域的劳动合作，而且也应包括在流通、服务性领域的劳动合作，因而我们必须避免以往重生产合作社轻流通、服务合作社的错误，发展多种多样形式的联合劳动。

其次，关于联合的生产方式中的资本合作问题。

马克思的"重建个人所有制"所表达的一个重要思想内涵就是：未来的新型所有制是一种建立在发达的生产力基础上的社会化的财产占有关系，即如马克思所说的，它必须是建立在协作的基础上，建立在生产资料的共同占有基础上。这种生产资料的共同占有，也就是合作制实践中的资本合作原则的体现。但是，生产资料的共同占有所体现的资本合作也与劳动合作一样，可以有多种多样的具体实现形式。特别是在现阶段生产力发展水平还不太高，各个地方社会经济文化发展不够平衡的情况下，资本合作的形式和程度必然是会不同的，我们不能像以前一样为了追求"一大二公"、"越公越好"而作

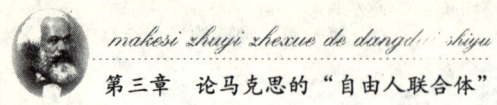

第三章 论马克思的"自由人联合体"

整齐划一的规定,也不应该奢望能够一下子就直接达到全体社会成员对生产资料和劳动成果的完全的、同等程度的占有。也就是说,我们还不能简单地把"共同占有"理解为在同一层面上占有的完全社会化,而是必须允许分层次、分阶段、分范围地逐步实现"共同占有"的发展目标。这一点,在我国目前普遍存在的股份合作制的发展实践中就得到了较为典型的体现,也取得了很好的效果。又如我国目前实行多元化的所有制结构,承认个体、集体、国有等多层次所有制主体都是社会主义的所有制形式,其最终目的就是要通过各种所有制形式使劳动者逐步由无产者变成有产者,在经济上、政治上都成为真正的社会主体,成为能够当家作主的有产劳动者。

三、社会合作共同体

如前所说,马克思所设想的未来理想社会就是一个大"自由人联合体",而这个自由人联合体实际上就是合作社会主义经过长期发展后所达到的高级形态,是一种全体社会成员都能够作为自由人平等充分地进行合作的社会共同体。

(一) 社会合作体系

马克思相信,"不管合作劳动在原则上多么优越,在实际上多么有利,只要它仍然限于个别工人的偶然努力的狭隘范围,就始终既不能阻止垄断势力按照几何级数增长,也不能解放群众,甚至不能显著地减轻他们的贫困的重担。"因此,"要解放劳动群众,合作劳动必须在全国范围内发展。"① 换言之,随着资本主义生产方式逐渐被联合的生产方式所取代,合作社会主义也就从局部的、单一的合作制因素扩展发展为全社会性的合作社制度,实现"在全国范围内和国际范围内进行协调的合作。"② 只有在全国甚至全世界范围内普遍地发展起这种劳动合作制度,才可以说为实现解放全体劳动群众的社会主义和共产主义社会提供了现实基础。

---

① 马克思:《国际工人协会成立宣言》,载《马克思恩格斯选集》第2卷,人民出版社1972年版,第133页。
② 马克思:《法兰西内战》,载《马克思恩格斯选集》第2卷,人民出版社1972年版,第416页。

恩格斯在《法德农民问题》一文中也曾提出了一个合作社会主义发展的著名设想。他认为，除了对待资本家和地主等大私有者可以通过暴力剥夺建立联合的生产方式之外，对于农民等小生产者必须通过示范和为此提供社会帮助来引导他们逐渐转向合作制的生产和占有，在生产力发展水平不断提高，合作经济的优势不断显示出来之后，利用经济自身的而不是行政命令的方式再"逐渐把农民合作社转变为更高级的形式，把这些合作社逐渐变成一个全国大生产合作社的拥有同等权利和义务的组成部分。"① 也就是说，要通过合作社之间的相互联合，实现合作社发展的更高级形态，而这种高级形态的合作社，实际上就是各个合作社作为平等成员参与其中的大联合体。正如恩格斯为马克思的《法兰西内战》的1891年单行本写的导言中说的："公社最重要的法令规定要组织大工业以及工场手工业，这种组织不但应该在每一个工厂内以工人的联合为基础，而且应该把这一切联合体结合成一个大的联盟；简言之，这种组织，正如马克思在《法兰西内战》中完全正确地指出的，归根到底必然要导致共产主义。"② 可见，在马克思恩格斯看来，未来社会作为自由人联合体，就是一个合作制社会，其基本的社会单元就是合作社。在未来的社会经济生活中，会有很多各行各业的合作社，而每一个合作社都是一个小的自由人联合体，整个社会就由这些各行各业、不同类型不同层次的合作社自下而上地组成的合作社联盟，也即一个大的自由人联合体。在这个大联合体中，无论是个人还是单个的合作社，都享有最大的完全的自由平等的权利。

对于马克思主义的这种社会主义社会合作共同体的构想，列宁也是十分赞同的。列宁说："社会主义社会就是一个统一的合作社"，"没有合作组织网，就不可能组织社会主义经济。"③ 正因此，"当资产阶级在政治上和经济上被剥夺以后，苏维埃政权的任务是显然（主要）在于使合作社组织遍及整个社会，使本国的全体公民人人都成为一个全民合作社的社员，或者确切些

---

① 恩格斯：《法德农民问题》，载《马克思恩格斯选集》第4卷，人民出版社1972年版，第310–314页。

② 恩格斯：《马克思〈法兰西内战〉1891年单行本序言》，载《马克思恩格斯选集》第2卷，人民出版社1972年版，第333–334页。

③ 列宁：《在莫斯科中央工人合作社代表会议上的讲话》，载《列宁全集》第35卷，人民出版社1985年版，第200–201页。

说,成为全国性合作社的社员",我们需要"找到切实可行的,方便的,对我们适合的形式,从局部的,零散的合作社过渡到统一的全民合作社。……工人合作社应当领导使单个的合作社转变为统一的全民合作社的运动。"① 尽管我们发现列宁晚期的合作制思想与其以前的思想相比发生了重大的转变,但列宁的这种通过合作社的发展扩展建成社会主义,社会主义社会就是一个高度发达的合作制社会的基本观点,却是始终一致的。列宁晚期"政治遗嘱"中对合作社会主义社会所作的总体性构想就是一个很好的证明。②

当然,马克思恩格斯对于如何实现这种社会合作共同体的方法、途径问题只作了一些重要的原则性规定,如在政治上需夺取政权,确立劳动者的政治统治地位、不能用暴力剥夺小农和各类小生产者的权利而只能用示范引导的方法,等等,但是缺乏对具体的实现途径的深入论述。而列宁在其晚期"政治遗嘱"的"合作制构想"中,不仅提出了一个合作社会主义发展的总体性蓝图、一个未来社会共同体的合作网络体系,而且进一步系统地提出了一个关于落实国家建设合作社会主义的具体方法、途径等的总体性构想,为合作社会主义的当下实践和长远发展作出了重大的理论创新,也是列宁对马克思主义的合作社会主义理论的一个重大发展和主要贡献。

(二)真实的共同体

迄今为止,人类社会已形成过各种各样的共同体,大到国家、民族、政党,小到家庭、社区、合作社,在最广泛的意义上说它们都是人类合作的产物,都在不同程度上反映着人类合作的理念和行动。不过,按照马克思主义的看法,总的来说,人类历史上的各种共同体大都是狭隘的、虚幻的共同体,而不是真正普遍性的、真实的共同体。只有在合作社会主义条件下,合作社及其高级形态"自由人联合体"才可能是真正具有普遍性的、真实的共同体。

造成这种不同共同体在性质上的根本区别的,主要是由于它们与个人的不同关系。也就是说,个人在共同体中的地位和作用,决定了一个共同体是真实的还是虚幻的。"在过去的种种冒充的集体中,如在国家等等中,个人自由只是对那些在统治阶级范围内发展的个人来说是存在的,他们之所以有个

---

① 列宁:《〈苏维埃政权的当前任务〉一文初稿》,载《列宁全集》第34卷,人民出版社1985年版,第147-148页。

② 参见朱小鹏:《论列宁最后思想中关于"合作制的社会主义模式"的理论构想》,载《马克思主义来源研究论丛》第二十辑,商务印书馆2000年版。

人自由，只是因为他们是这一阶级的个人。从前各个个人所结成的那种虚构的集体，总是作为某种独立的东西而使自己与各个个人对立起来；由于这种集体是一个阶级反对另一个阶级的联合，因此对于被支配的阶级说来，它不仅是完全虚幻的集体，而且是新的桎梏"。在这种共同体中，个人"不是作为个人而是作为阶级的成员处于这种社会关系中的"，① 因而它在本质上是与个人的存在和自由发展相对立的。也就是说，由共同体所反映的公共利益并不能够或者说并不总是能够代表真正的个人利益，因而共同体往往成了一种"虚幻的共同体"。"正是由于私人利益和公共利益之间的这种矛盾，公共利益才以国家的姿态而采取一种和实际利益（不论是单个的还是共同的）脱离的独立形式，也就是说采取一种虚幻的共同体的形式。"②

  马克思主义是最重视个人问题的。马克思主义的一个基本前提就是肯定了"现实中的个人"是一切社会历史的出发点，也是有关社会历史理论的出发点。马克思对以往社会历史的分析批判，主要着眼点在于它们对人、"现实中的个人"的剥夺和扭曲；同样，马克思对未来合理社会的构想、展望，也主要围绕了个人的全面解放和自由发展而展开，因为没有个人的全面解放和自由发展，也就没有真正的人类社会的解放和发展，"人们的社会历史始终只是他们个体发展的历史。"③ 所以马克思曾从三大社会形态演进的角度，描述了个人如何从对他人的隶属关系，对物的依赖关系等束缚状态中挣脱出来，实现全面解放和自由发展的过程。可见，个人的存在状况、个人的自由和解放，是马克思一生的思想探求的终极价值目标和关怀主体问题。正是由于马克思主义高度重视个人，所以在个人与集体或共同体的关系上，马克思主义反对黑格尔那种把国家这类本质上是"虚幻的共同体"当作终极的价值目标，强调个人具有超越于集体之上的终极价值，任何集体只有使各个个人不仅在其中不再与自己相对立，而且使"各个个人在自己的联合中并通过这种联合获得自由"，才是"真实的集体"。据此来看，未来社会的自由人联合体就是这样一种"真实的集体"，真正的社会合作共同体，因为"在这个集体中个人是作为个人参加的，它是个人的这样一种联合（自然是以当时已经发达的生

---

① 马克思恩格斯：《德意志意识形态》，载《马克思恩格斯选集》第1卷，第82—83页。
② 马克思恩格斯：《德意志意识形态》，载《马克思恩格斯选集》第1卷，第38页。
③ 马克思：《致巴·瓦·安年柯夫》（1846年12月28日），载《马克思恩格斯选集》第4卷，人民出版社1872年版，第321页。

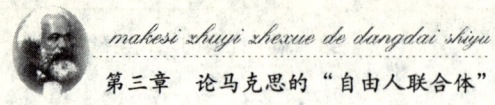

产力为基础的),这种联合把个人的自由发展和运动的条件置于他们的控制之下。"① 合作社通过实行劳动合作和资本合作等合作形式及相应的制度安排,充分保障了个人的各项权利和自由,使合作社及由各种各样的合作社联合而成的联合体能够真正成为独立、自由的个人所组成的合作共同体。

由于社会合作共同体已经成为个人的"真实的集体",所以个人与社会就实现了统一;一方面,社会是自由、独立的个人的联合体,个人的权利和意志能够在这个联合体中得到真实的体现;另一方面,"只有在集体中,个人才能获得全面发展其才能的手段,也就是说,只有在集体中才可能有个人自由。"② 黑格尔把近代"市民社会"看作是"各个成员作为独立的单个人的联合。"③ 其实,资产阶级市民社会还没有能够成为这样一个"真实的集体"。但未来的社会合作共同体,将是一个由真正摆脱了人身依附关系和物的依赖关系之后所形成的独立个体所结合而成的自由人联合体。也正因为如此,同这种自由、独立的个人和联合体相对立的一切虚幻的共同体形式、"冒充的集体"(如国家)就将失去其存在的基础,应予否定和抛弃。马克思指出:劳动者迄今为止都和国家这种共同体形式处于直接的对立中,而国家则凌驾于社会之上,所以劳动者们"他们应当推翻国家,使自己作为个性的个人确立下来"。④ 而随着"由自由平等的生产者的联合体所构成的社会"的出现,"同社会相对立的政府或国家将不复存在!"⑤

四、自然扩展的合作秩序

上述社会合作共同体的实现自然不可能是一蹴而就的,而可能需要经历一个漫长的发展过程,或如列宁所说的,需要整整一两个历史时代。更重要的是,这种发展过程正是马克思所说的"自然历史过程",也就是说,人类合作制度、社会合作秩序的发展更多的是自然演进、自发进化的结果,而不是

---

① 马克思、恩格斯:《德意志意识形态》,载《马克思恩格斯选集》第1卷,第83页。
② 马克思、恩格斯:《德意志意识形态》,载《马克思恩格斯选集》第1卷,第82页。
③ 黑格尔:《法哲学》,商务印书馆1961年版,第174页。
④ 马克思、恩格斯:《德意志意识形态》,载《马克思恩格斯选集》第1卷,第85页。
⑤ 马克思:《论土地国有化》,载《马克思恩格斯选集》第2卷,人民出版社1972年版,第454页。

人为努力和理性设计的结果。实际上，不仅在宏观上的合作社制度的演进是如此，而且在合作社内部的运行管理机制上也应是遵循自然、自发的演变原则的。

然而，在这一点上，传统的马克思主义的一般观点是有所不同的。马克思认为未来社会共同体的生产活动将通过联合进行有计划地调控，马克思说："社会化的人，联合起来的生产者，将合理地调节他们和自然之间的物质变换，把它置于他们的共同控制之下，而不让它作为盲目的力量统治自己；靠消耗最小的力量，在最无愧于和最适合于他们的人类本性的条件下来进行这种物质变换，"①又说："联合起来的合作社按照总的计划组织全国生产，从而控制全国生产，制止资本主义生产下不可避免的经常的无政府状态和周期的痉挛现象。"② 马克思认为资本主义生产方式的一个严重弊端就是由于社会化大生产与资本私人占有的矛盾引起生产的无政府状态和周期性的经济危机，从而造成资源的极大浪费和贫富的巨大悬殊。而针对这一弊端的解决办法，就是采取"联合的生产方式"，通过全国性的统一计划对全社会的生产进行合理的调控，达到最大限度地优化资源配置、提高经济效率、实现社会公平的理想目标。但是，这种集体统一的计划管理方式虽然非常理想，却在理论上、技术上存在着许多难以解决的问题，在当前的实践上难以操作落实。可以说，苏联、中国等社会主义国家在过去几十年所实行的高度集中统一的传统计划经济体制模式很大程度上就是受这种理想设计的影响产生的，在实践中也证明了这种高度集中统一的传统计划管理体制是失败的，存在着许多严重弊端的。著名自由主义经济学家哈耶克认为，人类文明的发展过程实际上就是一个人类合作秩序不断扩展的过程，而这个过程与其说主要是人为的设计，还不如说主要是自然而然的演化："在未经设计的情况下生成的秩序，能够大大超越人们自觉追求的计划。"③ 因此，在他看来，传统社会主义经济失败的一个重要原因就在于社会主义经济活动中所实行的"命令经济"、"计划经济"体制。的确，如果说"计划经济"是传统社会主义运行的基本模式，那么应

---

① 马克思：《资本论》第3卷，人民出版社1975年版，第926—927页。
② 马克思：《法兰西内战》，载《马克思恩格斯选集》第2卷，人民出版社1972年版，第379页。
③ F. A. 哈耶克：《致命的自负》，冯克利等译，中国社会科学出版社2000年版，"导论"第3页。

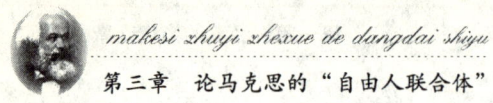

该说"行政命令"是传统社会主义运行的本质特征。它过分夸大了人的主观能动性和理性预期能力,人为地设定了种种"计划规律",并以此为基础,建构了一套超经济强制的行政命令体制,实行一种与"计划——调配"的经济运行机制相适应的"命令——执行"的社会政治化管理机制。结果,或许我们不能说传统社会主义经济是完全失败的,但它至少是长期低效率的,"这样的经济面临四个明显的问题:信息的问题、激励机制的问题、集权化倾向的问题和企业创新的问题。"① 正是由于传统的计划管理体制无法很好地解决这些问题,才使其陷于低效甚至失败的困境。而且这些问题不仅存在于现实的社会主义运动中,只要原有的高度集中统一的计划经济体制不加改革,它们还将困扰着合作社会主义的未来发展,阻碍着实现合作共同体的理想目标。

面对传统社会主义实践所出现的这种"制度悖论",虽然人们从不同的角度得出了自己的观察结论及诊治处方,但大多数人包括许多西方经济学家都把它主要归结为对价值规律等市场经济原则的背弃。曼昆认为:"在共产主义国家中,价格不是市场上决定的,而是由中央计划者指定的。这些计划者缺乏那种在价格对市场力量自由地作出反应时反映在价格中的信息。中央计划者之所以失败,是因为它们在管理经济时把市场上那只看不见的手束缚起来了。"② 所以,社会主义国家的经济要取得成功,就必须恢复市场经济中"看不见的手"对经济活动的引导调节功能。当然,这种强调自由主义市场经济的重要性的观点是自亚当·斯密到哈耶克、萨缪尔森的西方经济学的一个主要传统,他们据此推论社会主义国家计划经济的失败原因也是十分有针对性的。的确,合作社会主义国家计划经济运行,必须吸纳市场经济中的一些基本原则,使合作制与市场经济达到有机的融合;必须建立一整套可进行合理计算的可操作性制度安排,以便保证对成本的科学核算、对劳动的有效监督和对经济活动的自由决策,等等。更重要的是,"亚当·斯密的最伟大贡献在于他在经济学的社会世界中窥测到了牛顿在天空的物质世界中所观察到的东西:即自行调节的自然秩序。"③ 它启示我们,对于任何社会经济制度来说,

---

① 伯特尔·奥尔曼编:《市场社会主义——社会主义者之间的争论》,段忠桥译,新华出版社2000年版,第9页。

② 格里高利·曼昆:《经济学原理》上册,梁小民译,三联书店、北京大学出版社联合出版1999年版,第10页。

③ 萨缪尔森:《经济学》,中国发展出版社1992年版,第1275页。

制度、秩序的发展演化虽然有赖于人类的理性设计和主观追求的努力，但更是一个自行调节演化的自然历史过程。因此，各种形式的过多的人为作用特别是来自国家或政府的政治权力的强制干预不仅不能促进社会经济制度的合理发育，反而会揠苗助长。这是一种自然主义的发展观。这种自然主义的发展观并不独为斯密等人所持有，而是曾被历史上一些杰出深邃的思想家所一再地发现和阐明，像中国古代的道家就以这种自然主义的思想而著称，他们倡导自然无为，遵循自然而然的演化之道，反对人的过度作为特别是政治权力的强作妄为，对我们认识社会历史和人生极富启迪意义。甚至也不能说马克思就没有这种自然主义的发展观，因为他曾强调社会历史发展是一个"自然历史过程"，强调在未来的社会合作共同体中"自由的、联合的劳动的社会经济规律的自发作用"①显然，他是承认社会合作秩序的自然扩展性质的，只是他在设想未来社会合作共同体的具体运行方式时，过于相信了集中统一的计划调节的简便性和可操作性。

当然，纯粹的自由市场经济的自然发展原则并不是万能的。西方发达的市场经济国家在获得经济发展的同时，也普遍存在着诸如经济危机、贫富悬殊、资源浪费、环境破坏、人性异化等社会经济问题，存在着"囚徒困境"中的两难境遇。而要解决这种把"看不见的手"变成了"看不见的肘"的"囚徒困境"，正需要大力发展社会合作制度，坚持实行合作制原则，通过社会合作制度的普遍发展打造出人类的诺亚方舟，最终驶向真正的合作社会。

---

① 马克思：《法兰西内战》，载《马克思恩格斯选集》第2卷，人民出版社1972年版，第417页。

第四章

马克思主义关于"社会主义就是合作制"的思想

社会主义与合作制的关系问题一直是马克思主义社会主义理论中的一个重大问题,也是前苏联、东欧、中国等落后国家社会主义实践中的一个重大问题。当前,我国随着社会主义市场经济的发展,以股份合作制为代表的各种合作经济、合作制组织的蓬勃发展,更使这一问题有必要在理论上进行深入的研究。为此,我们有必要围绕"社会主义与合作制"这一主题,通过认真地考察研究马克思主义的合作制理论,特别是列宁晚期关于"合作制的社会主义"的理想构想,阐明马克思主义关于"社会主义就是合作制"的基本观点。

一

长期以来,我们对马克思主义、社会主义的一些最基本的理论问题并没有清楚、正确的认识。邓小平同志说:"我们总结了几十年搞社会主义的经验。社会主义是什么,马克思主义是什么,过去我们并没有完全搞清楚。"[1]因此,从中国几十年社会主义发展历史中得到的"最根本的一条经验教训,

---

[1] 邓小平:《改革是中国发展生产力的必由之路》,载《邓小平文选》第3卷,人民出版社1993年版,第137页。

就是要弄清什么叫社会主义和共产主义，怎样搞社会主义。"① 当然，改革开放以来，邓小平建设有中国特色社会主义理论已从一些最根本的原则上对什么是社会主义、怎样建设社会主义作了科学的回答。关于合作制与社会主义的关系及它的发展前景问题，仍是我们还没有完全搞清楚而又十分重要的一个问题。我们必须从马克思主义、社会主义的基本原理出发，结合我国的国情，结合我国社会主义的历史和实践两方面经验，给予实事求是的、深入的探索。而要做到这一点，就需要我们首先来回顾和重新考察一下马克思主义经典作家们对社会主义与合作制这一问题的基本看法。

马克思、恩格斯对社会主义的构想，是建立在对资本主义的批判否定基础上的。马克思发现，近代欧洲资本主义的产生和发展，有一个基本的条件，即劳动与资本的分离和对立。劳动与资本的分离和对立，一方面确立了资本的绝对权威，资本家正是通过张扬资本的权利进行剥削的，资本成了少数人脱离劳动、不劳而获地食利、赢利的工具；另一方面它又造成了成千上万因一无所有而不得不从事雇佣劳动的所谓"自由劳动者"，这些自由劳动者绝大多数是从以自己劳动为基础的小私有者的资本原始积累的冲击之下破产而来的。也就是说，资产阶级的统治实际上是一种资本的统治，而资本的统治是建立在以牺牲千百万劳动者特别是传统农民和广大农村为代价的基础之上的。《共产党宣言》指出："资产阶级生存和统治的根本条件，是财富在私人手里的积累，是资本的形成和增殖；资本的条件是雇佣劳动。"② 马克思认为，这种资本对劳动的统治以及由此产生的剥削、压迫和贫富悬殊、两极分化的现象，劳动者被剥夺、劳动权利被否定的劳动异化现象，社会化大生产与私人占有的矛盾现象，这正是资本主义社会所不可克服的致命缺陷。正因为如此，马克思指出，资本主义生产方式及其社会制度必将被更为合理的社会主义制度所取代。

在马克思主义看来，社会主义代替资本主义，其中一个基本内涵就是确立劳动权利，消除资本对劳动的统治。而要做到这一点，一个最重要的途径就是要废除资产阶级的所有制，实现由劳动者直接而且共同地占有生产资料，

---

① 邓小平：《社会主义必须摆脱贫困》，载《邓小平文选》第3卷，人民出版社1993年版，第223页。
② 马克思、恩格斯：《共产党宣言》，载《马克思恩格斯选集》第1卷，人民出版社1995年版，第284页。

第四章 马克思主义关于"社会主义就是合作制"的思想

并在此基础上进行联合劳动。这正如恩格斯指出的:"工业工人只有当他们把资产者的资本,即为生产所必需的原料、机器和工具以及生活资料变成社会财产,即变成自己的、由他们共同享用的财产时,他们才能解放自己。同样,农业工人,也只有当首先把他们的主要劳动对象即土地从大农民和更大的封建主私人占有中夺取过来,而变作社会财产并由农业工人的合作团体共同耕种时,他们才能摆脱可怕的贫困。"① 可见,社会主义要消灭私有制,实现全体劳动者对生产资料的直接占有,必须是劳动者的联合占有。马克思、恩格斯在《德意志意识形态》中说:"占有只有通过联合才能得到实现","随着联合起来的个人对全部生产力的占有,私有制也就终结了。"②

为什么马克思、恩格斯要强调在未来的理想社会里,代替资本主义私有制的,应是以联合的方式集体地占有的社会财产呢? 因为随着近代资本主义的发展,生产活动已是社会化大生产,劳动不再是纯个人的劳动而是社会化的联合劳动,所以未来社会要恢复到资本主义以前曾普遍存在的个人的、以自己单个劳动为基础的私有制既不可能也没有意义。这种联合占有、联合劳动的新型制度形式就是合作制。而在马克思、恩格斯看来,这种合作制就是社会主义。马克思说:"劳动的政治经济学对资本的政治经济学取得了一个更大的胜利。我们说是合作运动,特别是由少数勇敢的'手'独力创办起来的合作工厂。对这些伟大的社会试验的意义不论给予多么高的估价都是不算过分的。工人们不是在口头上,而是用事实证明:大规模的生产,并且是按照现代科学要求进行的生产,在没有利用雇佣工人阶级劳动的雇主阶级参加的条件下是能够进行的;他们证明:为了有效地进行生产,劳动工具不应当被垄断起来作为统治和掠夺工人的工具,雇佣劳动,也像奴隶劳动和农奴劳动一样,只是一种暂时的和低级的形式,它注定要让位于带着兴奋愉快心情自愿进行的联合劳动。"③ 正是在这一意义上,马克思、恩格斯对著名的空想社会主义者欧文提出并试验的联合劳动、联合消费和联合教育的合作村社制度

---

① 恩格斯:《〈德法农民战争〉序言》,载《马克思恩格斯选集》第2卷,人民出版社1995年版,第630页。

② 马克思、恩格斯:《德意志意识形态》,载《马克思恩格斯选集》第1卷,人民出版社1995年版,第130页。

③ 马克思:《国际工人协会成立宣言》,载《马克思恩格斯选集》第2卷,人民出版社1995年版,第605-606页。

给予了高度评价,因为它在理论和实践上都初步证明了,在现代的社会化生产过程中,无论商人或工厂主决不是不可缺少的,通过变革现代工厂制度、企业制度,劳动者可以用自由的联合方式实现对生产资料的共同占有和自觉自愿的有效劳动。所以合作制的出现是对现存资本主义进行社会改造的起点,是走向社会主义社会的突破口:"工人自己的合作工厂,是在旧形式内对旧形式打开的第一个缺口,虽然它在自己的实际组织中,当然到处都再生产出并且必然会再生产出现存制度的一切缺点。但是,资本和劳动之间的对立在这种工厂内已经被扬弃,虽然起初只是在下述形式上被扬弃,即工人作为联合体是他们自己的资本家,也就是说,他们利用生产资料来使他们自己的劳动增殖。"①

不过,针对欧文等人把合作制实践仅限于小范围里的试验而脱离于整个社会的缺陷,马克思强调:"不管合作劳动在原则上多么优越,在实际上多么有利,只要它仍然限于个别工人的偶然努力的狭隘范围,就始终既不能阻止垄断势力按照几何级数增长,也不能解放群众,甚至不能显著地减轻他们的贫困的重担,"因此,"要解放劳动群众,合作劳动必须在全国范围内发展。"② 只要在全国范围内普遍地发展起这种合作劳动制度,——尽管这往往需要劳动者首先通过政治革命夺取政权,为这种合作制的普遍发展创造必要的政治保障——才可以说为实现解放全体劳动群众的社会主义和共产主义社会提供了现实基础。所以,马克思、恩格斯把合作制看作是否定资本主义、走向未来的合理社会形式的过渡环节和基本形式,马克思说,资本主义的股份企业和合作工厂,都"应当被看作是由资本主义生产方式转化为联合的生产方式的过渡形式,只不过在前者那里,对立是消极地扬弃的,而在后者那里,对立是积极地扬弃的。"③ 恩格斯也指出:"至于在向完全的共产主义经济过渡时,我们必须大规模地采用合作生产作为中间环节,这一点马克思和我从来没有怀疑过。"④ 我们知道,社会主义一般被公认为是马克思主义所设

---

① 马克思:《资本论》,载《马克思恩格斯选集》第 2 卷,人民出版社 1995 年版,第 520 页。
② 马克思:《国际工人协会成立宣言》,载《马克思恩格斯选集》第 2 卷,人民出版社 1995 年版,第 696 页。
③ 马克思:《资本论》,载《马克思恩格斯选集》第 2 卷,第 520 页。
④ 恩格斯:《致奥·倍倍尔(1886 年 1 月 20—23 日)》,载《马克思恩格斯选集》第 4 卷,人民出版社 1995 年版,第 675 页。

第四章 马克思主义关于"社会主义就是合作制"的思想

想的由资本主义社会转向完全的共产主义社会的过渡形态或者说中间环节，既然马克思、恩格斯把合作制也看作是由资本主义转向完全的共产主义的过渡形态、中间环节，那么它们实际上可以说是同一个东西：社会主义就是合作制，合作制即是社会主义。当然，马克思、恩格斯本人还没有直接作过这种明确的表述，但这一点在列宁那里得到了明确的肯定。列宁在其最后的"政治遗嘱"中强调，俄国在推翻沙皇及资产阶级的剥削统治，广大劳动者通过工农苏维埃掌握了国家政权的条件下，就需要大力发展各种形式的合作制，通过合作制来建设和发展社会主义。列宁认为，有了全体居民的合作化，这就是建成社会主义所必需的一切了："我们通过合作社，而且仅仅通过合作社，……来建成完全的社会主义社会。"① 明确地把未来新型的社会主义制度看作是一种社会合作制度，这是列宁对马克思主义合作制理论的重大发展，但其思想源头及基本精神仍可在马克思、恩格斯那里找到。所以笔者把马克思、恩格斯特别是列宁的这一思想称之为"合作制的社会主义"的思想，（有关马克思、恩格斯、列宁的"合作制的社会主义"思想的具体内容，笔者另有系列性专文探讨②）应该说是有根据的。

二

长期以来，我们大多数人普遍地把合作制仅仅看作是改造小农和小工商业，引导传统的小生产向现代化大生产过渡的形式，它基本上还属于资本主义性质，其本身还不是社会主义，至少还不是纯粹的社会主义，因而实行合作制，只是暂时的、过渡性的，它还需要进一步引导向真正的即纯而又纯的社会主义。我们看到，上述马克思主义经典作家的有关思想，无疑对我们这些原有的合作制观念和社会主义观念具有正本清源的作用。这是因为，第一，这涉及如何理解合作制的不同性质问题。马克思、恩格斯、列宁都认为，合作制在本质上是中性的，其社会属性取决于那个国家的政权性质。合作制首

---

① 列宁：《论合作制》，载《列宁全集》第43卷，人民出版社1987年版，第362页。
② 朱晓鹏：《论列宁晚期"合作制的社会主义"的思想》，载《河北大学学报》（哲社版）1997年第2期；《再论列宁晚期"合作制的社会主义"的思想》，载《河北大学学报》（哲社版），1998年第1期；《合作制·股份合作制·中国社会主义道路》，《社会主义研究》1998年第1期等。

先是以合作工厂的形式在资本主义出现的,"毫无疑问,合作社在资本主义条件下是集体的资本主义组织"。① 但当"国家政权已掌握在工人阶级手里,剥削者政权既已推翻,全部生产资料(除工人国家暂时有条件地自愿地给剥削者一部分生产资料外)既已掌握在工人阶级手里,情况大变了……单是合作社的发展就等于(只有上述一点'小小的'例外)社会主义的发展"。② 也就是说,在无产阶级掌握国家政权和土地、金融、资源、交通运输等全部生产资料和经济命脉的条件下,合作制的性质就是社会主义的。正因此,马克思、恩格斯、列宁都强调建立合作劳动制度的前提是"夺取政权",是进行全面的社会革命,把国家政权从资本家和大地主手中转移到生产者本人的手中,从而可以保证合作制具有不同于资本主义的性质。

第二,马克思、恩格斯、列宁认为,合作制本身就是一种新型的社会制度形式,因而我们通过合作制就可以建成社会主义。马克思主义的合作制理论并不仅仅是改造小农和小工商业的理论。实际上,马克思、恩格斯倒是较多地从改造资本主义工业生产的角度来探讨建立合作社或合作工厂的问题,而只是在晚期针对俄、中等农业小生产占优势的国家时才较为关注作为改造小农生产的农业生产合作制。可见他们把发展合作制看作是建立一个包括工业和农业、生产和流通各个领域的新型社会合作制度。列宁在"政治遗嘱"中更是明确地提出要在城市和乡村,在农业、工业、商业各个领域,大力发展各种类型的合作社,使整个社会都普及合作社制度。所以列宁认为,在俄国这样的社会主义国家,发展合作制就等于发展社会主义。而且,这种"合作制的社会主义"不可能是短暂的,反而有可能是一个非常漫长的过渡时期,需要"整整一个历史时代",因而这个过渡时代本身就应是属于社会主义的而不是资本主义之类的。由此也可见,在俄国和中国这些开始进行社会主义实践的国家,如果要一味地追求"纯粹的"或"真正的"社会主义,看不到发展合作社的社会主义意义,而要把合作制排斥于社会主义之外,急急忙忙地要跨越"合作制的社会主义"的发展阶段的做法是错误的。

遗憾的是,马克思、恩格斯、列宁的"合作制的社会主义"的设想没能真正付诸实践,或者说在当代社会主义实践中受到了很大的扭曲。无论是前

---

① 列宁:《论合作制》,载《列宁全集》第43卷,人民出版社1987年版,第366页。
② 列宁:《论合作制》,载《列宁全集》第43卷,人民出版社1987年版,第367页。

第四章 马克思主义关于"社会主义就是合作制"的思想

苏联搞的集体农庄,还是中国 20 世纪 50 年代以来的合作化运动和人民公社制度,都与马克思、恩格斯、列宁合作思想的本意有相当大的距离,并且由此产生了十分严重的恶果。笔者认为,没有弄清楚马克思主义有关社会主义与合作制的思想,是导致前苏联、中国整个社会主义运动遭受巨大挫折的一个深刻原因。而邓小平同志提出的应搞清楚什么叫马克思主义和社会主义、怎样搞社会主义的问题,实应包括社会主义与合作制的关系这一重大问题。其实,这个重大问题对于像列宁这样伟大的马克思主义者也不是一下子就能搞清楚的,而是也存在着一个不断丰富、深入甚至由错误转向正确(如由战时共产主义时期的合作制思想到最后的"政治遗嘱"中的"合作制的社会主义"的思想就存在着根本的区别)的发展过程,这正像列宁自己在"政治遗嘱"中所总结的,以往"我们忘记了合作社",对合作社的巨大意义仍然估计不足;而通过对合作制的重新认识,"我们不得不承认我们对社会主义的整个看法根本改变了。"① 而且它进一步使我们"根本改变了社会主义建设的方法和形式。"② 我们现在重温马克思主义经典作家们关于合作制的思想,恐怕也需要从根本上改变一个我们对社会主义的传统观念了。而事实上,自改革开放以来,我国城乡包括股份合作制在内的各种合作制的发展给我国社会主义现代化建设所带来的勃勃生机,其成功经验就证明了马克思主义的"社会主义就是合作制"思想的正确性和生命力,值得我们深入总结研究。

---

① 列宁:《论合作制》,载《列宁全集》第 43 卷,人民出版社 1987 年版,第 367 页。
② 列宁:《工会在新经济政策条件下的作用和任务》,载《列宁全集》第 4 卷,人民出版社 1972 年版,第 582 页。

第五章

马克思对落后国家社会主义道路的探索

落后国家的发展与现代化问题是当今世界最重大的时代课题之一。而走社会主义道路就是当代许多落后国家为寻求发展和现代化而作的一种选择。那么，落后国家为什么能够走上社会主义道路呢？它们应该如何正确地走上社会主义的发展道路、从而开创出自己独特的现代化进程呢？我们认为，就这些重大的理论上和实践上的问题来说，马克思的探索是极富有启发意义的。马克思作为科学社会主义和唯物史观的主要创立者，不仅系统地研究了人类社会发展从资本主义向社会主义过渡的一般规律，而且还深入研究了不同类型的国家（如西欧发达资本主义国家和东方落后国家）走向社会主义道路的特殊规律。因此，马克思实际上也最先探讨了东方等落后国家率先走上社会主义的可能性及其特殊道路问题，形成了有关的理论构想。

从马克思的思想发展过程来看，在不同时期，马克思对不同国家和地区走向社会主义道路的问题的探讨有着不同的侧重点。在 19 世纪 70 年代以前，马克思科学社会主义研究的重心是关于西欧各国资本主义产生的历史必然性和发展的有限性等历史规律，描述了西欧发达资本主义社会走向社会主义的发展道路。而马克思对西欧社会以外的落后国家的社会主义道路进行深入的、最富有成果的探索，主要是从 19 世纪 70 年代开始的，其主要成果反映在近一个世纪后的今天才广为人知的晚年马克思的大量人类学、古代社会史笔记及有关通信中。可以说，马克思晚期从事理论活动的一个最重要的思想动机

第五章　马克思对落后国家社会主义道路的探索

和理论主题，就是探索俄国等落后国家如何走上社会主义道路的问题。① 西方一些学者在研究和阐释马克思晚年思想的主题时，强调晚年马克思是一位向早年的人道主义思想回归的"文化人类学家的马克思"。② 这种见解是非常片面和不符合实际的。显然，马克思在他生命的最后10多年中基本上暂停了他"一生的黄金时代的研究成果"，即未完成的《资本论》的创作和修订，而忍受了各种磨难坚持不懈地作了几万页的读书笔记和若干重要通信，其主要目的绝不是为了建立一门人类学的新学科，它所包含的意义要更深远得多。实际上，马克思晚期是想下大功夫利用古代社会史和人类学等资料，研究前资本主义社会的历史过程、特别是落后国家的历史发展道路，揭示广大的落后国家实现社会主义、走向现代化的发展的具体可行的途径，为整个人类社会的解放探索多样化的前景。正因此，马克思晚年的探索清楚地表明，马克思关于社会主义的构想完全不只是主张社会主义的实现只能沿着西欧发达资本主义国家一条道路演进的死板公式，而是坚决反对把世界历史过程简单地机械地挤压到西欧模式中去，强调世界历史发展中个别与一般、特殊性与普遍性、民族性与世界性的辩证统一。显然，马克思晚年的这些探索极大地丰富了马克思主义的历史哲学。

突出地表现了马克思晚年的这种思想探索的一个重要实例，就是他曾着重探讨了落后的、半文明的俄国社会能不能经历完整充分的资本主义发展阶段而直接走上社会主义的发展道路问题，探讨了俄国农村公社作为俄国社会新生的"支点"问题等。通过这些探讨，晚年马克思形成了一个著名的"跨越卡丁夫峡谷"的理论构想，即认为落后国家有可能在一定条件避开或跨越资本主义的发展阶段而直接走向社会主义的发展道路。③

那么，晚年马克思形成的"跨越卡夫丁峡谷"的构想根据何在呢？马克思在《资本论》等著作中曾对在发达资本主义条件下走向社会主义的道路有过科学的论证。虽然在这同时，马克思也探讨过某些落后国家走向社会主义道路的问题，例如早在19世纪40、50年代马克思就曾多次设想过当时相对

---

① 参见朱晓鹏：《论马克思晚年探索"非欧社会"的社会主义道路的理论动机》，载《浙江省委党校学报》1991年第2期。
② T. Bottomore Ed, *A Dictionary of Marxist Thought*, Oxford, 1983, pp. 23–25.
③ 《马克思恩格斯全集》第19卷，人民出版社1963年版，第438页。

落后的德国有可能先于英法等先进国家首先开辟社会主义道路;① 19世纪50、60年代在研究东方社会和"亚细亚生产方式"问题时,马克思已注意到了东方落后国家有不同于西方社会的历史发展道路,并提出了与"欧洲的社会主义"相对照的"中国的社会主义"的概念,② 但是,对于广大落后国家在非资本主义的甚至在较原始的社会发展阶段的基础上,为什么有可能直接走向社会主义的发展道路问题,马克思还没有进行深入具体的研究。这个重要工作成了马克思19世纪70年代后的主要任务。从现存的大量笔记和通信可以看出,晚年马克思还是反复思考过这一问题的。因此,我们不妨将其有关的基本思想略作考察和概括。

一、不同社会类型与社会发展的统一性和多样性

人类社会的历史过程既有其统一性,又有其多样性。就社会发展的多样性来说,其客观基础首先在于不同社会类型的存在。从社会历史特点上看,西欧社会与广大落后国家,分属于不同的社会类型,因而它们的社会发展道路也就显得各不相同。马克思认为,近现代资本主义的"历史必然性"主要限于西欧各国,这是从一种私有制形式变成另一种私有制形式的历史运动,有着其特有的孕育和成长的演变过程;相反,东方落后国家由于所处的历史环境和它"毫无相似之处",所以走着各种各样不同于西欧社会的发展道路。③ 马克思晚期的笔记、通信就十分注意将落后国家特有的社会性质与西欧社会区别开来。例如,马克思认为许多落后国家的土地私有化运动都不彻底,土地所有权没有真正高度集中起来形成像欧洲那样的封建大庄园制经济,而基本上是一种以小块土地为主的小农经济,因此马克思反对柯瓦列夫斯基力图证明印度的公社土地所有制的瓦解有一个同西欧一样的"封建化"过程的看法。④ 晚年马克思很可能希望通过全面研究各种前资本主义的、非资本主义的社会历史过程,特别是原始社会后期和文明社会初期土地所有制关系的演

---

① 参见马克思恩格斯:《共产党宣言》及1856年马克思致恩格斯的信等。
② 《马克思恩格斯全集》第7卷,人民出版社1959年版,第265页。
③ 《马克思恩格斯全集》第19卷,第43页。
④ 《马克思恩格斯全集》第45卷,人民出版社1985年版,第284页。

变、原始公社的解体和国家形成的各种途径,等等,揭示不同类型社会的历史发展的具体的多样化的道路。这样,从不同社会类型的国家以及不同的历史道路,可以进一步看出它们走向社会主义的历史起点、社会环境是各不相同的,因而它们走向社会主义的具体途径必定也是多样化的。这种多样化不但不会影响它们在总的发展方向上的统一性,反而会体现着其统一性,正如列宁说的:"世界历史发展的一般规律,不仅丝毫不排斥个别发展阶段在发展的形式或顺序上表现出特殊性,反而是以此为前提的。"① 广大的落后国家完全不必把西欧社会的发展道路当作典型的模式跟在后面亦步亦趋,而有可能开创出自己特有的社会主义发展道路。

二、"世界历史"时代与社会发展的跳跃性

不同社会类型所具有的多样化的发展道路是与社会发展过程的跳跃性直接相联系的。马克思看到,古代日耳曼人的农村公社在罗马帝国的废墟上蜕变出封建制度以及西欧从封建制度的基础上产生出资本主义社会这样一种历史演进过程,并没有在其他的社会类型里普遍地重复出现,相比之下,其他社会类型却经常表现出各种跳跃性的发展过程。马克思的晚年笔记就曾从梅恩的《古代法制史讲演录》中摘录过大量由原始形态直接产生封建制的材料和观点。特别是到了近现代,人类社会发展正在实现由区域性的"民族历史"向一体化的"世界历史"的转变,② 因而它将世界纳入了同一轨道或同一发展方向,使以前曾长期在较原始落后的发展阶段上徘徊的一些国家和地区突然自觉不自觉地走出了闭关锁国的历史环境,日益淡化了民族的隔绝和对立,结束了孤立的缓慢的自我发展过程,卷入了各种社会作为统一的人类共同体的相互作用、相互发展的历史洪流中去,这样就使某些落后国家和地区在现代化的进程中更有可能实现某种跳跃性的发展。正是在这一意义上,马克思在谈到俄国农村公社的前途时强调指出:"正因为它和资本主义生产是同时代的东西,"正因为它恰好处在人类总体文明程度已经较高并和资本主义生产所统治的世界市场联系在一起的现代环境中,所以,它只要吸收资本主义时代

---

① 《列宁全集》第43卷,人民出版社1990年第2版,第370页。
② 《马克思恩格斯全集》第1卷,人民出版社1971年版,第39页。

的"一切肯定的成果",发展并改造它的农村公社的古代形式,它就有可能不通过资本主义制度的"卡夫丁峡谷"而获得新的生命,直接进入社会主义的发展道路。①

三、现代社会的国际环境国内条件已经使许多落后国家不可能再重复西欧资本主义所走过的发展道路

西欧资本主义的成长经过了几百年的长期积累和发展的过程,其中,既有圈地运动、海外掠夺、殖民地剥削、不平等贸易等原始积累,又有缓慢地脱胎于封建社会结构内部的自治城市、证券交易制度、银行、合理的资本会计制度等一系列保证资本主义运行的自由经济制度的发展过程。欧洲以外的落后国家大都没有独立地从自身内部产生出近代资本主义,而在资本主义运动所带来的"世界历史"性发展的背景下的今天,它们又已经没有可能也没有必要利用外部力量的影响去重复西方资本主义的发展道路。因为第一,现代社会的飞速发展状况已不允许大多数落后国家再用相当长的时间来顺利经过西方资本主义发展的漫长过渡历程,而且现代国际的政治、经济秩序已不利于落后国家进行资本原始积累和建立独立的经济秩序。这样,即使落后国家走上了资本主义道路,也难以有很快和很大的发展,而只会跟在先进的资本主义国家后面亦步亦趋,甚至"会失去当时历史所能提供给一个民族的最好机会,而遭受资本主义制度所带来的一切极端不幸的灾难。"② 第二,新老殖民主义使落后国家难以获得独立的发展。广大落后国家以前都在不同程度上沦为西方资本主义发展的牺牲品,具有殖民地半殖民地的性质,直到20世纪,还面临各种形式的"新殖民主义"的包围。正如美国著名历史学家 L. S. 斯塔福诺斯说的,"20世纪对于落后国家来说是一个非殖民化与新殖民主义混合纠缠的世纪。"③ 这样,落后国家与西方资本主义、殖民主义国家的矛盾也就始终存在,西方资本主义、殖民主义国家为了自身的利益要极力限制、控制落后国家的发展,而落后国家为了摆脱这种限制和控制,往往也就拒绝

---

① 《马克思恩格斯全集》第19卷,第431页。
② 《马克思恩格斯全集》第19卷,第444页。
③ L. S. Stavrianos: *Global Rift, the Third World Comes of Age*, York, 1981. P. 42.

进入资本主义的世界体系,而选择社会主义的道路。

四、具有顽强生命力的农村公社有可能成为某些落后国家走向社会主义道路的新生"支点"

马克思认为,俄国等国的农村公社由于其所固有的财产公有形式和私有形式长期混存的二重性而构成了它的强大生命力的源泉。与俄国公社的生命力相比,资本主义社会不但其生命力非常脆弱,而且处于周期性的危机状态。这种危机只能随着资本主义的消亡、现代社会回复到"古代"类型的公有制而最终结束。① 可见,农村公社的新生是符合未来社会回复到"古代类型的最高形式",即全体人民的集体生产和集体占有制度的历史发展方向的。而且,在俄国迄今还不存在能彻底破坏这种公社结构的"历史环境",那些将会导致它们解体的原因,"是那些阻碍它们通过一定发展阶段的经济条件,是和现代俄国公社的历史环境毫无相似之处的历史环境。"② 既然这样,这些农村公社的解体就并没有必然性、必要性,完全可以设法避免,并使之成为新社会产生的"支点"、成为跨越资本主义"卡夫丁峡谷"的桥梁。

正是基于上述看法,马克思认为,落后国家存在着直接过渡到社会主义道路上去的可能性。但是,马克思同时也没有否认某些落后国家存在着走向资本主义道路的可能性。例如,他在分析俄国农村公社的二重性时指出:"农业公社的构成形式只能是下面两种情况之一:或者是它所包含的私有制因素战胜集体所有制因素,或者是后者战胜前者。一切都取决于它所处的历史环境,……先验地说,两种结局都是可能的,但是,对于其中任何一种,显然都需要有完全不同的历史环境。"③ 针对俄国社会未来发展的两种可能性,马克思强调要使农村公社成为俄国社会新生的支点,首先必须肃清从各个方面向它袭来的破坏性影响,创造一个有利的"历史环境","保证它具备自由发展所必需的正常条件。"那么,这些正常条件是什么呢?这就是排除国家的专制统治、排除资本主义私有制的发展,等等。而要做到这些,"就必须有俄国

---

① 《马克思恩格斯全集》第19卷,第129页。
② 《马克思恩格斯全集》第19卷,第432页。
③ 《马克思恩格斯全集》第19卷,第433页。

革命"。① 只有人民革命，才能创造落后国家跨越资本主义、走向社会主义道路的现实条件。历史事实表明，马克思完全正确地预见到了人民革命在俄国等广大落后国家走向社会主义进程中的重大作用。

总之，马克思通过探索落后国家的社会主义道路，逐渐形成了"跨越卡夫丁峡谷"的著名构想，丰富、发展了科学社会主义、唯物主义历史观的一系列基本原理，为广大的落后国家走向现代化、特别是走向社会主义的现实发展道路，提供了宝贵的多方面的思想启迪。俄国、中国等较落后国家首先开辟了社会主义的道路，既不是"历史的误会"，也没有完全超出马克思的预料，而只是部分地修正了他的某些设想，证实了他在晚年所提出的伟大的科学预见，即在一定的历史条件下，经济文化比较落后的国家有可能直接过渡到带有各自特殊性的社会主义发展道路上去的理论构想。当然，马克思对落后国家社会主义道路的探寻及其构想，是未完成的、有些还只是初步的。实际上马克思更多的是提出问题，而不是最后完全解决了问题，因为晚年马克思没来得及完成他自己所提出的这一巨大的时代课题，更因为社会历史本身还没有发展到可以真正解决这些问题的程度。

到了20世纪初，探寻落后国家的社会主义道路问题，不仅作为理论上的重大时代课题，而且作为革命实践中的迫切需要重新摆到了议事日程上来，引起了许多马克思主义者的探索，列宁就是其中杰出的代表。列宁在这方面一个最大的贡献就在于，他继承和发展了马克思对落后国家社会主义道路的探索的基本思想和辩证方法，不仅在理论上明确地系统地论证了根据社会的政治、经济和革命发展的不平衡规律，少数甚至一个落后国家可以首先开辟社会主义道路的思想，而且在实践上把理论构想勇敢地付诸行动，取得了十月社会主义革命的胜利，开始了苏维埃社会主义建设的伟大实践。这样，马克思所开始的探索就第一次结出了丰硕的果实。它为广大落后国家随后走上社会主义的现实道路树立了光辉的榜样，在社会主义运动史上揭开了崭新的一页。

---

① 《马克思恩格斯全集》第19卷，第435页。

第六章

马克思晚年探索"非欧社会"的
社会主义道路的理论动机

马克思是一位有着强烈的社会责任感的杰出思想家,他毕生都把为人类解放而奋斗作为自己最崇高的使命,因此,他的思想和行为的一个最大特点就是紧紧地围绕着这个主题运转。

一

以前,有不少西方学者认为,马克思毕生只研究了欧洲社会,对欧洲以外社会的研究甚少、知之不多,更没有料想到进入20世纪以来这些地方风起云涌的社会主义运动。如爱德华·H·卡尔说:"马克思很少考虑殖民地问题,因为他并没有想到世界上殖民地和落后地区会被要求在推翻资本主义的斗争中起任何作用。"其实,马克思并非如这些西方学者所指责的那样,是思想僵化的具有狭隘的民族优越感的人,他十分清楚的意识到了新时代的主要问题,将是在资本主义宗主国内工业无产阶级的社会主义斗争同非欧民族分散的,但历史已有先兆的反殖民主义斗争之间建立联系。而且,他也预见到了社会主义运动将在欧洲以外的社会所引起的回响。随着广大的非欧社会主义运动的日益发展,甚至有不少国家和地方已经用各种形式使社会主义变成了现实的存在,马克思的思想和非欧社会的社会主义之间的关系受到了越来越多的重新估计,对这个问题的研究也逐渐成为国际上受注目的理论和现实的重大课题，参加研究的人不断增加，发表的论著也日益丰富。

当然，这种研究的重新兴起除了上述的客观的社会历史原因外，还有一些较技术性的原因，即一大批过去鲜为人知的马克思的通信、笔记逐渐得到了公开，其中，马克思晚年有关原始社会史、人类学的大量笔记通信的发表尤其令人震惊。正像20世纪30年代，由于发现了马克思的《1844年经济学哲学手稿》而在世界范围内掀起了一场迎接马克思"第二次降世"的"青年马克思热"一样，20世纪70年代，马克思晚年笔记的发表，在马克思思想史的研究领域中又开拓出一个新的引人注目的园地。但是，西方学者在理解和阐释马克思晚年笔记的思想时，有一种强烈的人本主义倾向，认为这是马克思向早年的哲学人类学思想的回归，晚年马克思终于结束了批判资本主义这个总题目而转向了对早已毁灭或正在毁灭的人类古老文明的"崇高"进行讴歌的作为"文化人类学家的马克思"。这种见解是很片面的。显然，马克思在他生命的最后十年中弃他"一生的黄金时代的研究成果"——未完成的《资本论》创作——于不顾，而忍受了各种磨难坚持不懈地作了几万页的读书笔记，绝非是为了建立一门人类学的学科，它所包含的意义还要更深远得多。实际上，马克思晚年是想下大功夫利用古代社会史和人类学的已有材料，揭示前资本主义社会的历史过程特别是非欧社会的历史发展过程，探索实现社会主义及人类解放的具体、可行的途径，从而进一步丰富和发展科学的社会历史理论。

这里所说的"非欧社会"主要是指在现代化进程中处于欧洲发达资本主义社会以外的广大亚洲拉丁美洲世界，以及其他一些落后的、不发达的国家和地区。它并不是一个纯粹的地理概念，而毋宁说是一个根据经济、文化等社会发展指标制定出来的关于不发达社会的概念，所以它的时间跨度既包括这些落后国家和地区在遭受殖民主义入侵和资本主义的初步发展以前的漫长过程，也包括沦为殖民地半殖民地以后的苦难历程和当代的民族独立与民族发展的起步阶段；它的空间跨度可以包括在地理上虽处于欧洲但较落后的俄国及一些东欧国家，而北美、日本等国在地里上虽处于欧洲之外却不能算入非欧社会的概念范围。从这里对"非欧社会"概念的简略界定可以看出，"非欧社会"的概念与以前的"东方社会"概念，现在流行的"第三世界"、"发展中国家"等概念是有联系的，但也是有着明显的区别的。

当然，在非欧社会内部，各国家各地区之间的历史和现实都有很多的差

第六章 马克思晚年探索"非欧社会"的社会主义道路的理论动机

别,因此,我们这里用"非欧社会"这样一个相当简化的概念对它们作整体性的描述时,主要根据它们的一个重要的共同点即不发达状态而言的,过分地超出这个范围而使用这个概念显然是不合适的。

对"非欧社会"历史发展问题的研究,特别是对非欧社会的历史发展作宏观的、总体性的研究,直到19世纪还是处于初始阶段。在19世纪下半叶,从古代社会史、人类学、民族学等角度对非欧社会的单个国家和地区的考察和研究才稍微多了起来,但也还是相当有限的,更谈不上有多少从社会发展理论上对非欧社会作历史的研究。正是在这种理论背景下,马克思对非欧社会历史发展问题的研究就的确是具有开创性的意义的。尤其是他对非欧社会主义道路问题的探索,不仅突破了以往社会历史理论的局限,而且也是对他自己的社会发展理论、社会主义理论的重要发展。

二

那么,我们应如何理解马克思晚年如此重大的思想发展和变化呢?我认为,马克思对非欧社会的历史发展与社会主义道路选择的研究也就是其社会发展理论的基本思想的内在逻辑的展开和深化,是马克思的思想发展的必然要求,而不纯粹是由于受了外界因素的推动作用,这也体现了理论发展在与现实的关系中所具有的相对的独立性、自主性和超越性。

从19世纪40年代到60年代,马克思主要是通过研究欧洲资本主义社会而得出了关于社会发展问题一系列观点的。因为马克思生活在资本主义社会,他的首要任务是要证明资本主义社会必然被社会主义社会所取代的历史必然性。所以,他的理论研究的重点是对资本主义社会的批判,力图阐明资本主义社会演化的具体过程及其社会形态过渡的转换机制。同时,他把科学地理解资本主义社会的发展作为理解其他一切社会的钥匙。严格地说,直到19世纪60年代,马克思对前资本主义社会形态的研究,如对中世纪的封建制、古代的奴隶制,以及亚细亚生产方式的研究,实际上都是以欧洲社会的历史为主要的参照系,主要反映了世界局部地区(西欧)社会发展的具体过程。在一定的意义上可以说,这个时期马克思倾向于把他所发现的欧洲社会的发展模式看作是一种典型的社会发展模式,并以此来探讨和衡量非欧社会的发展道路，这样，马克思关于一般社会发展理论的基本观点也就以此演化而成。

但是，到了19世纪70、80年代，随着对前资本主义社会形态和非欧社会形态研究的深入，马克思越来越感觉到，无论是关于社会形态的演进，还是关于由民族历史走向世界历史的趋势，人类社会的发展作为一个自然历史过程，还必须作更充分、多方面的研究和论证。很可能正是由于这个原因，促使马克思在其生命的最后时期虽然理论活动的最终目的还是为了阐明社会发展的普遍规律，但他的思想所关注的中心已经是关于非欧社会的发展问题。

之所以会发生这样一个重大的思想重心转移，有一个主要原因是马克思这时又有了一个重要发现，即不能再以欧洲社会的历史及其发展为中心来研究前资本主义社会形态特别是非欧社会形态了，而且，马克思似乎还进一步区分了前资本主义社会问题和非欧社会问题（在此前，马克思一直把这两个问题混同在一起研究），因为前资本主义社会形态问题基本上是以欧洲社会的历史及其发展为中心的，而非欧社会问题则有自己特殊的对象。正是在这一时期，马克思认为自己在《资本论》等著作中所着力研究的只是欧洲各国资本主义产生的历史必然性和发展的有限性等历史规律，他很谨慎地否定夸大这种关于欧洲社会发展进程的理论的意义的做法。他屡次明确地强调"这一运动的'历史必然性'明确地限于西欧各国"，反对米海洛夫斯基等人一定要把他们"关于西欧资本主义起源的历史概述彻底变成一般发展道路的历史哲学理论，一切民族，不管他们所处的历史环境如何，都注定要走这条道路"，并且表示，如果"这样做，会给我过多的荣誉，同时也会给我过多的侮辱"。①

三

突出表现了马克思思想的重大转折的一个标志就是马克思对俄国问题的态度：落后的、半文明的、"半亚细亚社会"的俄国，能不能不经过完整的资本主义发展阶段，直接走上社会主义的发展道路呢？马克思晚年对非欧社会的社会主义道路问题的探索，就在他对俄国问题的研究中得到了集中的体现。

---

① 《马克思恩格斯全集》第19卷，第130页。

第六章 马克思晚年探索"非欧社会"的社会主义道路的理论动机

为了更好地研究俄国问题,马克思不辞劳苦自学了俄文,搜集了大量有关资料,进行了大量的阅读和研究。他在 1881 年开列的《我书架上的俄国资料》的书单中就包括了 120 多种俄国材料。他甚至打算以俄国为典型来改写《资本论》第三卷的地租篇。1877 年 11 月马克思在给《祖国纪事》杂志编辑部的信中,郑重引述了"伟大的俄国学者和批评家"车尔尼雪夫斯基对俄国前途问题的看法,表示予以了特别的重视。车尔尼雪夫斯基曾提出了一个新颖的见解,历史好比是一位老祖母,最溺爱小孙女,世界历史发展过程中的落后民族也可能得天独厚,走上后来居上的特殊道路。那么,俄国是应当像它的自由派经济学家们所希望的那样,首先摧毁农村公社以过渡到资本主义制度呢,还是与此相反,发展它所特有的历史条件,就可以不经受资本主义制度的一切苦难而取得它的全部成果?车尔尼雪夫斯基表示赞成后一种解决办法。马克思显然也倾向于这种见解,但他由于对这个问题缺乏更深入细致的研究,为了慎重,就没有提出明确的结论,他只是强调:"如果俄国继续走它在 1861 年所开始走的道路,那它将会失去当时历史所能提供给一个民族的最好的机会,而遭受资本主义制度所带来的一切极端不幸的灾难"。① 同时,马克思又坚决反对别人"要把我关于西欧资本主义起源的历史概述彻底变成一般发展道路的历史哲学理论"的做法,认为对任何社会发展都应放在具体的历史环境中去理解。

从 1881 年 3 月马克思给俄国"劳动解放社"主要成员维·伊·查苏利奇的复信及三个草稿中可以看出,这时马克思的有关思想更成熟了。他认为,俄国村社既有不断解体而走向资本主义道路的可能性,也具有通过改造其农村公社的原始特点从而走向社会主义道路的可能性。问题的焦点就是农村公社问题:"这种农村公社是俄国社会新生的支点;可是要使它能发挥这种作用,首先必须肃清从各方面向它袭来的破坏性影响,然后保证它具备自由发展所必需的正常条件"。②

1882 年马克思和恩格斯为《共产党宣言》撰写了俄文版序言,又一次触及了落后的俄国能否走上社会主义道路的问题。他们提出了两种可能性的问题:"俄国公社,这一固然已经大遭破坏的原始土地公共所有制形式,是能够

---

① 《马克思恩格斯全集》第 19 卷,第 129 页。
② 《马克思恩格斯全集》第 19 卷,第 269 页。

直接过渡到高级的共产主义的公共所有制形式呢？或者相反，它还须先经历西方的历史发展所经历的那个瓦解过程呢？"回答仍然是辩证的："对于这个问题，目前唯一可能的答复是，假如俄国革命将成为西方无产阶级革命的信号而双方互相补充的话，那么现今的俄国土地公有制便能成为共产主义发展的起点"。① 随着历史的发展，他们对这一问题做了愈来愈明确肯定的回答。马克思指出："俄国是本世纪的法国，新的社会改造的革命首创权理所当然地合情合理地属于俄国"。②

四

根据前面所谈的马克思思想发展变化的情况，现在，我们可以从几个方面概括地分析一下晚年马克思在社会历史理论中所面临的几个尚待深入探讨的领域。它们既构成了晚年马克思思想活动的主要课题，又成为晚年马克思从事非欧社会的社会主义道路探索的具有深刻的内在逻辑依据的理论动机。

第一，关于资本主义以前的各种社会形态、特别是古代的"原生形态"问题。马克思关于社会历史发展的思想，不仅需要一个总体的理论设计，更重要的还需要有大量经得起检验的实证材料和对具体的历史过程的描述。可是在19世纪中叶，越往古代追溯，材料就越显得贫乏。在这种情况下，马克思采用了解剖典型，推论一般的方法。《资本论》对资本主义的解剖就具有这种意义。马克思认为："资产阶级社会是历史上最发达的和最复杂的生产组织。因此，那些表现它的各种关系的范畴以及对于它的结构的理解，同时也能使我们透视一切已经覆灭的社会形式的结构和生产关系。资产阶级社会就是借这些社会形式的残片和因素建立起来的"。③ "资产阶级只有在资本主义社会的自我批判已经开始的时候，才能理解封建社会、古代社会和东方社会"。④ 这也就是马克思所说的，正像人体解剖对于理解猴体解剖是一把钥匙一样，"资产阶级经济为古代经济等等提供钥匙"。⑤ 但是，有了钥匙还得实

---

① 《马克思恩格斯选集》第1卷，第231页。
② 《马克思恩格斯选集》第37卷，第6页。
③ 《马克思恩格斯选集》第2卷，第108页。
④ 《马克思恩格斯全集》第46卷，第156页。
⑤ 《马克思恩格斯全集》第2卷，第108页。

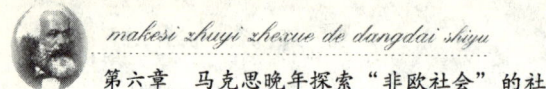

第六章 马克思晚年探索"非欧社会"的社会主义道路的理论动机

际地去打开锁,并去探寻未知的领域。所以,根据马克思的逆向追溯法,在搞清了资本主义的秘密之后,就必须紧接着搞清人类社会以往发展的全部过程,其中特别要解决两个问题:(1)历史发展的起点即人类社会的原生形态;(2)社会形态一次更迭的内在机制尤其是私有制在历史上如何从原始公有制演化而来的问题(这是为了证明私有制的历史性、暂时性并最终必然重新被公有制取代的规律)。

亚细亚生产方式理论就是马克思力图解决上述问题的一个尝试。在《资本论》手稿中,马克思把亚细亚生产方式当作前资本主义社会的一个主要历史形式,并且认为,在其原始形式上,它必然充当了从史前土地公有制向土地私有制过渡的原初形式或中介。① 但是,后来,马克思意识到,试图通过亚细亚生产方式来把握人类社会的原生形态,这仍然不是从直接的事实和史料出发得出的科学结论,而更多的是一种推论和逻辑的把握,它只能反映人类社会原生形态的若干特征,还不能全面深刻地揭示原生形态各个方面的特点。而且,亚细亚生产方式理论基本上是根据欧洲社会的发展模式来阐明古代历史特别是非欧社会的历史的。因此,我们可以看到,马克思晚年基本上不再用"亚细亚生产方式"的概念来描述古代社会特别是非欧社会的历史,这说明了马克思的理论视角的转变。

第二,"非欧社会"的历史及其发展道路问题。既然如前所述,马克思本人也明确承认在《资本论》等著作中主要只是揭示了欧洲当时已经发展起来的资本主义国家的历史进程,那么,马克思必然接着考虑的是,除此以外的国家和地区(即"非欧社会")的历史过程是如何的呢?

在 19 世纪 70 年代以前,马克思也是多方面地注意到了非欧社会的特殊性质,如东方社会的村舍和专制制度以及东方社会发展的缓慢型、停滞性和循环性,等等。但是,在对待东方社会的特殊性时,要么把它们当作处在社会发展普遍规律之外的例外或偶然因素,要么就认为在"历史向世界历史转变"的过程中,它们必然随着社会的发展而彻底消融于普遍性之中。19 世纪70 年代以后,马克思更感到不能完全机械地用欧洲社会发展的模式来套广大非欧社会特别是东方社会。当欧洲资本主义开拓了广阔的世界市场、各地区各民族纷纷进入了"世界历史"性的发展进程之后,非欧社会各自的特殊性

---

① 参见《马克思恩格斯全集》第 13 卷,第 22 页。

质也不会由此轻易地、迅速地消失，甚至有些地区、有些民族的发展正可以借助于自己的特殊性而开拓其独特的道路。

因此，非欧社会的历史及其发展道路的问题，在理论层次上实际可以演化为这几个问题：（1）多元发展即既有共性又有特殊的发展问题；（2）在"世界历史"性发展的基础上重新肯定民族性发展的问题；（3）总结非欧社会发展理论的新成果进一步论证和丰富一般社会发展理论的问题。

第三，关于社会主义革命的道路问题，无论是发达国家还是不发达国家，欧洲社会还是非欧社会，社会主义革命如何实现？直到19世纪60年代，马克思对此的主要观点是：（1）资本主义生产力高度发展，以及在此基础上生产力与生产关系的尖锐对立造成的资本主义社会总危机，是发生社会主义革命的条件；（2）暴力革命和无产阶级专政是其方式；（3）世界各国的共同胜利是其结果。但是，1871年巴黎公社起义失败后，资本主义社会却进入了长期稳定的发展阶段，这不能不促使马克思开始重新思考在欧洲社会进行革命的可能性和具体途径等问题，总结了许多经验教训。这种反思的一个重要结果就是马克思提出了关于非欧社会的发展有可能跨越资本主义这个"卡夫丁峡谷"而直接走向社会主义道路的理论构想。因此，我们可以说，反思和超越原有的社会发展理论特别是科学社会主义理论，探索非欧社会的社会主义的可能道路，就是马克思晚年的新探索的一个最重要的理论动机和理论主题。

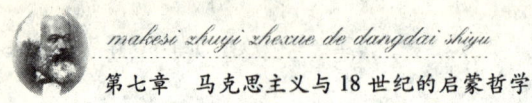

第七章

马克思主义与18世纪的启蒙哲学

一

自从马克思主义产生以来,随着历史的发展,人们在社会实践中从各个角度逐渐加深了对它的认识。作为一个严整的思想体系,马克思主义孕育于19世纪的西方社会中,它扬弃并且融合了各种相差异和对立的思想成分,这种融合为人们对马克思主义的理解增添了某种复杂性。我们很容易有时强调某些成分,有时又会偏重另一些内容。到了20世纪80年代以后,现代西方一些对马克思主义的解释引起了人们的关注和兴趣,诸如对科学性的批评和对主观能动性的强调,以及后现代主义对马克思主义的某种认同,等等。这些理解为我们提供了某种参考和借鉴。但是,我们还应看到,这种种理解往往只是站在20世纪文化的立场上,只抓住了马克思主义中某些局部的东西,未能全面地、本质地认识马克思主义,而且在理解中有许多词汇表面看来似乎相同,但在20世纪和19世纪的不同文化背景中其实是不同的。

马克思主义相信,任何思想和意识形态都是特定的社会历史的产物。因此,要想完整地理解马克思主义,首先必须将其放在19世纪的历史中。马克思主义是19世纪工业无产阶级登上历史舞台以后的思想武器,是在反对和批判资本主义社会、反对和批判资产阶级和小资产阶级的意识形态中成长壮大的。对于这个包容了多种成分的完整的思想体系,我们可以从各个角度去进行观察,但其中一个重要的视角却没有引起足够的注意,这就是与18世纪启蒙哲学的关系。自然，在字面上，我们也不会忽视马克思主义是如何站在无产阶级的立场上去批判资产阶级启蒙哲学的抽象的理论和他们的机械唯物主义，但仅止于此是不够的，我们需要从更广的视野，即从欧洲18世纪到19世纪的整个社会文化的变迁来重新了解这种关系。欧洲从18世纪到19世纪并不仅仅是通常想象的一种连续和发展，而是呈现出一种巨大的差异和断裂，以至这两个世纪在政治、文学、哲学乃至每一个方面都表现出不同的风格。在这种世纪的过渡之中，马克思主义也表现出复杂的方面，即一方面继承了启蒙运动的某些成分，同时又处处表现出19世纪的风格和对18世纪启蒙哲学的批评。这种批评并不仅仅是马克思主义所独有的，而是整个19世纪的潮流，不过马克思主义是站在最高峰。而且，这种批评尽管和20世纪的许多思想有相似之处，但毕竟是属于不同的时代。

将马克思主义放在与启蒙哲学的关系中去考察，可以帮助我们更深入地理解马克思主义哲学中的许多内容，像主体性、历史主义、客观性和辩证法，等等。一种理论的真正意义不仅在于正面的论述，而且也体现在与它所否定的对象的关系中，这也就是马克思主义所说的真正历史的态度。此外，假如我们从当代中国的思潮演变来看，这种回顾也许就尤有意义，因为在20世纪的中国，最有影响的也许就是马克思主义和启蒙哲学思潮了，不仅是现实的政治，而且在根本的思维方式、对历史和文化的基本态度上，以及一切人文社会科学中，都无不深深体现着它们的影响，体现着它们的联系、差异和冲突。

18世纪的法国社会表现出复杂的方面，尽管封建专制日益严酷，各种社会矛盾在酝酿积累，但除去一些零星的骚乱，它在总体上是稳定和平静的，工商业飞速发展，科学和文化欣欣向荣。恩格斯指出，"在法国，在'政治状态'还没有发生变化的时候，'经济情况'已经发展得超过它了。"[①] 经济的发展创造出大量的财富，文明、优雅和享乐之风笼罩着这个时代，法国的巴黎成为欧洲文化的中心，文明从这里向世界扩散，这就是18世纪的状况。这个时代尽管有被剥削、被压迫阶级的苦难，但在文明的光辉的映照下却似乎隐没不显了。在这个时代中出现了它的精神代表，即启蒙哲学。马克思和恩格斯指出，"18世纪的法国启蒙运动，特别是法国唯物主义，不仅是反对现存

[①] 《马克思恩格斯选集》第3卷，人民出版社1972年版，第204页。

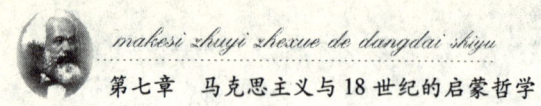

第七章 马克思主义与18世纪的启蒙哲学

政治制度的斗争,同时是反对现存宗教和神学的斗争,而且还是反对17世纪的形而上学和反对一切形而上学,特别是反对笛卡儿、马勒伯朗士、斯宾诺莎和莱布尼茨的形而上学的公开而鲜明的斗争。"① 启蒙运动尽管反对现存的制度,但在本质上是属于18世纪的,体现了18世纪的风格和特点。E.卡西勒说,"18世纪思想的着重点日益从一般转向特殊,从原理转向现象"。② 它沿着17世纪以来的道路进一步扩展了对于经验和世俗世界的兴趣,它相信理性不再是人和神共有的"永恒理性"的王国,不再是先验的"天赋观念",而是一种人类的能力和力量。它以一种乐观主义的态度去歌颂人类文明的美好的一面,歌颂理性和科学的进步,并将中世纪的基督教作为野蛮和黑暗的东西而抛弃了。"伏尔泰年轻时从不知悲观主义为何物。他拥护纯享乐主义哲学,这种哲学的真谛就在于最大限度地享受人生的一切乐趣"。③

18世纪的启蒙运动和文艺复兴时期的人文主义类似,都带有某种贵族化的特征。启蒙思想家生活在帝王的宫廷和贵族夫人的沙龙里,他们成为欧洲贵族和帝王的导师,充分感受到了文明生活的美好和优雅的一面。但是到了19世纪以后,那种贵族化文明和优雅随着巴士底狱的被攻克而被颠覆了,欧洲从此陷入了战争和动荡之中。在旧的稳定和秩序崩溃以后,那在文明的盛期被压抑和隐没不显的许多狂热和非理性的东西都浮现到了社会生活的表面。在战争和动荡中,权力和财富在急剧地转移。它们给人类带来了焦虑和痛苦,人们不再崇尚18世纪的理性主义和乐观主义,一种浪漫主义的热情和对形而上学与宗教的渴求笼罩了欧洲。丹纳在《艺术哲学》中说,这是一个忧郁多幻想的时代。19世纪的思想家不再简单地歌颂理性、文明和科学的进步,而是正视社会和民众的苦难。19世纪的生活和思想不再是18世纪的贵族式的,在浪漫主义中,我们看到了普通民众的情感,在空想社会主义中,则看到了各种改革社会和救助下层民众的方案。"在18世纪人民是旁观者,到了19世纪他们变成了演员。社会主义在启蒙运动时期是少数个别人的一种文学上的一种乌托邦,如今成了一种世界的因素:起初是一种思想,后来成为一个党派和一种改革,最后成为一种世界观。"④

---

① 《马克思恩格斯全集》第2卷,第159页。
② 《启蒙哲学》,山东人民出版社1988年版,第21页。
③ 《启蒙哲学》,山东人民出版社1988年版,第143页。
④ 保罗·亨利·朗格:《19世纪西方音乐文化史》,人民音乐出版社1984年版,第1页。

二

马克思主义诞生在19世纪的氛围中，当它产生的时候，浪漫主义的热情和黑格尔式的哲学思辨已经衰退，时代的潮流已走向唯物主义和实证科学。在反对普鲁士专制政权的斗争中，马克思和恩格斯从法国唯物主义那里找到了自己的精神武器。恩格斯说，"现代社会主义，……就其理论形式来说，它起初表现为18世纪法国伟大启蒙学者所提出的各种原则的进一步的、似乎更彻底的发展。"① 但是，马克思主义毕竟是19世纪的产物，它对启蒙运动的继承只限于对现存专制制度的批判，从其根本的思维方式上来说，则和启蒙运动有着根本的区别。启蒙思想家的理性不过是资产阶级的理想化的王国，他们把理性当作一切现存事物的唯一裁判者，要求建立理性的国家和理性的社会。"因此，当法国革命把这个理性的社会和这个理性的国家实现了的时候，新制度就表明，不论它较之旧制度如何合理，却绝不是绝对合乎理性的。理性的国家完全破产了。卢梭的社会契约在恐怖时代获得了实现，对自己的政治能力丧失了信心的市民等级为了摆脱这种恐怖，起初求助于腐败的督政府，最后则托庇于拿破仑的专制统治。早先许下的永久和平变成了一场永无休止的掠夺战争。理性的社会的遭遇也并不更好一些。富有和贫穷的对立并没有在普遍的幸福中得到解决，反而由于沟通这种对立的行会特权和其他特权的废除，由于缓和这种对立的教会慈善设施的取消而更加尖锐化了；现在已经实现的脱离封建桎梏的'财产自由'，对小资产者和小农说来，就是把他们的被大资本和大地产的强大竞争所压垮的小财产出卖给这些大财主的自由，于是这种'自由'对小资产者和小农说来就变成了失去财产的自由。工业在资本主义基础上的迅速发展，使劳动群众的贫穷和困苦成了社会的生存条件。现金交易，如卡莱尔所说的，日益成为社会的唯一纽带。犯罪的次数一年比一年增加。如果说，以前在光天化日之下肆无忌惮地干出来的封建罪恶虽然没有消失，但终究已经暂时被迫收敛了，那么，以前只是暗中偷着干的资产阶级罪恶却更加猖獗了。商业日益变成欺诈。革命的箴言'博爱'在竞争的

---

① 《马克思恩格斯选集》第3卷，第56页。

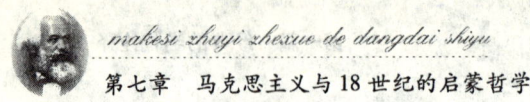

第七章 马克思主义与18世纪的启蒙哲学

诡计和嫉妒中获得了实现。贿赂代替了暴力压迫，金钱代替了刀剑，成为社会权力的第一杠杆。初夜权从封建领主手中转到了资产阶级工厂主的手中。……总之，和启蒙学者的华美语言比起来，由'理性的胜利'建立起来的社会制度和政治制度竟是一幅令人极度失望的讽刺画。"①

之所以在这里引证恩格斯的这段较长的论述，是因为它充分展示了马克思主义在创立时所面临的现实世界，展示了马克思主义不同于启蒙运动，或者说19世纪不同于18世纪之处。这不是一幅理性、文明和进步的美好图画，也没有启蒙运动的那种乐观和自信。启蒙思想家把目光放在一切优秀和杰出的人物身上，认为"英雄"的意志决定历史的发展，他们是鄙弃劳动群众的。而马克思主义却把目光放在正在成长的工业无产阶级身上，这并不是一个无所作为的注定受难的阶级，而是注定了它要在未来的历史中发挥自己的作用。马克思主义是以科学的唯物史观的观点和方法去看待社会历史的。它不再像启蒙运动那样仅仅看到表面的辉煌，而是要从表面的辉煌后面看到真实的存在，从笼罩着一个社会的宗教、法律和国家制度等后面转移到那处于下层和基础的物质生活的关系。这些物质生活的关系可能不够高雅和体面，但却是无法回避的事实和真实的存在，正是这些事实才构成了整个社会存在的基础。实际上，不仅是马克思主义，19世纪的许多思潮，浪漫主义、工业革命和民主政治等，也都把目光转向辉煌的文明背后的东西。工业革命之所以发生在19世纪，是因为需要机器去生产大量的面向普通民众的必需品，而在18世纪贵族化的文化氛围中，却只需要那些为有闲阶级服务的奢侈品。18世纪的思想家不关心民众的苦难和现实的罪恶，而19世纪却不一样了。美国作家梭罗不喜欢东方和西方的那些纪念碑，他看到了在那些华丽的寺庙后面，是贫苦阶级的酸辛和苦难，所以他更喜欢让石头放在原来的地方。恩格斯说，"自从阶级对立产生以来，正是人的恶劣的情欲——贪欲和权势欲成了历史发展的杠杆，关于这方面，例如封建制度的和资产阶级的历史就是一个独一无二的持续不断的证明。但是，费尔巴哈就没有想到要研究道德上的恶所起的历史作用。历史对于他来说是一个令人感到不愉快的可怕的领域。"②

18世纪的启蒙运动在崇尚理性的同时，陷入了形而上学的思维方式。18

---

① 《马克思恩格斯选集》第3卷，第407-408页。
② 《马克思恩格斯选集》第4卷，人民出版社1972年版，第233页。

世纪的思想家沿着 17 世纪以来的道路，日益摆脱那些宗教和形而上的成分，并把目光越来越多地放在现实和世俗化的、微小和局部的事物上，世界整体的联系被割裂了，他们心目中的世界是确定、有序和静止的，这和他们生活其中的世界是一致的。他们以一种乐观的情调把理性和文明世界作为普遍的标准，以至把一切过去的历史作为黑暗和野蛮的东西而抛弃了。18 世纪的思想家无法感受世界的运动和变化，也无法真正地理解历史。马克思主义坚持了唯物主义的立场，但在本质上却绝不同于 18 世纪的思想家。恩格斯说，"了解了以往德国唯心主义的完全荒谬，这就必然导致唯物主义，但是要注意，并不是导致 18 世纪的纯形而上学的、完全机械的唯物主义。和那种以天真的革命精神笼统地抛弃以往的全部历史的做法相反，现代唯物主义把历史看作人类的发展过程，而它的任务就在于发现这个过程的运动规律。"①

三

马克思主义的"现代唯物主义"是崭新的辩证的、历史的唯物主义，历史的运动变化的观念是马克思主义的重要之点，历史主义在任何时候都是与那种盲目的乐观和自信不相容的。19 世纪的思想家面临着的是一个动荡不安的世界，他们多少都能在不同的程度上去理解历史。浪漫主义曾经在中世纪的民歌中，恢复了人们对于历史的兴趣。至于黑格尔的哲学，则贯穿着一种巨大的历史感。而马克思主义，则相信无论自然和社会，都是处于一贯的历史的发展之中，我们经过和面临的世界中，"没有任何东西是不动的和不变的，而是一切都在运动、变化、产生和消失"。② "自然界也有自己的时间上的历史，天体和在适宜条件下存在于天体上的有机物种一样是有生有灭的；至于循环，即使它能够存在，也具有无限加大的规模"。③ 在人类的历史中，依次更替的一切社会制度，都是由低级到高级的无穷发展中的一些阶段，每一个阶段在当时的历史条件下都是必然的，在当时都有它存在的理由。在历史的变化中，不存在任何普遍和绝对的东西，一切都是暂时和特殊的。

---

① 《马克思恩格斯选集》第 3 卷，第 422 页。
② 《马克思恩格斯选集》第 3 卷，第 60 页。
③ 《马克思恩格斯选集》第 3 卷，第 422 页。

第七章 马克思主义与18世纪的启蒙哲学

启蒙思想家如吉本等，他们在歌颂文明、理性和科学的同时，把中世纪的基督教看成完全的野蛮和黑暗。但是，恩格斯却和维柯等人一样，相信基督教在当时的条件下是自然和必要的，"从中世纪的自由思想者到18世纪的启蒙运动者，流行着这样一种观点，即认为一切宗教，包括基督教在内，都是骗子手的捏造。但是，自从黑格尔向哲学提出了说明世界史中的理性发展的任务之后，上述观点便再也不能令人满意了。"① 恩格斯相信要根据宗教借以产生的和取得统治地位的历史条件，去说明它的起源和发展，基督教是在罗马文明解体时期，作为罗马文明的对立面而发展起来的，最早的基督徒来自受难的下层民众。此外，对于日耳曼蛮族的征服，启蒙思想家认为是野蛮毁灭了文明；而在恩格斯看来，促使欧洲返老还童的，正是德意志民族的野蛮状态和氏族制度，只有野蛮人才能使一个在垂死的文明中挣扎的世界年轻起来，"他们的个人才能和勇敢，他们的爱好自由，以及把一切公共的事情看作是自己的事情的民主本能，总之，是罗马人所丧失的一切品质，……只有这些品质才能从罗马世界的污泥中造成了新的国家，养成了新的民族。"②

在马克思主义的历史观中，文明不再是单纯的直线进展，而是有上升也有下降。同时，在历史的变化中，文明和野蛮、善和恶也不再是像启蒙运动所理解的外在的对立，而是一切都是辩证地相互依赖和转化，贪欲和权势欲像黑格尔所说的一样是历史发展的动力和杠杆。文明时代从它存在的第一日起，科学和艺术都建立在这个基础之上，"如果说在这个社会内部，科学曾经日益发展，艺术高度繁荣的时期一再出现，那也不过是因为在积累财富方面的现代一切成就不这样就不可能获得罢了。"③ 在文明时代中每一样东西都有它的对立面，都必然是在矛盾中进行的，"生产的每一进步，同时也就是被压迫阶级即大多数人的生活状况的一个退步。对一些人是好事的，对另一些人必然是坏事，一个阶级的任何新的解放，必然是对另一个阶级的新的压迫"。④ 但是统治者却以伪善把自己同整个社会等同起来，以习惯性的伪善来掩藏这种矛盾和对立，"这种伪善，无论在较早的那些社会形式下还是在文明时代第一阶段都是没有的，并且最后在下述说法中达到了极点：剥削阶级对被压迫

---

① 《马克思恩格斯全集》第19卷，第327页。
② 《马克思恩格斯选集》第4卷，第152页。
③ 《马克思恩格斯选集》第4卷，第173页。
④ 《马克思恩格斯选集》第4卷，第173页。

阶级进行剥削，完全是为了被剥削阶级本身的利益"。①

四

20世纪的许多思想家往往有一种倾向，即喜欢逐渐排除马克思主义中客观必然性的和本体论的一面，而片面强调其中的主观能动性的成分。诚然，这种理解有着其历史背景，而且在马克思主义本身，确实相当强调历史的变化和主观能动性的作用。但是，我们还应看到，20世纪的文化与19世纪的文化有着重要的差异，20世纪的一些人所理解的那种主体性与19世纪马克思主义中的那种主体性是相当不同的。20世纪的文化在各个方面都意味着一种普遍性和绝对性的解体，时代的潮流日益趋向某种经验主义的、特殊的、偶然和多样的东西。19世纪的思想尽管强调历史的特殊性和变化，但这种变化中却始终渗透着一种热情、力量和冲动，在特殊性中包含着一种普遍性，一种对形而上学的整体的感受与憧憬。19世纪的思想是辩证的，在马克思主义产生的19世纪40年代，尽管浪漫主义的幻想和哲学的思辨已经衰退，但并不意味着绝对消失，一切毕竟在过渡之中；这个时代之被称为"思想体系的时代"不是偶然的，对体系的兴趣和对普遍性与整体的渴望是一致的，即使像孔德这样的拒斥形而上学的实证主义者，也要去发现历史发展的普遍规律，斯宾塞则更是创立了一个包罗万象的体系。马克思主义批评了黑格尔的唯心主义和宗教的虚妄及费尔巴哈的人本主义，但也保留了对辩证方法的运用和对客观必然性或某种不以人的意志为转移的力量的尊重。因此，马克思主义的实践和主观能动性等，和20世纪的有些思想家所理解的是有相当差别的。

在这方面，20世纪的一些思想同18世纪的启蒙精神倒有着较多的共通之处。启蒙思想家在夸大自己的理性的普遍性的同时，他们所面临的是一个偶然和任意的世界，帝王的某一个怪癖都可能导致世界战争，而且，启蒙思想家也相信意见可以支配世界，世界似乎可以按照人的意愿去安排，他们都很难相信有什么不以人的意志为转移的客观必然的力量，这和他们的较为乐观的情绪和对个人的尊重是一致的。而马克思主义在谈到人的主观能动性的同

---

① 《马克思恩格斯选集》第4卷，第174页。

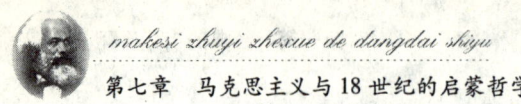

第七章 马克思主义与18世纪的启蒙哲学

时,却始终强调一种客观的方面,他的主观能动性带有德国文化的特色和影响。在关于费尔巴哈的提纲中,马克思说:"和唯物主义相反,唯心主义却发展了能动的方面,但只是抽象地发展了,……费尔巴哈想要研究与思想客体确实不同的感性客体,但是他没有把人的活动本身理解为客观的活动。"① 这里重要的即是那种"客观的活动"。马克思尽管相信人类历史是一个一贯包含着上升和下降的螺旋式上升的过程,但马克思绝没有像18世纪的人那样简单和乐观,也不像20世纪的一些人那样走向虚无。马克思心目中的历史并不是偶然和任意的,在历史中始终存在着必然的成分,这就是物质生活的关系,它们是不以人的意志为转移的。启蒙运动过分强调了人的理性的能力,而忽视了潜藏在联系背后的,或者说是超出理性范围而决定理性的东西。因此,尽管他们提倡理性和启蒙,最后却导致法国大革命及以后的社会动乱,历史往往并不理睬人们的善良愿望。恩格斯说:"历史进程是受内在的一般规律支配的"。人们所期望的东西很少如愿以偿,在表面上是偶然性在起作用的地方,却"始终是受内部的隐蔽着的规律支配的"。② 而且,马克思主义尽管强调人的解放,但他所说的人是被包含在阶级和社会的整体的运动中的人,而不是文艺复兴、启蒙运动或现代一些思想家的意义上的人。"在法国,部分解放是普遍解放的基础,在德国,普遍解放是任何部分解放的必要条件。"③

无论怎样,与18世纪启蒙运动的关系虽然是马克思主义中重要方面,但也仅仅是一个方面,马克思主义毕竟也继承了18世纪的唯物主义。当我们从某一个角度去进行观察的时候,可以将某些方面凸现出来,但它永远不等于真正和完整的理解。马克思主义毕竟是19世纪特定时代的产物,后代的人可以从自己的角度去进行理解,但在内容上不可能完全一样了,历史和空间的距离必然会带来理解上的差异。更何况,马克思主义是19世纪受难的无产阶级的思想武器,而当代的一些西方马克思主义却带有小资产阶级和知识分子的情调,他们当然不会也不可能达到对马克思主义的准确、完整地理解。不过,从另一角度说,或者在真正的历史的意义上,片面的理解也许其本身就是不可缺少的,因为它们正是历史发展的一种必然的表现和内容。

---

① 《马克思恩格斯选集》第1卷,人民出版社1972年版,第16页。
② 《马克思恩格斯选集》第4卷,第244页。
③ 《马克思恩格斯选集》第1卷,第13页。

五

对于 20 世纪中国的思想文化来说，西方文化中对它们影响最大的也许就是启蒙运动和马克思主义了。不仅是中国，在许多殖民地和半殖民地国家争取独立和解放的过程中，也往往出现了类似的情况。在一些人那里，马克思主义正是作为对启蒙运动的对立和补充而出现的。在中国，从五四新文化运动到 80 年代的文化热，对启蒙的憧憬始终激动着许多中国知识分子的心灵，这不仅表现在现实的政治中，也表现在对东西方历史、哲学、文化的理解以及诸多人文社会学科中，不仅西化派是如此，许多新儒家也在不同的程度上承认启蒙的重要。启蒙的思想对于当代中国文化的意义自然是不言而喻的，但它也使中国的人文社会科学沾染上了 18 世纪启蒙哲学特有的局限性。在西方，自从浪漫主义产生以后，浅薄的启蒙运动一直是一个流行的口号。在中国，随着时间的推移，人们也越来越对五四时期及 80 年代文化热中所表现的许多表面和浮躁的东西有了更多的认识。许多人和 18 世纪的启蒙思想家一样，对科学、文明、进步和人类的历史作了过分表面和乐观的理解，他们往往只看到文明的辉煌的表面，而对文明的变迁中那相反和辩证的方面，对辉煌的后面所隐藏的黑暗缺少足够的认识，这样，他们也就不能以真正冷静的态度去正视文化的内在的生命。在对西方历史的理解中，他们将西方文化简单地看成是从文艺复兴到启蒙运动的进步的历史，而对这个过程后面的基督教的背景和非理性的力量却作为野蛮和落后的东西而忽略了。在对中国历史的理解中，他们或者对传统作了片面的否定，就像伏尔泰嘲笑中世纪的教会那样，或者是从历史中找到某些成分并按照启蒙的模式去加以赞美，例如明末清初的思想启蒙运动和文艺复兴，这样，他们也就和 18 世纪欧洲的启蒙思想家一样无法真正地理解历史。到了 80 年代以后，许多人在对德国古典哲学的理解上，尤其喜欢强调康德和黑格尔哲学中启蒙的成分，至于他们对启蒙的批评却视而不见了。在对马克思主义的理解上，许多人之所以喜欢强调马克思主义中反异化、人道主义和主体性的成分，除了受到西方某些流派的影响外，在某些名词的背后，不能忘怀的仍然是那种启蒙的情结。

每一种社会思潮都是特定的历史的产物，当 18 世纪的启蒙哲学走到它的

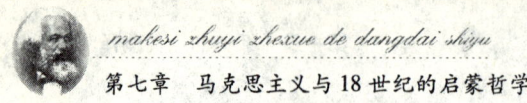

第七章 马克思主义与18世纪的启蒙哲学

顶点时,马克思主义在19世纪的出现也就是必然的了,我们应当在这个角度上重新认识马克思主义在19世纪出现的重大意义。当然,从更深层的意义上说,马克思主义诞生于19世纪,又远远超出了19世纪,它作为严整的科学体系,对人类历史又具有深远的普遍的意义。然而在当代中国,强调马克思主义和启蒙精神的根本差别仍有现实意义。20世纪80年代的一些人,往往站在启蒙的立场上,宣称要重新发扬五四运动后被中断的启蒙精神。实际上,假如他们能稍稍正视一下当时的下层民众所受到的苦难,就会理解马克思主义为什么在20年代以后的中国迅速传播了。马克思主义不仅为中国的现实政治,也为当代的人文社会科学打开了新的视野,产生了许多重要的成果。不过,在这同时,马克思主义的许多内在精神也被一些人在僵化的词句中表面化和教条化了,这也许就如恩格斯所说,"口头上承认这个思想是一回事,把这个思想运用于每个个别场合和每个特定的研究领域,又是一回事。"[1] 不管怎样,重新认识马克思主义与启蒙哲学的关系仍然是相当重要的,马克思主义尽管继承了一些启蒙的原则,但更多的是对它的扬弃。马克思主义对社会历史的辩证的理解,正视现实的勇气和力量,对历史和客观规律的尊重,都足以对我们在许多学科和领域所表现出来的那种盲目的乐观和热情提供某种思考和借鉴,对于重新振兴我们的人文社会科学都具有重要的方法论意义。

---

[1]《马克思恩格斯选集》第1卷,第8—9页。

第八章

马克思主义对德国民族性的思考

一

随着全球化时代的到来,世界历史的发展在许多方面呈现出新的外貌和内容,它们促使着我们去更深入地思考人类文明演变的进程、全球化的必然性及其可能的代价、民族国家的地位、不同文化和价值观念的冲突、落后国家的两难困境等问题。同样,它们也使我们从新的角度加深了对马克思主义许多基本原理的理解。事实上,马克思主义之所以在今天仍能发挥它的巨大影响,就在于这些当代世界的问题在19世纪已经不同程度地出现了。对人类普遍命运及其苦难的关怀和同情,使得马克思和恩格斯超越了有限的民族和地域,把目光投注在普遍的人类历史的变迁上,并敏锐地感受和把握到这种变化的必然性以及其中蕴涵着的矛盾和冲突。我们今天所面临的种种问题,只是那个时代的进一步放大和扩展罢了。

此外,马克思主义中所关注的内容尽管是普遍的,但它也主要产生于19世纪的欧洲,那个时代不仅有工业无产阶级反对资产阶级的斗争,同时也交织着民族和文化的冲突,这其中引人注目的就是德国的民族性了。欧洲不同民族文化的差异,以及德国民族主义和世界主义的冲突均构成了马克思和恩格斯理论思考的重要前提、背景和来源,它们不仅对于我们理解马克思主义,而且理解整个西方文化的演变都是至关重要的。马克思和恩格斯作为德国的思想家,尽管已超出了民族的有限性,但没有也不可能完全回避德国民族的

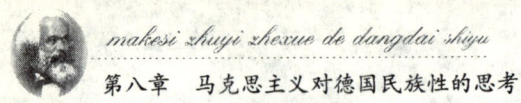

第八章 马克思主义对德国民族性的思考

特殊性和传统，而且也在不同程度上影响了他们的思想。恩格斯强调说，德国属于欧洲最有理论修养的民族，"如果不是先有德国哲学，特别是黑格尔哲学，那么德国科学社会主义，即过去从来没有过的唯一的科学社会主义，就绝不可能创立。"①

二

在欧洲历史中，德国是一个较为特殊的民族，马克思和恩格斯在他们的著作中对这种特殊性始终给予了关注。德国和西方的差异要追溯到古代罗马，那时多瑙河与莱茵河是罗马文明世界与蛮族的分界线。在当时的罗马文明的辉煌和霸权面前，许多民族的差别都消失了，恩格斯写道："凡在希腊语没有进行抵抗的地方，一切民族语言都不得不让位于被败坏的拉丁语；一切民族差别都消失了，高卢人、伊比利亚人、利古里亚人、诺里克人都不复存在，他们都变成罗马人了。罗马的行政和罗马的法律到处都摧毁了古代的血族团体，这样也就摧毁了地方的和民族的自主性的最后残余。新出炉的罗马公民身份并没有提供任何补偿；它并不表现任何民族性，它只是民族性欠缺的表现。"②当时恺撒的罗马军团也曾试图征服莱茵河彼岸的日耳曼人，但最终是失败了，公元9年日耳曼人的反抗使得罗马军团几乎全军覆没。后来日耳曼蛮族查理曼帝国分裂以后，莱茵河以西的高卢的拉丁化的克尔特和法兰克居民成为法兰西，而莱茵河以东的说日耳曼语的各族则发展为德意志。在以后的历史中，昔日罗马世界上的拉丁各族一直把莱茵河以东的日耳曼民族看作是在文明上低自己一等的人。在以后的历史中，德国民族不断受到从文艺复兴到启蒙运动的罗马精神和法国文化的影响；但在另一方面，又一直存在着对罗马精神和法国文化的反抗，这就是德国的民族主义的潮流以及基督教的，唯心主义的和道德的传统，用德国作家托马斯·曼的话来讲，"德意志'永远是欧洲的精神战场'。古典的希腊罗马传统和德意志传统的斗争，文艺复兴和中世纪精神的斗争，'罗马天主教中的路德'和'罗马天主教中的歌德'的斗争始终存在。"③

---

① 《马克思恩格斯选集》第2卷，人民出版社1995年版，第635页。
② 《马克思恩格斯选集》第4卷，第148页。
③ 转引自科佩尔·S.平森：《德国近现代史》上册，商务印书馆1987年版，第17页。

到了 18 世纪，德国在各个方面又一次深受外国文化的影响，除了法国唯物主义和启蒙思潮以外，我们还看到德国诸侯讲法国话，吃法国大菜，跳法国舞，到处修建法国洛可可式的别墅，剧院里上演的戏三分之二都是法国的。法国因素促进了德国古典文化的繁荣，但此后的浪漫主义和德国古典哲学却从另一个方面开始了对法国文化的批评和反抗，拿破仑的统治和 1813 年的解放战争激发了德国的民族主义情绪，这是一个民族性高涨的时代。1815 年后，"那么在维也纳会议后的 25 年中同法国的对立虽未完全消失，但已不再那样激烈了。"① 1840 年后，黑格尔的思辨唯心主义和宗教神学开始衰退，时代趋向于现实和唯物主义，用恩格斯的话讲，资产阶级的殿堂已由哲学家的书房走向证券交易所。英法的实证科学、经济学说和社会主义涌入德国的讲坛，它们促进了德国科学和工业的进步，但同时也带来了大量消极的后果，"同法国对立的民族情绪也渗透到自由主义阶层之中并在长时间内由它们定出基调。"② 那种反抗外来文化的民族主义思潮也在历史法学派、小资产阶级的真正的社会主义中不时涌现，并且往往成为封建专制的辩护士。此外，马克思和恩格斯都出生和战斗在德国最重要的莱茵省地区，这儿历来就是德国文化和西方文化的交界地带，它深受法国文化和法国革命的影响，被拿破仑占领过，恩格斯说，"莱茵普鲁士比德国其他受法国人的影响而革命化了的地区优越的地方是它的工业，比德国的其他工业区（撒克森和西里西亚）优越的地方是它继承了法国革命。"③ 这是德国资本主义最发达的省份，因而外来文化和德国传统的冲突在这里又最为激烈。

三

那个时代的德国思想家，都不可能回避民族性和世界主义的问题。马克思主义在批判德国的社会现实时，更是指向德国的传统。在他们看来，德国民族性的一个重要特征，是它的宗教唯心主义和抽象的哲学思维。由于德国经济文化的发展一直落后于英法，因此就如海涅所说，贫困教人祈祷，"在德

---

① 卡尔·艾利希等著：《德意志史》第 3 卷上册，商务印书馆 1991 年版，第 157 页。
② 卡尔·艾利希等著：《德意志史》第 3 卷上册，第 157 页。
③ 《马克思恩格斯全集》第 7 卷，人民出版社 1959 年版，第 136 页。

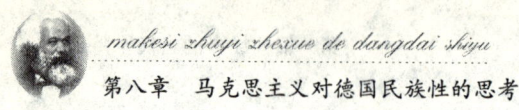

第八章 马克思主义对德国民族性的思考

国,远比在那炽热的意大利晴空下有可能奉行一种对肉欲作最少让步的基督教教义的。"① 德国民族思辨和幻想的特征也正孕育于这种基督教的教义中。恩格斯在《英国状况》中,将德国人的民族性和英法两国进行比较,认为"德国人是信仰基督教唯灵论的民族,他们经历的是哲学革命;法国人是信仰古代唯物主义的民族,因而是政治的民族,他们必须经过政治的道路来完成革命;英国人的民族性是德国因素和法国因素的混合体。"② 这样,不同的国家就在不同的方面作出了发展,"德国人认定唯灵论是绝对正确的,因此就极力在宗教方面,后来又在哲学方面发展人类的普遍利益。"③ 马克思也说,"哲学,尤其是德国的哲学,喜欢幽静孤寂、闭关自守并醉心于淡漠的自我直观。"④ 法国人也站在唯物主义和经验主义这一边,"但是因为这种经验主义本身就是一种民族趋向,而不是自身分裂的民族意识的副产物,所以它采取了民族的、普遍的形式,并作为政治活动表现出来。"⑤ 而在英国,由于不相信普遍利益,只有私人利益,"因而它只是以一种经验主义的方式在活动"⑥ 在马克思的时代,传统的基督教和黑格尔的唯心主义哲学已经成了维护封建专制的工具,因此马克思主义在批判封建专制的过程中也就必然指向德国传统的宗教和哲学。过去,德国人忘记了现实,沉浸在纯粹的观念中,而马克思主义却要从天上来到地下,哲学家的使命是要从解释世界转向改造世界,"我们德国人在思想中、在哲学中经历了自己的未来的历史。"⑦ 因此必须要从对彼岸世界的批判转向对现实世界的批判,历史的任务就是确立此岸世界的真理。在《神圣家族》中,马克思和恩格斯批判了布鲁诺·鲍威尔等,认为他们把民族的利己主义规定为纯洁的利己主义,这也没有说出有关民族的任何东西。鲍威尔等强调精神活动的力量,并把自己凌驾于群众之上,"最后,硬说'批判'、'认识'即精神的活动能提供精神的优势,其实正是一种词句上的同义反复;……正是通过这种漫画般的、基督教德意志的唯心主义,

---

① 海涅:《论德国宗教和哲学的历史》,商务印书馆1974年版,第31页。
② 《马克思恩格斯全集》第1卷,人民出版社1956年版,第658页。
③ 《马克思恩格斯全集》第1卷,第660页。
④ 《马克思恩格斯全集》第1卷,第120页。
⑤ 《马克思恩格斯全集》第1卷,第661页。
⑥ 《马克思恩格斯全集》第1卷,第7页。
⑦ 《马克思恩格斯选集》第1卷,第7页。

证明它依然深深地陷在德国民族性的泥坑里。"①

除了宗教和抽象的哲学以外，德国民族中另一个重要的成分即道德的传统，在历史上，从塔西佗到斯苔尔夫人以及许多德国的思想家在谈到德国传统的时候，无不称赞其道德的成分，并批评意大利和法国文化中那些非道德的因素。海涅在谈到宗教改革时，称赞日耳曼人的淳朴的道德。在德国古典哲学中，则是以道德来批评18世纪的道德堕落和享乐主义，黑格尔在谈到法国的启蒙运动时说，"理智的启蒙可以使人聪明一些，但不是使人善良一些。"② 另外还有许多德国民族主义者更是无限夸大这种道德传统的力量。在恩格斯的著作中，也曾多次称赞德国人淳朴的道德，但恩格斯坚信道德归根结底只是一种意识形态，是为一定社会的经济基础所决定的，并为一定的经济基础所服务，任何道德都具有历史性，不存在适用于一切时代的永恒不变的道德。

对于民族大迁移时代的日耳曼人，恩格斯认为德意志人之所以给垂死的欧洲注入了新的血液，并不是像民族沙文主义者所说的有一种特殊的魔力，而是由于"他们的个人才能和勇敢，他们的自由意识，以及把一切公共的事情看作是自己的事情的本能，总之，是罗马人所丧失的一切品质，而仅仅这些品质就能从罗马世界的污泥中造成新的国家，培养出新的民族。"③ 在婚姻关系中，恩格斯并不完全赞成塔西佗对德意志人婚姻道德的描写，但也认为"有一点是可以肯定的：如果说德意志人在自己的森林中曾经是这种世上少有的美德骑士，那么，只要和外界稍一接触，便足以使他们堕落到其余一般欧洲人的水平；……不言而喻，在德意志人的原始森林中，不可能像在罗马那样，盛行骄奢淫逸的享乐生活，因此，在这方面，即使我们没有硬给德意志人加上那种从未成为任何一个地方的整个民族的通例的节欲行为，他们也比罗马世界优越得多。"④ 但是，尽管德意志人有这种良好的传统，一旦同罗马文明接触，马上就堕落下去了，在恩格斯的时代，尤其是这样。恩格斯曾提到过当时德国小说的不道德的描写，"因此，德国小说的枯燥之于法国资产者，正如法国小说的'不道德'之于德国的庸人一样不寒而栗。可是，最近，自从'柏林成为世界都市'以来，德国小说也开始不那么胆怯地描写当

---

① 《马克思恩格斯论民族问题》上册，民族出版社1987年版，第47页。
② 《黑格尔早期神学著作》，商务印书馆1988年版，第12页。
③ 《马克思恩格斯选集》第4卷，第156页。
④ 《马克思恩格斯选集》第4卷，第140页。

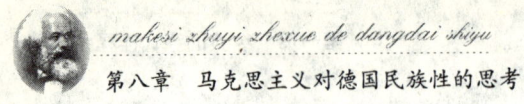

地早就为人所知的淫游和通奸了。"①

四

在对德国民族性的分析中，马克思主义认为那种基督教和道德的唯心主义植根于小资产阶级的社会基础。恩格斯说，"在德国，16世纪遗留下来的，从那时起经常以不同形式重新出现的小资产阶级，是现存制度的真实的社会基础。"②"他们在一切领域都把自己的幻想看成是他们对其他民族所下的最后判决，……我们已经不止一次地指出，这种傲慢的和无限的民族妄自尊大是同极卑贱的、商人的和小手工业者的活动相符合的。如果民族的狭隘性一般是令人厌恶的，那么在德国，这种狭隘性就更加令人作呕，因为在这里它同认为德国人超越民族狭隘性和一切现实利益之上的幻想结合在一起，反对那些公开承认自己的民族狭隘性和承认以现实利益为基础的民族。"③ 这种小资产阶级植根于德国的历史之中，贫穷的德国的每个阶级从一开始就带有小市民的庸碌的标记，"从12世纪以来，德国的上层贵族和下层贵族同家财富豪、心胸开阔、无忧无虑、凡事坚决果断的法英贵族比较起来，显得多么小资产阶级气啊！……在今天，我们的最大的工业家、银行家、船主同巴黎、里昂、伦敦、利物浦、曼彻斯特的交易所巨头比较起来，也是多么小资产阶级气啊！甚至德国的工人阶级也是浑身都散发着小资产阶级气息。"④

这个阶级在现代文明中不断地摇摆于无产阶级和资产阶级之间，一方面它有不断向上爬的愿望和可能，另一方面，其成员又经常被竞争抛到无产阶级的队伍里去，在商业、工业和农业中很快就会被监工和雇员所代替，这个阶级胆战心惊地从资产阶级的工业统治和政治统治那里等候着无可幸免的灭亡。这个阶级既诅咒资本主义的发展，诅咒自由主义、代议制国家、资产阶级的竞争和出版自由，又害怕无产阶级的力量。并且，他们对资本主义的批判，在当时成了封建专制政府、僧侣和容克地主吓唬资产阶级的稻草人，成

---

① 《马克思恩格斯选集》第4卷，第69页。
② 《马克思恩格斯选集》第1卷，第300页。
③ 《马克思恩格斯论民族问题》上册，第109页。
④ 《马克思恩格斯论民族问题》上册，第113页。

了政府镇压工人起义的皮鞭和枪弹的甜蜜的补充。他们以民族传统的代表自居,"宣布德意志民族是模范的民族,德国小市民是模范的人,并"直接反对共产主义的'野蛮破坏'的倾向。"① 对这种以小资产阶级为基础的民族主义的批判贯穿于马克思主义的发展中。19 世纪 40 年代以后,许多德国的哲学家、半哲学家和才子们,从法国那里拿来了小资产阶级的社会主义,并且不考虑德国的国情和法国社会条件的差异,"把新的法国的思想同他们的旧的哲学信仰调和起来,或者毋宁说,就是从他们的哲学观点出发去掌握法国的思想,"② 这样,"在德国的条件下,法国的文献完全失去了直接实践的意义,而只具有纯粹文献的形式。它必然表现为关于真正的社会、关于人的本质的无谓思辨。"③ 他们不能理解资本主义发展的必然性,忘记了法国的批判是以现代资产阶级社会及相应的物质条件和政治制度为基础的,忘记了德国与法国的差异,即资本主义的发展正是德国待争取的,因此,共产党人把自己的注意力集中于德国,因为同 17 世纪的英国和 18 世纪的法国相比,德国将在整个欧洲文明更进步的条件下,拥有发展得多的无产阶级去完成这个变革。

马克思主义则超出了这种民族的局限性,在《英国工人阶级状况》中,恩格斯对英国工人说,"我极其满意地看到你们已经摆脱了民族偏见和优越感。……你们是意识到自己的利益和全人类的利益相一致的人,是一个伟大的大家庭中的成员。"④ 在《新莱茵报》时期,尽管几乎所有的德国报刊都发出了爱国主义的吼声,《新莱茵报》还是首先起来替波兰人、捷克人和意大利人辩护。1870 年,当普法战争爆发的时候,民族主义狂热又一次席卷了德国,但恩格斯称赞德国的工人阶级说,德国社会主义的工人一刻也没有被人引入歧途。他们没有被卷入民族沙文主义的狂澜。当巴黎公社失败后,马克思谴责普鲁士为了 5 亿酬金成为法国资产阶级的帮凶,"这样,上天为惩罚不信神的荒淫堕落的法国而授命虔诚的仁义道德的德国进行的那场战争,其真正的性质终于暴露无遗了。"⑤

---

① 《马克思恩格斯选集》第 1 卷,第 301 页。
② 《马克思恩格斯选集》第 1 卷,第 299 页。
③ 《马克思恩格斯选集》第 1 卷,第 298 页。
④ 《马克思恩格斯论民族问题》,第 48 页。
⑤ 《马克思恩格斯选集》第 3 卷,第 79 页。

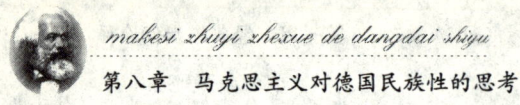

第八章 马克思主义对德国民族性的思考

五

从另一方面来说，马克思主义对德国民族性的批评也并不意味就完全否定了民族的存在和特点。事实上，马克思主义的重要特点就是建立在对人类历史深入研究的基础上，是以一种历史主义的态度将一切看成一个历史的过程，私有制、市民社会、民族和国家等在历史的演变中只能具有历史的意义，而且在历史的一定的阶段也是必然和合理的。民族独立是一切国际合作的基础，无产阶级的国际运动，无论如何只有在独立民族的范围内才有可能。在世界历史的发展中每一个民族都有着它的特殊的意义和存在，恩格斯说，"主张每个民族自身都经历这种发展，正像主张每个民族都必须经历法国的政治发展或德国的哲学发展一样，是荒谬的观点。凡是民族作为民族所做的事情，都是他们为人类社会而做的事情，他们的全部价值仅仅在于：每个民族都是为其他民族完成了人类从中经历了自己发展的一个主要的使命（主要的方面）。因此，在英国的工业、法国的政治和德国的哲学制定出来之后，它们就是为全世界而制定的了，而它们的世界历史意义，也像这些民族的世界历史意义一样，便以此而告结束。"① 对于不同民族的文化及其特点，我们应当充分吸取它们的优秀成分，并将它们融合起来。

从这样的立场出发，马克思主义在创立自己的理论和批判资本主义现实时，时时要考虑的则是德国民族特殊的历史传统和社会条件。青年恩格斯1840年在《恩斯特·莫里茨·阿伦特》一文中，就强烈地批评了这两种片面的倾向。他看到了那种片面否定外国文化的民族主义狂热只会把德意志拉回到中世纪去，在另一方面，恩格斯又始终没有忘记德国民族的优秀传统，并反对对法国文化的盲目崇拜，要"把法国人对我们的狂妄批评，把他们的轻松的喜剧和歌剧，把他们的斯克里布和亚当留给法国人。我们要把外国人的荒诞不经的习俗和时髦风尚，一切多余的外国词汇，统统赶回它们的老窝去，我们再也不做外国人愚弄的傻瓜了，"② 在当时的德国，白尔尼往往被看成是深受外国文化影响的世界主义者，而黑格尔则被看成是一个实实在在的正统

---

① 《马克思恩格斯论民族问题》，第62页。
② 《马克思恩格斯全集》第41卷，第160页。

派,他的论战的锋芒直指政府所不赞同的流派,直指唯理论和世界主义的自由主义!但在恩格斯看来,需要的就是避免两种极端以到达某种融合,"而我们时代的任务就在于完成黑格尔思想和白尔尼思想的相互渗透。"①

在马克思创立历史唯物主义的最初阶段,也可以看到那种德国民族传统的影响。1842年在促使马克思"从纯粹研究政治转而研究经济关系,从而研究社会主义"的"关于林木盗窃法的辩论"中,马克思又明确地从德国古老的日耳曼习惯法出发,反对套用外国的法律来侵犯贫民的习惯权利,在日耳曼法中,贫民的任何习惯权利都是来自某些所有权的不固定性,而资产阶级却在启蒙和理智的名义下,把法国的罗马法简单地用于德国,"只要稍加思考,就能看出启蒙的立法是如何地片面,并且不可能不是片面地来考察贫民的习惯权利,日耳曼人的法典可以算是这些习惯权利的最丰富的泉源。"②"因此,理智取消了所有权形式的二重性和不稳定性,而把它在罗马法中找到现成格式的抽象私权范畴应用于这些形式。立法的理智认为自己有权取消这种不定所有权对贫民阶级所负的责任。"③

由于这种背景,德国19世纪的社会主义运动也带上了民族的特点,尽管它是以现代文明社会的一般情况为前提所必然得出的结论,但分歧的地方总会有的,"因为共产主义在这三个国家中的产生情况各不相同。"④ 英国人由于国内的贫困和道德败坏,是通过实践达到这个学说,法国人是通过政治,即要求政治和社会的自由、平等,"德国人是一个哲学民族,既然共产主义建立在健全的哲学原理的基础上,并且是——尤其是——从德国本国哲学必然得出的结论。"⑤ 由于这一点,当德国有教养的资产阶级抛弃了理论思维的时候,正是德国的工人阶级保留了这一民族的特点,德国人是一个从不计较实际利益的民族,对抽象原则的偏好,对现实和私利的轻视,使德国人在政治上毫无建树,所以,"德国无产阶级是欧洲无产阶级的理论家,正如同英国无产阶级是它的经济学家,法国无产阶级是他的政治家一样。"⑥

---

① 《马克思恩格斯全集》第41卷,第152页。
② 《马克思恩格斯全集》第1卷,第144页。
③ 《马克思恩格斯全集》第1卷,第146页。
④ 《马克思恩格斯全集》第1卷,第575页。
⑤ 《马克思恩格斯全集》第1卷,第591页。
⑥ 《马克思恩格斯全集》第1卷,第484页。

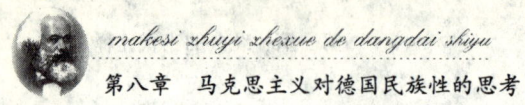

第八章 马克思主义对德国民族性的思考

六

由上可见,马克思主义的产生在很多地方都植根于那个时代的文化和民族的背景,他们既洞见到民族历史向世界历史转变的必然性,又不忽视德国民族在特定阶段的特殊性及其价值,既反对狭隘的民族主义,又反对资产阶级的以自由贸易为幌子的虚假的世界主义。假如理解了这一点,许多我们为之争论的问题就不言自明了。此外,马克思主义对德国民族性的分析也有助于我们对西方文化的认识,像20世纪90年代以来学术界所关注和讨论的所谓的两种自由主义、两种启蒙等,也正植根于欧洲不同的文化传统和民族背景。正是由于英、德与法国在气候、地理环境和经济文化发展上的差异,才会对自由、启蒙等产生不同的理解,如历史学家所说,"在德意志,自由主义也同民族主义一样,具有一种特殊的性质,使德意志有别于其他国家。"① 也正是在这样的基础上,我们也才可以更好地理解马克思和恩格斯立足于德国的民族传统对西方的人权、自由和启蒙等价值观的分析和批评。在《德意志意识形态》中,马克思和恩格斯分析了康德哲学所包含的那种自由主义,"在康德那里,我们又发现了以现实的阶级利益为基础的法国自由主义在德国所采取的特有形式。"② 法国的自由主义是以特定的物质利益和物质生产关系为基础的,但在康德哲学中,却把法国资产阶级意志的有物质动机的规定变为"纯粹思想上的概念规定和道德假设。……当这种强有力的资产阶级的自由主义的实践以恐怖统治和无耻的资产阶级钻营的形态出现的时候,德国小资产者就在这种资产阶级的自由主义面前畏缩倒退了。"③ 总之,民族的现实利益及其发展差异,不仅是19世纪,也是当代世界所面临的重大问题,并也注定了我们对许多东西的理解是特殊和多样化的。在21世纪,随着世界历史进入一个新时代,马克思主义曾面临和思考的那些民族主义和世界主义的问题仍然存在,也正由于此,马克思主义仍将以其内在的生命力在未来发挥着巨大的作用。

---

① 转引自科佩尔·S.平森:《德国近现代史》上册,商务印书馆1987年版,第13页。
② 转引自科佩尔·S.平森:《德国近现代史》上册,第13页。
③ 转引自科佩尔·S.平森:《德国近现代史》上册,第13页。

第九章

西方马克思主义对恩格斯的自然辩证法思想的研究

西方马克思主义作为现代西方一种重要的马克思主义思潮，它虽然包含了许多流派并存在分歧，却有一个重要的共同点，即在理论上对所谓传统的马克思主义作了许多修正和批判。西方马克思主义者自称这是他们对真正的马克思主义的重新发现和发展，因而他们对马克思主义的种种所谓新阐释，在西方思想界影响甚巨。

就他们的理论批判的内容来讲，自然辩证法问题是他们关注的一个重要方面。由于自然辩证法问题涉及了对马克思主义哲学的自然观、辩证观、历史观及认识论等一系列基本方面的问题，所以，西方马克思主义者对它的不同认识也就关系到他们对整个马克思主义哲学的不同理解和评价。总的来说，西方马克思主义者基本上都否认自然辩证法的实际意义，对恩格斯的《自然辩证法》等著作持完全的否弃态度。这当然很错误，而且其中包含了许多对马克思、恩格斯本人思想的误解，进而得出不少错误的结论。但其中也包含一些有价值的正确见解，提出一些引人深思的问题。

一、西方马克思主义者是根据什么、从哪些方面来批判、否定自然辩证法问题的呢？

（一）哲学传统的继承关系问题

西方马克思主义者首先从哲学传统的继承关系上批评了自然辩证法思想。

第九章　西方马克思主义对恩格斯的自然辩证法思想的研究

卢卡奇认为，黑格尔的哲学传统有两个相矛盾的方面，这表现为一个是所谓科学逻辑主义的黑格尔，注重绝对理性的探求和唯心主义的思辨玄想，如他的《自然哲学》、《逻辑学》；另一个是历史主义的黑格尔，青年黑格尔即是典型，强调主体性和历史的辩证法，著作如《精神现象学》等。历史主义的黑格尔被马克思从青年时代起就加以继承，而科学主义的黑格尔传统则被恩格斯看中。所以，卢卡奇认为，恩格斯的自然辩证法理论无非是把黑格尔的最缺乏生机的自然哲学原理套用起来，并加以自以为是的改造。"能从恩格斯对辩证法的说明中所产生的误解，主要可归之于这样一个事实，即恩格斯——遵循着黑格尔的错误引导——把这种方法扩展到并应用于自然。"①

德拉·沃尔佩和他的学生科莱蒂、结构主义的马克思主义者阿尔都塞比卢卡奇走得更远，他们断然否认马克思与黑格尔之间有任何真正的联系。阿尔都塞认为在成熟的马克思与具有黑格尔主义色彩的青年马克思之间存在"断裂"，因此，恩格斯晚期的自然辩证法利用了一些黑格尔的思想，显然是违背了马克思的思想。德拉·沃尔佩和科莱蒂把马克思的辩证法解释成同黑格尔的辩证法截然相反的"具体——抽象——具体"循环往复的科学实验方法，也就是一种使抽象不断历史化的方法，并确认恩格斯和其他马克思主义者所阐述的"辩证唯物主义的物质辩证法抄自黑格尔"，宣布在黑格尔的《逻辑学》中"找到了辩证唯物主义的诞生地。"②

可见，西方马克思主义者试图从哲学传统上说明恩格斯的自然辩证法继承了黑格尔的唯心辩证法，并认为这是恩格斯与马克思之间的一个重大分歧。这构成了西方马克思主义者否定恩格斯自然辩证法思想的一个重要依据。

当然，也有人干脆就认为自然辩证法是恩格斯的独创，没有哲学传统上的关系。如法兰克福学派的马尔库兹在《苏联马克思主义》一书中说："黑格尔和马克思都并非将辩证法作为一般的方法论的图式来加以发展，在这个方面的第一步是由恩格斯在他的《自然辩证法》中迈出的"，而当辩证法"从一种批判的思想方法变成为一种具有僵硬地规定的规则和普遍的'世界观'和方法论"时，"这种转变就比任何修正都更彻底地破坏了辩证法。"马尔库兹割断了恩格斯的自然辩证法与马克思主义哲学传统相联系的脐带，无疑也

---

① Lukacs, G., *History and Class Consciousness*, London, 1971, p. 24.
② Lukacs, G., *History and Class Consciousness*, London, 1971, p. 27.

就把它排挤出了真正的马克思主义的领地。

(二)"总体性"问题

卢卡奇和萨特等人都强调马克思主义辩证法的实质是所谓的"总体性",并据此提出了对恩格斯自然辩证法的另一方面的批评。

卢卡奇说:"总体性的范畴,总体对于局部的遍及一切的优越性,是马克思取之于黑格尔,而又才华焕发地把它变成一门全新科学的基础的方法的实质。"① 他认为,马克思为了把黑格尔的辩证法改造成赫尔岑称之为"革命的代数学"的思想武器,仅仅"对它来一个唯物主义的颠倒,还是不够的","与其说是由于这种颠倒,还不如说是方法本身,就是说,总体性的概念,使每一个局部服从于历史和思维的整个统一。"② 卢卡奇认为,恩格斯的错误在于他不理解辩证法的这种总体性,机械地制造了黑格尔哲学中所谓体系和方法的矛盾,以为只要对黑格尔的唯心主义体系加以唯物主义的颠倒,就能拯救出其辩证法的"合理内核",其实这是过于简单化的理解。恩格斯试图专门探讨辩证法问题,却恰恰没有掌握辩证法的生动精神——总体性观念,这无疑是他失败的重要原因。

萨特也认为,从辩证法的实质和内容来看,辩证法就是"总体化",而总体化仅仅是指存在于在人类实践支配下的社会历史过程中。在自然界是没有这种总体性的,所以也就没有什么"自然辩证法"。他还认为,辩证法包含着一种"可理解性",即具有一种人通过自己的活动能够予以察见的"半透明性",而要达到这一点也是必须立足于辩证法的"总体化"。萨特说:"对于马克思来说,正如对于黑格尔来说一样——尽管他把辩证法头足倒置了——正是人类现实的总体这个观念,使得人类现实发展的每一辩证的环节成为可理解的。"③ 反之,"如果像恩格斯……那样,只限于列举辩证法的规律,而这些规律的每一条都不是作为揭示辩证法总体的一个'侧面'的时候,那么,辩证法的可理解性是不会出现的。"④

(三)主体和客体的关系问题

整个西方马克思主义包含了两股不同的趋向,即以卢卡奇、法兰克福学

---

① Colletti, L., *Marxism and Hegel*, London, 1973, p. 22.
② Lukacs, G., *History and Class Consciousness*, London, 1971, p. 28.
③ 萨特:《科学和辩证法》,商务印书馆:《外国哲学资料》第四辑,第155页。
④ Sartre, J-P., *Ctitique de la Raison Dialectique*, p. 137.

第九章 西方马克思主义对恩格斯的自然辩证法思想的研究

派、存在主义、马克思主义为代表的强调马克思主义的人道主义、历史主义，并把马克思主义黑格尔化的趋向，和以德拉－沃尔佩的"新实证主义马克思主义"、阿尔都塞的"结构主义马克思主义"为代表的强调马克思主义的科学主义、实证主义的趋向。不过，虽然这两种趋向有着许多不同甚至对立，却也不乏共同之处。譬如，他们几乎都一致地强调了主体和客体问题在马克思主义哲学中的重要意义，并相应地阐发了对恩格斯自然辩证法思想的另一方面的批评。

卢卡奇在《历史和阶级意识》一书中说："他（指恩格斯）说，辩证法是从一个定义过渡到另一个定义的连续过程，这样片面的、僵硬的因果性一定就被相互作用所代替。但是，他们甚至连提都没有提到过一种最主要的相互作用，即主体和客体在历史过程中的辩证关系，更谈不上给它以应有的突出地位了。可是，假如没有了它，辩证法就不再是革命的了……"① 又说："辩证法的关键性因素，即主体和客体的相互作用，理论和实践的统一，作为范畴——思维中变化的根本原因——的基础的现实中的历史变革等等，在我们对自然的认识中却是没有的。"② 可见，卢卡奇否定自然辩证法的最基本的根据，是他认为马克思的辩证法的关键性的决定因素是主体和客体的相互作用，而它是只存在于社会和历史领域的。卢卡奇认为，恩格斯的《自然辩证法》，是他"追随黑格尔的错误引导"，而把辩证方法应用于自然界的结果，这是恩格斯对马克思辩证法思想的误解。

列斐伏尔、萨特等人也基本上是重复和发挥了卢卡奇的上述观点。他们认为在主体和客体的相互作用之外寻求辩证法是错误的，马克思既不同于主张在人类社会参与之前、自然界就具有纯粹独立的辩证运动的晚年恩格斯，又不同于认为有纯粹客观的物质实体，认识只是现实的拷贝的列宁。实际上，马克思的辩证法范畴只是作为历史实践中的环节点才存在的，它是一种通过人的实践活动而不断地改变"客观性"的具有构造性作用的中介环节。所以，列斐伏尔认为，要追溯辩证法的基础，不应到自然中去寻找，而应到实践中、在人与自然的关系中去寻找辩证法的基础。萨特更是断然否认了自然辩证法的客观基础，他把自然辩证法看作是"把先验的和没有得到证明的辩证法说

---

① Lukacs, G., *History and Class Consciousness*, London, 1971, p. 3.
② Lukacs, G., *History and Class Consciousness*, London, 1971, p. 24.

成自然界的根本规律"。① 黑格尔和恩格斯等人"都企图把历史的辩证法扩展到自然界",而承认物质自然界存在普遍的辩证规律的做法,"就会陷入十足的神学。"② 梅劳—庞蒂也抨击了恩格斯的自然辩证法是"把人的存在方式塞进了自然,完全是魔术",是"给辩证法加上了一剂自然主义的溶液……立即瓦解了辩证法。"③

二、西方马克思主义者纷纷一致地批评恩格斯的自然辩证法,对马克思主义辩证法作了新的阐释,那么,他们所理解和主张的辩证法又是什么呢?

西方马克思主义者在否定存在着任何客观事物的辩证法的同时,提出了从人与自然、主体与客体的关系、从社会实践和历史发展的总体性的角度,重新理解马克思主义的辩证法。实际上,他们讲的辩证法就是实践的辩证法或历史的辩证法。

法兰克福学派反对把辩证法本体论化,认为正是马克思从黑格尔那里将辩证法从本体论的基础中分离出来,使"辩证法在本质上变成了一种历史的方法"。

萨特在《科学和辩证法》中对什么是"历史辩证法"作过说明:"打开历史辩证法的钥匙就是马克思《哲学的贫困》中的一句名言,生产关系构成一个整体。那就是说,无论你考察什么事情,都要把它同生产关系(即'基础')这个历史的整体联系起来。""辩证的规律就是社会被我们自己所总体化和我们自己被社会所总体化,简言之,辩证法不是别的,只不过是实践。"自然界并不能成为像人类历史那样的一个"总体",即不是一个有主体、有历史过程的整体,当然也就谈不上辩证的运动。因为,即使自然的科学范例是辩证的,这也只能证明人的理性是辩证的,而不能证明自然本身是辩证的。就像人创造了上帝然后又加以膜拜一样,自然辩证法的倡导者们把自己的一些

---

① Sartre, J.-P., *Ctitique de la Raison Dialectique*, p. 124.
② 萨特:《科学和辩证法》,商务印书馆:《外国哲学资料》第四辑,第168页。
③ Merleau-Ponty, M., *Adventures of the Dialectics*, London, 1974, p. 387.

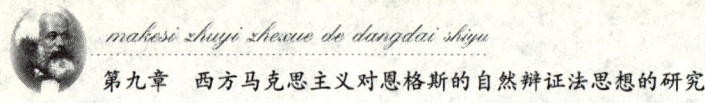

认识加诸自然,又把它当作似乎是自然中真实发生的东西一样加以相信,自以为发现了自然事物的存在和发展的一些基本规律,这是很危险的观念,它容易引导人们去极力追求和依靠外部世界的所谓"客观规律",并走向机械的决定论甚至"新的神学"。萨特认为,辩证法只能源于人在社会历史过程中的实践,这是他主张"历史辩证法"的主要根据。

德拉·沃尔佩则把他的所谓马克思主义辩证法称之为"科学辩证法",用以与"思想辩证法"相对立。他认为,这种"科学辩证法"也就是马克思的历史哲学的方法,它可以具体体现为一种"现代实验科学的唯物主义逻辑"、是"具体——抽象——具体的循环"的方法。他在1957年发表的论文《马克思主义与黑格尔辩证法》中又说:"我们认为马克思的方法是使抽象不断历史化的方法,是揭示抽象的历史规定性的方法,而揭示抽象的历史规定性,也就是循环往复运动(具体——抽象——具体)的实际意义。"

显然,西方马克思主义对辩证法的这种理解,其意义已远远超出了否定自然辩证法的范围,而涉及究竟应该怎样看待马克思主义的实质问题:是把马克思主义看作只是一种社会历史理论,还是把马克思主义看作也是一种宇宙观?西方马克思主义者大都把马克思主义的实质看作是一种社会历史理论,反对把它当作一种反映了整个世界的普遍规律的宇宙观,因此,他们不但否定自然辩证法,而且否认马克思主义哲学的本体论意义,拒绝"辩证唯物主义"、"唯物辩证法"这类概念。

三、西方马克思主义否定自然辩证法的观点在西方思想界影响很大,也得到了不少回响。西方许多学者对自然辩证法也持与西方马克思主义相同的看法

那么,我们应该怎样评价西方马克思主义对恩格斯自然辩证法的研究呢?

首先,从哲学传统上讲,西方马克思主义者力图使马克思的辩证法避免在一些人手中遭到黑格尔唯心主义的污染,力图使马克思辩证法保持严格的科学性,并力图对马克思主义辩证法的起源和发展历程做一些"正本清源"的工作,这些主观愿望和努力是值得肯定和理解的,并且在批判马克思主义的庸俗化、教条化和苏联模式方面确是有意义的。但不能由此混淆了以下两个问题：第一，马克思的辩证法完全抛弃了黑格尔的辩证法吗？第二，恩格斯的自然辩证法完全是受黑格尔的唯心辩证法的"错误引导"吗？答案是否定的。从马克思的整个思想历程可以看到，马克思的辩证法与黑格尔辩证法之间的关系，绝非是一种单纯的"断裂"，而是包含了启发、借鉴和批判的多重关系，如马克思所发现的黑格尔的经济学研究与辩证法之间的隐秘关系，就曾对自己的经济学、哲学（包括辩证法）思想的发展有过许多影响。① 这点连卢卡奇在其著《青年黑格尔》一书中也强调过。所以，要说继承，马克思同恩格斯一样也继承了黑格尔辩证法中的一些有价值的遗产。同样，要说批判，恩格斯何尝不同马克思一样曾批判过黑格尔的唯心主义呢？这无论是在他早期与马克思合作的一些著作中，还是在他晚期自己写的几部著作中，都不难找到具体的例证。

　　其次，从对辩证法的实质的理解上讲，西方马克思主义通过着力研究马克思的早期思想及《资本论》中的思想，强调了主体和客体的关系、人与自然的关系是辩证法的基本内容和实质，这就使辩证法（主要是马恩列以后的辩证法研究及宣传）中一个长期被人忽视，遭到误解的问题得以揭示，向将辩证法理解为仅仅是几条规律的抽象模式的教条主义和庸俗化倾向提出了严峻的挑战。当然我们也应该承认，恩格斯对上述问题的阐述的确是不充分的，迄今为止，这些问题仍然构成一个值得深入开拓的领域。虽然西方马克思主义所谓主体、客体和总体性等思想主要来源于马克思的丰富的思想宝库，但我们在恩格斯的著作中也能发现许多有关主观辩证法、客观辩证法以及"两种自然"等思想的。尽管恩格斯没有很深入系统地探讨过主体和客体、人与自然的关系问题与辩证法的关系，但《反杜林论》、《自然辩法证》等著作至少没有提供与之相反对、相抵触的证据，更不能以此断定马克思与恩格斯的某些不同就是对立。与其说马克思恩格斯是对立的，还不如说他们在理论活动上既有许多共同点，又有各自鲜明的特色和一定的理论分工。

　　此外，在承认从主客体关系中把握辩证法的前提下，是否因此就得取消自然界的优先地位？从认识的发生学过程上讲，我们应该承认主客体关系在逻辑上的优先性，但这并不能影响我们同时承认客观事物在存在上的优先性

---

① 参见朱晓鹏：《论〈1844年经济学哲学手稿〉的逻辑结构》，载商务印书馆《马克思主义来源研究论丛》第九辑。

这个基本事实。西方马克思主义反对恩格斯的一个重要依据,就是他们错误地混淆了上述问题。

最后,西方马克思主义突出了实践的意义,把实践看作是联结主体与客体关系、人与自然关系的纽结和基础,这与马克思将"现代唯物主义"理解为"实践的唯物主义"是一致的,也是西方马克思主义注意理论联系实际的一个思想基础,意义是重大的。

第十章

列宁的感觉理论与感觉心理学

感觉理论是列宁在《唯物主义和经验批判主义》中重点论述的一个问题,也是列宁反映论思想的基础和重要组成部分。近几年来,我国理论对《唯物主义和经验批判主义》中的反映论思想开展了激烈的争论,有的问题涉及列宁的感觉理论,本文结合感觉心理学对列宁的感觉理论做一些具体分析,以此说明《唯物主义和经验批判主义》中的反映论思想的辩证唯物主义性质。

一、列宁是怎样提出唯物主义的

要深入理解《唯物主义和经验批判主义》关于感觉理论的大量论述,就应该特别注意 19 世纪感觉心理学的丰硕成果。弥勒、赫尔姆霍茨、费希纳、冯特、马赫、詹姆斯这些在感觉心理学方面取得了重要成果的著名自然科学家的名字,都被列宁在《唯物主义和经验批判主义》一书中提到并作了分析。

德国生理学家弥勒（Müler）于 1838 年系统地阐述了感觉的神经特殊能力说,研究了视觉和听觉的形成问题。

德国生理学家赫尔姆霍茨（Helmboltz）于 1860 年提出了色觉三色说,1863 年提出了听觉共鸣说。在对远近知觉、双眼的辐合运动、错觉的研究中,提出了"无意识推理"的观点。

德国物理学家、生理学家费希纳（Fechner）对外界刺激与心理现象之间的函数关系做了大量的研究,于 1860 年提出了关于感觉强度和刺激强度关系的费希纳定律,并且还发明三种心理物理测量方法。

德国哲学家、心理学家冯特(Wundt)对感知学进行了大量的实验研究,于1879年建立了世界上第一所心理实验室,使心理学成为一门独立的科学。他还提出了著名的感情三度说。

奥地利物理学家、哲学家马赫(Mach)于19世纪60年代发表了他对空间知觉、时间知觉和听觉的实验研究,1865年描述了礼堂中的马赫带现象,1875年又提出了三半规管在身体转动知觉中的作用问题。

美国哲学家、心理学家詹姆斯(James)在1890年发表的《心理学原理》一书中,讨论了感觉等各种心理过程,注意到脑对意识的作用,阐述了心理具有选择性的理论,提出了"意识流"和情绪理论的著名观点。

这些学者及其他们的科学成就,对列宁提出辩证唯物主义的感觉理论影响十分巨大。以往人们在研究列宁的感觉理论和反映论的时候,一般只注意到列宁在哲学理论上的论述和继承关系,只是从哲学史、社会历史背景和哲学论战的角度进行分析,而忽视了当时自然科学的成果特别是感觉心理学对列宁的感觉理论和反映论的重要意义。这不但限制了人们对列宁感觉理论的深入理解,而且也是一些人对《唯物主义和经验批判主义》中的反映论思想得出不正确认识的原因。而实际情况是,列宁根据唯物辩证法,不仅对哲学史上贝克莱、休谟、康德等人的唯心主义、不可知论的感觉论进行了分析和批判,而且充分注意和吸收了当时感觉心理学的成果,对取得这些成果的自然科学家的唯心主义和形而上学思想进行了深入的分析和批判。正是在这个基础上,列宁提出了唯物主义的感觉理论。

首先,在感觉的发生问题上,列宁提出了客观事物和现象作用于人的感觉器官在人的大脑中引起感觉,感觉是认识的源泉,客观世界是感觉的源泉的观点。

列宁之前的唯物主义者(包括费尔巴哈、马克思和恩格斯)只是从原则上讨论了感觉和认识的发生问题,限于时代,他们没有对客观世界、感觉器官、人脑、感觉和认识之间的关系做出明确的说明。而弥勒、马赫等人虽然在研究感觉的生理和心理机制方面取得了一些成果,认识到感觉与主体和客体存在着某种联系,但是在对这些成果的哲学解释上,马赫得出了"要素是感觉"、"思想不是头脑的机能"的观点,冯特得出了否定大脑是心理的生理基础的身心二元论的观点。由于他们都是当时著名的科学家,所以他们的观点有着较大的影响力。因此，唯物主义地解释和概括感觉心理学的成果，既是列宁阐述感觉发生问题的一部分，也是列宁在哲学上继续深化这个问题的立足点。列宁说："自然科学坚决地主张：思想是头脑的机能；感觉即外部世界的映象是存在于我们之内的，是由物对我们感觉器官的作用所引起的。"①"这也就是唯物主义：物质作用于我们的感觉器官而引起感觉。感觉依赖于大脑、神经、眼网膜，等等，即依赖于按一定方式组成的物质。物质的存在不依赖于感觉。物质是第一性的。感觉、思想、意识是按特殊方式组成的物质的高级产物。"② 以此为根据，列宁从哲学上论述了感觉在认识过程中的地位和作用，坚持了感觉发生问题上的唯物主义。列宁说："认识论的第一个前提无疑地就是：感觉是我们知识的唯一泉源。马赫承认了第一个前提，但是搞混了第二重要的前提，即客观实在反映在人的感觉中，或者说客观实在是人的感觉的泉源。从感觉出发，可以遵循着主观主义的路线走向唯我论（'物体是感觉的复合或组合'），也可以遵循着客观主义的路线走向唯物主义（感觉是物体、外部世界的映象）。"③

其次，在感觉的性质问题上，列宁提出了感觉是意识和外部世界的直接联系，是外部世界的映象、感觉中有着不依赖于反映者的客观内容的观点。

感觉与主体和客体是什么关系？在哲学史上，贝克莱认为"物质是感觉的组合"，观念和主体引起感觉；休谟认为主体和客体都是"各种不同知觉的集群"。对此，唯物主义者狄德罗气愤地说："这种体系虽然荒谬之至，可是最难驳倒，说起来真是人类智慧的耻辱、哲学的耻辱。"④ 对这个问题马克思和恩格斯只是从原则上强调了实践对于批驳唯心主义和不可知论的重要意义，并没有做出明确的论述。列宁深刻地指出："这里的问题不在于理论上的论述。"⑤ 解决这个问题的关键在于能否科学地说明感觉的生理和心理机制。19世纪感觉心理学的成果为解决这个问题提供了自然科学基础。列宁根据感觉心理学的成果，指出了感觉与主体和客体关系问题的症结："任何一个没有被教授哲学弄糊涂的自然科学家以及任何一个唯物主义者都认为，感觉的确是

---

① 列宁：《唯物主义和经验批判主义》，人民出版社1960年版，第84页。
② 列宁：《唯物主义和经验批判主义》，人民出版社1960年版，第45页。
③ 列宁：《唯物主义和经验批判主义》，人民出版社1960年版，第124页。
④ 茹·阿西萨编《狄德罗全集》第1卷，1875年巴黎法文版，第304页。
⑤ 列宁：《唯物主义和经验批判主义》，人民出版社1960年版，第24页。

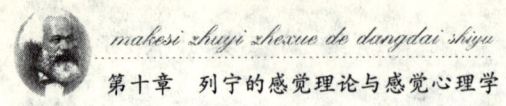

第十章 列宁的感觉理论与感觉心理学

意识和外部世界的直接联系,是外部刺激力向意识事实的转化。这种转化每个人都能看到千百万次,而且的确到处都可以看到。唯心主义哲学的诡辩也就在于:它把感觉不是看作意识和外部世界的联系,而是看作隔离意识和外部世界的屏障、墙壁;不是看作同感觉相符合的外部现象的映象,而是看作'唯一的存在'。"①在此基础上,列宁批判了弥勒的感觉是人的感官的神经性质或状态、赫尔姆霍茨的感觉是与被代表的物相脱离的符号或任意的标志、马赫"物是感觉的复合"等唯心主义的哲学观点,论述了感觉的性质,"我们的感觉、我们的意识只是外部世界的映象;不言而喻,没有被反映者,就不能有反映,被反映这是不依赖于反映者而存在的。"②"我们的感觉反映客观实在,即反映不依赖于人类和人的感觉而存在的东西。"③列宁还特别的指出,对感觉的性质作何种理解,代表着哲学上两条不同的路线。"从物到感觉和思想呢?还是从思想和感觉到物?恩格斯主张第一条路线,即唯物主义的路线。马赫主张第二条路线,即唯心主义的路线。"④

再次,在反映论与辩证法的关系问题上,列宁提出了要彻底贯彻唯物主义感觉论,必须自觉坚持辩证法的观点。

为什么弥勒、赫尔姆霍茨、冯特、马赫等人在对感觉的自然科学研究中取得了一系列重要成果,却在哲学上滑向了唯心主义呢?这是一个非常值得重视的问题。对此,列宁仔细地分析了他们的认识论的根源,指出了他们的失足之处,特别强调了辩证法对于坚持唯物主义的重要意义。列宁说:"自然科学一个部门里的一个自然科学家学派,由于没有能够直接立即从形而上学唯物主义提高到辩证唯物主义而滚入了反动哲学。"⑤"马赫正是在这点上走入了歧途,因为他不懂得或者不知道相对主义和辩证法之间的关系。"⑥"不懂得辩证法,就必然会从相对主义走到哲学唯心主义。"⑦所以,在列宁的感觉理论中,不仅有彻底的唯物主义,而且还有丰富的辩证法思想,唯物主义

---

① 列宁:《唯物主义和经验批判主义》,人民出版社1960年版,第40页。
② 列宁:《唯物主义和经验批判主义》,人民出版社1960年版,第61页。
③ 列宁:《唯物主义和经验批判主义》,人民出版社1960年版,第319页。
④ 列宁:《唯物主义和经验批判主义》,人民出版社1960年版,第30页。
⑤ 列宁:《唯物主义和经验批判主义》,人民出版社1960年版,第330页。
⑥ 列宁:《唯物主义和经验批判主义》,人民出版社1960年版,第35-36页。
⑦ 列宁:《唯物主义和经验批判主义》,人民出版社1960年版,第326页。

和辩证法相互交织、紧密结合。辩证法思想是列宁感觉理论中不可分割的重要组成部分。

二、列宁感觉理论中的辩证法思想

列宁的感觉理论中有着十分丰富的辩证法思想但却一直很少有人论及，这是因为，列宁关于感觉理论的辩证法思想是散见于全书的。限于《唯物主义和经验批判主义》的论战性质，列宁没有对感觉理论的辩证法作集中的和系统的论述。然而，这并不是像有的同志所理解的那样"列宁作为一个辩证唯物主义者，在论证唯物主义认识论的一般原理时，不能不涉及一些辩证法思想。"[①] 而是列宁在阐述唯物主义感觉理论时，自觉地把辩证法贯彻其中。因此，结合现代感觉心理学的新成果，来分析列宁的感觉理论中的辩证法思想，不但便于我们领会列宁的感觉理论中的辩证法思想，而且有助于对《唯物主义和经验批判主义》中的反映论思想做出准确的评价。

现代生理学和心理学对感觉的研究表明，从系统的观点来看，感觉系统的机能就是将客观世界的信息传到神经中枢，使机体能够对来自客观世界的刺激做出适当的反应。因此，必须联系机体发生反应活动来研究感觉，感觉过程也是一种反射活动。现代心理学认识到的反射神经结构，除了具有传统反射弧的感受器、传入神经、反射中枢、传出神经、效应器五个部分之外，还包括在感受器与中枢、效应器与中枢之间的反馈联系。前苏联著名神经心理学家鲁利亚指出：在感觉过程中，不仅有客观世界刺激感受器在主体内产生感觉的内导环节，而且还有主体效应活动的外导环节。所谓效应活动，就是机体和器官在中枢神经系统支配下做出的反应和运动。感觉过程是内导环节和外导环节统一的过程。对感觉过程的这种理解已经成为现代心理学的普遍认识。从反射活动的角度来研究感觉可以明显地看出，感觉不是像人们以往了解的那样，只是一个外界刺激并作用感觉器官在大脑中产生感觉的简单的、被动的反映过程，而是一个复杂的能动反映过程。

把感觉过程分为内导和外导两个互相联系又相互区别的环节，能够使人

---

① 王振武：《反映论的实质和发生认识论的启示》，载《红旗》1987年第8期。

们更深入地认识感觉的性质和特点，对于我们全面地理解列宁的感觉理论和发展马克思主义认识论也有着重要的意义。

我们先来分析内导环节。感觉器官在通过传入神经向中枢传导感觉信息的同时，要受到来自中枢的反馈信息的调节和支配。感受器不仅接受刺激物的作用发生能量转换，而且也作为效应器在活动着，中枢对感受器的活动有控制作用。反馈信息在内导环节中的作用是：第一，反馈调节和控制着感觉正常的生理和心理过程，使感受器更适合于反映被感觉的对象；第二，反馈也可以看作是新的刺激，在反馈信息的参与下，感觉才能成为完整的、连续的过程，更好地反映客观世界。

不同的主体在感知同一客体的时候，他们感觉到的东西可能是不一样的，主体的主观态度、过去的经验在感觉中起着重要的作用，感觉随着主体主观状态的变化而变化。感觉在正确地反映客观世界方面，不是无条件的，而是有条件的。

贝克莱、弥勒、赫尔姆霍茨、马赫等人在他们对感觉的研究中也意识到了这一点，可是他们却错误地理解了主体对感觉的影响和作用，由此得出了否认感觉是主体对客体的反映、感觉中有着不依赖于主体的客观内容的唯心主义结论。

列宁根据唯物辩证法指出了他们的错误实质，"在这里显然是把下面两个问题搞混了：（一）有没有客观真理？就是说，在人的表象中能否有不依赖于主体、不依赖于人、不依赖于人类的内容？（二）如果有客观真理，那么表现客观真理的人的表象能否立即地、完全地、无条件地、绝对地表现它，或者只能近似地、相对地表现它？……否定人的某些表象中的相对性因素，可以不否定客观真理；但是否定绝对真理，就是不可能不否定客观真理的存在。"①

"辩证法，正如黑格尔早已说明的那样，包含着相对主义、否定、怀疑论的因素，可是它并不归结为相对主义。马克思和恩格斯的唯物主义辩证法无疑地包含着相对主义，这就是说，它不是在否认客观真理的意义上，而是在我们的知识向客观真理接近的界限受历史条件制约的意义上，承认我们一切知识的相对性。"②

---

① 列宁：《唯物主义和经验批判主义》，人民出版社1960年版，第120页。
② 列宁：《唯物主义和经验批判主义》，人民出版社1960年版，第136页。

从马克思主义认识论看来,感觉是主体和客体相互作用的结果,感觉是主体和客体相互作用的过程中发生和进行的。一方面,来自客体的刺激是引起感觉的动因,是感觉内容的来源,感觉依赖于客体存在。另一方面,感觉是在主体内部发生的,是人的神经系统活动的表现形式,是主观的映象。因此,它必然要受到主体的生理结构、心理过程的影响和反作用。人类的感觉同照相机不同,它不是主体对客体的被动的感知,而是能动的反映。感觉对客体的反映只能是近似的,而不可能是等同的。列宁认识到了这个问题,指出:"反映可能是对被反映者近似正确的复写,可是如果说它们是等同的,那就荒谬了。"① 所以,感觉作为一种反映过程,也是绝对和相对的对立统一。

我们再来分析外导环节。在感受器和中枢神经系统之间的反馈联系,虽然可以使主体对客体的感觉连续进行和趋于精确,但是,感觉是否与客体一致,并不能在内导环节范围内部解决。必须把主体的感觉与主体的运动和主体作用于客体的活动联系起来,才能形成真正准确的感觉。外导环节在感觉过程中的作用是:第一,效应活动对形成感觉是不可缺少的。大量的生理心理学实验研究表明:感觉器官的输入部分与动作部分不是彼此孤立的,感受器与效应器是密切联系协同活动的;第二,效应活动验证感觉的内容,为中枢调节感觉提供反馈信息;第三,效应活动加强感觉的指向性,使感觉更加精确。而且,从接受信息的角度来看,主动的感觉比起被动的感知,能使主体获得更多、更有用的信息,这对有机体来说,也有着重要的生物学意义。

心理学家海尔得(Held)曾做过一个研究感觉与主体运动的关系的实验:让被试者戴上一副棱镜,这使被试者看到的外界景物向一定方向偏移了。如果允许他用手在对象上做标记,并看见手的运动和对象,尽管他看不到自己所做的标记,即不知道自己的动作是否正确,在一个小时之内他的动作错误也会显著减少。但是,如果不允许他进行主动运动,而由另一个人推动他的手臂去定位,即使他能看见自己手臂的运动,他也不能适应这个歪曲了的视觉情景。海尔得发现,主动的手臂运动是有效适应的必需条件。这个实验说明,人对现实的感觉,决不只是取决于感受器上的印象,而是以客观事物对人的作用为准绳的。只有在各种感觉的协同活动和互相验证即主体作用于客体的基础上,经过运动与效果之间矛盾的克服,才能使感觉正确地反映现实。

---

① 列宁:《唯物主义和经验批判主义》,人民出版社 1960 年版,第 341 页。

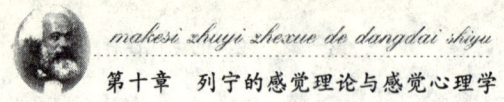

认识外导环节在感觉过程中的地位和作用,在感觉心理学和哲学上都有着重要的意义。以往人们对感觉过程的描述,往往把感觉看成是客观刺激单方向作用于主体的过程,主体在感觉过程中实际是一个被动的反映者。这可以说是一种形而上学的、简单化的观点。我们知道,在认识过程中,主体和客体是处在相互联系、相互作用的对立统一关系中。根据辩证法,作用是相互的,有作用,必然就有反作用;如果没有反作用,那作用也就无从说起。感觉过程中主体对客体的效应活动,就是反作用的生动体现。把效应活动包括在感觉过程之内,就是把感觉放在主体和客体的对立统一关系中去把握,把感觉过程作为运动的、动态的过程去考察。而且,效应活动作为主体作用于客体的一种活动,明显地具有实践的性质。它检验感觉正确与否,校正着主体的感觉活动,它把主体和客体在实践的基础上统一起来。

实践对于感觉的重要意义,列宁在《唯物主义和经验批判主义》中已经认识到。他指出,马赫等人在感觉论上陷入唯心主义的一个重要原因是"马赫把每个人用来区别错觉和现实的实践标准置于科学和认识论的界限之外。"① 列宁说:"物存在于我们之外。我们的知觉和表象是物的映象。实践检验这些映象,区别它们的真伪。"② 列宁还指出:"在唯物主义者看来,人类实践的成功,证明着我们的表象和我们所感知的事物的客观本性的符合。"③

从内导和外导两个环节来研究感觉,对马克思主义认识论有着重要的意义。内导环节作为客观刺激转化为主观感觉的环节,是感觉过程的首要的和基本的环节,是感觉的发生基础。然而,生活的常识和经验告诉我们,虽然某个具体事物所包含的信息是客观的,但是不同的观察者从它那里得到信息量却是不同的。显然,观察者获得的信息同他的主观状态有关。那么,决定不同的主体对同一客体感知为不同的信息的因素是什么呢?这里面,外导环节起着重要的作用。外导环节作为主体联系和作用客体的环节,它的反馈信息向主体报告在内导环节中发生的感觉对于主体的意义,从而影响主体的感觉指向、感觉范围和感觉重心。在感觉的意义上,我们可以说,离开了主体作用于客体的外导环节,即主体的实践活动,那客观世界对主体来说,就只

---

① 列宁:《唯物主义和经验批判主义》,人民出版社1960年版,第138页。
② 列宁:《唯物主义和经验批判主义》,人民出版社1960年版,第106页。
③ 列宁:《唯物主义和经验批判主义》,人民出版社1960年版,第139页。

不过是一团混沌而已,从中分析不出任何有意义和有用的信息,所谓主观对客观的认识就是一句空话。

从以上分析中我们可以看出,在列宁的感觉理论中,既有重视主体能动性的内容,又有强调反映实践性的内容,辩证法思想是鲜明的和丰富的。列宁不是在一般唯物主义的基础上,而是在辩证唯物主义的基础上提出和阐述感觉理论的。

三、关于《唯物主义和经验批判主义》中的反映论思想的性质

综上所述,列宁的感觉理论的基础点可以概括如下:

(一)客观事物和现象作用于人的感觉器官在人的大脑中引起感觉,感觉是认识的源泉,客观世界是感觉的源泉。

(二)感觉是意识和外部世界的直接联系,是外部世界的映象,感觉中有着不依赖于反映者的客观内容。

(三)感觉反映着客观真理,感觉受主体和历史条件的制约、是主体对客体近似的反映。

(四)实践检验感觉的正确性,人在实践活动中,发展和完善自己的感觉能力。

这些理论观点表明:列宁的感觉理论与现代感觉心理学的成果是高度一致的。列宁的感觉理论不但坚持和发展了唯物主义的感觉论,而且还阐明了感觉过程中的辩证法,并且指出了唯物主义的感觉论和辩证法的内在联系。列宁的感觉理论是辩证唯物主义的感觉理论。

近几年来,我国理论界对《唯物主义和经验批判主义》中的反映论思想开展了激烈的争论,其焦点是如何看待《唯物主义和经验批判主义》中的反映论思想的性质。有人认为《唯物主义和经验批判主义》中的反映论思想是一般唯物主义,也有人认为是辩证唯物主义。本文赞成《唯物主义和经验批判主义》中的反映论思想是辩证唯物主义的观点。

如果我们肯定和承认列宁的感觉理论的辩证唯物主义性质,那么,我们就必然要肯定和承认《唯物主义和经验批判主义》中的反映论思想的辩证唯物主义性质。

第十章 列宁的感觉理论与感觉心理学

从感觉理论是反映论的基础来看，感觉理论制约和影响着反映论的其他问题的解决。难以设想，在辩证唯物主义感觉理论的基础上竟会建筑起一般唯物主义的反映论大厦。事实上，在反映论的一些根本问题上，如实践问题、认识发展过程的问题、真理问题等，《唯物主义和经验批判主义》都做了辩证唯物主义的而不是一般唯物主义的论述。

从感觉理论是反映论的重要组成部分来看，反映论的主要内容决定反映论的性质。感觉理论是《唯物主义和经验批判主义》论述反映论问题中地位最重要和篇幅最多的部分，也是被一些人看作是一般唯物主义思想表现得最明显的部分。本文的分析和研究已经说明了列宁的感觉理论的性质。因此，即使略去《唯物主义和经验批判主义》中的反映论的其他问题，只根据列宁的感觉理论，也应该把《唯物主义和经验批判主义》中的反映论思想看作是辩证唯物主义的反映论，而不能说成是一般唯物主义的反映论。

第二篇

认识与真理

第二章

대문과 처사

第一章

论马克思主义哲学的反映范畴

反映范畴,对于唯物主义认识特别是辩证唯物主义认识有着十分重要的意义。多年来许多哲学家和心理学家对反映论问题的争论和不同看法,皆与对反映范畴的理解有关。因此,我就如何准确理解反映范畴的问题,谈谈自己的一些看法。

一、对反映范畴解释中的一个失误

长期以来,我国理论界对哲学反映范畴的解释中存在着一个失误。现以我国出版的几部大型哲学辞典为例,指出这个失误。

《中国大百科全书·哲学》对反映的解释是:"物质固有的特性,即一事物和他事物发生相互作用时,以自身的变化再现他物的某些特点。通常指客观事物作用于人的感官,而以人的观念形式对客观及其规律和特性模写、复制和再现。这是物质一般反映特性的最高级、最复杂的表现形式。"① 这里把反映解释为两种含义:一是物质固有的特性;二是主体对客体的认识。这就出现了两个问题:主体对客观的认识是不是物质固有的特性?物质之间的相互作用具有主体对客体的认识关系吗?

《哲学大辞典·马克思主义哲学卷》对反映的解释是:"认识论的基本概

---

① 《中国大百科全书·哲学》,中国大百科全书出版社1987年版,第198页。

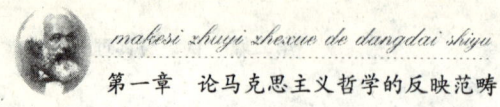

念,指客观事物通过感觉器官作用于大脑形成映象或客观事物在人脑中的模写。是物质一般反映特性的最高级、最复杂的表现形式。'反映'一词有广义和狭义之分。广义的反映,指概括了物质普遍存在的反映特性。狭义的反映指人类反映事物的特性。一切客观事物不仅独立存在而且相互作用,互相影响着。一事物对作用于它的事物以某种方式或状态做出反应,就是广义的反映,反映是一切物质存在的普遍特性。"① 这段解释也有两个明显的问题:作为认识论的基本概念的反映,指的是广义的反映还是狭义的反映?从解释的内容上看,显然指的是狭义的反映。那么,广义的反映是不是认识论的基本概念?

《新编哲学大辞典》对反映的解释是:"认识论的重要范畴。指人脑观念地再现和再造客观事物的过程。人脑通过感官接收各种事物的信息,对它进行加工制作,从而造成客观事物的主观映象,以感觉、知觉、表象、概念等反映形式再现客体。这一过程就是反映。广义上讲,反映是物体相互作用留下痕迹的过程,是一切物质都具有的特性。"② 这段解释比起上面两段解释更清楚地暴露出一个问题:"人脑观念地再现和再造客观事物的过程"与"物体相互作用留下痕迹的过程"之间有没有质的区别?

《马克思主义哲学辞典》对反映的解释是:"客观事物作用于人脑而产生的模写、映象,也就是人对事物的认识。从广义讲,反映即反应,是一事物相对于他事物的作用所发生的变化。"③ 这段解释明确地指出广义的反映就是反应。于是,可以把以上解释中存在的问题用一个问题加以集中和概括:反应是反映吗?

本文上面列举的这几部哲学辞典在解释反映概念时,都用了"反应"来解释和说明事物之间相互作用所发生的变化。因此,为行文方便和避免混淆起见,本文下面用"反应"来表示"广义的反映",即物质之间相互作用所发生的变化,以区别于哲学的反映范畴。

要回答反应是不是反映的问题,不能靠简单的断语,而要看反应与反映在内容上、特点上和概念的属性上有没有质的区别。

---

① 《哲学大辞典·马克思主义哲学卷》,上海辞典出版社1990年版,第142页。
② 《新编哲学大辞典》,哈尔滨出版社1991年版,第88页。
③ 《马克思主义哲学辞典》,中国广播电视出版社1990年版,第88页。

从内容上看，反映是客观事物作用于人的感官，在人脑中以观念的形式产生的对客观事物的映象、模写。它唯物主义地说明了认识的来源和性质。反映具有认识论的意义。而反应是一切物质普遍存在的特性。它说明的是事物之间相互作用所发生的变化。这种变化是事物自身的变化，不是主观形式的映象，不涉及主观与客观的关系，反应不具有认识论的意义。反映与反应，在内容上有着质的差别。

从特点上看，反映是人的认识过程，是主体以客观现实为前提，在实践的基础上，在已有经验的参与下，根据自己的目的和要求，对客体复制、模写和映象，形成观念和新思想的过程。反映具有能动性和创造性的特点。而反应是物质之间相互作用的表现形式，是一事物以他事物的现实存在为前提，在他事物的作用下所发生的自身变化。反应只能由当前的、直接的、具体的作用引起。反应具有机械性、被动性、直观性的特点。反映与反应，在特点上有着质的不同。

从概念的属性上看，反映所指的客观事物，是相对于人的主观意识而言的，是哲学意义上的物质。它揭示的是物质与意识的关系。反映是一个哲学的概念。而反应所指的事物，是相对于他事物而言的，是具体科学意义上的物质；所指的变化，是相对于事物受作用以前的状态而言的，是具体科学意义上的物质的自身变化。它揭示的是物质与物质的关系。反应是一个具体科学的概念。反映与反应，在概念的属性上有着质的区别。

对某一概念作广义和狭义的理解和运用，必须涉及同一性质问题，才能建立起广义与狭义的概念关系，反映与反应在内容上、特点上和概念的属性上的质的区别，表明反应与反映之间不存在着广义与狭义的概念关系。把不具有哲学认识论意义的反应作为广义的反映列入哲学的反映范畴，是对反映范畴理解和解释中的重大失误。

这个失误不是无关系紧要的。把反应作为广义的反映列入反映范畴，就必然要说明和解释反应与反映之间的联系。因此，人们出于一般存在于个别之中的常识，极易把反应具有的机械性、被动性、直观性与反映联系起来，对反映和反映论的性质、内容产生误解。近年来，国内外不少人提出反映是机械唯物主义的概念和反映论是机械唯物主义的看法，究其原因，都源于对反映范畴的错误理解。所以，指出对反映范畴理解和解释中的这个重大失误，对于坚持辩证唯物主义的认识论，深化认识论问题的研究，有着十分重要的意义。

二、要准确理解列宁对反映的看法

为什么会出现把反应列入反映范畴的情况？前面提到的几部哲学辞典都引证了列宁的一句话作为根据。列宁的这句话是："假定一切物质都具有在本质上跟感觉相近的特性、反映的特性，这是合乎逻辑的。"① 下面，本文做一些考察和分析，看一看列宁是在什么情况下、在什么意义上说这句话的，这句话能否作为定义反映的根据，以及列宁究竟是怎样理解反映的。

在《唯物主义和经验批判主义》一书里，列宁在探讨感觉、意识是怎样从物质中发展起来的问题时，介绍了狄得罗的观点。狄得罗认为，要说明"一种按一定方式组成的呆滞物质，浸染上另一种呆滞的物质，加上热和运动，就产生出感觉力、生命、记忆、意识、情感和思维"。② 这样的问题，只好做出"一个能说明一切的简单假定，就是：感觉能力是物质的普遍特性或者是物质机体组织的产物。"③

在这之后，列宁在批判马赫唯心主义的"要素说"时，针对感觉的起源问题和马赫提出的物质不是第一性的东西，第一性的东西只是感觉的观点，指出："唯物主义和自然科学完全一致，认为物质是第一性的东西，意识、思维、感觉是第二性的东西，因为明显的感觉只和物质的高级形式（有机物质）有联系，而在'物质大厦本身的基础中'只能假定有一种和感觉相似的能力。例如，著名的德国自然科学家海克尔、英国生物学家劳·摩尔根等人的假定就是这样，至于我们上面所讲的狄德的猜测就更不用说了。"④ 在这段话中，列宁把只和物质的高级形式有联系的感觉同"在物质大厦本身的基础中"的一种和感觉相似的能力做了区分，并以这种区分来论证物质第一性，感觉、意识第二性。但是，列宁对"在物质大厦本身的基础中"是否有一种和感觉相似的能力，并不十分肯定。所以，列宁用了"只能假定"的说法，表明这

---

① 列宁：《唯物主义和经验批判主义》，人民出版社1960年版，第86页。
② 列宁：《唯物主义和经验批判主义》，第25页。
③ 列宁：《唯物主义和经验批判主义》，第25页。
④ 列宁：《唯物主义和经验批判主义》，第34页。

只是一个假说，对此持保留态度。因此，列宁随后说："对于那种看来完全没有感觉的物质如何跟那种由同样原子（或电子）构成却具有明显的感觉能力的物质发生联系的问题，我们还是需要研究再研究。唯物主义明确地把这个尚未解决的问题提出来，从而促进了这一问题的解决，推动人们去作进一步的实验研究。"①

沿着上面的思路，列宁在评论毕尔生的哲学观点时，以肯定的态度引用了毕尔生说明意识来源问题的一段话："意识超出了跟我们的神经系统相类似的神经系统，就没有任何意义。断言一切物质都具有意识，这是不合逻辑的（但是假定一切物质都具有在本质上跟感觉相近的特性、反映的特性，这是合乎逻辑的），断言意识或意志存在于物质之外，那就更不合逻辑了。"② 在这里，列宁以附注的方式提出自己的观点，是为了反证"一切物质都具有意识"物活论观点是错误的，指出物质与意识的区别，以便论证物质第一性、意识第二性，从哲学上唯物主义地说明意识起源于物质的问题。在提出自己的看法时，列宁是很慎重的，在不是很有把握的情况下，列宁用的是"假定"，而不是"肯定"，体现了列宁在理论上的严肃认真态度。

狄德罗等人的假定，是由于那时的自然科学不能说明生命现象是怎样从无生命物质中发展起来的，只好以假定作为逻辑前提，以便能够唯物主义地说明感觉、意识的起源问题。列宁在写作《唯物主义和经验批判主义》时，当时的自然科学也尚未揭示出生命的起源过程，因此，列宁的假定，同狄德罗等人的假定一样，都是在当时自然科学的条件下对意识起源问题做出的哲学猜测，而不是对科学事实的描述。在当时的情况下，以这样的假定为逻辑前提，试图从物质世界本身解释感觉、意识的起源，对于批判唯心主义，有其积极的、合理的意义。但是，从现代自然科学来看，这样的假定是不科学的，应当予以扬弃。

近几十年来，现代自然科学的发展，已经说明了在列宁的时代还不能说明的生命现象是怎样从无生命物质中起源的问题。现代自然科学阐明：早期地球原始大气中的无机物质，在雷电、火山喷发、陨石碰撞、紫外线、宇宙射线等能源的作用下，发生化学反应，生成氨基酸、糖、嘌呤、嘧啶、核苷

---

① 列宁：《唯物主义和经验批判主义》，第35页。
② 列宁：《唯物主义和经验批判主义》，第86页。

酸、卟啉等有机物质。有机物质在适宜的自然条件下,化合成蛋白质、核酸这样的生物大分子。以后,蛋白质与核酸逐渐结合,形成多分子体系的原始生命。原始生命并不是核酸与蛋白质等大分子的简单相加,而是出现了以核酸为主的遗传体系和以蛋白质为主的代谢体系之间的耦联。由于这种耦联,在多分子体系内部建立了信息传递、控制和调节的新机能,出现了非生命物质前所未有的新质。

现代生物学和心理学的研究表明,生物的刺激感应性、感觉、知觉、记忆乃至人的意识,都是从原始生命内部的信息传递、控制和调节的机能中逐渐发展起来的。动物神经系统的起源、演化和发展的历史就是这一过程的生动体现。生物内部的信息传递、控制和调节的机能,同非生物受他物作用时发生的机械的、物理的、化学的变化有着质的区别。前者是为了维持自己的生命和发展,以新陈代谢、自我更新为特征的主动信息处理过程,后者是被动的物质自身变化。

这些自然科学成就指明这样两个事实:(一)生命现象是在适宜条件下,从无生命物质中经过长期自然演化产生的。(二)感觉、意识是从生物区别于非生物的新质——生物内部的信息传递、控制和调节的机能中发展起来,不是从一切物质具有的反应特性中发展起来的。因此,在现时代,要科学地解决和说明意识的产生问题,只要从现代自然科学已经揭示的材料和事实出发,就能够有力地论证唯物主义,驳倒一切唯心主义的观点。完全不必从"一切物质都具有在本质上跟感觉相近的特性、反映的特性"①的哲学假定出发,用列举物质世界多种反应形式的方式,来说明意识的产生,来解释反映概念。②否则,不但不能清楚地说明问题,而且也太落伍于时代、太脱离自然科学的发展了。

事实上,列宁的这个假定不是他的成熟的思想,列宁从来也没有把它当作已经证实了的定论。以列宁的这句话作为根据,来论证反映是一切物质都具有的特性,完全是后人的演绎,并不是列宁的观点。列宁的这句话,并不是列宁关于反映的典型论述,不能代表列宁对反映的准确看法。

那么,什么才是列宁对反映的准确看法呢?

---

① 列宁:《唯物主义和经验批判主义》,第86页。
② 这种情况广泛见于我国出版的哲学教科书和哲学辞典中。

在《唯物主义和经验批判主义》中，列宁几十次使用了"反映"一词。为了同唯心主义论战，论证物质第一性、意识第二性，列宁特别强调和重视反映的唯物主义物质，认为反映是客观对象作用于感官，在人脑中形成的对客观对象的映象，即作为主体的人形成的对客体的认识，包括感觉、知觉、表象、一般意识等形式。例如，"马赫在这里直截了当地承认物体是感觉的复合，十分明确地把自己的哲学同一种相反的、认为感觉是物的'符号'（确切地说，物的映象或反映）的理论对立起来，这种理论就是哲学唯物主义。"[①] "我们的感觉、我们的意识只是外部世界的映象；没有被反映者，就不能有反映，被反映者是不依赖于反映者而存在的。"[②] "思想是头脑的机能；感觉即外部世界的映象是存在于我们之内的，是由物对我们的感觉器官的作用所引起的。"[③] "唯物主义者把人的感觉、知觉、表象和一般意识看作是客观实在的映象。世界是为我们的意识所反映的这个客观实在的运动。"[④]

与以往的旧唯物主义者不同，列宁不是机械地理解反映，他看到了实践对于认识的重要意义，把反映看作是人的辩证的、发展的认识过程。例如，"在认识论上和在科学的其他领域一样，我们应当辩证地思考，也就是说，不要以为我们的认识是一成不变的，而要去分析怎样从不知到知，怎样从不完全的不确切的知识到比较完全比较确切的知识。"[⑤] "人的认识反映绝对真理，人类的实践检验我们的表象，确证其中与绝对真理相符合的东西。"[⑥] "在人类实践中表现出来的对自然界的统治是自然现象和自然过程在人脑中客观正确地反映的结果，它证明这个反映是（在实践向我们表明的范围内）是客观的、绝对的、永恒的真理。"[⑦]

我们可以看到，列宁不是在一般唯物主义的基础上，而是在辩证唯物主义的基础上理解反映的。现在，我们可以把列宁对反映的看法概括如下：

（一）反映是客观对象作用于感官，在人脑中以观念的形式形成的对客观

[①] 列宁：《唯物主义和经验批判主义》，第29页。
[②] 列宁：《唯物主义和经验批判主义》，第61页。
[③] 列宁：《唯物主义和经验批判主义》，第84页。
[④] 列宁：《唯物主义和经验批判主义》，第282页。
[⑤] 列宁：《唯物主义和经验批判主义》，第98页。
[⑥] 列宁：《唯物主义和经验批判主义》，第102页。
[⑦] 列宁：《唯物主义和经验批判主义》，第195页。

对象的映象,即唯物主义所理解的认识;

(二)反映是以实践活动为基础的认识过程,实践检验反映,人在实践中加深和完善对客体的认识。

所以,否定"反映是一切物质具有的特性"的提法,把反应从哲学反映范畴中除去,既是科学地、严格地解释哲学反映范畴的需要,也是完整地、准确地理解列宁对反映的看法的必然要求。

三、辩证唯物主义的反映范畴

怎样理解辩证唯物主义的反映范畴?简言之,列宁对反映的看法就体现了辩证唯物主义对于反映的观点。

辩证唯物主义所理解的反映同一般唯物主义所理解的反映有着原则差别。一般唯物主义只把反映看作是人以观念的形式形成的对客观对象的模写、映象,看不到主体与客体的相互作用、实践对于反映的意义,不从认识过程方面来理解反映。这样的反映带有被动性、机械性的特点。① 而在辩证唯物主义看来,反映是揭示认识主体和认识客体之间的相互联系和相互作用,表现认识辩证性质的范畴。它不但肯定反映是人以观念的形式形成的对客观对象的模写、映象,而且认为反映是以实践活动为基础的认识过程,实践检验反映,人在实践中加深和完善对客体的认识。辩证唯物主义不是把反映看作是僵死的、一次完成的、固定不变的和静止不动的东西,而是把反映看作是能动的、创造性的认识过程。在这个过程中,主体形成对客体的抽象认识、新的形象和新观念,主体的认识不断向客体接近,实现主体与客体,主观与客观的统一。

综上所述,本文试着提出对辩证唯物主义反映范畴的定义:反映是客观对象作用于感官,主体以实践活动为基础,在人脑中对客体模写、映象,形成观念和新思想的过程。这个定义与通常的对反映范畴的理解和解释相比,具有以下特点:

(一)它从认识主体与认识客体之间的相互联系和相互作用来定义反映,

---

① 值得指出的是,目前我国出版的哲学教科书和哲学辞典对反映的解释大部分在这个水平上。

是一个哲学认识论的定义；（二）它把反映看作是人的认识活动和认识过程，划清了反映与反应的界限；（三）它指出实践活动对于反映的重要意义，体现了反映内在的能动性、创造性和辩证性质。

四、反映与认识的关系、反映论与认识论的关系

为什么许多人会在理解和解释哲学反映范畴问题上出现失误？原因在于，在他们的思想中，反映与认识是不同的，反映与认识的关系是模糊的。他们可以说反映是一切物质存在的普遍特性，但却不说认识是一切物质存在的普遍特性。因此，澄清反映与认识的关系、反映论与认识论的关系，对于准确理解哲学反映范畴是十分必要的。

先说反映与认识的关系。什么是认识？对此，唯心主义与唯物主义的理解是根本不同的。唯心主义或者把认识看作是先天就有的知识，或者把认识看作是人的头脑主观自生的知识，否定知识来源于外部物质世界。而唯物主义则把认识看作是作为主体的人以观念的形式再现客体、人脑对客观世界的反映。

唯物主义所理解的认识与反映在内容上是完全一致的。反映和认识都是在人脑中形成的对客体的映象，反映就是唯物主义对认识的看法。因此，从唯物主义的观点看，反映与认识是等同的。在自觉的唯物主义者的思想中，反映与认识是可以互换使用的。对唯心主义来说，反映的观点是错误的，反映与认识是相互对立的关系。

再说反映与认识论的关系。认识论是研究人类认识的本质、来源及其发展规律的哲学理论。以对认识的不同理解为基础，认识论也有唯物主义认识论与唯心主义认识论之分。

反映论就是唯物主义认识论。它与唯心主义认识论即先验论根本对立，认为人的感觉、观念和思想以及认识过程，都是人脑对客观世界的反映。反映论是一切唯物主义哲学在认识论上的共同观点。反映论又分一般的反映论和能动的、革命的反映论。一般的反映论就是一般唯物主义的认识论。能动的、革命的反映论就是辩证唯物主义的认识论。二者的区别在于，后者把反映看作是以人的实践活动为基础的、辩证的认识过程。

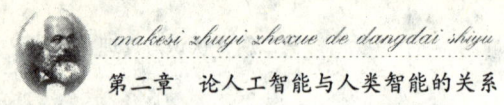

第二章

论人工智能与人类智能的关系

人工智能（artificial intelligence，AI）是计算机科学与技术学科领域的一个重要研究方向，主要研究如何使用机器来模拟和实现人类的智能行为，是在计算机、控制论、信息论、数学、心理学、哲学、语言学等多种学科相互综合、相互渗透的基础上发展起来的一门新兴边缘学科。哲学家们一直关注智能与人工智能的问题，因为它涉及物质与意识的关系这个哲学基本问题，关系到对意识的理解。因此，探讨人工智能与人类智能的关系，是一个马克思主义哲学必须回答的问题，具有重要的理论价值和实践意义。

一

在一部2003年出版的哲学教科书中，在论及意识时，著者提出了这样两个问题："（1）电脑与人脑有哪些本质区别？（2）未来世界会否出现高于人的智能的机器人？"[1] 在哲学会议和哲学课堂讨论意识时，哲学家们也经常提出和遇到类似的问题：人工智能与人的智能的关系是怎样的？意识是人独有的吗？

关于人工智能是否能够达到和超过人类智能的问题，众说纷纭，概括起来大致有两类观点：一类观点认为计算机不仅是智力工具，事实上具有恰当

---

[1] 杨俊一主编：《马克思主义哲学原理》，上海大学出版社2003年版，第109页。

程序的计算机就可以等同于人类的智力。人工智能的发展是没有限度的。这类观点被称为强人工智能观点。另一类观点认为计算机只不过是一个强有力的智力工具。人工智能的发展是有限度的,它可以不断接近人类智能,而不可能超过人类智能,这类观点被称为弱人工智能观点。

我们先介绍强人工智能观点。

1936 年,计算机理论的奠基者、英国科学家图灵(A. M. Turing)创立了理想计算机模型的自动机理论,提出了以离散量的递归函数作为智能描述的数学基础,给出了基于行为主义的测试机器是否具有智能的标准:如果机器在认知任务中能够表现出和人类行为同样的程度,就可以说机器具有智能。这就是著名的图灵测试。1950 年,图灵发表了题为《计算机与智力》的论文,对各种可能的反对机器能够思维的论点,一一做了反驳。图灵认为,"到 20 世纪末,人们可以谈论机器思维而不致遭到什么反对"。"在一切纯智力领域内,机器将最终和人相竞争。"①

1946 年,世界第一台电子计算机问世不久,美国科学家艾什比(W. R. Ashby)在一篇题为《设计一个脑》的文章中提出一个看法,他认为要制造出一个综合能力的机器脑,在原则上没有什么问题,所需要的只是时间和技术进步。他强调,这种脑一旦制造出来,决不只是简单的机械执行和模仿,它还能够自己学习,发展自己的智慧。"建造一台能成功地应付比目前人脑所能处理的更复杂的情况的机器,将会改变我们目前的许多困难和混乱。在遥远的将来,这样的机器不仅可以用来迅速回答难题,并且可以探索目前人力所不能及的智力的微妙性和复杂性的领域。"②

艾什比的观点得到了控制论创始人、美国科学家维纳(Norbert Wiener)的赞同,维纳在评论《设计一个脑》的文章中,进一步提出问题:能不能制造一台比其制造者更聪明的机器?维纳的看法是,"机器确实能制造得比其制造者更为聪明"。③

1956 年,《数学世界》杂志(The world of mathematics)以《机器能够思维吗?》的标题再次发表了图灵的《计算机与智力》这篇文章,同时还发表了

---

① 《控制论哲学问题集》第 1 集,商务印书馆 1965 年版,第 112、137 页。
② 《控制论哲学问题集》第 1 集,第 74 页。
③ 《控制论哲学问题集》第 1 集,第 62 页。

第二章 论人工智能与人类智能的关系

信息论创始人、美国科学家仙农（C. E. Shannon）的题为《弈棋机》的文章，仙农认为"弈棋机会思维吗"这个问题的答案，完全依赖于我们如何定义思维，"如果我们把思维看作是外部动作的属性而不是内部方面的属性，机器肯定是可以思维的。"①

1956 年，纽厄尔（A. Newell）和西蒙（H. A. Simon）开发了"逻辑理论家"程序，该程序模拟了人们用数理逻辑证明定理时的思维规律。该程序证明了怀特海（Whitehead）和罗素（Russell）的《数学原理》一书中第二章的 38 条定理，后来经过改进，又于 1963 年证明了该章中的全部 52 条定理。这项工作受到了人们的高度评价，被认为是计算机模拟人的思维活动的一个重大成就，是人工智能的真正开端。

近年来，随着 Internet 和信息技术的不断发展，智能 Agent② 和多 Agent 系统及其理论与技术越来越频繁地出现在计算机应用系统的设计中，智能 Agent 和多 Agent 系统是分布式人工智能研究的重要领域。事实上，对智能 Agent 的研究已经成为人工智能学科的核心内容。Agent 又被称为"会思维的软件"，它是自依赖的（self–reliant）主动实体，它可以表现出某些领域中专家的行为。它嵌入在环境中，可以通过传感器感知环境，可以通过效应器自治地作用于环境并控制自己的内部状态和自己的行为。多个 Agent 还能彼此间进行交互，可以组成小组或群体，共同执行单个 Agent 所不能胜任的任务，有的还具有通过学习获得知识的能力。一般认为，自治性（autonomy）、反应性（reactivity）、主动性（pro–activeness）和社会能力（social ability）是 Agent 的基本特征。

在人工智能的研究中，人们逐渐认识到人类智能的本质是一种社会性的智能，人类最重要和最多的智能是在由众多个体构成的社会中进行各种活动时体现出来的，"协作"、"竞争"、"谈判"等等是人类智能的主要表现形式。③ Agent 的理论和技术在人工智能发展的历史上首次涉及了人工智能活动的社会性问题，突破了传统人工智能研究单纯注重个体智能的局限性，对那种认为人工智能由于缺乏能动性和社会性从而不能超过人类智能的观念提出

---

① 《控制论哲学问题集》第 1 集，第 148–149 页。
② Agent 在我国目前有多种译法，如"智能代理"、"智能主体"、"智能体"等等，但都没有准确地表达出它的含义，所以在我国有关文献中，大多数还是以原文直接出现。
③ 王文杰、叶世伟编著：《人工智能原理与应用》，人民邮电出版社 2004 年版，第 369 页。

了有力的挑战。

强人工智能的重要实验之一是人机对弈。从 20 世纪 90 年代初期开始，美国 IBM 公司安排了一系列计算机挑战国际象棋世界冠军卡斯帕罗夫的活动，卡斯帕罗夫一直没有输过。1997 年 5 月 11 日，卡斯帕罗夫同 IBM 公司的超级计算机"深蓝"之间的又一场对抗赛落下帷幕，卡斯帕罗夫第一次以 2.5 比 3.5 负于"深蓝"。在总共 6 盘的比赛里，卡斯帕罗夫的成绩是 1 胜、3 和、2 负。这场"人机大战"的结果轰动了世界，它在世界范围引发人们讨论人工智能能否超过人类智能的问题。

无独有偶，2004 年 6 月 8 日和 12 日，在中国首次举行的国际象棋"人机对弈"大赛中，国际象棋大师、中国女棋手诸宸同一台笔记本电脑"紫光之星"对弈 2 局，诸宸均以超时告负，以 0 比 2 负于"紫光之星"。"紫光之星"安装了 1 个 AMD 公司的 64 位处理器，每秒运算 600 万次。"深蓝"其实就是 IBM 的 RS6000 型服务器，它安装了 32 个处理器，每秒运算 2 亿次。论机器性能，"紫光之星"比起"深蓝"要差很多，那么，为什么"紫光之星"能够轻松取胜呢？原因在于"紫光之星"采用了目前最新的弈棋软件"深弗里兹"。如果将"深弗里兹"安装在任何高档个人计算机上，都可以取胜国际象棋大师。这场比赛凸显了计算机软件的作用，使人们对人工智能的理解有了更深入的认识。

我们再介绍弱人工智能的观点。

1980 年，美国语言哲学家塞尔（John R. Searle）针对人工智能标准的图灵测试，提出疑问：如果计算机通过了图灵测试，就能判定它是有智能的吗？于是，他提出了与之针锋相对的"中文屋"实验，这是他为了反驳强人工智能观点而设计的。

塞尔设想自己坐在一间有两个小孔的屋子里，从屋外递进来一批写着中文字符的纸条，塞尔不懂中文，完全不知道这些字符的意思。接着从屋外又递进一批写着中文字符的纸条和一套用英文书写的规则，塞尔根据规则将一些字符转换为另一些字符。后来又递进第三批有中文字符的纸条和一些用英文书写的指令，塞尔根据指令将某些特定形状的中文字符从小孔送出。虽然塞尔不知道自己干了些什么，但是在屋外的中国人看来，塞尔是懂得中文的，因为他用中文回答了中文的问题。塞尔借此说明计算机所做的工作与自己在中文屋所做的事情在性质上是完全相同的，计算机能够完成和表现出某种智

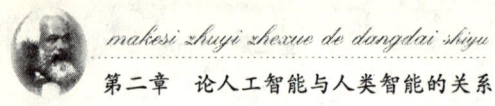

第二章 论人工智能与人类智能的关系

能行为，仅仅是因为它执行了人们事先编制好的操作规则，就是说，是人类智能决定了机器智能。

有人认为，塞尔标准的意义在于：机器智能是有限度的，它永远不可能超过人类智能。同时，机器智能向人类智能的接近却是无限度的，机器智能可以无限逼近人类智能。塞尔为人工智能提供了一个动态的、恒久适用的标准。①

1930年，美国数学家哥德尔（Kurt G. del）发表了"谓词演算公理的完备性"定理，证明了人类思维的演绎推理规律，都可以用数理逻辑来描述。现代计算机科学就是在数理逻辑的基础上发展起来的。1931年，哥德尔又发表了著名的形式系统的不完全性定理，指出在一个形式系统内部，一致性和完全性是不可兼得的。一些人根据哥德尔的形式系统的不完全性定理，指出计算机作为一种形式系统，具有不完全性，这就为计算机的能力设置了一个不可逾越的界线，机器智能可以无限发展，并且会不断接近人类智能，然而计算机永远是人类的工具，人工智能永远不能超越人类智能。②

不少哲学家认为电脑与人脑、人工智能与人的智能有本质的区别，人工智能永远达不到人类智能的水平。

《马克思主义哲学教程》的观点是："人工智能与人类智能仍存在着本质区别。具体地说，人工智能是无意识的机械的物理的过程，不具备由世界观、人生观、情感、意志、兴趣、爱好等心理活动所构成的主观世界，而人类智能则是在人脑生理活动基础上产生的心理活动，能使人形成一个主观世界；人工智能在解决问题时，决不会意识到这是什么问题，它有什么意义，会带来什么后果，它没有自觉性，而人类智能、人的意识却有目的性、计划性、可控性，即自觉性；电脑必须接受人脑的指令，按预定的程序进行工作，它不能输出未经输入的任何东西，所谓结论只不过是输入程序和输入数据的逻辑结果，而人脑功能则能在反映规律的基础上，提出新概念，做出新判断，创造新表象，具有丰富的想象力和创造性；人工智能是机器进化的结果，没有社会性。人作为社会的存在物，人脑功能是适应着社会生活的需要而产生

---

① 蔡曙山：《哲学家如何理解人工智能》，载《自然辩证法研究》2001年第11期。
② 钱铁云：《人工智能是否可以超越人类智能》，载《科学技术与辩证法》2004年第5期。

和发展的。"① "由于人的社会联系是丰富的和多方面的,人类智能具有社会性。所以,要想把人脑功能完全模拟下来,就需要再现人的思想发展的整个历史逻辑,这是无论多么'聪明'的电脑都做不到的。……电脑在功能上会不断向人脑接近。但是,从本质上看,它们之间的关系,只是一条渐近线,它们之间的界线是不会消除的。"②

《马克思主义哲学原理》的观点是:"'机器思维'同人脑思维具有本质的区别:第一,机器人毕竟是机器,电脑不是人脑。人工智能纯系无意识的机械的、物理的过程,而人类意识却主要是生理的和心理的过程。人工智能永远也不可能具备由人类的感情、直觉、想象、猜测等心理活动所构成的精神世界。第二,人工智能没有社会性。第三,人工智能没有人类意识所特有的能动的创造性。第四,人脑的思维在前,电脑的功能在后。人脑思维随着社会实践的发展而日新月异,每当人类把新的知识输入电脑时,更新的思想又会在人脑中萌发。"③

二

那么,我们应当怎样认识人工智能与人的智能的关系问题呢?其实,回答人工智能和人的智能的关系问题以及人工智能是否会超过人类智能的问题,取决于我们如何理解人的智力,或者说如何理解人的意识、人的心理、人的认识。

这个问题既是一个科学技术问题,也是一个哲学问题。对这个问题,我提出下面一些看法。

从唯物主义的观点来看,世界是物质的,意识是物质发展到一定程度才产生发展起来的,意识是特殊物质(人脑)运动的产物和活动表现,意识是人类在适应世界和改造世界时所进行的信息处理过程及其产物和表现。讨论人工智能与人的智能的关系,核心的问题是如何理解智能。现代生理学和心理学指出,人类智能是在人类适应环境的过程中发展起来的一种信息处理能

---

① 赵家祥、聂锦芳、张立波:《马克思主义哲学教程》,北京大学出版社2003年版,第168页。
② 赵家祥、聂锦芳、张立波:《马克思主义哲学教程》,第168—169页。
③ 陈先达主编:《马克思主义哲学原理》,中国人民大学出版社2003年版,第76—77页。

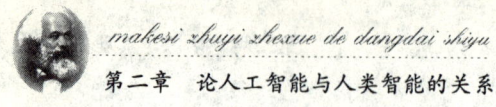

第二章 论人工智能与人类智能的关系

力。因此，如果我们不把智能神秘化，把智能理解为信息处理的能力和过程，就会看到：适应世界的信息处理能力并非人类所独有，也并非只能有生物的形式。事实上，计算机就是非生物形式的信息处理器，它可以拥有巨大的信息处理能力。

从可知论的观点来看，人类的认识能力是没有界限的。人们对客观世界的认识是不断深入的，信息科技的发展是无止境的，人类完全可能造出信息处理能力越来越强大的、在某些方面超过人脑信息处理能力的机器，完全可能造出具有自学习和自适应能力、有高度智能的机器，完全可能做到人与计算机直接沟通信息、直接用意识操纵机器。否则，就是承认世界上有不能够被认识、不可知的领域。

人工智能是物化的人类智能。根据人工智能学科的定义，广义地讲，人工智能是人类在机器上对智能行为的研究，是人类创造的物体的智能行为，而智能行为包括了感知、推理、学习、规划、交流和在复杂环境中的行为。①实现人工智能，不仅需要相应的硬件条件，而且更依赖于软件的支持。无论是硬件还是软件，无不凝聚着人类的智慧。所以，人工智能并不是同人类智能相区别、相对立的另一类特殊智能，它是人类智能的结晶，是人类智能的物化。

人类智能的本质是意识，意识是主体对客体的反映。只有主体（即能够将自我与他物区别开来的物质）的信息处理过程及其产物和活动才是意识，才具有主观性和自觉性。意识只能存在和发展于主体与客体相互作用的关系之中，不能脱离主体和客体的关系来谈论意识。目前，计算机所做的信息处理工作，都是按照人的指令工作的，计算机没有自我意识。尽管机器的信息处理能力在许多方面超过人类，但是计算机与周围世界之间没有主体和客体的关系，因此，计算机没有意识。计算机的信息处理活动和人的信息处理活动是有本质区别的两类信息处理活动。不同质的东西缺乏可比性。所以，仅仅从信息处理能力的角度、不考虑主体和客体的关系来讨论电脑能否超过人脑、人工智能能否超过人类智能的问题，问题本身就是一个没有意义的虚假问题，再讨论也是不会有结果的。

意识不是人类独有的。意识是从物质中发展起来的。在地球上的物质能

---

① 王文杰、叶世伟编著：《人工智能原理与应用》，第4页。

够发展出意识,在宇宙其他条件适宜星球的物质中也可能发展出意识。因此,探索地球以外的生命和意识活动,长期以来吸引了无数科学家为之不断努力。既然物质的长期演化在适宜的条件下能够发展出意识,既然适应世界的信息处理能力和活动可以有生物以外的形式,那么,如果我们坚持唯物主义和可知论,从逻辑上讲,只要不是人为地进行限制和控制,随着人工信息处理机器的科技进步,也应当可以制造出能够将自我与他物区别开来和主动适应环境的机器,即具有自我意识、主体意识的机器,在理论上对此是不应当有什么怀疑的。但是,人类智能的发展也是无限的,今天的人类能够慎重处理基因技术、生物克隆等问题,明天的人类同样也会慎重处理好智能机器发展问题,所以,对智能机器的恐惧和悲观心理都是不必要的。

三

有人认为:"人作为认识者,总是要借助于一定的物质工具和精神手段去理解和把握客体,因此,与认识客体相对应的并不是单纯作为自然存在物和社会存在物的赤裸裸的人,而是由人及人所运用的一定的物质工具和精神手段所构成的主体系统。……从这一视角来考察信息时代的认识主体系统,便不难看出,信息化认识系统中的主体已经不再是人类自身,而是由于计算机和网络的特殊功能与效应及其与现实的人相耦合在信息化认识活动中所起的特殊作用,成为由人、计算机和网络要素等所构成的复合主体系统,……这是信息时代所出现和特有的新型认识主体系统。"① 于是,他提出了人是第一主体,计算机、网络是第二主体的"哲学创见"。这类观点的提出,并不是偶然的,它反映了在许多人头脑中有一个哲学困惑:计算机系统能否成为认识主体?

对于这个问题,我的观点是:认识主体作为实践活动和认识活动的承担者,只能是人,是具有自我意识并能够以认识活动和实践活动作用于客体的人。主体和客体的概念,只有在认识论上才有意义。所谓主体,相对于客体而言,他是认识活动和实践活动的主动者和承担者,他决定着认识活动和实

---

① 杨富斌:《信息化认识系统导论》,军事科学出版社2000年版,第50页。

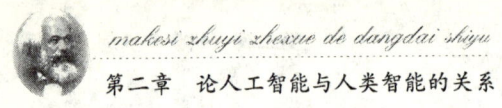

践活动的进程、目的、方向、内容等等。只有在人从事认识活动和实践活动、形成主体和客体的关系时，才有主体和客体之分，主体和客体总是同人的认识活动和实践活动联系在一起的。主体可以是个人，也可以是群体的人，然而却一定是有认识目的和实践目的的人，是能够意识到自己存在的人，是能够主动地进行认识和实践活动的人，而不论他在进行认识活动和实践活动时使用和利用了什么工具。有认识目的和实践目的、能够意识到自己存在、能够主动地进行认识和实践活动是标志主体的三个基本特征。因为工具没有自我意识、没有进行认识和实践的目的与要求，自己不能主动地进行认识和实践活动，所以工具只是工具，它不是主体，也不能成为主体或主体的一部分。因此，尽管现代的计算机和计算机网络的功能越来越强大，越来越成为人们认识活动和实践活动的有力工具，但是计算机系统不具备主体的三个基本特征，计算机系统不是也不能成为主体或主体的一部分。

我提出标志主体的三个基本特征并不是无的放矢的。在计算机科学界和哲学界，经常有人提出计算机能否发展出超过人类的智能并统治人类的问题。这个问题从认识论上看，就是计算机系统（机器）能否成为认识主体的问题。我提出主体的三个基本特征，正是为了回答这个问题。

就已知物质世界的发展水平来看，目前地球上只有人才具备主体的这三个基本特征，只有人才是认识和实践的主体。但是，对智能机器的发展水平，从唯物主义和可知论的立场出发，不应该也不能够对其发展的可能性划出人为的界限。然而，机器是人制造的，人是可以控制机器的性能和发展方向的。人可以赋予机器某个方面的主体特征，使机器表现出高度的智能，比如自学习、自适应的功能。有必要指出的是，同时赋予机器三个主体基本特征，以目前的科技水平条件还做不到。特别是要解决使机器具有自我意识的问题，不仅仅是一个科学和技术的问题，而且是一个认识论和伦理学的问题。因为自我意识的产生和发展，是在与他物的关系中建立和发展起来的。人要解决这个问题，必然要先解决人和机器的主体客体关系问题。也就是说，机器能否具有主体性，是掌握和控制在人的手中的。所以，只要人把计算机系统（机器）当作客体来认识和实践，计算机的智能就始终不会超过人的智能，更谈不到统治人类了。

第三章

理性的限度

　　理性在认识论上有两种含义。一是表示认识的高级阶段。如康德认为，相对于感性、知性而言，理性是认识的最高阶段。黑格尔认为，理性是最完全的认识能力，也是思维和认识的高级阶段。二是表示人的认识能力，特别是抽象认识能力。如概念、判断、推理、归纳、演绎等思维形式或思维活动。哲学家们崇尚理性，信任理性，相信没有理性到达不了的边界。从古代到今天，一直有许多哲学家热衷于构建自己系统的思想理论体系，其实就是相信自己的理性完全能够认识和把握世界。人作为能思维的主体，往往对人的理性能力做出过高的估计，以至在现实生活中，不少人过分相信自己的理性能力，认为理性的能力是无限的。

　　然而，也有许多哲学家对理性的能力有清醒的认识，马克思主义哲学认为，具体的人对事物的认识只具有相对的真理性，认识是从相对真理向绝对真理前进的过程，是相对与绝对的辩证统一。皮亚杰认为认识主体只能逐渐接近客体，而永远到达不了客体，主体认识客体是一个无限深化和接近的过程。在他们的思想中，人的理性也是相对和绝对的统一，具体主体的理性是相对的，而人类理性向真理的探索是永远的和绝对的。

　　现代管理科学关于决策理论的研究指出：理性是有限的。美国科学家西蒙关于组织和管理的系统的研究第一次提出和说明了这个问题，由于西蒙在这方面的杰出贡献，他获得了 1978 年诺贝尔经济学奖。

　　西蒙指出："管理过程就是决策过程：它们先分离出组织成员决策制定过

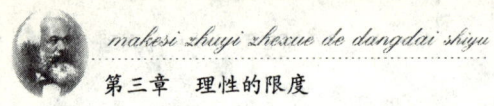

程中的某些要素，再建立规范的组织程序，来选择和确定这些要素，并将要素的信息传递给组织成员。"① "所有行为都是从行动者及其可以施加影响和权威的人可能采取的所有行动方案中，有意无意地选择特定行动的过程。"②

决策是一种理性的过程，从决策的角度定义理性，"理性就是根据评价行为结果的某些价值系统来选择偏好的行动方案"。③ 理想的理性状态就是客观理性。"客观理性的含义是：行为主体通过下列途径，将自己的所有行为融合成一个完整的模式：（1）决策前从全局的角度来看待各备选方案；（2）考虑每个决策所导致的全部结果；（3）使用价值系统作为从所有备选方案中选出一个最佳方案的决策准则。"④

西蒙指出，尽管人们都希望能够理性地安排自己的行为，但是现实生活中的真实行为至少在三方面不符合客观理性的概念："（1）按照理性的要求，行为主体必须完全了解并预期每项决策产生的结果。而实际上，我们对决策结果的了解总是零零碎碎、不完整的。（2）由于决策产生的结果未来才会发生，所以给它们赋值时就必须用想象力来弥补真实体验的不足。但是要完整的预期值还是不可能的。（3）按照理性要求，行为主体要在所有可行的备选行为中做出选择。而在真实情况下，主体只可能想到有限的几个可行方案而已。⑤" 而且，有关决策的知识的不完备性也使主体无法达到完全的理性决策，"知识在决策制定过程中的作用，就是确定哪个备选策略会产生哪些结果。知识的任务就是从可能的结果集中选出限制更多的子集，在理想的情况下，甚至是为每个策略选出与之相关的唯一一组结果。行为主体当然不可能直接了解自己行为会产生的后果。他如果能了解的话，那就是本末倒置了——未来的结果将决定现在的行为。他所能做的，就是形成对未来结果的预期，这些预期值是以已知的经验和关于现状的信息为依据推断出来的"。⑥

因此，西蒙认为，理想的理性即客观理性在事实上是不可能的。人的理性实际上在许多方面要受到限制："第一方面，个人受到无意识的技能、习惯

---

① 赫伯特·A.西蒙：《管理行为》，机械工业出版社2004年版，第6页。
② 赫伯特·A.西蒙：《管理行为》，第2页。
③ 赫伯特·A.西蒙：《管理行为》，第77页。
④ 赫伯特·A.西蒙：《管理行为》，第87页。
⑤ 赫伯特·A.西蒙：《管理行为》，第87页。
⑥ 赫伯特·A.西蒙：《管理行为》，第72页。

和反射动作的限制。第二方面,个人受到影响其决策的价值观和与目的有关的诸概念的限制。第三方面,个人受到有关其工作事务的知识水平的限制。"①"理性的限度来源于人类头脑没有考虑一项决策的价值、知识和相关行为的各个方面能力。"②"理性的限度是个变量。其中最为重要的一点是,对理性限度的认识本身就会改变这些限度。"③

西蒙指出,现实生活中个人和组织的决策需要一定程度的主观判断,这些判断都是在有限理性的条件下进行的。只有完全的理性才会有决策的最优选择。而现实生活中实际上只有有限的理性,所以,明智的管理者应当放弃追求最优,转而寻求满意的选择。西蒙说:"管理人认为,感知的世界只是对纷繁复杂世界的极度简化模型,各种情境只是松散地连接在一起,真实世界里的多数事实都与某一具体情境没有多大关系,最重要的因果链非常简短。因此,我们可以把在特定时间看似无关紧要的大部分现实暂时置之不理。管理人只考虑几个最攸关也最关键的情境要素,其实在这方面,所有人都是这样。"④"因为管理者追求'满意'而不是'最优',所以他们在做出抉择之前,不需要考察所有可能的行动方案,也不需要预先确定所有的备选方案就是这些。……所以管理人只用相对简单的经验法则,对思维能力不提过高要求就能够制定决策。简化固然可能导致错误,但面对人类知识和推理能力的限制,除了简化,别无其他现实的方法。"⑤也就是说,对决策者来说,没有必要追求最优的决策,事实上也不可能做到最优的决策,决策只要做到满意、能够解决问题就可以了。

西蒙对决策过程的理论研究,特别是他提出的"有限理性"和"满意解(satisfice)"的思想,对管理学的发展做出了巨大的贡献。西蒙的有限理性的思想,不仅对管理学和经济学具有重要意义,而且对于认识论也有重要的启发意义。

从一般的意义上讲,人们所理解的理性指的是人的理智的思维活动,就这一点来说,理性与人的认识能力是密切相关的。我们说一个人很理性,或者说他总是能够理性地处理事物,意思是说他的行为处事总是要经过思维活动,思

---

① 赫伯特·A. 西蒙:《管理行为》,第40页。
② 赫伯特·A. 西蒙:《管理行为》,第107页。
③ 赫伯特·A. 西蒙:《管理行为》,第41页。
④ 赫伯特·A. 西蒙:《管理行为》,第109页。
⑤ 赫伯特·A. 西蒙:《管理行为》,第109页。

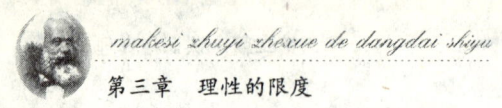

考之后才行动。一个人的思维是否正确，其行为是否能够达到预期的目的，除了与其思想方法是否正确有关外，他的有关知识多少、知识是否正确直接影响他的思维结果。所以，哲学一般意义上的理性，其内容就是人的认识能力。

认识来源于实践。受主观和客观条件的限制，具体的人的实践，无论在广度上还是在深度上总是有限的，人的认识和认识能力也只能是有限的。因此，人的理性也是有限的。人们不可能认识超越时代、超越所在的时间和空间的事物。认识只能是具体的有限的认识，理性也只能是具体的、有限的理性。

按照发生认识论的观点，认识是在主体与客体的相互作用中发生和发展起来的，没有相互作用，就没有认识的发生和发展。主体同客体的相互作用要受到时间、空间和环境等条件的限制，因此，人的认识，对具体的主体来说，只能是有限的。

然而，在哲学史上，除了马克思主义哲学、发生认识论和少数的哲学家之外，哲学家中很少有人提出过理性是有限的，多数哲学家十分相信理性，以为哲学的理性可以包容一切、认识一切、解释一切。比如，从古到今，不少哲学家热衷于构建系统的理论体系，试图用自己的理论来解释和说明世界。在哲学史和思想史上，各种思想理论体系林林总总，它们对世界的认识又有哪个达到了真正的理性呢？

再比如，在当代的许多哲学词典和教科书中，把哲学定义为是自然知识和社会知识（还有的包括思维知识）的概括和总结，其实还是用理想理性的观点来定义哲学。这样的哲学在知识不发达的古代或许有人能够做到，但是这却是任何现代人所无法完成的任务。现代自然知识和社会知识的广博和深入程度，即使最有才学的人也只能掌握这些知识中的一小部分；现代自然知识和社会知识的更新和发展速度，即使是最勤奋的人也要终身学习；没有人有能力能够对自然知识和社会知识进行全面的概括和总结，抽象出能够涵盖自然知识和社会知识的哲学理论。哲学应当对自己做出符合时代的新的定义和新的定位。

既然人的理性是有限的，那么哲学应该如何发展呢？可以肯定地说，像过去那种企图包容一切知识的哲学理论体系的时代已经过去了，哲学再也不可能是自然知识和社会知识的概括和总结了，它只能是关于人们某一方面实践的方法论或价值论，如认识论、伦理学、逻辑学、科学技术哲学，等等。我认为，哲学研究对象的具体化和研究问题的现实化，是哲学发展的趋势。在21世纪，哲学和认识论要想继续存在和发展，就应当顺应这个趋势。

第四章

论汤川秀树的真理观

汤川秀树（1907-1981）是日本著名的理论物理学家，他因提出了介子场理论而对现代物理学做出了杰出的贡献，并因此获得了1949年度的诺贝尔物理学奖，成为日本获得这一荣誉的第一人。他的主要著作有《论基本粒子的相互作用》、《创造力和直觉——一个物理学家对于东西方的考察》等。现在，汤川秀树已作为20世纪一位国际著名的物理学家而载入世界科学的史册。美国著名科学家韦斯科夫（V. F. Weisskof）曾将汤川秀树和爱因斯坦、玻尔并列在一起，称他为"科学大师"。的确，汤川秀树就是东方的爱因斯坦、玻尔，在他身上，不仅可以发现那些伟大科学家所共有的高贵品质，而且还可以看到他作为一个东方人的鲜明个性和特点。因为他的科学事业和科学思想，除了体现出他对西方文化的吸收、容纳之外，还表明了他深深扎根于东方文化特别是中国老庄哲学的丰厚土壤中。汤川秀树的真理观，不仅内容十分丰富，而且具有鲜明的特色，值得我们认真学习和研究。

一、科学与真理

作为一名毕生从事科学研究并且取得了巨大成就的科学家，汤川秀树自然地把探索科学真理当作科学研究的主要任务。他认为，科学研究当然是从经验事实开始的，但仅有那些经验事实是完全不够的。事实上，各种经验事实并不是一种偶然的混合体，而是按照一定种类的方式相互联系着。追寻

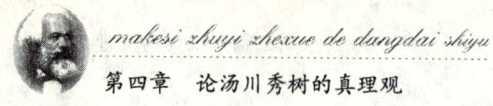

第四章 论汤川秀树的真理观

或发现经验事实之间的这种相互联系，就是我们所谓的科学研究活动，而通过这种科学研究活动在某种意义上确认经验事实，并最终建立起表示大量经验事实之间的联系的某条定律，也就是发现科学真理了。可见，探求科学真理是根源于科学之为科学的一种内在本质的规定："那些或多或少抽象的概念或命题的排列和我们那些具体经验之间的时空关系，在这两者之间是否可能找到什么更高层次的关系呢？这是科学所面临的最基本的问题之一。"① 所以，汤川秀树强调，科学研究不能仅仅满足于对经验事实的描述和验证，更不能只是为了实用，"它倒是应该起源于一种更基本的欲望，起源于一种可以说是发现真理的欲望"。②

那么，什么是真理呢？在这个问题上，汤川秀树是一位自然科学的唯物主义者，坚持了素朴的实在论观点。他首先承认在外部世界中"存在着与我们的主观情感无关的事实"③，即承认实在的客观性。其次，他也表示"我们相信存在着某种叫做真理的东西。这种真理的最纯粹的形式可以在形式逻辑定理和数学定理中看到。……真理是不可否认地存在的"④。那么，客观实在与真理之间是什么样的关系呢？汤川秀树认为，正是外部世界的经验事实使真理具有了不依赖于主体、不依赖于人的客观内容，也就是说，真理即是与客观事实相符合的认识，科学的任务就是寻求这种与客观事实相符合的真理。⑤ 因此，在汤川秀树看来，科学只是"发现真理"，但并不创造真理。他说："人类不可能无中生有地创造出科学来。人类在创造科学中所能做的就是发现隐藏在自然界中的某种东西。人类必须在自然界中发现的两种最重要的东西，就是最基本意义下的原料和自然界的普遍规律。"⑥ 显然，汤川秀树认为科学真理只不过是对自然界的本来面貌的再发现，是人类认识对客观事实的反映。汤川秀树的这种客观真理观，在现代物理学中是十分难能可贵的。自从发生"世纪之交的物理学危机"以来，许多现代物理学家往往把各种新

---

① 汤川秀树：《创造力和直觉——一个物理学家对于东西方的考察》，复旦大学出版社1989年版，第119页。
② 汤川秀树：《创造力和直觉——一个物理学家对于东西方的考察》，第118页。
③ 汤川秀树：《创造力和直觉——一个物理学家对于东西方的考察》，第115页。
④ 汤川秀树：《创造力和直觉——一个物理学家对于东西方的考察》，第118页。
⑤ 汤川秀树：《创造力和直觉——一个物理学家对于东西方的考察》，第118-119页。
⑥ 汤川秀树：《创造力和直觉——一个物理学家对于东西方的考察》，第85页。

发现的基本粒子看成是非物质的，否认其客观实在性。这样，他们也就否认了关于基本粒子等科学发现所具有的客观内涵，把真理性认识归结为人类知觉主体的主观选择和约定等。汤川秀树并不赞成这种观点。他认为，尽管各种特意设计的实验对于科学研究具有重要的有时甚至是关键性的意义，但"物理学家们不可能凭空创造出什么东西来。他们能够利用加速器来产生新粒子，是因为在自然界中就存在着这样一种原因。……于是人们又可以说'人类发现了隐藏在自然界中的新东西'"。① 所以，虽然物理学家们可以通过建造日益庞大的设备和使用效率更高的电子计算机发现各种基本粒子等新的事实，但实际上并不存在那么多新的事实，因为其中多数粒子将不是基本的，它们可能只是由少数几种真正基本的粒子构成的，而"在这些基本粒子背后完全可能隐藏着一个更简单的基本实在，基本粒子能够利用这种基本实在来加以说明"。② 可见，现代物理学所发现的新事实首先是客观世界中存在着这样一个基础，是客观世界中的一个部分，对它们性质、面貌、数量、范围等的认识固然离不开人类这一知觉主体的认识活动，但这种认识活动却不能决定它们自身的存在与否，而只能决定人类认识它们与否以及这种认识所达到的深度和广度。正因此，汤川秀树强调，科学家们的工作并不是要去创造真理或创造基本粒子，而只是"揭示隐藏于自然界的真理"。③

二、真理的相对性

汤川秀树是一位很富有哲学素养的科学家，他肯定了科学和人类认识可以获得真理，但他并没有简单地把通过科学认识所获得的真理看作是绝对正确的和普遍适用的永恒真理。科学是在不断发展的，这一事实也就证明了科学及其科学真理永远不是十分完备的。任何科学认识包括真理都只是人类认识领域中的某一方面或认识历程中的某一阶段的成果，它并没有也不可能全面彻底地、一劳永逸地完成所有的认识，因而它只是相对性真理，而不是终极性真理。随着科学的发展、人类认识的进步，真理也要不断丰富、发展，

---

① 汤川秀树：《创造力和直觉——一个物理学家对于东西方的考察》，第87页。
② 汤川秀树：《创造力和直觉——一个物理学家对于东西方的考察》，第133页。
③ 汤川秀树：《创造力和直觉——一个物理学家对于东西方的考察》，第86页。

或改变自己的形式。

具体来说，汤川秀树主要是从两个方面认识到真理的相对性的：

首先，汤川秀树认为，真理并不是无条件地普遍适用的。数学定理往往被公认为是一种具有最普遍适用性的"数学真理"，例如，我们可以从在一个篮子里取出两个苹果两个梨得出共取出四个水果这个毫无疑问的真理，但二加二等于四这件事的充分成立，却并不取决于从篮子里取出的是什么水果及取出水果这一行为发生的时间和地点。这件事似乎证明了二加二等于四是一种永恒的普遍的真理。然而，汤川秀树说："真理的发现本身在某种意义上也是一种经验"，"我们是在自觉或不自觉地排列自己经验的过程中发现了它的"。① 也就是说，真理来自我们人类在面对客观事实时所获得的某种经验。当我们从一个角度组织排列我们的经验时，就会得到一种真理，而当我们从另一个角度组织排列我们的经验时，就会得到另一种真理。这些不同的真理不仅是可以相容的，而且也是必然客观地存在的。二加二等于四作为人类经验的一种组织形式，也只能在一定的条件下具有普适性，而在另一种经验的组织形式里，就不一定具有普适性。关于这一点还可以通过汤川秀树所分析过的另一条数学真理得到进一步的说明。在欧几里得几何学的公理体系中，三角形的三个内角之和等于两个直角就是一条数学真理，而另一个与之相抵触的命题即三角形的三个内角之和不等于两个直角被当作矛盾命题予以排斥。但是，这并不意味着这后一命题是绝对的谬误，因为"如果采用非欧几里得几何学的公理体系，人们就必须相反地承认这个命题代表着真理。这就蕴涵了同时独立地存在着许多不同的逻辑体系的可能性——虽然这些逻辑体系往往相互排斥"。② 这表明，对于不是共同存在于正常意义下的空间中的不同的人类经验组织形式或不同的逻辑体系来说，是完全可以具有不同的真理形式的。

其次，汤川秀树认为，真理是一个过程，并没有"终点"。任何真理都只是人类认识的发展历程中的某一阶段性成果，它既没有也不可能穷尽真理，因此，在科学上没有绝对不变的认识或定理，只有不断创新，不断获得新的真理，才能推进科学的发展和人类认识的进步。汤川秀树的这种真理的相对

---

① 汤川秀树：《创造力和直觉——一个物理学家对于东西方的考察》，第118页。
② 汤川秀树：《创造力和直觉——一个物理学家对于东西方的考察》，第119页。

性思想得自两方面思想背景的启发和支持：一是汤川秀树所十分喜爱的中国古代老庄哲学关于发展、变化的思想。老庄哲学强调发展、变化的绝对性和人类认识的相对性，这显然有助于汤川秀树认识到真理的相对性原理。汤川秀树说："老庄的思想既不是宗教，又不是伦理。其特点可用不同于'到达'的'通过'或'一时停止'来表达。所谓'到达'与目标、终点相联系。相对来说，'通过'有通过某点、在某点停止一时之意，有不是终点而是中间站的细微差别"。[1] "在《老子》、《庄子》那里，没有明显的到达点。它们是非常独创、有趣的思想……（老庄）绝无终点的看法是正确的"。[2] 二是近现代物理学发展的启示。汤川秀树根据近现代物理学的发展史，进一步解释了为何喜欢具有"通过"特点的老庄思想。他说，在探求真理的道路上，不可能有"到达"的终点。"普朗克、爱因斯坦等几位伟大的物理学家，推翻了牛顿力学。这可能说得过头一点，但总之牛顿不是终点，到达点似乎应长时间停车，但结果只是通过的途中一站。至今我还不知哪儿是终点"。[3]

三、求真之道

真理，特别是科学真理是怎样获得的呢？究竟什么是发现"隐藏在自然界中的新东西"的真正方法或者说是"求真之道"呢？这是哲学上、科学上及人类一般认识中都十分关注而又仁者见仁、智者见智的重要问题。汤川秀树也十分关注这一问题，而且通过认真的研究和自己科学研究的体会做出了自己独特的回答。可以说，汤川秀树对这一问题的探讨，是其真理观中最有特色和最有价值之处。

汤川秀树认为，人们要想能够发现真理，就必须用科学的思维方法，正是科学的思维方法"可以造成自然界中人类一直未知的真理的发现"。[4] 近代科学的伟大开创者之一伽利略说：经验和推理是科学赖以建立的两根支柱。这意思是说，科学中有两种基本的思维方法，一种是以经验为基础的归纳法，

---

[1] 《汤川秀树著作集》第4卷，日本岩波书店1985年版，第319页。
[2] 《汤川秀树著作集》第4卷，第320页。
[3] 《汤川秀树著作集》第4卷，第320页。
[4] 《创造力和直觉——一个物理学家对于东西方的考察》，第87页。

另一种是以推理为基础的演绎法。这是两种受到人们普遍重视和广泛应用的方法,它们的共同特点是都属于逻辑思维方法。不过汤川秀树认为,这两种科学思维方法虽然为我们所熟悉,但却不是发现真理的方法,因为发现真理是一个创造性的思维过程,而我们却"很难发现在这两种方法中能够使人类思维成为真正创造性的根源何在"。① 那么,什么是能够发现真理的创造性思维方法呢?汤川秀树坚信那就是在归纳、演绎等逻辑方法之外的直觉思维方法。在不同的场合,汤川秀树分别用"直觉"、"灵感"、"想象"等说法来表达这种直觉思维方法,并把它与以抽象、演绎等为基础并遵循着固定的思维程序的逻辑方法相区别。直觉思维方法是人脑中突然出现的、打破逻辑常规的顿悟和直接把握事物本质的思维方法。汤川秀树指出,科学发展往往是通过找到某些方法来吸取新旧两种对立理论中较好的部分,并排除其错误的部分以得出一种新的理论来实现的,而这里所说的"某些方法"就是指直觉这类创造性思维方法。正如他所说的:"物理学从 20 世纪初期以来的发展,就是走了这种道路。在这样的事例中,单靠逻辑学是什么也干不成的。唯一的道路就是直觉地把握整体,并且洞察到正确的东西。"②

汤川秀树在真理观上的一个重要贡献在于,他发现并十分强调,东方人所擅长的直觉思维方法不仅可以作为现代科学发现真理的有效方法,而且现代科学发展的一个突出特点就是将越来越需要以直觉思维方法作为进行科学发现的基本方法。汤川秀树通过回顾物理学在近现代的发展历程说明了这一方法论特点。从 17 世纪以来,近代物理学已沿着越来越精确和越来越定量化的道路持续前进,这就导致了一种明显脱离直接经验的抽象化倾向,而且用抽象的术语表示出的一些量之间的数学关系变得越来越重要了。不过直到 19 世纪,这种抽象过程都还没有离开一定的事实而使人们能够自行观察,抽象的数学表示还是自然界发生的现象的一种忠实表象。但是到了 20 世纪的物理学,就再也找不到这样直接的对应关系了,而且,从物理学的角度看,从抽象的理论中得出的那些数学关系,只有一小部分是能够直接验证的。这样,由于物理学的抽象化和数学化的趋向日益发展,初始的假说变得愈来愈抽象,不断地远离经验,因此要建立一些可以用来作为演绎的出发点的原理,便没

---

① 《创造力和直觉——一个物理学家对于东西方的考察》,第87页。
② 《创造力和直觉——一个物理学家对于东西方的考察》,第42页。

有一条可以遵循的固定的逻辑通道。正是由于感觉经验同概念命题的联系不具有逻辑的本性,汤川秀树才相信从个别到一般的求真之道是直觉性的。虽然直接经验总是假设或公理的基础,但在它们之间并不存在必然的逻辑联系,而只是一种不是必然的直觉联系。所以,要发现这些公理或定理仅仅依靠逻辑的方法是困难的乃至无济于事的,而是需要依靠那种以对经验的共鸣的理解为依据的直觉方法。

为了进一步说明直觉方法在探求科学真理的过程中的重要作用,汤川秀树还具体分析了直觉和抽象的关系。汤川秀树指出:"人类必须从直觉或想象开始,然后他才能借助于自己的抽象能力来前进"①,因而,在某种意义上也可以说,"在任何富有成果的科学思维中直觉和抽象总是交相为用的"。② 因为不但某种本质性东西必须从我们丰富的然而多少有点模糊的直觉图像中抽象出来,而且作为人类抽象能力的成果而建立起来的某一概念,也常常在时间的进程中变成我们直觉图像的一部分。从这种新建立起来的直觉中,人们可以继续做出进一步的抽象。譬如,爱因斯坦相对论的四维时空世界虽然要比牛顿力学的时空概念抽象得多,但是它在今天已成了物理学家们当作进一步抽象的基础的直觉图像的一部分。所以汤川秀树说:"我们不应该忘记,抽象的数学形式体系永远是科学思维的最后产物;而在科学思维中直觉是起着比通常所注意到的更加重要的作用的。"③

现代科学的发展不断地证实了汤川秀树的观点。纵观现代科学史,绝大多数科学发现都是来源于直觉的,正因此,现当代许多著名科学家、科学哲学家也都十分强调直觉方法在科学发现中的重大意义。如爱因斯坦就是以倡导直觉方法著称的。他说:"逻辑是证明的工具,直觉是发现的工具",④ 现代科学发现的道路首先是直觉性的而不是逻辑性的。波普尔认为,科学发现是一种"创造性的直觉",也就是"灵感的激起和释放的过程"。⑤

不过,尽管直觉思维方法在现代科学的研究中扮演了越来越重要的角色,许多著名科学家、科学哲学家对它也已非常重视,但汤川秀树还是担忧人们

---

① 《创造力和直觉——一个物理学家对于东西方的考察》,第 92 页。
② 《创造力和直觉——一个物理学家对于东西方的考察》,第 93 页。
③ 《创造力和直觉——一个物理学家对于东西方的考察》,第 93 页。
④ 《爱因斯坦文集》第 1 卷,商务印书馆 1983 年版,第 284 页。
⑤ *The Logic of Scientific Discovery*, 1977, p. 32.

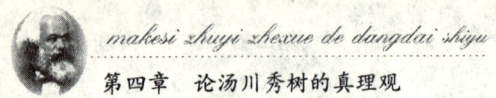

并没有普遍地认识到这一点。他批评当代物理学严重地"老化"了，也就是说，由于物理学特别是理论物理学越来越借助于数学工具和计算机而片面地抽象化了，这种片面的抽象化趋势已使人丧失了科学中最可贵的、最富有活力的创造性思维。今天的物理学家们往往对大型加速器和复杂的高速电子计算机感兴趣，基础物理学的主要目标之一似乎就在于从大型加速器中获得大量的数据，然后将这些数据输入高速电子计算机进行分析并把所得出的结果和理论公式相比较。汤川秀树指出："在我看来，物理学前景的这一相当令人失望的变化，是和科学思维中关于直觉及抽象的主题有着非常密切的联系的。"① 同时，这种变化还进一步显示了现代科学正在不断地脱离哲学和文学之类其他文化活动，即现代文化中科学文化与人文文化的分裂这一严重现象，而造成这一切的一个重要原因就在于直觉和想象已在今天的科学活动中被降到很次要的地位。面对这种局面，汤川秀树表示："然而，我并不认为对自然界真理的探索就这样结束。我坚决相信在揭示潜藏于自然界的真理的努力方面，人的大胆想象至少像大型机器一样重要。……在那里，每个科学家的创造性活动可以起决定性作用"。② 正是出于这种想法，汤川秀树还表示相信东方人所擅长的直觉思维方法是可以补救现代科学发展的"老化"问题的："如果我们更加注意直觉或大胆的想象，来作为不可避免的抽象化趋势的一种补充，基础物理学的又一次返老还童就是可以期望的"。③

当然，我们应当注意到，汤川秀树对东方式直觉思维方法的提倡，并不是作任意的拔高和简单的套用，而是以接受并消化现代物理学理论和西方合理的逻辑方法为基础的，是在粒子物理学的艰辛研究和放眼东西方文化的比较体味中的积极改造。同时，汤川秀树也深知传统的东方式直觉思维方法缺乏分析等局限性。因此，汤川秀树实际上是主张只有融合东西方两种思维方式才能有助于现代科学的发展："对科学家来说，非常明确的肯定或否定的思维方式和将各种事物联系在一起的整体思维方式自古就有，二者都需要，这已变得越来越明显了。二者只有互补，才能成为科学的思维方式。"④

---

① 《创造力和直觉——一个物理学家对于东西方的考察》，第81页。
② 《创造力和直觉——一个物理学家对于东西方的考察》，第84页。
③ 《创造力和直觉——一个物理学家对于东西方的考察》，第83页。
④ 《汤川秀树著作集》第7卷，第11页。

四、真理的源泉

一种真理的发现或思想理论的产生，除了根源于客观的社会经济基础之外，还有思想理论自身的深刻根源和发展规律。它既与前代人所提供的思想材料、研究成果以及所提出的种种矛盾、问题有着密不可分的联系，又与个人所受的文化传统、知识教育、个性素养等有着直接或间接的关系。汤川秀树的科学发现和科学思想的产生也不例外，它也是在继承人类优秀思想文化成果的基础上产生的。而且，汤川秀树对此是有着充分的理论自觉的。所以，汤川秀树也十分重视对自己的科学发现和思维发展的思想渊源和知识背景的研究与总结。

汤川秀树强调在他的思想发展过程中，特别是在发现科学真理的过程中，有两种背景知识对他起了重大的作用。这就是：一是由希腊文化所开创的严谨、实证的西方科学传统，二是以老庄哲学为核心的东方文化传统。的确，汤川秀树的自我分析是对的，他的科学发现和科学思想可以说就是东西方这两种不同文化相融合的伟大产物和成功范例。

汤川秀树指出："人类的抽象能力对于创立像物理学这样一种严密科学来说是有决定性意义的"，[1] 西方近代科学正是建立在抽象的逻辑思维方法基础之上的，而这种科学传统是由古希腊人首先开创的。汤川秀树虽然是在一个与西方不同的环境中长大的，但与大多数现代科学家一样，也是在接受了西方科学传统的深刻影响之后成为一名理论物理学家的。1964 年汤川秀树在希腊雅典发表的一次演讲中说："作为一个已成为物理学家的人，我完全意识到希腊人给予我的恩惠，正是他们开创了把深藏在自然界中的真理揭示出来的伟大事业。"[2] 汤川秀树认为，像毕达哥拉斯和德谟克利特这类天才人物的出现，才在古希腊（而不是任何别的国家）创立了后来发展成为我们所知的近代科学的自然哲学基础。毕达哥拉斯能够利用数与数之间的简单而确定的关系把握自然规律；德谟克利特则想出了不可见的微小原子和关于虚空的抽象概念，这些通过哲学思辨获得的成果对近代科学是有着深远的影响的。于是，在近现

---

[1] 《创造力和直觉——一个物理学家对于东西方的考察》，第92页。
[2] 《创造力和直觉——一个物理学家对于东西方的考察》，第77页。

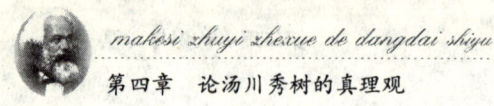

第四章 论汤川秀树的真理观

代科学史上,我们常看到这样的现象:科学家经过长期艰苦研究之后,得到一个满意的结论,但他们欣喜之余却发现,这个结论早为古希腊的哲人以抽象的形式提出来过。因此,恩格斯说过:"在希腊哲学的多种多样的形式中,几乎可以发现以后的所有观点的胚胎、萌芽。因此,理论自然科学要想追溯它的今天的各种一般原理的形成史和发展史,也不得不回到希腊人那里去。"① 汤川秀树也指出:"看来现代物理学似乎在许多方面带来了古代哲学的回声","如果我们把现代西方科学的发展追溯到它的本原,那么最终就会追溯到希腊的自然哲学;……我一直觉得和这些古人比和西方的现代思想家更加亲近"。②

但是,科学发展进入 20 世纪以后,在东方文化特别是老庄哲学与现代科学之间也发生了像古希腊哲学与近代科学之间的那种内在联系。汤川秀树认为,如果说近代科学的哲学基础是以古希腊为代表的西方哲学传统,那么,现代科学的哲学基础则正在逐渐转移到东方哲学传统上来,所以汤川秀树说:"当我们考虑到将来时,肯定没有任何理由认为希腊思想应该仍然是科学思想发展的唯一源泉。"③ 东方哲学中那种强调整体和谐、对立互补、直觉思维等思想和方法,与现代科学的基本精神存在着许多奇妙的契合之处,对现代科学的发展提供了丰富的启迪。F.卡普拉在其《物理学之道》中就证明了现代物理学与东方哲学和宗教思想之间的这种内在联系。④ 那种认为只有西方的逻辑思维方法才是唯一适合科学发展的看法,虽然很流行,却未必正确,而且,持那些看法的人正由于忽视了东方文化中所蕴藏着的丰富的直觉、想象和类比等创造性思维,从而大大降低了科学预见的能力,导致了现代科学的"老化"现象。对此,汤川秀树深表焦虑,他利用自己丰富的东方文化素养和科学研究体会,阐述了以老庄哲学为核心的东方文化传统对现代科学的重要意义。

汤川秀树从小就接受了中国传统文化的熏陶,尤其熟悉道家哲学,老子和庄子是他最感兴趣和最为喜爱的两位中国古代思想家:"和其他物理学家不同,对我来说,长年累月吸引我、给我影响最深的是老、庄等人的思想。它虽是一种东方思想,但在我思考有关物理学问题时,它仍不知不觉地进入其中"。⑤

---

① 《马克思恩格斯选集》第 4 卷,人民出版社 1995 年版,第 287 页。
② 《创造力和直觉——一个物理学家对于东西方的考察》,第 145、61 页。
③ 《创造力和直觉——一个物理学家对于东西方的考察》,第 51 页。
④ 参见灌耕编译:《现代物理学与东方神秘主义》,四川人民出版社 1984 年版。
⑤ 《汤川秀树著作集》第 7 卷,第 20-21 页。

那么，为什么老庄哲学能够成为汤川秀树在探求科学真理过程中最重要的知识背景和哲学基础呢？这恐怕得主要归因于其所蕴涵的丰富的直觉、想象、类比等思维方式对汤川秀树的启迪作用。在汤川秀树看来，尽管老子和庄子的思想与希腊思想完全不同，不能纳入形式逻辑的模式中去，但是这并不意味着老庄思想是不合理的，相反，重视直觉和想象，追求用看似简易实则高明的方法处理人类的最深刻复杂问题的老庄哲学，正可以用来补救注重抽象和逻辑的西方科学传统的不足。对此，汤川秀树常以庄子和惠子关于"知鱼乐"的壕梁之辩故事来加以说明。① 在壕梁之辩中，惠子的观点表明他不承认一切未加证实或很难证实的事物，其论证方法看起来比庄子更有逻辑性。而庄子则珍视直觉和含糊一些的想法，主张对像鱼之乐这类很难实证的问题采取一种直觉性的、模糊性的、审美距离性的容纳态度。汤川秀树认为，惠子的看法接近于科学的传统观点，而庄子的看法则体现了一种他非常有同感的现代物理学精神。

汤川秀树由于以东方思想，尤其是老庄哲学为重要的理论源泉，来创造性地进行现代物理学的研究，从而使他具有了鲜明的理论个性。"汤川现象"在现代科学家中引起了极大震动，使他们重新认真地思考和评价东方文化及其思维方式。量子力学创始人之一的海森伯原来将科学研究的理论源泉仅仅放在西方文化上，后来他就改变了这种看法："自从第一次世界大战以来，日本科学研究对于理论物理的巨大贡献可能是一种迹象，它表明在东方传统中的哲学思想与量子力学的哲学本质之间有着某种确定的联系"。② 耗散结构理论的创立者普里高津说："中国文明对人类、社会与自然之间的关系有着深刻的理解"；"中国的思想对于那些想扩大西方科学的范围和意义的哲学家和科学家来说，始终是个启迪的源泉"。③ 这些表明了以中国古代哲学为代表的东方思想，对现代科学来说仍具有重要的"合理性"。

五、真理与价值

由于现代科学全面而深刻地影响了人类生活，具有日益巨大的社会功能，

---

① 参见《创造力和直觉——一个物理学家对于东西方的考察》，第53-54页。
② 《现代物理学与东方神秘主义》，第5页。
③ 普里高津等：《从混沌到有序》，上海译文出版社1987年版，第1页。

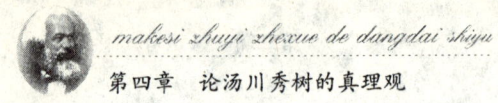

第四章　论汤川秀树的真理观

科学在现代社会中取得了崇高甚至神圣的地位，科学几乎成了真理的代名词，而科学真理更是被看作代表着一切价值，或者说，科学真理本身就是一切价值所在。这样，科学家除了努力探求科学真理之外，不需要再关心科学之外的价值问题，也不必关心科学与社会、伦理等关系问题。在这种情况下，真理问题与价值问题实际上是处于分离的状态。当然，这种分离状态并非从现在开始。可以说在古代，人们就明确区分了自然哲学和社会道德哲学，认为前者研究自然界的事物和事件，后者研究人类的行为和理想。直到 20 世纪，许多科学家还认为科学与伦理学是两个完全不同的领域。居里夫人就说过，科学研究的是事物而不是人。爱因斯坦也说过："科学只能断言'是什么'，而不能断言'应当是什么'。"① 科学只涉及真假的事实判断，而好坏之类的价值判断是在科学的范围之外的。

然而，随着科学技术的急剧发展，特别是科学技术在第二次世界大战中及战后所起的复杂作用，使人们日益清楚地看到了科学技术总是直接或间接地涉及人类本身。现代科学的发展，一方面带来了人类物质生活水平的提高，另一方面，人们也看到，人类社会所赖以生存的物质基础正在受到威胁，一系列区域性或全球性的社会、经济、政治、生活问题层出不穷。因此，人们已经没有理由再将真理问题与价值问题割裂开来，认为科学无须关心与它有关的社会、伦理问题了。费耶阿本德指出，科学并不是神圣不可侵犯的，为什么人类智慧的产物——科学的出现，要阻止我们提出最重要的问题呢？这个问题就是：科学究竟在何种程度上增进了个人的幸福和自由。他认为应该按这个最高的价值标准来检查今天的科学。② 事实上，自第二次世界大战以后，已经有越来越多的科学家、各类学者和公众开始"按这个最高的价值标准来检查今天的科学"，对科学与社会、伦理的关系作认真的反思，汤川秀树就是其中一位突出的代表。可以说，汤川秀树对科学真理与价值关系的思考，构成了其真理观中又一个颇具特色的内容。

汤川秀树早年由于性格孤僻等原因选择了能尽量避开同社会接触的理论物理学作为学术领域，但恰恰是理论物理学又使他接近了社会。这一方面是由于他在物理学研究上取得了举世公认的成就，从而受到了社会的普遍尊敬，

---

① 《爱因斯坦文集》第 3 卷，商务印书馆 1979 年版，第 182 页。
② 参见拉卡托斯等编：《批判与知识的增长》，华夏出版社 1987 年版，第 285 页。

人们希望他回归社会、参与各种社会活动。另一方面，由于他的专业知识被用于军事用途而导致全人类面临核武器的威胁，尤其是日本成为最早受核武器之害的国家，使他感到震惊，唤起了他作为一位科学家的强烈社会责任感，并在这一新的思想基础上深入地思考了科学与社会的关系问题。他认为，科学活动是人打开自己面前的未知世界来发现各种新的可能性的那些努力的一种表现，那些被称之为"科学真理"的东西只提供发现某种新的可能性的事实判断，却不能必然地保证这种新的可能性发现将会有益于人类。"事实上，关于科学会使人类幸福，是从来没有任何保证的。"① 一种真理的发现既可以带来幸福和繁荣，也可以导致人性的丧失和人类的毁灭。既然科学真理的发现并不能自动地导致人类幸福，那么人类就有必要对科学的社会价值作主动的选择。譬如，汤川秀树把原子能比喻为一种人类自己创造的新的动物，它既可以被驯化为一种对人类有益的家畜，也会变成一种凶猛无比的野兽，这在很大程度上取决于人类自身的理智所作的价值选择。汤川秀树说："原子能的问题是一个全人类的问题，而且，它起源于存储在人们头脑中的科学知识。看来任何根本解决问题的办法也必须同样从人们自己的头脑中得出。"② 这就是说，人们首先必须认识到一个能够决定人类整个命运的新问题已经出现在人类进化的过程中了，对于人类来说，保护自己不受原子能的威胁就是一个高于一切的目标。这不仅需要有政治上的措施、条约以及善意的声明，而且还需要有关于人类价值的新的思维方式。当然，汤川秀树也意识到在那超人的任务与人类努力的软弱无能之间存在着巨大的差距，要消除这种差距，仅仅靠人的理性、认识是远远不够的，它还有赖于各种客观的物质条件、有效的实际步骤和来源于全人类的自觉良知。

如同世界上一切有正义感和社会责任感的科学家一样，汤川秀树是战后时代最直言不讳地反对将科学滥用于战争以及支持实现国际和平的科学家之一。特别是作为一位原子物理学家，他首先投身于废除核武器、追求核时代的世界和平的运动。为此，他积极参加了帕格沃什会议等反对使用核武器和废除战争的活动，大力宣传组织"世界联邦"的思想。通过这些，汤川秀树身体力行了这样一个基本思想，即一个现代科学家的真理追求是必须与他的

---

① 《创造力和直觉——一个物理学家对于东西方的考察》，第165页。
② 《创造力和直觉——一个物理学家对于东西方的考察》，第150页。

价值选择相统一的。正如他说的:"从对原子的研究发展到原子能的应用成为实际可能性的那一时刻开始,一个人就再也无法把他作为一个科学家的生活方式和思维方式跟他在其他活动领域中的生活方式和思维方式分割开来了。人们再也不能宣称,不管原子能用于什么目的,都是和研究人员本身无关的了。……当科学研究成果开始获得实际应用时,这也就标志着伦理思考和道德思考的闯入。"①

汤川秀树认为,造成现代社会中真理和价值的分裂是有着诸多深刻原因的,其中,科学发展所造成的日益精细的科学分化和社会分工是一个重要原因。这样,"科学的发展远远不是促使人在许多不同方面形成和发展一种整体性观点,而是倾向于分裂和破坏这种观点"。②科学发展的这种趋势一方面将进一步破坏人的各个方面的统一,甚至最终会导致他的人性的丧失,③另一方面则在现代社会造成了科学文化和人文文化的普遍分裂(真理与价值的分裂现象不过是这种分裂的一种表现)。因此,汤川秀树在一篇短文《现代人的智慧》中,提出通过科学人性化和人性理性化而实现科学文化和人文文化的平衡。在更多的场合,汤川秀树主张现代人应向东方的古老智慧特别是道家思想学习,学习它们关于尊重人和自然的本性、提倡顺其自然的生活、追求整体和谐、对人类文明采取警醒和批判的态度等思想,认为这些古代思想对于我们解决现代社会的危机、探索人类未来的发展道路仍然具有深刻的现代意义。

汤川秀树对真理和价值以及科学文化和人文文化的分离状况的忧虑是非常真诚感人的,虽然他的解决方案不无过于简单化、理想化的色彩,但还是能对我们提供丰富的思想启迪。事实上,汤川秀树所做的这些尽管只是一种探索,却是一种怀抱着希望的可贵探索。他说:"对于人类来说,听天由命可能是重要的,我不得不失望的时刻可能来到了。但是我还没有丧失希望。"④所以,我们也不妨引用汤川秀树自己的一句话来评价他对真理的追求:"人生的唯一目的就在于使生活更有价值,这个目的超越了一切成败问题。"⑤

---

① 《创造力和直觉——一个物理学家对于东西方的考察》,第164页。
② 《创造力和直觉——一个物理学家对于东西方的考察》,第164页。
③ 《创造力和直觉——一个物理学家对于东西方的考察》,第165页。
④ 《创造力和直觉——一个物理学家对于东西方的考察》,第34页。
⑤ 《创造力和直觉——一个物理学家对于东西方的考察》,第48页。

第五章

论薛定锷的真理观

埃尔温·薛定锷（Erwin Schrodinger，1887 – 1961）是著名的奥地利籍理论物理学家。在 20 世纪初物理学发生巨大变革的年代，他以极大的热情研究热力学和量子力学，于 1926 年创立了非相对论性波动力学，特别是薛定锷方程，奠定了量子力学的基础，和狄拉克一起荣获了 1933 年诺贝尔物理奖。20 世纪 30 年代后，他潜心研究用热力学和量子力学理论解释生命问题，取得了巨大成功。晚年主要从事宇宙学的研究，试图推广爱因斯坦的引力理论到"统一场论"。薛定锷一生奋斗在自然科学前沿，在统计热力学、原子物理学、概率论和生命科学等领域都做出了重大贡献。同时，薛定锷也是一位杰出的现代自然科学哲学家，具有丰富的科学思想和哲学思想，留下了《生命是什么》、《科学与人道主义》、《自然与希腊人》、《我的世界观》等一系列重要的科学和哲学论著。

一、科学、哲学与真理

埃尔温·薛定锷既是一位杰出的自然科学家，也是一位在人类思想的诸多领域都作了出色探索的思想家，因此，可以说他是一位"百科全书"式的现代人物——尽管随着时代和科学的发展，"百科全书"式的人物在现代已愈益难得，但他确实具有这种可贵的素质。M. 玻恩在纪念他的文章中说："我没有能力描绘这位出色的、具有多方面才能的人物的形象。他涉足的许多领

第五章 论薛定谔的真理观

域我知之甚少","他熟悉人类思想和实践的许多领域,他的广博的知识、敏锐的思想和创造力都是惊人的"。① 譬如,薛定谔始终对哲学抱有浓厚的兴趣,他早年就读过斯宾诺莎、叔本华、马赫、理查德·西蒙和阿芬那留斯等的著作,从中吸取合理的思想因素。早在1925年,他就写下了哲学自述《我的世界观》的前半部分"途径的探索"(后半部分"什么是实在的?"在他去世前完成)。他还深入研究过古希腊哲学,号召人们"再一次回头研究古希腊思想","用古希腊方式来看待世界",即提倡学习希腊人尊重自然、勇于探索、努力从世界本身来说明世界的科学精神。② 薛定谔崇尚理性、富于开拓、积极探索自然规律和人类的思维规律,形成了自己丰富的哲学思想。薛定谔哲学思想的一个突出特点是十分关注哲学本体论、认识论的研究,对实在及其本质、人类的认识对象、认识过程及其规律等问题作了深入探讨,薛定谔的真理观就从一个侧面展示了其哲学探索的思想成果。当然,薛定谔作为一位自发地探究哲学问题的科学家,其哲学思想不可能是很系统的,也是难免有这样那样的局限性的。尽管如此,人们却不难从薛定谔的全部工作中得到这样一个看法:他毕生都在为人类对自然和自我的理解而奋斗。从薛定谔方程、《生命是什么?》到他的哲学思想和真理观探索,他在通往这个崇高目标的道路上留下了一座座路标,无形之中也嵌上了自己的名字,使后来者从中获得激励和启迪。

作为一辈子献身于科学事业并且取得了巨大成就的科学家,薛定谔自然地把探求真理当作科学研究的主要任务。他认为,人类认识的最终目的就在于获得关于外在世界的真实知识、理解事物的本质和规律,所以问题并不仅仅在于我们能否说明各种现象或经验事实,而在于理解诸如"实际上自然是否作了跃迁"这类本质性的问题。尽管作为一位现代科学家,薛定谔不再相信"科学即真理"的传统信念,但他仍然相信科学具有的真理性,即相信科学研究是获得真理的一个最重要途径,相信科学理论是体现真理的一个最重要途径,相信科学理论是体现真理内涵的一种最主要形式。其实,科学之所以具有真理性的原因就内含于科学之为科学的固有性质,因为科学在本质上是一种理性的活动,而科学作为理性的东西又可以具体化为科学之作为逻辑

---

① M. Born, Erwin Schrodinger, Physikalische Blatter, 1961, JG17, p. 85–87.
② 参见代山:《薛定谔〈关于波动的四次讲演〉译后记》,商务印书馆1956年版。

的东西。逻辑是以客观事物的"逻各斯"来规范主观思维的产物,这样,逻辑就可以在一定意义上保证主观思维的认识成果能够内在地蕴涵有与客观事物相一致的真理性。也可以进一步说,科学所具有的真理性,其最主要的根据就在于作为人类认识之成果的真理本身就具有的客观性。对此,薛定谔曾以被普遍公认为科学真理的"数学真理"与客观实在之间的关系为例说明,指出:"数学思想的本质是它从物质背景中抽象出数(长度、角度和其他量)",正因此,以这种方式得到的数量关系、模型、公式和几何图形可以经常返回来应用于各种不同的物质背景。① 一个数学模型似乎一下子使某个领域产生了秩序,于是很容易让人形成对于数学神秘力量的信仰,而真实的原因在于那些数量关系本身是源自对客观物质背景的反映。

虽然科学具有无可置疑的真理性,但这并不意味着任何科学活动都会自动地获得真理。在如何获得科学真理的问题上,薛定谔是非常强调哲学对探索科学真理所具有的重要意义的。他认为形而上学,亦即对实在及其本质的哲学思辨是"我们的普遍知识和特殊知识的必不可少的基础",如果排斥了形而上学,科学和艺术就等于失去了灵魂,使它们变成了毫无生命和发展前途的枯骨。因此,对于科学家来说,哲学思想是引导他们进行科学研究工作的"无形之手",是探索真理之路上的"先遣队",是建造知识大厦的"脚手架"。② 薛定谔说:"联结哲学和物理学的旧的纽带在许多地方暂时被磨损以后,现在已得到更新并更加紧密了。物理学越是发展,就越是离不开哲学的批评。"③ 其实,这也正是薛定谔对他自己的哲学信念在其探求科学真理过程中具有的重要作用所作的生动写照,因为不但薛定谔的哲学思想确实始终贯穿了他的科学生涯,而且他能够从形而上学和认识论的高度观察和研究客观世界。这是他在自然科学上取得巨大成就的重要原因之一。实际上,在薛定谔看来,哲学思想不仅可以指导科学家探求科学真理的活动,而且科学家一定的哲学思想在其发展过程中还可以将其所遇到的难题转变成为具体的科学课题,以获得进一步的深入探讨,即形而上学转变为形而下学。正是在这个意义上,W. 埃尔萨塞指出:"对于薛定谔来说,科学是其哲学的延续,只是

---

① L. Schrodinger, *Nature and Greeks*, Cambridge Univ. Press, 1954, p. 37.
② 薛定谔:《途径的探索》,载《外国自然科学摘译》1975 年第 3 期。
③ L. Schrodinger. *Science Theory and Man.* New York: Lover Publications, Inc. 1957, p. 51.

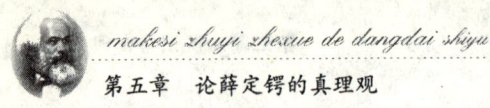

所采用的手段不同罢了。"①

二、客观真理论

真理最重要的规定是客观性。薛定锷认为,当古希腊最早产生科学关于自然界的真理的观念时,就已经给真理注入了客观性的规定。例如赫拉克利特认为,原来就存在的东西,本来自己就在那里变化、生长的东西就是自然,它的本性也就是逻各斯。但自然喜欢把自己的本性隐藏起来,使人们不易直接看到真相。智慧的作用就在于揭去遮盖,把握真相,即用智慧通过思想(理性认识)去把握本来就存在的东西的真理。这种客观真理的信念构成了古希腊科学精神的一个重要内容,也成为近代以来西方科学传统的重要组成部分。但是,在现代,这种客观真理观已被很多人当作过时的传统观念加以怀疑和否定。特别是随着量子力学的兴起,把实在只归结为我们的感觉、观察和测量的实证主义观点成了时髦。这样也就导致否认科学发现或科学真理所具有的客观内涵的倾向,把真理性认识归结为人类知觉主体的主观选择和约定等。薛定锷显然反对这种主观真理论,而坚持承认存在着客观真理。如前所述,薛定锷相信数学中的公式、定理等"数学真理"只是从客观的物质背景中抽象出一定的数及数量关系的反映,因而它们陈述了某种不以人的存在为转移的近似真实的东西,人们进行科学研究的目的正是要获得关于外在世界的真实知识,理解客观事物的本质和规律。虽然现代科学尤其是量子力学突出了科学真理中的主体因素,但薛定锷强调,这种新发展并未改变科学真理的客观性,客观性仍是科学理论真理性的基本方面。薛定锷说:"我们非常希望能在时空框架中完全真实地描述物质世界,我们认为还没有什么能证明这个目的是不能达到的。"②

当然,要进一步说明薛定锷对真理的客观性的信念,还须了解薛定锷的两个与此直接相关的重要思想,即朴素的实在论思想和自然的可理解性原理。

---

① W. L, lsasser, *Memoirs of a Physicist in the Atomic Age*, Science History Publication, New York, 1978, p. 1340.

② E. Schrodinger, "Might perhaps Energy be a merely Sratistical Concept?" Nuovo Cimento, Vol, IX, N. I (1958), p. 169.

承认不承认客观真理，首先是与承认不承认存在着客观实在问题相联系的。可以认为，承认存在着客观真理的最根本依据就是存在着不依赖于人而独立的客观实在。爱因斯坦说："无论如何，只要有离开人而独立的实在，那也就有同这个实在有关系的真理；而对前者的否定，同样就要引起对后者的否定。"① 薛定谔坚持承认认识对象的客观存在的朴素实在论，批评那种说什么"在任何以前为人们所相信的解释中的实在的客观图像不再存在了"之类的实证主义观点，这也正是他和爱因斯坦等人不满意于量子力学的哥本哈根解释的主要原因之一。量子力学建立以后，人们的认识已深入到微观领域的物质结构。在围绕微观客体的物理实在性问题展开的激烈论战中，当时以海森伯、玻尔为首的哥本哈根学派，认为在微观客体中，"实在的只是知觉、观察和测量"，而薛定谔和爱因斯坦、普朗克一起，坚决反对这种摒弃微观客体的物理实在性的观点。正如爱因斯坦在给他的信中所说的："在当代物理学家中（除了劳厄），只有你才了解到人是不能回避'实在'这一前提的——只要人是诚实的话。"②薛定谔力图确立平函数的波动图像，用物质波及其叠加来解释微观实在的结构，用著名的"猫悖论"（Cat Paradox）来论证客观实在的状态不依赖于我们对它的认识而存在。1951 年他在《科学和人道主义——当代的物理学》一书中指出："他们（指哥本哈根学派）以为客体不能不依赖观察主体而存在。他们以为物理学的新近发展已经推进到主观和客观的神秘边界，从而使这一边界已经变得不再是一条明晰的边界了。"③因此，薛定谔明确表示不能赞同"我们必须放弃用物理世界真实发生的事情来讨论和思考"的观点，指出："物理学发现本身并没有这个权威强迫我们结束把物理世界描述为客观实在的习惯。"④ 无疑，薛定谔是一位坚定的自然科学唯物主义者，尽管他所坚持的实在性概念中不乏需要修改和补充之处。正如海森伯所说的："所有哥本哈根解释的反对者在一个论点上都是一致的。照他们看来，应该回到经典物理学的实在概念，或者用一个更普通的哲学术语来说，回到

---

① 许良英等编译：《爱因斯坦文集》第 1 卷，商务印书馆 1983 年版，第 270 页。
② 许良英等编译：《爱因斯坦文集》第 1 卷，第 516 页。
③ 参见代山：《薛定谔〈关于波动的四次讲演〉译后记》，商务印书馆 1956 年版。
④ E. Schrodinger, Science Theory and Man, New York: Dover Publications. Inc. 1957, p. 203 - 204.

唯物主义的本体论。"①

薛定锷承认客观真理，还与他承认人类能够通过认识理解外在的客观实在的观点有直接的关系。这一点被薛定锷从认识论的角度概括为"自然的可理解性原理"。薛定锷把可理解性（Comprehensibility）定义为"表现自然能被理解的假说。……它是非神灵、非迷信、非魔力的观点"。② 他认为这种理性主义的见解是科学的灵魂，正是在这个意义上我们可以把首先提出自然的可理解性的古希腊哲学的奠基人泰勒斯也看作是科学史上的第一人，把这种思想的提出看作是古代科学诞生的标志。确实，自然的可理解性原理是全部科学乃至全部人类认识活动的一个形而上学基础，是科学家们普遍坚持的一个基本信念，以至于对这条原理，"最令人吃惊的是我们人类不得不发明它，必须发明它"。③ 要是不相信我们的理论构造能够掌握实在，从而获得关于客观实在的真知，那就根本不可能有科学。所以，这种信念是，并且永远是一切科学创造的根本动力，也是承认存在着客观真理的一个重要前提。

三、探求真理的方法

发现真理不仅需要探索者付出勤奋的努力，而且还需要正确的方法，正确的方法是指引探求真理的航标灯，是帮助攀登真理高峰的工具。薛定锷在他的科学探索中，就非常注重研究和总结发现真理的正确方法。他在这方面的探索，构成了其真理观中的一个重要内容。

从总的方面来说，薛定锷很重视哲学在探求真理过程中的方法论意义，认为哲学是一切科学方法论的基础。对此我们在前面已有论及，不再赘述。从具体方面来说，薛定锷在探求科学真理的过程中是采用过许多行之有效的科学方法的。其中，数学方法是他十分强调的一种重要方法。无论是早期统计力学的研究和著名的波动力学论文，还是晚年对统一场论的探索，薛定锷都很注重运用数学方法。他认为："我们通过一个有机的控制系统，对工作机制仅需付出最初支出的经济的努力即可支配事物的最完善的例子，可以在数

---

① W. 海森伯：《物理学和哲学》，范岱年译，商务印书馆1981年版，第81页。
② E. Schrodinger, Nature and Greeks, Cambridge Univ. Press, 1954, p. 88.
③ L. Schrodinger, Mind and Matter, Cambridge Univ. Press, 1959, p. 370.

学分析中找到。数学分析的运用是当代物理学的突出特征。"① 数学方法由于其高度抽象性而具有最大的普适性，同时，也使它具有简洁明晰、自然和谐的数学美，因而在现代科学的发展中成了愈益重要的工具。薛定锷还以微积分和微分方程对运动的描述为例，特别强调了数理统计方法的应用，他说："在现代物理学和天文学中起着如此重要作用的统计的使用，属于现代控制大数系统的方法之一。然而，它的更特殊更基本的意义在于引入了被奇妙地证明为富有成效的全新思想。"②

类比方法是薛定锷在探求科学真理时所注重运用的另一主要方法。类比方法既不同于从个别到一般的归纳法，又不同于从一般到个别的演绎法，而是一种从个别到个别的非逻辑思维方法。这种方法通过具有某些相同或相似特征的对象的对比，从一类对象的已知的知识，借助直觉、灵感、顿悟等触发式思维和创造性跳跃，去推测和发现另一类对象的未知的知识，以此推动认识的发展和新的真理的发现。因此，类比方法实际上是一种创造性的思维方法，属于广义上的直觉思维方法的范围，最适合于从事探索性的科学创造活动。我们知道，直觉思维方式在现代的科学发现中具有十分突出的方法论作用，许多现代著名科学家和科学哲学家都充分肯定了这一点，如爱因斯坦、彭加勒、汤川秀树、波普尔等。薛定锷重视运用类比方法来进行发现真理的科学创造活动，表明了他的科学方法是符合并引导了现代科学方法论发展的新趋向的。薛定锷认为，类比之类的直觉方法其实在古希腊时代的科学家那里也是用来发现真理所常用的方法之一，如阿基米得发现浮力定理就是采用类比方法的一个范例。只是在近代科学普遍盛行逻辑思维方法的风气影响下，人们才忽视了这种方法的重要性。他说："我们这些现代知识分子已不习惯于把一个形象化的比拟当作哲学洞见，我们坚持要有逻辑推演。但耐人寻味的是，逻辑思维本身却至少已向我们表明了要通过它来掌握现象的本质是很难做到的，因为它本身就是现象的一部分，和现象完全纠缠在一起。既然如此，试问难道我们仅仅因为一个形象化的类比无法被严格证明，就得放弃运用它吗？"③ 薛定锷本人正是靠运用了类比方法去探索微观客体的运动规律和生命

---

① E. Schrodinger, *Science Theory and Man*, New York: Dover Publications. Inc. 1957, p. 125.
② E. Schrodinger, *Science Theory and Man*, p. 125.
③ L. Schrodinger, *My View of the World*, Canmbridge Univ. Press, 1964, p. 190.

的本质等问题,并取得了巨大成功的。薛定谔在波动力学的合理重建中,通过创造性地将光学与力学相类比、宏观与微观类比,创立了关于波函数平的偏微分方程——波动方程,被量子论的创始人普朗克称之为"奠定了近代量子力学的基础"。① 薛定谔创立了著名的波动方程之后,在继续发展波动力学的同时,向更广阔的生物学领域进军,于1944年发表了被称为"唤起了生物学革命"的《生命是什么——活细胞的物理学观》的小册子。薛定谔用物理学和化学的理论、方法研究生物学,对生命体和无机物质作了广泛的类比,如基因分子与固体的类比,基因中的遗传信息与电报中莫尔斯密码的类比,有机体与钟表装置的类比等等。通过这些类比,薛定谔在分子水平上说明了一系列生命现象的奥秘,并直接促成了分子生物学的诞生。自然科学史家贝尔纳说:"物理学在20世纪里的革命尽管现在还未结束,却已深深地影响了我们对有生命物质的认识,生物学永不能成为物理学的一支,但是有关原子和量子的新物理概念,却提出了一把无价钥匙,去打开研究生物的道路。"② 现代生物学的发展,越来越证明像薛定谔那样在某一层次上把生命体和无机物质进行类比,运用物理、化学概念、理论和技术去研究生命问题,是深刻地揭示生命运动的本质及其规律的一个重要方法。

四、科学真理的内在特质:真与美的统一

薛定谔真理观中的一个颇具特色的内容是其真与美相统一的思想。

薛定谔关于真与美的统一观是以其科学统一的思想为理论基础的。科学的统一是薛定谔毕生的信念和追求,因为薛定谔相信自然界本身是和谐统一的,只是我们人类在理解这个统一的自然界时随着各种专门知识的分化而予以割裂了,以致看不到科学需要一种内在的统一性。特别是现代科学日益精细的学科划分,造成了科学论内部以及科学论与人文文化之间的普遍分裂。但也正因为如此,一批具有远见卓识和强烈的社会责任感的现代科学家如爱因斯坦、薛定谔、P. 弗兰克、汤川秀树等站出来强调应以综合的、有机整体的眼光来看待科学的发展,呼吁实现科学的统一和联合,倡导科学的国际主

---

① M. 普朗克:《从现代物理学来看宇宙》,商务印书馆1959年版,第11页。
② D. 贝尔纳:《历史上的科学》,科学出版社1981年版,第475页。

义、公有主义理想。①

正是基于这种科学统一的信念，薛定谔相信科学既可以是揭示宇宙奥秘的真理，又可以是具有审美价值的思想学说，在对真的追求中也不乏美的因素，真与美是可以统一的。

首先，真与美的统一在科学理论中表现为一种"科学美"。这是因为自然界本身的和谐统一的美需要在人类的思想形式中得到同样的体现。所谓科学美是自然界固有的结构与人的科学认识、人类心灵深处的追求的一种高度吻合，在本质上是一种蓝图与理论之间的和谐与统一。因此，一个成功的科学理论或者说科学真理往往具有统一性、简单性、和谐与对称性等美学特征，真与美的统一可以说是蕴涵于科学真理自身的一种内在特质。而科学家们也往往以这些审美追求作为自己从事科学创造的一种深刻的内在动力，以这种审美的标准作为评价科学理论的真理性的一种重要标尺。薛定谔指出："令今天严肃的科学为难的一个惊人事实是，毕达哥拉斯派用他们的偏见和关于美和简单性的先入之见做出了比严肃的伊奥尼亚学派更好的进展，至少在对宇宙结构的理解这方面是这样。"② 他认为爱丁顿的纯理性主义"出自于对自然界的有理性和简单性的强烈信心，我们将发现他的观点并不孤立。甚至爱因斯坦建立于基本的经验数据之上且为他所预言的新的观察事实所严格证明了的美妙的引力理论，也只能被一个对简单性和观念的美具有强烈情感的人所发现"。③ 其实，薛定谔本人的波动力学体系就具有自然和谐、简洁明晰的数学美。这是受到人们公认的。④

其次，真与美的统一还表现为人们在自己探求科学真理的过程中进行了艺术性的自由创造，并从中获得审美的享受和愉悦性的满足。在这种科学创造活动中，真与美并行不悖，科学与艺术和谐统一，科学和艺术家也可以兼于一身。薛定谔在《科学艺术和玩乐》一文中说："我不需要提及源于纯知识的愉悦性；那些体验过它的人将知道它包含了多么强烈的审美因素，且与那

---

① 参见朱晓鹏：《论科学的国际性》，载《科学学研究》第5卷第1期，1987年。
② 参见胡新和：《薛定谔：为人类理解自然和自身而奋斗》，载《自然辩证法通讯》1986年第2期。
③ E. Schrodinger, Nature and Greeks, Cambridge Univ. Press, 1954, p. 22.
④ 参见胡新和：《薛定谔：为人类理解自然和自身而奋斗》，载《自然辩证法通讯》1986年第2期。

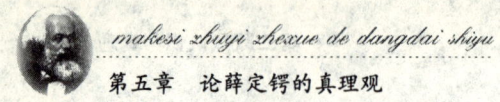

第五章 论薛定谔的真理观

些源于艺术性意图的工作密切相关。"①显然，在薛定谔看来，他的一系列科学工作无疑也是一次次美的创造和审美体验的过程，难怪狄拉克曾这样描述薛定谔和他本人对科学美的追求和迷恋："在所有我认识的物理学家中，我觉得他与我本人最相像。我发现自己同薛定谔意见相投要比同其他任何人容易得多。我相信其原因就在于我和薛定谔都极为欣赏数学美，这种对数学美的欣赏曾支配我们的全部工作。这是我们的一种信条，相信描述自然界基本规律的方程都必定有显著的数学美。这对我们像是一种宗教。奉行这种宗教是很有益的，可以把它看成是我们许多成功的基础。"②

---

① E. Schrodinger, Science Theory and Man, p. 30.
② A. M. 狄拉克：《回忆激动人心的年代》，载《科学与哲学》（研究资料）1981 年第 6—7 期，第 193 页。

第六章

认识论与科学决策

决策学现在已经发展成为一门有系统的理论和技术的学科,认识论和心理学作为决策学的重要理论基础,它们的发展必然地要影响到决策学的发展。诺贝尔经济学奖在 1978 年和 2002 年两次分别授予了美国学者赫伯特·西蒙(Herbert. A. Simon)和以色列学者丹尼尔·卡尼曼(Daniel Kahneman),就是由于他们的心理学研究对决策学做出了重要的贡献。在这里,我们对决策科学的几个问题从认识论视角进行一些讨论。

一、决策的概念

任何一个决策活动,都有三个要素:决策者、决策对象和决策过程。缺少任何一个要素,决策活动就无法进行。

从决策者来看,他是决策的主体,决策者通过判断、选择决策方案的活动,把他对世界的认识与他作用于这个世界的活动联系起来,实现和体现主体意志的能动作用。然而,决策者要有效地实现自己的意志,使主体作用于客观世界的活动卓有成效,决策者的决策必须以正确认识客观事物为基础。所以,决策不是决策者的一种任意的活动,不是随便做出的决定,它不但受决策者心理品质的影响,也要受决策者对客观世界的认识和实践目的的制约。

从决策对象来看,它是决策的客体,决策对象首先必须是人的能力可以影响、控制、作用和改造的对象。否则,就不能成为决策对象。比如,人类

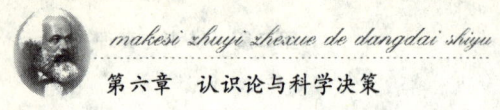

第六章 认识论与科学决策

目前的能力还不能作用和影响太阳、银河系等天体,太阳、银河系目前就不能成为人类的决策对象。再如,对一个小企业来说,它的能力不能影响国家的政治和经济政策,国家的政治和经济政策就不能成为它的决策对象。而对一个巨型跨国公司来说,国家的政治和经济政策就可能成为它的决策对象。其次,决策对象还必须有两个以上的可以供选择的行动方案,没有选择就没有决策。因为如果只有一种方案、一种出路,决策者没有选择的余地,也就不存在决策的问题。因此决策又是决策者进行选择、做出判断和决定的一种活动。

从决策过程来看,决策活动包括提出问题、确定目标、进行预测、拟订方案、分析评价、选择方案、实施方案等具体步骤。而且,在决策的实施中,还要有追踪检查、进行反馈,以便使决策者根据情况的变化调整决策,使决策活动更好地符合确定的目标。因而,决策活动不是简单的"拍板"、"做决定",而是一个有着丰富内容的过程,是一个不断深化的认识过程和实践过程。

从以上对决策活动的分析中,我们可以看出,科学的、准确的决策概念,不应当只是涉及或强调决策活动的某一个方面,而应当说明决策者、决策对象和决策过程等方面的内容和性质,这样才能使人们科学地、准确地理解和把握决策的概念,对决策建立正确的认识,提高决策的水平。

根据上述分析,我们可以对决策定义如下:决策是决策者根据对客观世界的认识,为了达到某个特定的目标,从两个以上的可行方案中,选择较佳方案或综合成满意方案,并付诸实施的意志活动过程。

二、决策能力

关于决策能力,一些多年从事领导工作的人认为,决策能力主要是经验,工作经验越丰富,决策能力就越强。决策者在处理大量问题经验的基础上,可以形成一些处理和解决类似问题有效的办法和模式,从而能够对复杂的问题迅速做出决策。基于这种原因,许多公司招聘高级经理人员,都要求应聘者在某个岗位上有若干年的工作经历,作为是否胜任工作的一项基本条件。不少国家的宪法都明文规定了担任国家首脑职务的最低年龄,这些都说明了经验对于决策能力的重要性。

　　丰富的经验对于做出正确的决策是非常重要的。决策者认识和分析问题，从认识论的角度来看，实际上就是认识主体在已有的认识结构的基础上，同化和顺应这些问题。因此，已有的认识结构，也就是经验，确实对认识和分析现在的问题起着很重要的作用。经验的丰富程度，直接影响着决策者对问题的认识和分析水平。经验越丰富，越容易对决策问题做出正确的判断与选择。

　　在从事经济活动的人当中，有不少人认为，决策能力主要是直觉判断能力，在瞬息万变的经济活动中，在股票、期货、外汇交易中，成败得失往往就在瞬间，没有时间去慢慢研究，要凭直觉当机立断。

　　决策就是要做出判断和选择，要在若干方案中选择最满意的方案，在紧急情况下，直觉判断的能力如何，确实至关重要。但是，依靠直觉做出判断，只是在紧急情况下不得已才采用的做法，在有条件时，人们还是愿意仔细思考后再作决定。而且，直觉看似神秘，其实是人的大脑把过去解决问题的方法和过程以图式或行为模式的方式储存在大脑里，在遇到类似的情境时，把它从记忆中调出来，表现为直觉和灵感。[①] 美国学者西蒙指出："直觉实际上是一种再认[②]，一个人只有对非常熟悉的东西才会有直觉。"[③] 直觉实际上就是一种经验的表现方式。所以，上面对经验的分析同样也适用于直觉判断能力。

　　由于经验在决策能力中所占的重要地位，促使人们在现代计算机科学技术的基础上，发展起来用于决策的管理信息系统（MIS）、决策支持系统（DSS）和专家系统（ES），有力地提高了决策者的决策能力。管理信息系统、决策支持系统和专家系统的基本原理是，建立由大量的经验知识组成的数据库，根据工作任务编制适当的程序，让计算机利用这些经验知识进行高速推理计算，将运算结果供决策者参考。

　　人们重视经验在决策中的作用，反映出经验主义和理性主义对人们决策

---

　　① 现代认识论对认识模式问题做了大量的研究，特别是皮亚杰提出的图式概念，对过去的认识对当前行为的作用有清楚的说明。
　　② 再认是心理学关于记忆的一个概念，指过去经验或识记过的事物再次呈现在面前时仍能确认和辨认出来的过程。
　　③ 司马贺：《人类的认知——思维的信息加工理论》，科学出版社1986年版，第109页。

观念的影响。在传统的决策理论中,合理的决策就是决策者依据经验知识以完全理性的标准模型做出决策。标准模型的决策理论主要建立在这样一些关于理性决策者的假设之上:人们是追求经济性的,理性决策者的决策目标是使收益达到最大;在一定的决策情境中,所有的行动方案及其结果(或者结果的概率和值)是已知的;决策者对各个分析结果有不同的偏好和顺序,以便对所有分析结果排序。这样的理性决策者的假设,把决策者看作是完全依据经验知识和经济理性行事的人,决策就是建立在知识和理性基础上的行为。

但是,我们必须看到,经验毕竟是关于过去事情的经验,而需要决策的对象又总是指向未来的事件和即将发生的事件。而且,世界是发展的,新事物是层出不穷的,新事物往往带来一些全新的情况、全新的问题。许多新情况、新问题,是前所未有的问题,与过去的旧问题根本不同,无法用过去的任何模式来应对,只能用新的思维、新的观点来认识和分析。所以,决策能力中包含有经验的成分,但是决策能力不能只归结为经验,经验只是决策能力的一部分。

现代心理学的发展,特别是认知心理学的发展,揭示了人类心理活动的许多规律。心理学的研究表明,人的认识是一个过程,它是受人的性格、知识、文化背景、所处环境与情境等状况影响的,而人的认识水平又会影响到人的决策。由于人的判断、行为和满足感的差异性,也就决定了人们的经济行为与传统经济学理性决策的基本假定有很大的不同。卡尼曼指出,在不确定性的条件下,人的决策是一个结构化和连续的过程,传统的决策理论充其量也只是近似的和不完全的。每一个人在面对复杂的情景与问题时,都会采取走捷径或只对部分信息进行处理,因此,人们的决策出现非理性、偏好逆转等情况就十分正常了。

卡尼曼与他的同事特韦尔斯基(A. Tversky)发现,现实生活中,人们在不确定条件下进行判断或决策,往往会以偏赅全、以小见大。但是按照理性决策者的假设,人们的行为却不该如此。例如,根据概率论中贝叶斯定理的大数法则(Law of total probability and Bayes Theorem),当分析样本接近于总体时,样本中某事件发生的概率将接近于总体概率。一个理性的推断行为不仅会使用大样本的所有信息,也会利用所有的已知信息。但是,实际上人们往往只是重视了条件概率(直观到的现象),而忽视了先验概率(以往存在的知识),通常会根据自己已知的少数例子来作推测。对此,卡尼曼与特韦尔斯基提出了他们称之为的"小数法则",指出在决策中经常存在着"小数法则偏差",即人们倾向于将小样本中某事件的概率分布看成是总体分布。卡尼曼与特韦尔斯基在1971年就指出,这实际上也是由于忽略了先验概率而导致的对事件概率的判断失误,其来源是夸大小样本对总体的代表性。与此相应的是对大样本代表性的低估。人们在根据现有信息对不确定事件进行判断时,似乎不关心样本的大小,也就是与"样本无关"。例如,投掷6次硬币如果出现4次正面2次背面,人们会将这个结果"推论"到投掷1000次的情况,因而高估出现正面的概率。这也说明人们往往会过于简单地将对不确定事件条件下的判断建立在少量信息的基础上。还有,卡尼曼与特韦尔斯基认为,人们在对不确定事件进行判断和估计的时候通常会设定一个初始值,然后根据反馈信息对这个初值进行修正。心理学实验表明,人们的这种修正往往是不完全的,他们的观念似乎"抛锚"于初始值。这种定位效应的存在,说明人们在对不确定事件进行判断时是非理性的。

卡尼曼关于对不确定条件下如何决策的问题的心理学研究,揭示了在不确定条件下人们决策过程中理性偏离的原因与性质,指出了这种对传统理性模型偏离的非理性行为是有章可循和可以预料的。卡尼曼的研究对于决策学的意义在于,指出决策并不完全依据经验行事,在心理因素的作用下,决策者可能不自觉地脱离经验和偏离理性。说明决策过程中的非理性行为其实是心理因素造成决策者的认识偏差或认识错误问题,是认识错误导致的行为错误。

决策能力是做出正确决策的能力。决策活动是一种实践活动,也是一种认识活动,只有正确的认识才会有正确的实践。在这个意义上说,决策能力就是认识能力,就是正确认识客观世界的能力。

如果不是这样认识问题,把决策能力归结为决策者的经验或者是建立在经验基础上的直觉;或者归结为决策者的个性,突出个人的胆识、才智、理性、气质、性格等因素的作用,就会突出个人的作用,极易造成决策的失误。

正确理解决策能力,可以使我们更清楚地认识到,做出正确决策的能力不是个人的特殊素质,而是正确认识客观世界的能力,是正确的、科学的决策方法和决策程序。对于组织决策来说,决策能力就是民主决策和科学决策的能力,组织决策能力的高低就是决策民主化和科学化水平的高低。

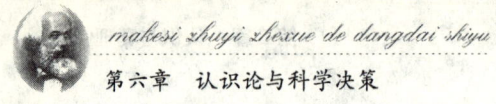

三、民主决策

决策民主化,是指决策者在决策活动中充分发扬民主,集中和依靠集体的智慧和力量进行决策。它是保证决策者在复杂形势下做出科学的、正确的决策的前提和基础。

决策民主化是经济和社会发展的必然趋势。在早先自然经济和小生产的条件下,由于认识和实践的范围狭窄,通行的是个人决策。谁有权力和最有经验,谁就有资格对重大问题做出决定。后来,随着社会的发展,决策者的智慧逐渐不能满足决策的需要,于是出现了幕僚和参谋等辅助决策的形式。到了现代,由于生产的社会化和经济活动规模的扩大、科学技术的迅猛发展,使得影响和制约决策的因素越来越多,越来越复杂,即便是最有经验和智慧的人,也不可能通晓决策所需要的背景知识。只靠个人权威和权力进行决策,难免不发生失误。因此,为了实现和保证决策的正确性,就必须依靠集体的力量,集中所有参加和实施决策的成员的智慧和创造力,用民主的方法和程序进行决策。

决策民主化的内容,最主要的有以下三个方面:

第一,决策公开化。无论是哪一级和哪一种决策,都要向参与和实施决策的成员公开,广泛听取意见,集思广益。即使是某些十分机密的决策,也要在相应范围内公开,防止决策神秘化。

第二,决策非个人化。要树立集体和群众的决策权威,对重大问题要进行集体讨论,要依靠和发挥有关专家的作用,把决策建立在民主和科学的基础上。

第三,决策法制化。建立健全民主的、科学的决策和决策执行程序,并且用法规的形式加以明确,以保证科学决策的实现。用法规的形式建立健全民主的、科学的决策和决策执行程序,能有效地防止出现"人存政举,人亡政息"的局面。而且,经过民主讨论做出的决策,群众比较了解,在决策的执行过程中容易得到人民的拥护和支持。

一般说来,集体比个体有更强的认识能力。集体中的各个个体,其经历、知识背景各不一样,不同的经历和知识背景组合在一起,使集体这个决策主体有着比个体更多、更丰富的认识图式，有更多的经验知识应对复杂的情况，大大地减小了出现决策失误的概率。大量的事实证明，决策民主化在减少和避免失误方面是有明显效果的。

决策民主化体现了唯物主义的认识态度。决策者要做到决策正确，就要有对客观事物的正确认识。而对客观事物的正确认识，只有建立在人民群众的认识活动和实践活动的基础上才能实现。离开人民群众，就不会形成全面的、正确的认识。人民群众既是认识活动的主体，也是实践活动的主体，人民群众积极参加各级决策活动，能够有效地把人民群众的智慧和愿望转化为具体的意志行动，使人民群众理解决策，主动地、创造性地实施决策。而且，由于实践是不断发展的，要使决策符合不断变化的新的客观实际，就需要有最熟悉实际情况的群众提供信息，提出意见和建议，并根据这些情况来修正决策。决策的检验、完善和发展，同样离不开人民群众。社会主义民主的首要的、核心的问题是保障人民群众参与决策的权利。只有充分让人民群众参加各级决策活动，才能制定出符合人民利益的，并且能够为人民群众理解和积极实施的科学决策。

尽管集体决策可以有效地减少和避免决策失误，但是集体决策也可能会出现认识偏差，由此导致决策错误。比如从众（conformity）就是常见的一种认识偏差。集体决策可能会出现的认识偏差，除了从众之外，主要还有：社会性懈怠（social loafing），即当人们作为群体的一员做事时，就不会像自己独立完成时那样努力，集体决策使责任分散，责任分散会对决策的判断产生强有力的影响。群体思维（groupthink），即由于来自群体内的压力而引起的心理活动的效率、认识能力和道德判断的退化。群体极化（group polarization），即群体讨论容易增强群体成员达成意见一致的倾向，使得群体的冒险性比个体更高。

对此，美国心理学家斯科特·普劳斯（Scott Plous）指出："由于人类本质上具有社会性，因此他们的判断和决策很容易受到社会因素的影响。即使是在独立决策的时候，他们也常常根据他人会做何评价的预期来决定自己的行为。因此，任何时候要对人们的决策和判断做出全面的解释，都必须把社会因素考虑进去。……社会因素既可能妨碍决策与判断，也可能改善决策与判断。"[①]

---

① 斯科特·普劳斯：《决策与判断》，人民邮电出版社2004年版，第180页。

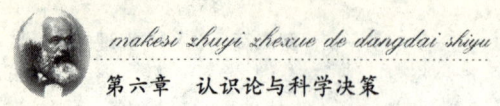

第六章 认识论与科学决策

为了避免集体决策可能带来的偏差，人们提出了一些集体决策方法，如唱反调法（devil's advocate technique）、辩证探究法（dialectical inquiry）、德尔斐法（Delphi method），等等。

唱反调法就是在讨论决策方案时，在一个人或一些人提出和坚持一个方案时，由另一个人或另一些人充当批评者的角色，对这个方案挑刺，并为反对这个方案辩护。这种方法隐含的假设是，一个优秀的方案应当经受得起苛刻的批评。研究证据表明，这种方法有助于达成高质量的决策。①

辩证探究法就是在进行决策时，在对某个方案有了基本的倾向性后，对这个方案的条件进行认真的分析，然后再选择另一个备选方案，加以具体考虑。这个备选方案可以是一个新方案，也可以是一个以前在决策过程中被否定的方案。这个方法的理论逻辑是，对一个问题从不同方向思考可以减少片面性。

德尔斐法就是利用通讯手段，把要讨论的问题和必要的材料编制成调查表，发给专家，然后把他们的回答加以综合、归纳、整理，再匿名反馈给专家，再次征求意见。如此反复多次，就可以得到一个比较一致的，并且可靠性也较大的意见。这种方法由于没有面对面，减少了某个人成为主导者的可能性。同时，也保证了信息传递的准确性，并可以对信息进行量化处理。

所以，真正的科学意义上的决策民主化，不是简单的集体决策、群众参与决策活动，不是形式上的集体开会。而是在决策过程中要让人能够没有压力地发表自己的意见，能够倾听各种意见，给各种意见特别是不同意见和反对意见以发表的机会，注意听取和认真考虑少数人的意见与不同意见，真正实行畅所欲言、言者无虑、择善从之。这样，就能够在决策时发挥社会心理因素的积极作用，克服社会心理因素可能的消极影响，使决策真正能够吸纳群体的智慧、减少和避免发生失误。

我们以往对认识论和认识规律的研究，虽然讲的是研究人的认识活动，但是基本都是建立在对个体的认识活动和心理机制的基础之上的。我们可以看到，在决策活动中，认识主体在社会性条件下的认识和心理与在个体条件

---

① Schweiger, D. M., W. R. Sandberg, and J. W. Ragan. 1986. "Group Approaches for Improving Strategic Decision Making: Analysis of Dialectical Inquiry, Devil's Advocacy, and Consensus." *Academy of Management Journal* 29: 51–57.

下的认识和心理是有所不同的。那么，在一般的认识活动中，社会性的认识主体有没有一些不同于个体认识主体的认识活动和认识规律？如果有的话，能否把个体认识主体的认识规律与社会性认识主体的认识规律统一起来？这是很值得深入研究的重要认识论问题。

四、科学决策

科学决策或决策科学化，是指按照科学的决策程序，运用科学的决策方法和技术进行决策。它是决策科学所要研究和解决的中心问题。

实现决策的科学化，最重要的是要有科学的决策程序。有了科学的决策程序，就可以保证决策活动具有科学性，减少和避免失误，有利于做出正确的决策。当然，在决策过程中，如果能够运用先进的、科学的技术和方法，会有效地提高决策的效率。但是，与决策的程序相比，决策的技术和方法是辅助性的，它们不像决策程序那样对于决策的科学性有着决定性的意义。

我们说科学的决策程序，就是说它能够具有使决策科学化、正确化的功能。那么，怎样的决策程序才是科学的呢？

首先，它应该符合科学的认识规律。能否获得对客观事物的正确认识，是决策能否具有科学性的基础。科学的决策程序是对科学的认识规律的概括和总结，并以程序的形式把科学的认识规律具体化了。按照科学的认识规律操作，人们就能做出科学的决策。

其次，它应该能够发挥人的主观能动性。人的主观能动性是人在正确反映客观现实的基础上，所进行的具有预见性、选择性和创造性的活动。在决策中发挥人的主观能动性，就是要正确地预见未来事态的变化，并根据这种预见，从多种可能性中，确定最能有效地实现决策者目的的一种可能性，促使其转化为现实性。科学的决策程序应该为决策者留有充分的分析、综合和选择的行动空间，让决策方案多样化，以使决策者能够最大限度地发挥其主观能动性，做出最优或最满意的决策。

最后，它应该能够保证决策的正确性。实践是检验真理的唯一标准，也是检验决策是否正确的标准。但是，对于决策，特别是一些重大的决策来说，不能等实践全部完成之后，再来根据实践结果判断决策是否正确，因为那样

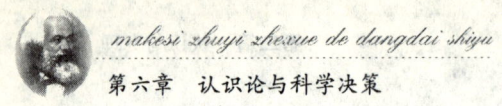

也许会造成严重的损失。重大决策必须保证决策一开始就基本正确，或者决策在实施过程中能够主动趋于正确。因此，要保证决策的正确性，就要把决策活动安排成一个可以调整的过程，在这个过程中，可以随时地、不断地对决策进行检验和修正。所以，科学的决策程序中必须包含预测潜在问题、应变防范、追踪检查、反馈调整的内容。

现代科学的决策程序是在现代科学技术的推动下，从大量的实践中概括出来的。它是无数人对决策规律的科学总结。关于科学的决策程序，人们对之研究和论述的很多，对于具体的步骤，也有繁简不同的多种划分。但是，无论怎样叙述和划分，科学的决策程序都必须有以下基本程序。

（一）发现问题

一切决策问题都是由于碰到问题并为了解决问题而进行的。因此，发现问题，准确地提出问题，是决策过程的出发点。作为决策学所说的"问题"，是指实际状态与期望状态之间存在的一种需要缩小的差距。例如，要使国民经济正常发展，必须把通货膨胀控制在一定的水平之内，比如年通货膨胀率不超过5%。如果年通货膨胀率达到了10%，那5%与10%之间的差距就是问题。

（二）确定目标

在发现问题和提出问题之后，接着就要确定决策目标。所谓决策目标，就是在一定的环境和条件下通过人的活动所希望达到的未来状况和结果。确定决策目标，就是要使决策目标明确化、具体化，有明确的约束条件。

决策目标明确化，主要指表达目标的概念要清楚、确切。目标的内涵必须是单义的，外延也要确定，不能含糊其辞、模棱两可。此外，还指实现决策目标的时间概念要明确，有具体的时间期限。目标不明确，不仅给制订决策方案带来困难，而且也为拖延期限或降低目标指标和完不成目标提供了逃避责任的挡箭牌。

因为决策是指向未来的活动，所以在确定决策目标时还必须对未来的发展趋势进行预测，对未来的发展趋势预测的越准确，所确定的决策目标就会越接近实际，越容易得到实现。

（三）制定价值原则

价值原则是进一步落实决策目标，为以后评价和选择决策方案提供判断的依据。制定价值原则，就是要确定在决策时什么事可以做，什么事不可以做，什么事可以做到什么程度，划定决策的范围。制定明确的价值原则，是决策者应付偶然与突发事件和使决策前后保持一致的基础。

（四）拟制决策方案

为了实现决策目标，解决问题，必须认真进行调查研究，收集、处理各种有关的信息，然后制定出达到决策目标的多种方案，并说明各个方案的利弊特点，提出比较准确的定性和定量资料，供决策者分析判断。

在拟制决策方案时，一定要拟制两个以上的多种方案。拟制多种方案是决策的前提条件，如果没有多种方案供决策者选择，只有一种方案，决策者面对此种情况，无须考虑，用不着分析和判断，无所作为，就无所谓决策。没有多种方案，就没有判断，就没有选择，就没有决策。

从做出最优决策的目的出发，如果能够把实现决策目标的所有可能、途径和手段都设想到，提出所有可能的方案，那么其中肯定包括了最佳的方案，这就是所谓的齐全性原则。但是，在实际情况中，由于人们的认识与活动要受到主观和客观各方面条件的限制，要做到齐全性是非常困难的。因此，美国学者西蒙提出了用"满意原则"代替齐全性原则的思想，就是设立一个能够达到决策目标的满意标准，只要提出的方案中有能够达到这个标准的方案就行了，而不必一定找出最佳方案，这样就可以大大节省决策所需的时间和人力、物力。需要注意的是，即使是用满意原则代替最佳原则，也要搞多方案。因为备选方案越多，更满意的方案和最佳方案包含在内的可能性就越大，做出成功决策的机会就越大。

拟制决策方案还要求坚持排斥性或独立性原则，即拟制的各种方案之间必须是互相排斥的关系，选定了一个方案，其他方案不能同时成立。因为如果各个方案之间的关系是相容的交叉的或包含的，就无法进行比较。所以，拟制方案就是拟制多个互相独立的方案。

（五）分析评估

在决策方案拟制出来后，就要对各个方案进行评估。有条件的，可以建立物理模型或数学模型，并对各模型求解，进行评估。

（六）方案选择

这是决策过程中的最关键的环节。这就要求决策者在正确价值观的指导下，结合自己的经验，运用科学的方法进行正确的判断和选择。能否做出正确的判断和选择，是决策者最重要的素质和能力。

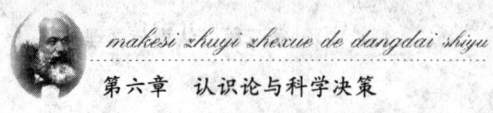

第六章　认识论与科学决策

（七）实践验证

在决策方案选定后，有条件和有必要的话，应该进行局部试验，以验证其可靠性。被试验的单位或地方，必须在全局中具有典型性，并严格按照所决策的方案实施，同时，还必须有相同条件下的对照组，才可能从比较中得出科学的结论。如果试点成功，就可以进入普遍实施阶段，如果不行，就要把有关信息反馈回去，进行决策修正。

在我国，领导人通过"试点"，取得经验，推广开来，指导和带动面上的工作，是一种常见的工作方法。我们经常可以见到一些领导人走马观花地到一些地方"调查研究"，或者选择某个地方作为试点，给以特殊扶持照顾，便据此做出决策，还以经过了试点、经过了实践为由，论证和证明领导人意见的正确性，结果以偏赅全，给国家和人民带来巨大的损失。所以，试点工作如果不进行科学的安排，随便找一个地方试试，或者给试点创造特殊的条件，所得出的经验和信息对于科学决策和指导面上的工作，不但没有任何价值，反而还有严重的危害。

（八）普遍实施

这是决策过程的最后一个环节，也是检查原始决策是否正确的基本环节。由于通过上一阶段的验证，决策一般有较高的可靠性，但是，尽管如此，决策在实施过程中仍然会出现一些这样那样的与决策目标偏离的情况。因此，为保证决策的正确性和决策的准确实施，必须进行追踪检查，一旦发现决策有误，就要及时反馈，决策者应立即进行追踪决策或实施改正性决策。

以上就是科学决策程序的八个阶段。需要指出的是，这几个阶段不是机械不变的，根据具体情况，各个阶段可以有所交叉，在有的时候，省略某个阶段也是允许的。但是，像发现问题，确定决策目标，拟制决策方案，决策方案选择，决策的实施、追踪检查和反馈这些基本程序是不能省略的。这些基本的决策程序，是决策科学化的基本内容和重要保证。

五、决策的判断与选择

对决策方案进行判断与选择，是科学决策最关键的环节。

现代决策学关于选择行为的最著名的理论，是约翰·冯·诺伊曼和奥斯卡·摩根斯坦于1947年提出的"期望效用理论"。他们认为，期望效用理论是一种标准化的决策行为理论，即期望效用理论并不是要描述人们的实际行为，而是要解释，在满足一定的理性决策条件下人们将如何表现自己的行为。期望效用理论对决策行为的分析，是建立在决策者是完全理性的和掌握完全的信息的基础之上的，是理想状态下的决策理论。

在较长时期，期望效用理论是关于决策行为的主要理论。但是自从西蒙关于人们做不到完全理性、只能是有限理性的研究发表后，出现了许多替代期望效用理论的理论，其中影响最大的是卡尼曼和特韦尔斯基于1979年提出的"预期理论"（prospect theory），它在许多方面同期望效用理论存在着差异。

与期望效用理论不同，预期理论认为决策偏好取决于问题的框架。卡尼曼与特韦尔斯基提出了偏好逆转的思想。所谓的偏好逆转就是个人的偏好并非如传统理性决策理论认为的那样是最优化的选择，而是波动不居的。卡尼曼与特韦尔斯基指出，人们在决策时，总是会以自己的视角或参考标准来衡量，以此来决定决策的取舍。如果相对于某个参照点，某项结果看起来是一种收益，决策者倾向于规避风险。相反，如果相对于某个参照点，某项结果看起来是一种损失，决策者则变得倾向于承担风险。① 简单地说，人们对损失500美元带来的不愉快感受要比获得500美元收益的感受更加强烈。当人们以此进行决策时，其行为往往是非理性的。

预期理论揭示了这样一个问题，决策者在判断和选择的行为中，很容易受到心理偏好的影响，在许多情况下，这些偏好都是系统性的，而且是预先可以控制和预测的。比如，如果从损失的角度来观察或思考决策问题，就可能带来具有过度风险的决策行为，因为希望通过具有风险的方案来重新获得损失的东西。所以，为了避免失误，决策者可以从另外不同的角度（如收益的角度）来观察或思考决策问题，看看这样做能否带来相反的效果。研究表明。尽管这样做会增加决策所花费的时间，但是可以带来更好的决策。②

从上面关于决策判断和选择行为理论的介绍中，我们可以看到，决策的

---

① 斯科特·普劳斯：《决策与判断》，第85页。

② Bazerman, *Judgment in Managerial Decision Making*, p. 61. Nutt, P. C. 1993. "The Formulation Processes and Tactics Used in Organizational Decision Making." *Organization Science* 4: 226–51.

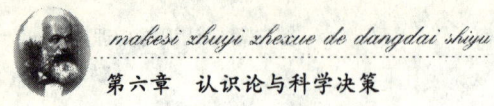

第六章 认识论与科学决策

判断和选择行为有这样一些特点：第一，判断和选择是一种有限度的理性行为；第二，决策判断是一种价值判断；第三，决策主体的心理因素可以影响价值取向；第四，判断决定选择。

决策的判断和选择行为的这些特点，决定了尽管有许多决策的具体方法和技术可以辅助决策者进行决策，如趋势外推法、投入产出分析、决策树分析法、智能决策支持系统等，但是它们都不能代替人的决策主体的地位和作用。这是由于无论决策方法和技术如何先进，但是它们的分析判断能力是以逻辑为基础的，一旦涉及价值判断问题，还必须依赖决策者，只有具有主体性的决策者才能做出价值判断。

人是认识的主体，只有具有主体性的人才能成为决策的主体。决策的判断和选择所面对的问题千差万别，决策者要做出正确的判断和选择，撇开技术性的问题，最重要的，是决策主体要有正确的价值判断。这个正确的价值判断，可以将其概括为做出正确的决策判断与选择的七项基本原则。

（一）价值原则

价值问题存在于人类的一切有目的的实践活动之中。马克思指出："'价值'这个普遍的概念是从人们对待满足他们需要的外界物的关系中产生的。"① 在实践活动中，人们不仅需要认识客观对象，以对客观对象的正确认识指导自己的行动；而且还需要根据自己的实践目的，对客观对象以及客观对象对于自己的意义做出评价，这种评价就是价值。人们对于价值的自觉认识和系统的观念就是价值观，也就是价值原则。价值原则贯穿于人的整个实践活动之中，它形成人们对客观现实的态度、评价和取舍事物的标准，指导人们从事认识活动和实践活动。价值原则就是为了落实决策目标，为评价和选择决策方案提供判断的取舍依据。确定价值原则，就是要确定什么事可以做，什么事不可以做，什么事可以做到什么程度，划定一个明确的决策范围。

那么，正确的决策价值原则应该有哪些具体内容呢？

首先，要能够积极推进社会的发展。在进行决策时，要从有利于整个社会的发展来做出自己的决策，进行决策的判断与选择。这就是说，做出一项决策，不但要对自己或本部门本单位有利，而且还要对整个社会的发展和繁荣有利，尽量使这两者统一起来。志高才能行远，有德才能取胜。只有把自

---

① 《马克思恩格斯全集》第19卷，第406页。

己或本单位的利益同全社会的利益统一起来,才能持久地实现自己或本单位的利益。

其次,要能够积极推进文化的发展。社会的发展,不仅仅是物质现象,而且也凝结着人的精神的作用。因此,在进行决策的判断和选择时,要把增强人们的法制观念和民主观念,提高组织成员的纪律、道德、科学、文化水平,作为重要的决策目标。任何决策,都是由人来贯彻和实施的,都要表现为人的行为。对同一事件的不同决策,不仅会在物质上形成不同的结果,而且会给决策者和执行者在精神上留下不同的影响,这种影响还会对他们以后的决策和行为产生作用。例如,在进行企业经营方向的决策时,如果选择合法经营、科技创新的道路,就会促进决策者和执行者法制观念、科学文化水平的不断提高;如果选择仿造假冒的道路,就会使决策者和执行者的道德水平和开发能力日益沦丧。所以,从长远利益和根本利益出发,有远见的高明的决策者,在进行决策的判断和选择时,都非常重视树立和培养自己独特的精神、文化和价值观。在一定意义上说,优秀的公司精神、企业文化、决策价值观,就是无穷的发展动力、财富的源泉。

再次,要能够积极推进人的全面发展。从根本来说,人们的一切决策,无论是经济决策,还是社会发展决策以及其他种种决策,其着眼点最终都是人。作为理想的决策,应当把造就有知识、有个性、有理想、为社会和人类进步不懈努力的、全面发展的新人作为最高的目标。虽然在某一个具体的决策中,不一定能够完全体现这个目标,但是作为有社会责任感的决策者,他应该在心中装着这个目标。只要他装着这个目标,这个目标在他所做出的决策中就能够不同程度地体现出来。

(二) 效益原则

所谓效益原则,就是在进行决策的判断和选择时,要优先选择有效益和效益较大的方案,坚决排除那些效益不明显和没有效益的方案。

效益原则看似简单易懂,实行起来却不容易。比如,在我们的生活中经常可以见到这样的现象:一些地方的领导人不顾实际情况,片面追求经济发展的高速度、高指标,乱建开发区、乱上项目,占用了国家的固定资产和流动资金,投入大量的资源,不仅没有经济效益,而且制造积压和损耗。造成这种现象的原因很多,其中的一个重要原因,就是不少决策者在进行决策时,看到的只是自己的收益和眼下的政绩,不愿听到或忽视项目实施后可能会遇

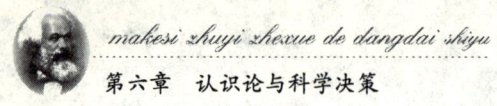

到的困难和风险,不关心人民是否能够真正得到经济实惠,在缺少综合性效益分析的情况下匆忙拍板。

(三) 信息原则

所谓信息原则,就是决策者在进行决策时,必须充分掌握有关决策对象的一切信息。如果不掌握充分的信息,没有对各种有关信息的科学的、细致的分析,就不进行决策。

对一个决策系统来说,信息分为内部信息和外部信息两种。内部信息是指涉及决策问题的各种内部情况,如组织、人员、资源、资金、技术情况等,它们是决策者了解自己、摆正自己在决策问题中的位置所必需的信息。外部信息是关于决策问题与外部环境发生联系的那些信息,如政治、经济、社会情况等,它们是决策者顺应形势、适应环境变化、做出正确的发展决策所必需的信息。

与内部信息相比,对于决策来说,对获取外部信息需要投入更大的力量,外部信息质量的高低对于能否做出正确的决策是十分重要的。这是因为,一个决策的内部环境相对于它的外部环境来讲是很小的,外部环境的变化,不论是社会的发展、经济的变动、市场的变化,还是国际形势的发展,对它都会有直接或间接的作用,产生一定的影响,并且在一定程度上左右它的发展。另外,外部信息的变化往往比内部信息更多、更快。对外部信息的获取,也比获得内部信息付出的成本更高,难度更大。所以,及时、准确地获取外部信息,对保证决策的正确性具有特别重要的意义。

没有信息,就没有决策。在工作和生活中,我们也许会遇到这样的情况:遇到一个问题,在几种方案之间,不知选择哪一个方案才好,觉得哪个方案都各有利弊,犹豫不决,难以下决断。这种情况的症结在于,各方案提供给决策者的信息量不足,决策者无法据此做出判断。犹豫不决的实质是缺少关于决策的信息,有了足够的信息,就不会犹豫不决。因此,决策者在遇到一时难以决断的问题时,不应把时间和精力花在反复思考上,而应积极设法获取有关信息,有了所需要的信息,进行决策的判断和选择就不困难了。

在决策中坚持信息原则,在当前需要注意的一个突出问题是,要利用当代最新科学技术成果来获取和处理信息。现代社会的信息量之大,信息的复杂程度,大大超过了以往任何时代,并且还在继续增加。要获取和利用这些信息,必须借助于信息技术、计算机技术,不断跟踪采用最新信息科技成果，才能适应时代对决策的要求。

（四）可行性原则

所谓可行性原则，是指决策者在进行决策时，所面对的决策备选方案必须是可行的；所选定的决策方案，应当是在所有备选方案中，具有最大的可行性的方案。

关于可行性，应当着重注意三种可行性：政治可行性，指决策方案被领导、执行者和群众接受的可能性；经济可行性，指可以使用的资源的可能性（这里所指的资源包括人力资源、自然资源和资金资源），以及经济效益的情况；技术可行性，指备选方案达到决策目标的科技手段上的可能性。这三种可行性，必须都予以充分的注意，不管忽略了哪一种可行性，都会使决策的实施和效果出现问题。

决策的可行性问题，实际上就是决策方案是否符合客观实际的问题。也就是在决策过程中，能不能做到实事求是的问题。关于这个问题，有两个方面的内容。一是拟订的决策方案是否反映了已知的客观实际，在执行过程中能否顺利实施、实现预想的目的。二是决策方案突破了传统的框框，大胆创新，超出了决策者的意料，但是它反映了未知的客观实际，符合人们所未知领域的客观规律，经过人的努力，能够实现决策目的，甚至取得更好的效果。对于决策者来说，做到在第一个方面的实事求是，相对比较容易；做到第二个方面的实事求是，就比较难一些。因为它需要承担一定的风险，要负一定的责任。但是，只有创新，才能进步，才能发展，才能领先。所以，坚持可行性原则，不仅要注意决策方案是否行得通，而且还要注意决策方案是否有创新、有新意，是否有所突破。在当代，世界社会、经济、科技的发展日新月异，人们的思想和方法都需要不断更新，在这种情况下，往往具有创新精神的方案，才是最有可行性的方案。可行性不是束缚性，而是启发性、创造性。只有这样来理解可行性原则，我们的决策才会具有最大的可行性。

（五）前瞻性原则

所谓前瞻性原则，就是决策者在进行决策时，必须考虑到未来自然、社会、政治、经济、科技的发展变化情况，考虑到决策实施后可能产生的后果，以及决策对其所能影响到的事物的未来可能造成什么影响。在这些情况没有可靠的结论之前，不轻易做出重大的决策。

在决策活动中要具有前瞻性，首先在决策时要有辩证的观点。要用联系

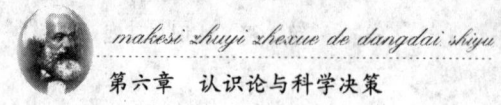

的、发展的、运动的观点来考虑决策问题，不但要考虑目前面对的问题、此时此刻有关决策的因素，还要看到这些因素的变化和可能出现的变化，考虑决策实施后可能产生的后果及其带来的影响，要考虑未来科学技术、经济社会的发展对决策的影响，要着眼于将来解决的现实问题。在决策过程中，缺少辩证的观点，就容易使决策出现失误。

其次，在进行决策时，要进行预测研究。预测的目的是为决策者提供制定决策所必需的未来信息。在现代社会技术经济领域，要成功地开发一种新技术或新产品，不探索其发展动向，不进行预测，很难取得成功。可以这样说，没有预测，就没有科学决策，就不可能有科学、技术和经济的高速发展。事实上，在经济领域中，预测和规划已经成为现代企业发展的日益重要的手段与活动。

再次，由于当代科学技术的高速发展，社会经济的发展日新月异，新事物的不断出现，因此在未来的发展中，有相当一部分情况是不可预见的，这就要求决策者在进行决策时，不要用现在的思路、现在的框框去规划和决策未来的事件。要前瞻未来可能的变化和发展，思想要有超前性。否则，就会出现已做出的决策、已做的工作不能适应发展了的形势，被迫放弃或前功尽弃的情况。用通俗的话来说，就是只有站的高，才能看得远。

（六）多方案原则

所谓决策的多方案原则，就是在决策过程中，必须有两个以上的决策方案供选择，才进行决策，没有两个以上的决策方案供选择，不进行决策。

从我国目前的实际情况来看，在许多地区和单位的决策中，经常忽略了这个问题，往往只是提出一个方案，对一个方案进行研究和讨论，就做出决策。这是造成许多决策失误和决策质量低劣的重要原因。

在决策中为什么要坚持多方案的原则？

首先，坚持多方案的原则，可以避免和减少决策中的局限性。在决策活动中，决策方案常常是由助手、参谋或职能部门提出来的，一个决策方案往往体现了它的制定者对决策问题的看法和利益，由于人们所处的环境、位置不同，不同的人或部门提出的决策方案，很少是相同的。对决策者来说，他的决策不应当站在少数人或个别人的立场上，而应当站在全局和整体的立场上。为了使决策尽可能符合全局和整体的利益，在考虑决策方案时，就要有多种思路，必须要有两个以上的方案，以减少片面性、局部偏见、个人利益和情感对决策的影响。

其次，有比较才有鉴别，坚持多方案的原则，便于集思广益，做出科学的、正确的决策。在任何一个决策方案中，不可能没有缺陷和问题，不可能没有设想不周的地方，越是复杂的决策问题，其决策方案中隐含的问题也越多。因此，从不同的角度、由不同的人员提出的不同的决策方案，尽管在每个方案中都可能存在着这样或那样的问题，但是不可能在每个方案中都存在完全一样的问题，只要有两个以上的可供选择的方案，通过相互比较就能够发现问题，从而为做出周密、正确的决策提供了可能。

再次，坚持多方案的原则，有利于发现新的解决问题的途径和思路，对不同的情况有适当的应变措施。在现实中，对某一个问题，往往可以有多种解决的途径和办法，根据不同的情况、不同的办法可以得到不同的效果。有了多种方案，面对情况的变化或未知的情况，决策者就能够心中有数，随机应变，这对于经济发展决策尤为重要。特别是在企业经营决策问题上，对不同情况有不同的应变方案，是把握时机和及时做出正确决策的重要保证。我国的不少企业，之所以面对激烈的市场竞争把握不住机会，一个常见的原因就是在经营决策中僵化，没有多种方案，在转瞬即逝的机会面前，临时研究、匆忙决策，自然与机遇失之交臂。

总之，多方案与全面性是相联系的。坚持多方案原则，就是在决策活动中坚持全面性、避免片面性。

（七）连续性原则

任何决策，都是建立在现有的工作和条件的基础之上的指向未来的活动。因此，在决策中，要正确安排决策同过去、现在的工作和条件的衔接，充分利用已有的基础和条件，去争取最好的前景。

所谓决策的连续性原则，就是指在决策活动中，要有长期规划，从实际出发，继往开来，不轻易改变以往决策的方向，在现有的工作和条件的基础上，审时度势，做出适应新情况的决策。即使需要做出重大的调整或改变，也要处理好同过去决策的衔接和过渡，以避免工作和事业出现大的动荡，影响发展。

德国哲学家黑格尔有句名言："凡是现实的都是合理的，凡是合理的都是现实的。"任何决策，都是建立在过去的决策基础之上的决策，不论现在的决策者对过去的决策是否满意，他都得面对现实，在过去的决策所形成的后果的基础上来考虑现时的决策。这就是说，不论你怎样看待过去，过去的工作必然都有一定的合理性，否则它就不会成为现实。因此，对决策者来说，在进行决策时，要避免全盘否定过去的工作、过去的决策的做法，避免完全脱离过去的工作重新另搞一套。而要尽可能地吸收过去工作中值得肯定的地方，继承过去的可以继承的东西，再根据新的形势和需要，做出新的决策。这样，就可以使现在的工作与过去的工作具有连续性，减少了人们适应新情况的阻力，使新的决策能够更好地得到执行。

坚持决策的连续性，可以防止决策者的好大喜功，避免短期行为。决策者一般都处于领导地位，作为单位或部门的领导，都希望能够干出成绩来，以证明自己的工作能力。在不少时候，一些领导者都企图以不同于过去的做法、新的决策，来开创新局面，做出显著的成绩。在这种心理的支配下，新举措、新口号就会提出来。而事实上，一个单位、一个地区的发展，不仅要依靠工作上的创新，还需要稳定的环境、持续的工作，更需要一个稳定持续的发展政策。一个地区经济的发展，不仅需要正确的发展策略，更需要把这个策略持续不断地坚持下去。发展策略的频繁改变，会造成资源的巨大浪费，反而会阻碍发展。当然，坚持决策的连续性，并不是否定开拓和创新，而是在继承基础上的创新，在稳定中的发展。只有这样进行决策，才能使工作和事业顺利发展。

坚持决策的连续性，可以为社会经济的发展创建稳定的环境，规范人们的行为。无论是企业还是个人的行为，都要受到环境的影响。在不稳定的社会经济环境中，人们的行为是不规范的，由于担心形势变化会影响自己的利益，人们的行为和决策就会倾向于急功近利，使社会经济发展变得无序，从而使发展受到影响。所以，要想有真正快速的发展、持续的发展，就要保持决策的连续性，保证基本决策在一定时期内稳定不变，为社会经济的发展创建稳定的环境。例如，中国政府在关于1997年收回香港的决策中，就明确地承诺，香港现行的社会经济制度50年不变，以保证香港有一个稳定的发展环境。事实证明，这个承诺，对于保证香港的平稳过渡和持续发展，起了非常重要的作用。

第七章

认识的冲突：实践检验真理的必要条件

认识的冲突，是指在某个问题上存在着两种以上不同的认识，不同的认识之间在观点上互相冲突。提出和探讨认识的冲突对于实践检验真理问题的重要性，对于发展马克思主义认识论和促进我国的现代化建设，都具有重要的意义。

一

实践是检验真理的唯一标准，是人所共知的常识。人们在工作中提出一个新认识、一项新政策，往往要先经过试点，在取得经验之后，开始大范围推广，指导面上的工作。然而，我们经常可以看到这样的现象：一些经过了试点、经过了实践检验的认识和政策，在执行中却出现了问题，不得不以补充规定或新政策对之进行修正或更正，先前的实践没有检验出认识中存在的问题。

当然，真理是一个过程，人们要形成一个正确的认识，需要有一个实践——认识——实践……的过程。由于实践的社会和历史的局限性，实践作为检验真理的客观标准，既具有确定性，也具有不确定性，我们不能因为某些经过实践检验过的认识后来被修正和更正，而怀疑和否定实践是检验真理的唯一标准。

但是，对于前述现象，我们却不能只从实践的方面进行解释。实践检验

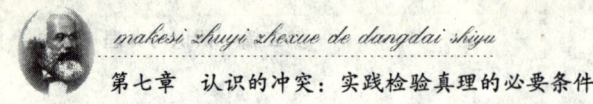

第七章 认识的冲突：实践检验真理的必要条件

真理作为一种活动，涉及实践和认识两个方面。从实践的方面来说，实践必须是科学的实践，才能成为检验真理的标准。从认识的方面来说，认识必须是有不同意见的认识，即只有存在着认识的冲突，才能使实践充分发挥和实践其检验真理的作用。没有认识的冲突，就没有科学的实践检验。

认识的冲突，乃是实践检验真理的必要条件。

二

对于认识的冲突是实践检验真理的必要条件，我们可以从以下几个方面说明和论证。

第一，认识的冲突提出了实践检验真理的任务，没有认识的冲突，就没有实践检验真理的需要。人类认识发展的历史表明，真理是同谬误相比较而存在，相斗争而发展的。实践检验真理，从来不是对某一种认识的检验，而是对某一问题上认识冲突的检验。只有存在着相互冲突，甚至于相互对立的认识，为了证实某种认识的正确或错误，人们才会运用实践对之进行检验，才能通过实践检验，去伪存真，得出正确的认识。例如，亚里士多德曾经断言，"物体的落下时间与其重量成比例"。由于没有不同的观点，亚里士多德的这个论断在西方长期被看作是真理。直到1590年伽利略提出落体法则，与亚里士多德的论断形成认识的冲突，才有伽利略于1591年在比萨斜塔进行的著名的落体实验，才使关于落体运动的观点第一次得到了实践的检验。通过实践检验，推翻了亚里士多德的观点，证明了伽利略的落体法则的正确性。

第二，认识冲突的存在，可以有效地提高实践检验的客观性和可靠性。实践作为人的主观见之于客观的活动，必然要受人的主观的作用和影响。在只有一种认识，一种观点的情况下，人们可以根据需要，选择和变化实践的内容与实践的方式，以求证明或否定这种认识。这样做极易造成认识上的失误。然而，在有认识冲突的情况下，为了真正能够说明问题，就必须对实践检验慎重从事，就要要求实践检验科学化、具有可重复性。例如，在20世纪中期以前，宇称守恒定律，长期以来一直是物理学的基础。1956年，李政道、杨振宁提出了在弱作用下宇称不守恒的观点，与传统的宇称守恒定律形成了认识的冲突。他们提出了这样一个问题：以前有关弱作用的实验对于弱作用是否导致宇称守恒是不敏感的,以这样的实验得出的弱作用中宇称守恒观点是不可靠的。因为存在着认识的冲突,为了检验李政道和杨振宁的观点,吴健雄比较了多种实验方法,精心设计和进行了可以重复验证的实验。由于吴健雄的实验的严密性和可重复性,实验一成功就使李政道和杨振宁的理论得到了迅速和广泛的承认。

第三,认识的冲突可以使实践检验充分发挥其纠错功能。实践作为检验真理的唯一标准,有着两种基本的功能。其一是裁判功能,通过实践检验判定某种认识的正确与否。其二是纠错功能,通过实践检验纠正认识中的失误,使认识在实践过程中得到修正,不断趋向于正确。从控制论的观点来看,反馈,特别是负反馈是实现控制的基础。认识冲突的存在,使人们迫切地关注实践的结果,不仅要关心自己的认识在实践中的表现,也要密切注视不同的认识在实践中的表现,以便对自己的认识进行修正,客观上使反馈和控制的机制得以建立,从而有利于及时发现认识的失误,发挥和实现实践检验的纠错功能。例如,进化论问世后,出现了两个不同的研究方向,得出了不同的结论。摩尔根学派认为,遗传的变异必须通过遗传物质结构的改变,环境所引起的表型改变是不遗传的,反对获得性遗传的主张。米丘林学派根据生物体与生活条件统一的原理,强调环境条件能够改变生物的性状,当同化作用影响到生殖细胞后,变化了的性状是可能遗传的,即获得性状能够遗传。认识的冲突促使两派以实验检验自己的观点。通过实验,发现两派在论证生物进化方面都有正确的部分,但也都有片面性。这是因为生物的遗传变异和进化来源于内外因的综合作用,遗传的内因有其物质基础——染色体及其所载的基因,而环境条件是遗传的外因。两个学派需相互补充,只有从生物的内部结构到外部环境条件的共同作用两方面才能正确地揭示生物进行的机制。当前,两个学派都吸取了科学实验的新成就,相互纠正,相互补充,走向综合,共同促进了现代综合进化论的兴起。

在当代,社会发展日新月异,生产和经济活动的规模越来越大,意识的能动作用也越来越大。一项正确的认识、正确的决策,可以使一个企业、一个民族、一个国家走向兴盛。一项错误的认识、错误的决策,也可以使一个企业、一个民族、一个国家走向衰落。为了有效地发挥实践检验真理和发展真理的功能,为了更好地认识真理,我们应当高度重视认识的冲突在实践检验真理中的地位和作用。

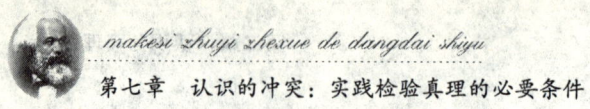

第七章 认识的冲突：实践检验真理的必要条件

三

提出和研究认识的冲突是实践检验真理的必要条件，对于马克思列宁主义认识论和我国的现代化建设都有什么意义呢？我们认为其意义至少有以下一些方面：

首先，扩展和深化了对实践检验真理问题的研究。过去，理论界对实践检验真理的问题偏重于对实践的作用的研究，忽略了对被检验的认识的性质和特点的研究；只把实践看作是检验真理的尺度，而不注意运用这把尺度的条件和基础。这不能说是一种片面性。深刻性是与全面性相联系的，看到和重视认识方面在实践检验真理中的重要性，不仅有助于克服研究工作中的片面性，而且也有利于克服现实生活中的把实践检验真理庸俗化的现象。

其次，为决策民主化提供了理论根据。所谓决策民主化，是指在决策活动中发扬民主，充分发挥有关专家的作用，集中和依靠集体的智慧进行决策。我们对决策民主化的重要性和必要性的认识，除了从决策民主化是社会主义民主的客观要求和科学技术与经济发展的必然趋势的方面理解外，还可以从认识论的方面来理解。在决策中发扬民主、广开言路，倾听各种意见，实质上就是要形成认识的冲突，就是要利用认识冲突的相互作用，达到全面性，避免片面性。由于认识的冲突是实践检验真理的必要条件，所以决策民主化是科学决策的基础。

再次，减少实践检验真理的社会成本。任何实践检验真理的过程，都要以时间、人力、物力的消耗作为成本。对一些关系到国计民生和社会经济发展的重大认识进行实践检验，其社会成本是极其高昂的。如果没有认识的冲突，由于缺乏比较，实践检验就难以发挥其纠错功能，只能在实践全部完成或出现重大问题后得出结论，其结果往往是沉痛的。所以，对重大认识的实践检验，不能等实践全部完成之后，再来判断认识是否正确。而一定要在实践检验过程中建立主动纠错、使认识不断趋向正确的机制，而这个机制就是把认识的冲突作为实践检验真理的必要条件，把认识的冲突贯穿于实践检验的全过程中。有了这个机制，就可以减少或避免实践活动出现大的曲折，走大的弯路。

第三篇

多维视域中的发展

第三篇

二

先秦儒家哲學的發展

第一章

论作为经济伦理的诚信

近年来,"诚信"几乎成了国内大众传媒及社会各界最关注的热点话题之一。然而,人们谈论最多的往往是现实中最缺乏的,"诚信"成为人们关注、谈论的热点话题,恰恰表明了现实社会经济生活中诚信的稀缺性以及由此造成的严重而普遍的各种信用危机。特别是在中国加入世界贸易组织、经济社会发展进一步融入开放互动的多边一体化、全球化进程之后,国内社会经济生活中的诚信缺失问题已空前严峻地凸显出来。

不过,当前人们谈论诚信问题已有一个不同于以往的明显进步,那就是人们已不仅仅从一般的道德意义上来看待诚信,而是更多地从具体的社会经济生活中来解读和把握诚信,这意味着,诚信已不仅是作为道德伦理,而且是作为经济伦理受到了人们的重视,获得了全新的诠释和阐发。本文就是准备以企业诚信为例,从经济伦理的角度来解读诚信与企业的经济发展的关系。

一、论诚信资本

所谓诚信,也就是忠诚老实、遵守信用的意思,诚信的根本精神就是真实无妄、讲究信用。对于一个社会而言,诚信不仅是单纯道德层面的意识和行为,而且是一种具有巨大经济意义的稀缺性资源、另一种意义上的重要的经济资本。具体来说,诚信作为资本,具有两个方面的意义。

(一)诚信是一种无形资本

在现代社会,一个企业乃至一国、一个地区经济发展的规模和效益,除

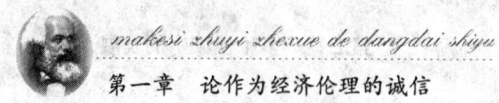

第一章 论作为经济伦理的诚信

了受制于通常所知的金融资本、人力资本等有形资本之外,很大程度上还取决于其所拥有的管理水平、创新能力、亲和合作性、品牌、信誉等无形资本的多少。撇开管理水平、创新能力等无形资本不论,亲和合作性、品牌、信誉等无形资本实际上就是属于诚信的范围。诚信作为无形资本,对企业的生存、发展具有重要的意义:

首先,诚信对于一个企业而言,可以说是其立业之本。因为一个企业即使拥有大量的资金、设备和人力,哪怕曾经取得很大的规模和效益,如果没有很好的品牌和信誉,不讲诚信、不守信用,在现代法治社会和市场经济环境中也难以有长久的立足之地。各种真正的企业之所以成功,正是以诚信作为企业的内在灵魂和外在准则,充分开发和利用了诚信这一无形资本的价值。百年老店"胡庆余堂"、"全聚德"等长盛不衰的秘诀就是"戒欺"、诚信经营,肯德基、麦当劳等美式快餐风靡全球,靠的是其可靠的质量和信誉,大部分名牌产品之所以可以比同类产品价高利厚,就是因其以质量和信誉为基础的名牌效应。而一些庞大企业和知名品牌,一旦失去了信誉,往往很快就会走向衰败。建于1913年、在84个国家和地区拥有8.5万名员工、10万家大型客户、年营业收入超过90亿美元、全球五大会计师事务所之一的安达信公司,由于受利益驱动,帮助美国的安然公司制造假账,使本来应以维护诚信为使命的中介机构丧失了诚信,最近尾随安然公司破产,如同冰山消融,"百年老店"毁于一旦。温州皮鞋从十几年前因假货受抵制走向现在的繁荣,就是一个诚信从失落到回归的过程。义乌小商品市场从第一代走向第五代,使义乌成为"华夏第一市"的商贸名城,也正是由于其建立和维护了一整套诚信经营的机制,确保了大市场的良好运行秩序。正因此,尽管马克斯·韦伯在考察近代西方资本主义兴起时强调了宗教理论的巨大作用,特别肯定了清教徒出身的早期企业家们崇尚勤劳节俭的个人工作伦理,并据此为社会化扩大再生产积累了大量资本的重要意义。但是,韦伯仍然注意到了企业家个人诚信品格的重要价值,他认为,即使从追求经济利益的角度上看,诚实也是最佳的策略,以至于他反复引用富兰克林曾说过的"信用就是金钱"的名言。① 中国自古就是"得民心者得天下,失民心者失天下"的明训,那么当

---

① 马克斯·韦伯:《新教伦理与资本主义精神》,中译本,三联书店1987年版,第33-34页。

政者何以"得民心"呢？这就是孔子说的"民无信不立",① 即当政者要靠诚信的原则去治国行政，取信于民。虽然这是难以完全实现的政治理想，但其道理同样可以用来比喻企业的诚信问题。

其次，诚信可以使无形资本转化为有形资本。面对现代市场经济激烈竞争的环境，大部分企业要想获得较有竞争力的规模和效益，至少在初始阶段仍然要在相当程度上依赖于金融资本、人力资本等有形资本的投入量。而当这种有形资本的投入越来越大时，往往需要通过集资、贷款等形式进行投资。但这种投资活动必须以信用为前提，因为只有投资者相信投资有可靠的收益回报时，集资、借贷等投资活动才有可能实际运作。一个企业如果缺乏信用保证，银行、投资商等就会疏离这一投资领域。企业只有诚实、守信，且勤奋努力，与投资者建立一种相互信任的关系，消除因信任不足而造成的不确定性，能给投资者带来较稳定的收益预期，才可以将丰富的无形资本转化为实际的有形资本。当然，在我国的实际经济生活中，大部分中小企业，特别是民营中小企业一直较难以借助自己的无形资本获取有形资本，如从银行获得贷款、实行信用结算等，这正好从反面说明了整个社会经济环境中正常的信用体系、信用主体的缺位，从而造成了或者银行被迫抬高借贷门槛，尤其是对中小企业设置了几近苛刻的贷款条件，制约了这些企业的经营和发展；或者企业之间"赊销"交易坏死、三角债缠身，企业间逾期应收账款发生额约占总交易额的比例较高，导致不少企业因为资金、贷款无法及时回收而陷入困境甚至绝境。

（二）诚信是一种社会资本

从企业资本的属性上来看，如果说金融资本、人力资本等有形资本及管理、创新等无形资本主要是立足于企业自身资源的资本，那么一个企业的亲和性、品牌、信誉等无形资本则主要是立足于社会资源或者说通过与社会发生直接的关联而形成的资本，因而又可以把它们称之为"社会资本"。社会学家科尔曼（James Coleman）较早提出了"社会资本"（Social Capital）的概念，用以指称在团体或组织中，人们为了共同目标而一致努力的能力。美国著名学者弗兰西斯·福山（Francis Fukuyama）进一步明确地用这一概念来描述具有鲜明社会属性的信任："所谓社会资本，则是在社会或其下特定的群体

---

① 《论语·颜渊》。

之中，成员之间的信任普及程度。"① 福山认为"一个社会能够开创什么样的工商经济，和他们的社会资本息息相关，假如同一企业里的员工都因为遵循共同的伦理规范，而对彼此发展出高度的信任，那么企业在此社会经营的成本就比较低廉，这类社会比较能够井然有序地创新开发，因为高度信任感容许多样化的社会关系产生"。② 的确，如果一个企业、经济组织内部具有高度的信任感，那么成员之间就会具有较好的亲和性和凝聚力，可以产生较高的效益；同样，一个企业、经济组织的品牌、信誉其实就是它与社会之间建立的一种信任关系。可见，无论是亲和性还是品牌、信誉等等，实际上都是一种社会信任关系，都是一种对于一个经济组织的发展而言极端重要的无形的社会资本——在现代社会，这种社会资本可以很大程度上影响经济组织的规模和效益。而这种对于一个经济组织的发展而言极端重要的社会信任关系，就具体地体现在一个组织和个体坚持以遵从诚实、守信互利等普遍的规范和"游戏规则"为一切活动和行为的基本准则之中。正如福山所说："所谓信任，是在一个社团之中，成员对彼此常态、诚实、合作行为的期待，基础是社团成员共同拥有的规范，以及个体隶属于那个社团的角色。"③

诚信作为一种社会资本，强调的是人们在社会的组织化活动、广泛的交往活动中所体现的相互信任关系，它所指向的是一种人们在参与合作过程中所应秉持的社会化品德、一种普遍性的社会信任。R. 普特南说："我用'社会资本'一词来指称社会生活的这样一些特征——它们有助于参与者更加有效地共同行动以追求共同的目标，比如网络、规范以及信任等。"④ "社会资本是指社会组织的特征，诸如信任、规范以及网络，它们能够通过促进合作行为来提高社会的效率。"⑤ 正因此，福山在其于1995年出版的《信任——社会道德与繁荣的创造》一书中，根据诚实、信任等社会资本在现代经济生活有序运行中的重要作用，区分了低信任度社会与高信任度社会。福山所谓低

---

① 弗兰西斯·福山：《信任——社会道德与繁荣的创造》，中译本，远方出版社1998年版，第35页。
② 弗兰西斯·福山：《信任——社会道德与繁荣的创造》，第37页。
③ 弗兰西斯·福山：《信任——社会道德与繁荣的创造》，第35页。
④ Putnam, Robert D.: *Tuning In, Tuning Out: The Strang Disappearance Of Capital in America*, Political Science and Politics, Vol. no. 4: 664-683, 1995.
⑤ R. 普特南：《让民主运转起来》，江西人民出版社2001年版，第195页。

信任度社会，是指信任只存在于血亲关系中的社会，如中国、意大利南部、法国；而高信任度社会则指信任感能够超越于血亲关系，而形成一种普遍的社会信任的社会，如日本、德国、美国。高信任度社会也就是拥有较丰厚的社会资本的社会。历史表明了，这种社会正是由于其所拥有的较丰厚的社会资本而能够取得突出的经济发展业绩，例如，"美国自从立国到第一次世界大战中崛起成为世界主要工业强国，这期间绝非个人主义的社会，反而是具有高度自发社交性的社会，享有普遍的社会信任感，因而能建立起大型经济组织——非血亲关系成员在这类组织之下，可以为了共同的经济目标而携手合作。"[1] 相反，低信任度社会也就是诚信这类社会资本较稀缺的社会，而这一点又极大地限制了这些社会的经济发展。例如，中国社会虽然历来讲诚信，无论是儒道讲的真、诚的道德理想，还是商业伦理中讲的"货真价实"、"童叟无欺"的行业规矩，都是传统伦理中诚信思想的体现。但是，由于传统的诚信观主要表现为对亲长的忠、对友朋的信，即其诚信主要指向所谓"熟人社会"而不是无条件地面向所有人特别是陌生人，因而它不是一种普遍的道德要求，无法据此建构一个具有普适性的社会信任体系。的确，在中国传统思想中，几乎找不到目标普及全人类的道德义务，这一点与西方基督教思想很不相同，传统伦理所讲求的义务都是以家庭为圆心，以关系亲疏来界定义务的多寡厚薄。正像孙中山所说的："中国人最崇拜的是家族主义和宗教主义，没有国族主义。外国旁观的人说中国是一盘散沙，这个原因是在什么地方呢？就是因为一般人民只有家族主义和宗教主义，没有国族主义。"[2] 尽管在家庭内部或在血亲关系网络中存在着高度的信任关系，但相对应的往往是对"外人"、陌生人的极度不信任，所以它终归在社会整体上属于低信任度社会。正因此，传统中国式企业都是中小型的家族企业，而在现代，无论国内的国营企业、民营企业，还是港台地区及各国的华人企业，其企业规模也都以中小型为主，难以形成真正长盛不衰的大型企业。这一点与美、日等国企业相比，是华人企业的一个突出特点。华人社会的企业之所以规模都比较小，主要原因就是几乎所有民营企业都是由家族拥有、家族经营的，具有浓厚的家族主义、家庭中心主义色彩——这些使华人企业只相信家人和熟人，而对

---

[1] 弗兰西斯·福山：《信任——社会道德与繁荣的创造》，第302页。
[2] 《孙中山文选》，上海远东出版社1994年版，第3页。

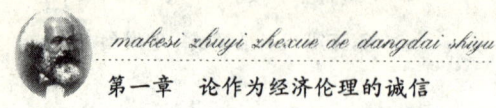

外人则极端地不信任,从而极大地制约了它们充分有效地利用诚信这类社会资本来促进企业的发展。对于这种中西方不同的企业伦理及其所产生的不同的经济绩效,马克斯·韦伯曾作过很好的论述,他说:伦理的宗教,尤其是基督教新教的伟大成就在于打断氏族的纽带。这些宗教建立起优越的信仰共同体与一种共同的生活伦理,而对立于血缘共同体,甚至在很大程度上与家庭相对立。而在中国,作为一切企业基础的"信任",多数是奠基于纯粹的个人、家庭或拟家庭的关系上。他认为,这是对经济理性化及中国产生近代资本主义大生产的"一大障碍"。①

二、诚信的经济伦理功能

现代市场经济是建立在高度法治化、制度化的基础上的经济,然而,这种高度法治化、制度化的市场经济的运行,又离不开诚信的作用。诚信有利于形成和维护一种良好的市场秩序,产生较高的效率。而诚信的缺失则会导致交易成本的提高,甚至交易链条的中断,破坏企业的竞争力和整个社会的正常经济环境。因此可以说,市场经济越发达,就越需要诚实守信。高度法治化、制度化的市场经济的运行,正是有了市场交换双方高信用度的保障而降低了成本、产生了较高的效率,同时能够使企业的交易活动不断地得到延伸和拓展,获得长远、稳定的利益,保证市场机制发挥真正优化配置资源的作用并且提供稳定的收益预期。相反,企业信用的缺失和不足,大大提高了市场交易的成本,降低了交易效率,使企业的经济活动变成为一种不经济的运行方式,使经济活动范围及其获利方式只能局限于有限的"熟人社会"圈子里和短期的一次性交易中,直接影响市场体系的健康成长和拓展,成为制约市场机制发挥优化配置资源作用的障碍,弱化了信用在市场经济活动中的正面功能。但是,不管是企业高信用度提高了经济效率还是企业的低信用度降低了经济效率,都表明了市场经济这只"看不见的手"始终在支配着企业经济活动中的信用运行,使其产生正面或负面的效应。简言之,成熟的市场经济秩序能使一个企业的信用度与其经济效益成正比:越讲信用就越能获得

---

① 马克斯·韦伯:《儒教与道教》,商务印书馆,第289页。

高的经济收益回报,越不讲信用则越难满足其收益预期。

  当然,上述情况的出现是需要以一定的前提作必要条件的,这就是一个较成熟、完整的市场经济秩序的存在。在正常的市场经济活动中,作为经济主体的企业必然要追求其目标值的最大化,即要自利。只有使经济主体实现普遍的自利,才能保证市场机制有效地运行。但是,要实现普遍的自利,显然不能靠缺乏法律和道德约束的机会主义行为,即经济活动中出现的坑蒙拐骗、假冒伪劣、欺行霸市、串谋垄断等,因为这种机会主义行为普遍化重复化之后,不仅难以实现普遍的自利,反而将导致整个社会经济秩序的解体甚至经济崩溃。那么,在一个不相信上帝和善恶报应观念的社会中,怎样才能养成遵契守法、讲求信用的道德行为习惯呢?其最有效的途径就是让自利的经济主体"相互博弈",即在一个特定的时空环境和制度条件下,追求自利的经济主体将通过普遍化重复化的相互博弈而导向对相互合作、诚实守信的交易准则的遵从和维护,从而实现普遍的自利。这种普遍的自利,实际上就是实现了使交易双方都互利互惠的双赢效应。人们总是会由于彼此之间存在持续的相互关系而合作,而这种合作行为大部分又会因此获得较稳定的利益回报,显然,这种回报是相互的。可见,著名的"囚徒困境"悖论在重复博弈条件下将导向互利互惠、实现双赢的合作主义行为取向,① 使人养成诚实守信的道德习惯。实际上,这与其说是一种道德行为,还不如说首先是基于利益驱动的自利行为,而这正是诚信作为经济伦理所特有的意义和功能。

  在传统社会,伦理道德与经济生活往往被人们简单地对立了起来,如中国古代所谓"君子喻于义,小人喻于利",②"夫仁人者,正其谊(又)不谋其利,明其道不计其功"③ 之类说法就是这方面的典型观念。这种伦理与经济、道德与利益的对立观最终导向的是以当时的一般伦理来规范人的经济行为,以道德取向来抑制和约束人们对经济利益的追求。现代社会的发展特别是市场经济的发展使伦理与经济的关系变成双向互动的关系:它既对经济生活给予道德的规范,如经济活动中的诚信原则,又对道德行为给予经济约束,如企业诚信度与其经济收益之间的成正比的效应。"囚徒困境"悖论在重复博

---

① 参见罗伯特·艾克斯罗德:《合作的进化——对策中的制胜之道》,上海人民出版社1996年版。
② 《论语·里仁》。
③ 《汉书·董仲舒传》。

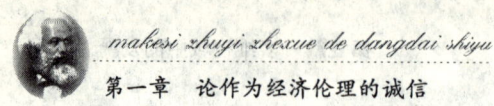

弈下所导向的"双赢"的合作取向,体现了现代经济伦理中经济绩效与伦理追求的统一性。同时,它也在一定程度上完成了对"斯密问题"的现代证明,对孟德威尔"私惠即公利"的著名命题的实际演绎。总之,我们可以说,建立在诚信基础上的合作是推动人类社会发展的一个基本动力,人类文明的历史也就是在诚信基础上的合作进化史。①

三、中国现代经济伦理的构建

中国市场经济的发展,必须构建起企业等经济主体的诚信体系,这实际上就是中国现代经济伦理的构建过程,也是中国的经济、社会从传统走向现代的转型过程。

(一)诚信行为依存于规则伦理的确立

现在大家对建立中国企业诚信的讨论,都已经普遍地重视到了相关的制度、规则的建设问题,这是十分正确的。因为现代伦理首先是规则伦理,其伦理行为主要就表现为人们普遍地遵守公认的制度、规则的行为。同样现代经济生活中的诚信首先表现为经济主体对相关的制度、规则的尊重和遵循。而由于当代中国的经济、社会都正处于重要的转型期,所以其相关的制度、规则尚存在着较多的混乱和欠缺现象,需要有一个调整、创建和完善的过程。目前国内企业的信任度不高,其中一个重要根源就是相关制度、规则的缺失和不完善,造成了经济主体在经营活动中时常处于无规可循的局面,也使相应的监督、制裁往往缺位,即各种不诚信行为得不到有效的遏制。因此,政府、企业及行业组织应尽快做好制度规则的建设,如金融管理、会计审计制度、保护私有财产制度、市场中介组织机构的监管运行规范、社会化的信用记录评价体系、违规行为的监督、处罚机制等等。

对于建立上述制度、规则的重要意义甚至具体途径,大家已经谈了很多,这里不再多说。但是,我认为大家注意得较少的关键的一点是应构建什么样的制度规则。对此,可以从三个方面来把握:

首先,它应是一种具有普适性的制度规则。中国传统社会所讲的诚信,

---

① 朱晓鹏:《走向发展之路——合作社会主义研究》,当代中国出版社2003年版,第22-23页。

不是一种可以普及于一切人的道德要求，其"诚"是一个至善的道德境界，尽管儒家向往"人皆可以为尧舜"的理想，但要达至这种以尧舜为典范的"诚"的境界，只有少数人经过长期的修养才有可能，所以它并不是每个人、任何时候都能做到的普适性的道德要求和义务；同样，传统社会是一个等级社会，讲究亲疏有别、尊卑有序，其"信"主要就是在尊亲和熟人社会里的行为准则。现代社会的诚信则不仅是在熟人之间，而且更是在陌生人之间所秉持的非人格的信任，已超越了传统意义上的"朋友有信、内外有别"的狭隘范围，而成为面对所有人、遍及全社会的普遍道德规范。

其次，它是以体现公平、公正的伦理正义原则为基础的。伦理正义原则是指社会基本制度安排的正义性和社会对各种社会基本权利与义务的公正合理的分配，以保证各社会组织和社会成员平等自由地进行社会合作和参与，因此它理应成为构建现代经济生活中的伦理秩序的根本价值理念。譬如，在制度、规则面前，包括政府与公民法人在内任何企业、组织和个人经济主体一律平等，不能有特权企业；任何企业、个人都有追求自己经济利益的同等权利，有自由地进入或退出某一经济领域的权利；限制在不同企业之间如国营企业、民营企业、私有企业等在公平性方面存在的政策差异，消除对民营企业、私营企业的"身份歧视"性的制度规则，使之可以享受平等的"国民待遇"——这一点对我国当前存在多种所有制形式和企业类型的实际情况来说尤其重要。因为任何伦理生活秩序的形成都必须首先依据某种能够为社会普遍认同或接受的公共原则，有关经济生活的制度安排、规则建构中的正义性正可以通过其基本公平、公正的价值取向而使之获得较为广泛的可接受性和普遍的价值有效性，成为各经济主体愿意普遍尊重和遵循的诚信规范。

再者，它必须是公开性、开放性的制度规则。既然企业诚信所依据的制度规则是由具有普适性的正义原则制定的，表现了广泛普遍的公共利益和意愿，因而其施行也应具有公开性、开放性。它是可监督的、可重复的，也是可以根据公意和发展变化的实际情况进行修改、完善乃至取消的。这样，制度规则就能实现不断的创新，以满足制度建设的需要，也只有如此，才能为对制度规则的遵循、守信提供合适的基础。中国的改革开放过程，就是不断地革除旧的不合时宜的制度规则，同时不断地进行制度变革、创新的过程，如将计划经济体制改为市场经济体制、由追求单一的公有制模式变为允许多种所有制形式并存、从只注重生产—积累的政治经济学转向生产生活（消费）

并重的国民经济学,从几近剥夺一切私有财产到肯定、保护私有财产的合法权利等等。正是这一系列重大的制度变迁,为当代中国经济社会生活中的诚信体系的重建提供了最坚实的基础,像过去"人民公社"时代干活"大呼隆"、出工不出力的不诚信行为被家庭经营中的诚实劳动、勤劳致富的积极性所代替,原来公有制企业中常有的只讲投入不讲效益,甚至损公肥私、虚报成绩等现象在现有多种形式的企业制度中职工的权益制约、成本核算、金融会计的审计监督之下日渐稀少了。总之,正像邓小平曾说过的,不好的制度能使好人变坏人,而好的制度可以使坏人也难以作恶。① 以往大量制度、规则上的缺陷、漏洞造成了社会经济生活中普遍的缺信行为,而我国 20 多年来改革开放的发展和相关制度变革、制度创新的不断推进,的确使当代的诚信实践获得了最大的活力之源。

(二) 增加不诚信的成本,抑制缺信的预期净收益

当前国内经济生活领域中不乏假冒伪劣横行、缺信行为泛滥的现象,是与"不诚"、"失信"行为在经济、政治等方面收益极大而成本又很低的状况直接相关的。结果造成了诚信者吃亏、欺诈者得益的"劣币驱逐良币"效应的蔓延态势。的确,正像前面曾经论及的,在市场经济条件下,经济主体采取诚信或不诚信的行为取向,都是其作为"理性人"对成本—收益进行分析、比较和权衡作出的选择。预期净收益哪种最大,就决定着经济主体将选择哪种行为取向。因此,要构建经济伦理中的诚信体系,就需要通过正式或非正式的制度变革和制度创新等手段,改变人们的收益预期,调整人们的行为取向,而其中,关键又在于增加不诚信的成本,使鼠目寸光的"一锤子买卖"虽可侥幸取得一时之利,实际上却无异于自断生路,得不偿失。一方面,通过建立健全开放透明的社会共享性"诚信档案系统"或"信用记录、评估体系",使不诚信行为在增加交易的延续性的重复博弈中会受到交易者的诸如拒绝再交易等报复策略的惩罚。另一方面,不诚信行为还应在日益健全的法律、规则下受到严厉制裁,如"罚他个倾家荡产"、"判他个十年八年",从而对不诚信行为产生深刻的教育和警示作用,使人们认识到哪怕出于纯粹的经济利益的盘算要求,西谚所谓"诚实是最好的策略"也是完全正确的明智的选择,尤其从长远和总体上来看,更是如此。最终使诚信行为真正能够带给人

---

① 参见《邓小平文选》第 2 卷,人民出版社 1994 年版,第 333 页。

们稳定的收益预期，确保社会经济伦理秩序的正常运行。

（三）继续推进产权制度改革，确保财产权利

利益关系是伦理道德关系的基础。我国长期以来产权制度没有得到正常发育，国家、企业、个人三者的产权关系不明晰，特别是个人、企业的财产权利得不到充分尊重和保护，这是造成我国经济社会生活中诚信缺失的一个重要原因。为此，国家应该通过修宪等方式从法律、制度上确保公民个人和企业、组织对其合法财产拥有充分的所有权、支配权，而这种明确的财产权利，正是健全的信用制度的重要基础。正如古人所说："有恒产者有恒心，无恒产者无恒心"，① 公民法人有了财产的安全感，自然会比较珍惜自己的财富，愿意遵规循法，以合法的方式去追求财富、以求平安久远；同时也会减少窥视欺诈别人财富的不良念头，体会到诚信是获取财富最安全有效的方式。此外，一个企业如果产权清晰，就能权责分明，企业经营者就能承担相应的信用责任，激发企业家的长期行为，解决短视现象。因为有了"恒产"，企业才会有"恒心"。而产权关系的模糊，往往是投机取巧的"温床"；财产权利得不到保障，诚信行为就会失去内在利益动因的支撑。因此，在建立健全合理的财产制度的基础上，进一步改革传统的家族企业和国有企业，使之建立起与市场经济发展要求相适应的现代企业制度，实现监管分离、政企分开，明确资产责任人的权利和义务，使其真正对经营结果负责，维护企业信誉，争创企业品牌，积极开发利用企业的"社会资本"，是构建我国当前企业信用体系以及整个现代经济伦理秩序的一条重要途径。中共"十六大"提出了"保护合法的非劳动收入，完善保护私人财产的法律制度，"同时，这一建议又进一步通过修改宪法而被写入了宪法，形成为法律性质的制度安排。这不仅是我国产权制度改革和公民权利保护的制度化进程中具有十分重大而深远意义的一个进步，而且也为构建现代经济伦理秩序提供了一块重要基石，有利于最终形成以道德为支撑、产权为基础、法律为保障的比较完善的社会信用制度。

---

① 《孟子·梁惠王》。

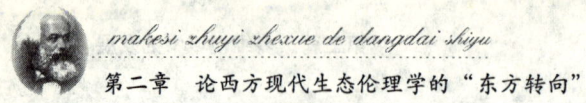

第二章

论西方现代生态伦理学的"东方转向"

随着全球范围生态危机的加剧，人们不得不重新认识自然生态系统对人类自身的意义和价值，反思人类与大自然的关系这一古老的哲学命题。西方现代生态伦理学和生态运动的兴起就是这种认识和反思的一种结果。现代生态伦理学的出现是西方乃至人类伦理思想史和一般观念史上的一个重大变革。而其中，又出现了所谓"东方转向"问题，那么，这种"东方转向"是如何发生的？它具有什么样的思想背景和内在逻辑理路？我们又该如何看待和评价这种现象呢？

一、现代生态伦理学与西方文化传统

现代生态伦理学的出现是西方伦理思想史上的一个重要进展。现代生态伦理与传统伦理的一个重要区别，就在于它将人类对伦理道德问题的关注、思考及规范从以往仅限于社会领域扩展到了自然领域，从而给传统的伦理观念带来了一场革命性的转变。同时，以这种新思潮为指导形成了一系列涉及人类对自然生态环境应秉持的全新的伦理规范和要求，引发了诸如生态运动、绿色运动等旨在从根本上改变现行的人类实践模式和价值取向的社会运动。

那么，这么一场深刻重大的思想观念变革究竟是如何发生的呢？除了现在已众所周知的由那些现当代生态环境极度普遍恶化引起的生态危机作为客观原因之外，它还具有什么样的思想背景和精神资源？

应该说，这个问题的探讨必须从西方学者对现代生态环境危机的根源的分析认识入手。西方学者在这个问题上，存在着两种不同的观点，即所谓浅层生态学和深层生态学的观点。浅层生态学认为造成现代生态危机的根源主要在于不合理的经济、法律制度和对自然资源的开发利用的失控，而没有触及这些制度规则和行为背后最核心的价值观层面的原因，所以它的生态危机问题的解决方案并没有起到有效的作用。但是到目前为止，以这种方式处理人与自然的关系和生态危机的方法仍是工业社会的主流。这是一种浅层次的生态保护观念和生态运动形态。

然而，这种解决生态环境问题的方式遭到了其他主张走自然保护路线的生态主义者的反对。在他们看来，这种改良的做法只是头痛医头、脚痛医脚，不可能从根本上解决生态问题。他们认为应该把目光更多地转向道德领域，对造成生态环境危机的原因、对生态环境危机的解决进行道德观价值观的思考。他们得出的主要结论是：第一，认为生态环境的破坏是由于人类有意识的活动特别是近代工业化以来人与自然的疏离、对立活动造成的；而利益驱动造成了人类的狭隘短视，并使人们片面追求眼前利益和个体利益，只注重微观局部，缺乏全球意识、长远眼光和对人类整体利益的关注，是造成生态环境危机的重要原因；第二，认为强调主客二分的哲学认识论、科技理性过度发展的唯科学主义、单纯追求物质生产水平和生活水平提高的价值观是造成生态环境危机的根本原因；第三，生态环境危机的解决要靠人类世界观、生活观、价值观、发展观等的观念变革，特别是靠人类整体道德水平的提高和生态伦理观念的普及。因此他们提出了一系列被称之为深层生态学的观点，认为当务之急是应摆脱各种形式的人类中心主义的影响，突破传统伦理学对人的固恋（fixation），把"价值"和"权利"的概念扩展到包括人与人之外的一切存在物上去。

按照这种非人类中心主义生态伦理学的观点进一步对造成生态环境危机的原因作深入的追溯性分析，许多西方学者又把它们归因于自古希腊以来的西方文化传统的影响。施韦兹（A. Schweizer）在其被视为现代生态伦理学的奠基之作的《文明的哲学：文化和伦理学》中并没有直接研究生态危机问题，而是通过对文化危机的分析接引到生态危机问题，因为施韦兹认为，人与自然的关系首先是文化方面的一种关系，只有在文化的意义上才能真正理解人与自然的关系，所以生态危机在广义上可以说是文化危机的表现之一。

遵循这种思路，现代生态伦理学家们纷纷展开了他们对西方文化传统的批判和反思。帕斯摩尔（J. Passmore）将现代生态危机的责任归之于希腊传统，认为现代人类中心主义只是沿袭了古希腊哲学的人类中心主义观点，即人类可以对自然为所欲为，自然仅仅为人类而存在。如持人类中心主义观点的古希腊哲人普罗泰戈拉认为："人是万物的尺度，是存在的事物存在的尺度，也是不存在的事物不存在的尺度。"在柏拉图等许多哲学家那里也持有这种相似的人类中心主义观点。而古希腊的这种人类中心主义观念在人与自然的关系上强调了主客二分、天人相对的价值取向，并由此导向西方文化中追求征服自然、控制自然的传统的形成。当然，有些人更倾向于把西方传统中"控制自然"的观念起源首先归于基督教的世界观的影响，西方基督教传统应为人类活动对自然环境的破坏负责。卡莱考特（J. Callicott）等指出，基督教认为上帝创造了自然万物，因而可以凌驾于自然之上，而且由于人类是上帝按自己的形象特创的，因此人类是可以与自然分离的。不仅如此，上帝还赋予人类支配和宰割自然的特权，要人类通过征服自然而繁衍后代。这样基督教可以说是西方社会出现生态危机的历史根源之一。怀特（I. White）认为，西方拉丁传统自13世纪起的自然神学，其注意力就集中在发现大自然如何运作，尝试掌握其规律，从而了解上帝的旨意，这样就对征服自然和科技的发展运用会持赞许态度，因而比起其他宗教更容易制造出一个有利于强调要征服自然的科技心态的出现，间接地促使了西方社会生态危机的形成。这是历史地认识现代生态危机的一个重要路径。所以怀特断言："如果我们不放弃自然存在的唯一理由是为人类服务这一基督教义，生态危机还会继续恶化"，"因为我们的困境的根源很大程度上是宗教性的，医治它就必须从宗教入手"。① 因此，尽管自古希腊以来也有一些更重视自然的价值的自然主义哲学家，如泰勒士、安纳克西曼德等，但经过基督教的传播和欧洲文艺复兴运动，后世西方学者大多选择性地继承和发展了人类中心学说，使之成为西方文化的主导观点。

不少学者还进一步从西方近代的哲学、科学技术发展的历史传统、方法论和价值取向等方面批判性地分析阐述了其对出现生态危机现象的严重影响。

---

① 狄特富尔等编：《哲人小语——人与自然》，三联书店1993年版，第182页。

怀特海（A. N. Whitehead）是生态伦理学的先驱之一，他认为西方近代科学是一种以主客二分、静态分析的方法为特征的机械论哲学的研究模式和信念系统。而20世纪以来相对论、量子力学、生物学等的新发展，已表明机械论哲学及其研究模式已经过时，代之而来的将是有机论哲学时代，因此需要有意识地重建有机的自然观。有机自然观更多地考虑生命和自然的过程，它将重现自然的固有意义和价值。怀特海指出："认为单纯的物质没有价值的假定，使人们对待自然和艺术的美缺乏尊敬。当西方世界都市化的过程迅速发展，需要对新的物质环境的美学性进行最精微和最迫切的研究时，认为这类观念没有考虑价值的说法达到最高潮……由此产生的两个恶果是：（1）不顾每个机体和环境的真正关系，（2）不顾环境的内在价值，而在考虑终极目的时，环境的内在价值是必须充分估计进去的。"①

著名哲学家海德格尔（M. Heideggers）也被看成是现代生态伦理学的重要思想先驱。海德格尔对现代生态伦理学的主要贡献之一是他对自柏拉图以来的西方哲学提出了批评，指出西方哲学传统是人类中心主义的，这种哲学传统为统治自然的技术决定论思想铺平了道路。而海德格尔早在20世纪30年代就看到了这种技术决定论对现代世界存在的巨大危险，发出了"拯救地球"的紧急呼吁。

正因此，有些学者明确地把当今世界的生态危机归之于西方人主张与自然对立，力求征服自然的"主客二分"的自然观和科学观思想恶性发展的必然结果。如著名学者纳什（R. F. Nash）就较为全面地考察过现代西方学者对其基督教人类中心主义，人与自然二分的二元论哲学传统、近代机械主义自然观念、狭隘的人类中心主义道德观和权利观、单纯分析和实证的科学方法论，对自然事物的功利主义、无节制的消费主义、征服自然的自由观念等一系列基本理念的反思批判情况。② 总之，西方现代生态伦理学家们认为人类目前所面临的深度生态危机源于伴随近代文明的出现而形成，且已得到广泛传播的西方社会文化传统中的主流价值观。这种主流价值观以强调人与自然的主客二分和人对自然的改造、"征服"为特征。而要使人类走出目前的困境，就必须反思和改变这种主流价值观。人类只有首先树立了正确的世界观和价

---

① A. N. 怀特海：《科学与近代世界》，商务印书馆1959年版，第187－188页。
② 参见 R. F. 纳什：《大自然的权利》，青岛出版社1999年版。

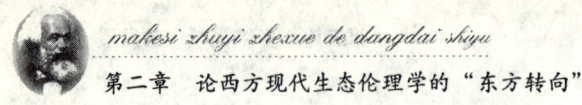

值观，在人与人、人与自然之间建立了一种以尊重为基础的和谐一体的关系，全球性的环境危机和生态失衡问题才有望从根本上得到解决。所以，作为一种全新的伦理学，生态伦理学的一个革命变革就在于，它在强调人际平等、代际公平的同时，要求超越以往文化传统中狭隘的人类中心主义，积极扩展伦理道德关注的视域，把人之外的自然存在物也纳入伦理关怀的范围，主张用一种新的生态伦理观来调整人与自然的关系，重新确认自然为人类生活的价值根基与意义指针。为此，现代生态伦理学要求人们重新评估近代以来人类文明特别是西方文明的发展模式，彻底反省现代社会的政治理念、经济结构和生活方式，使人类文明实现根本性的"范式"转型。

二、现代生态伦理学的"东方转向"

在现代西方生态伦理学家看来，西方文化传统中强调的是人与自然、科学与价值的分离和对立，从而造成了在事实和价值之间难以撼动的紧张关系。因此，西方文化要从内部去突破这种传统的禁锢是十分困难的，而不得不借助于外部的思想文化资源予以突破。由于东方文化传统中包含了十分丰富的"人与自然相和谐"的思想理念，完全不同于西方的"人与自然相分离"的传统观念，所以许多现代生态伦理学家纷纷把目光转向了东方文化，从中找到了能够从外部有效地颠覆现代西方工业社会的价值范式的一系列重要思想。他们认为在东方文化的各种思想体系中，它们大都强调以主客交融的、有机的、灵活的和人性的方式来认识和对待自然，肯定自然万物有其内在的价值，它们追求的目标是人与自然的和谐与统一的"天人合一"境界，使人与大自然之间在生物学上和道德上的界限不再截然分明。正由于东方文化传统对生命和宇宙的理解与深层生态运动的基本理念有诸多相通之处，因而能够推动西方生态运动由浅层向深层的转换。现代生态伦理学的创始人施韦兹和罗尔斯顿等都十分推崇东方传统文化蕴涵的尊崇自然、师法自然的生态智慧，认为东方传统文化是现代生态伦理学的古代先驱。

在被现代生态伦理学特别是其中的深层生态学所认同和"回归"的东方文化传统中，道家思想是最著名、最受重视的。深层生态学之所以对道家思想情有独钟，首先乃是因为思想为它的理论提供了更有力的依据，使其能够在一个形而上的理性层面展开其思考的维度,深化其学理的根基。例如,深层生态学的一个基本理念是主张生态上的整体主义,肯定自然作为实在(Reality)实际上就是一个相互联系、相互影响、相互依赖而又不断发展的有机整体,认为自然界不是人和社会的外部条件,而是其内在的基础。正如福克斯(W. Fox)所说:"世界根本不是分为各自独立存在的主体与客体,人类世界与非人类世界之间实际上也不存在任何分界线,而所有的整体都是由它的关系组成的,只要我们看到了界线,我们就没有深层生态学意识。"深层生态学的这些观点完全可以在道家那里找到相同的思想。可以说,由于道家哲学是一种典型的自然主义哲学,所以它的一个最基本理念就是强调自然、天地万物(包括人类)作为统一整体的自然存在性。道家以"道"为一切的最高本体,又明言"道法自然",就是认为天地万物包括人类都以道为最终的归依,但道本身就是自然的,自然便是道,所以,天地万物人实际上又都是以自然的法则为归依的整体性存在,是一种自然的统一体。根据这种思想,道家不仅肯定了人是自然界的一部分,人没有超越于自然之上的特权,自然万物也与人一样有其固有的价值和权利,而且强调了人类在对待自然及一切事物时所应采取的基本原则就是"自然无为",即"顺应自然",反对违反自然法则的过度作为和胡作妄为。显然,这些道家思想都是一些十分深邃的东方生态智慧。正像纳什认识到的,东方思想都持内在价值论,肯定自然万物的固有价值,"在道家思想中,万物中的每一物都拥有某种目的、某种潜能,都对宇宙拥有某种意义"。道家道教等东方思想的核心观念"是拒斥那种在传统基督教中是如此突出的二元论和人类中心论。东方宗教认为,大自然的所有构成部分在本原上是同一的。通过把自我融合进一个更大的有机整体中,这些宗教排除了通向环境伦理学的思想障碍。东方的古老思想与生态学的新观念颇相契合。在这两种思想体系中,人与大自然之间的生物学鸿沟和道德鸿沟都荡然无存。正如道家所指出的那样,'万物与我为一'"①。深层生态学的主要代表德卫儿(B. Devall)和赛辛司(G. Sessions)也反对把人类和自然分离开,赞同道家等东方文化的整体自然观,认为宇宙是一个包括人和自然在内的互补、平等及均衡的生态系统,而且是一个像普里高津(I. Prigogine)所说的自发的自组织系统。因此这种"整体自然观"理论实际上已突破了西方主

---

① R. F. 纳什:《大自然的权利》,青岛出版社1999年版,第136页。

客二元论的传统,而相通于"注重天人合一的中国哲学",这样就使"我们正愈益接近两种文化传统的交汇点"。①

由于道家思想与深层生态学观点有着这种深刻的内在一致性,所以它深得深层生态学家们的赞赏。卡莱考特将道家思想称为"传统的东亚深层生态学"。② 希尔万(Richard Sylvan)和贝内特(David Bennett)在详细比较道家思想与深层生态学后得出结论说:"道家思想表现了一种生态学的取向,其中蕴涵着深刻的生态意识,它为'顺应自然'的生活方式提供了实践基础。"③ 德卫儿和赛辛司等学者也都肯定当代的深层生态主义者已经从道家的经典著作中获得了众多的灵感和启发。

不仅是生态伦理学家对道家思想有这些高度的评价和认同,而且不少相关的哲学家也是如此,如怀特海对自己的哲学与道家思想的关系就有独特的评价。据访问过他的贺麟先生回忆说:"他谈到了他的哲学著作,说是东方意味特别浓厚,也许中国人反而容易了解,容易欣赏些。他说,他的著作里面就含蕴有中国哲学里极其美妙的天道(Heavenly order)观念",贺先生认为"他的天道观大抵介于儒道之间,而稍偏向于道家"④。

著名学者卡普拉(F. Capra)也对道家进行了比较深入的研究,他认为无论是道家道教还是印度教、佛教,"他们的信徒的最高目标是认知所有事物的统一和相互联系……";"东方哲学有机的'生态学'的宇宙观无疑是它在西方,尤其是年轻人中广泛流传的主要原因之一"。⑤卡普拉强调,在当代世界正经历着一场价值观、道德观和文明范式朝着深绿化发展的变革,而这种深绿化变革的实质就是要我们对自然的态度应从主宰和控制而改变为合作和非暴力的态度,即回到老子的"同于道"、顺应自然的原则。卡普拉相信在道家思想中深蕴有各种生态智慧,所以他曾作了这样一个广为流传的评价:"在各种伟大传统中,据我看来,只有道家提供了最深刻而且最完善的生态智慧,它

---

① I. 普里高津:《确定性的终结——时间、混沌与新自然法则·序》,上海科技教育出版社1998年版。
② Callicott J. B. *Earth's Insights*. Berkeley: University of California Press, 1994, 67-86.
③ Sylvan R, Bennett D. *Taoism and Deep Ecology*. The Ecologist, 1998, 18: 148.
④ 贺麟:《现代西方哲学讲演集》,上海人民出版社1984年版,第103页。
⑤ F. 卡普拉:《物理学之道》,北京出版社1999年版,第10、11页。

强调在自然的循环过程中,个人和社会的一切现象和潜在本质两者的基本一致。"① 纳什对此评价说:"卡普拉深受正在兴起的生态学的鼓舞,把它视为道家的万物一体意识的西方对等物。"② 应该说,卡普拉的确是把握住了道家与西方生态伦理学二者之间的深刻会通之处。

除了道家外,东方文化传统中还有佛教思想被认为蕴涵了许多重要的生态智慧。奈斯指出:"佛教为深层生态学提供了适当的背景或渊源联系。"奈斯本人就受到了佛教思想的影响,在其理论构建工作中,佛教思想为其深层生态学中的一些关键概念(如自我实现、内在价值)提供了最直接的说明。③ 佛教中关于宇宙中的万事万物相互关联的整体性观念、爱物护生、主张宇宙和其他一切生命跟自我之间的调和与融合的思想、克制私欲、祛除妄念、提倡简朴生活的理想等,都成为现代生态伦理学值得吸纳的传统生态智慧。

当然,值得注意的是,与道家和佛教相比,西方学者对作为中国传统文化中的主流的儒家重视得不够,较少探究它与现代生态伦理学的关系。显然,这不是偶然的疏忽,而是基于他们对儒学的认识。的确,道家和佛教中的反等级态度、生态中心主义平等观等思想倾向是十分明显的,极易引起深层的生态伦理学家们的共鸣,而儒家则有明显的等级观念和人类中心主义倾向,因而容易被西方生态伦理学家们所排斥。不过,这并不意味着儒家思想中并没有这方面的传统资源。例如尽管儒家具有人类中心主义的价值取向,但儒家也讲"天人合一"——虽然其"天人合一"的观念更多的强调了以天合人,但它毕竟与现代生态伦理学所反对的人类中心主义有所不同,因为其"天人合一"的儒家理想也是认同人与自然、内在自我与外在万物的和谐融合,以求达到与万物同情、与天地共流的完满境界的。正因此,近年来西方的一些生态哲学家们已开始重视传统的儒家思想中所包含的生态智慧,把它和道家一起放在"东亚的深层生态学"名目下进行研究。④ 国内学术界也已进行了一些儒家思想的生态伦理价值的探讨。

---

① F. Capra, *Uncommon Wisdom*, Simon Schuster Inc. 1988, p. 36.
② R. F. 纳什:《大自然的权利》,青岛出版社1999年版,第141页。
③ 参见雷毅:《深层生态学思想研究》,清华大学出版社2001年版,第78页。
④ Callicott J. B. *Earth's Insights*, Berkeley: University of California Press, 1994, pp. 67–87.

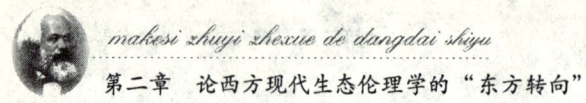

三、评价和思考

以上是我们对西方现代生态伦理学的"东方转向"情况所作的简要的考察、分析。根据以上的考察、分析,我们可以作一些总结性的思考,即我们究竟应该怎么看待和评价西方生态学伦理学的这种"东方转向"呢?我认为可以从以下几方面来看待和评价这个问题:

首先,它极大地有利于人们重新认识和挖掘东方文化传统中蕴涵的生态智慧的价值。

面对现代社会由于过度发展、不当开发等原因所造成的环境恶化、生态危机,人类文明必须作出文化转向的新选择,于是作为新文明路标的绿色文明初露端倪。20世纪以来,西方现代生态伦理学的形成和发展,正是这种人类新文明的重要内涵之一。因为在这种新文明观引导下,生态问题第一次郑重地被看作是一个严肃的伦理道德问题、文化问题乃至政治问题,成为了经济学的新原则,哲学的新世界观,并导出教育思想的新规范,甚至促使宗教界革新其教谕。西方现代生态伦理学既是科学人文主义精神兴起的产物,也是传统的自然人文主义思想被重新发现的结果。正是在这种背景下,长期被忽视的东方传统文化中丰富的自然人文主义思想及其所蕴涵的生态智慧被重新发现了,并获得了世人的高度肯定。正像纳什在谈到西方对东方生态智慧的热情时曾说的:"近几年来,人们对亚洲宗教的伦理意蕴的兴趣已成为促使宗教'绿色化'的另一源泉。……一些美国人直截了当地用非基督教传统来激发人们重新评估自己的宗教信仰。其他人,特别是60年代那些为反主流文化运动推波助澜的年轻人,则干脆放弃已丧失信誉的基督教,转而信仰亚洲宗教,如道教、耆那教、神道教、佛教(特别是禅宗)和印度教。"[①] 正因此,所谓"东方转向"现象不仅发生在西方的现代生态伦理学领域,而且早已"从最初的东方学领域中溢出,在相当程度上渗透到西方发达社会中人的思维方式、感知方式和生活方式之中",所以"这场'东方转向'运动在整个西方发达社会的普及流行程度已经超出了国内人的想象。"[②]

[①] R. 纳什:《大自然的权利》,青岛出版社1999年版,第136页。
[②] 叶舒宪:《20世纪西方思想的"东方转向"问题》,载《文艺理论与批评》2003年第2期。

这样，随着东方文化传统中蕴涵的丰富深刻的生态智慧及其价值日益普遍地予以重新认识和挖掘，事实又一次证明了东方文化的博大精深和独特风格显然不仅是多元化世界文化的重要组成部分，而且能够在现代及未来人类新文化的构建和发展中发挥出不可替代的作用和魅力。特别是东方文化传统中固有的生态智慧使西方现代生态伦理学找到了新的视角和新的思想资源，有利于构建超越于原有的西方文明模式的新文明。因为未来社会的新文明必定是在对不同的文明的融合和对众多的他者价值的包容基础上的具有普适性的文明，是人类文明实现根本转型和综合创新之后的产物。生态伦理首先就是一种具有普适性的全球伦理，因此，现代生态伦理学努力寻求各种异质文化中的思想资源，肯定他者的固有价值，自是其题中应有之义。所谓现代生态伦理学的"东方转向"问题，必须纳入这种人类文明根本转型和综合创新的总体背景之下，才可以得到较正确的把握。

从这一意义上说，"东方转向"可以理解为现代性的展开和全球化过程的一个重要方面。可惜由于东西文化之间长期的隔阂，在近现代以来西学东渐风潮席卷下的东方国家，不仅对自己固有的文化传统及其价值缺乏自信，而且对当代西方文化思想的"东方转向"问题的意义和重要性远没有达到应有的认识，反而普通地形成了一种唯西方马首是瞻的思维习惯，以西方学院派主流的问题和范式为自己的问题和范式。事实上，在西方世界不仅出现了"东方转向"现象，而且其内部也已经兴起了大规模的"反叛现代性"的运动，[①] 这些现象作为一种现代性的危机足以表明真正的现代性和全球化，不仅仅是简单的西方化，而应是在全球范围里消除不同文化的隔阂、超越传统与现代的简单化对峙、实现价值范式的转型的文化融合和创新的过程。

其次，我们应进一步了解现代生态伦理学的"东方转向"究竟是在何种意义上和何种程度上发生的问题。从这个角度上说，虽然我们作为东方文化的传人，应对这种世界文化路向上的"东方转向"现象感到高兴和自豪，但也绝不能由此盲目乐观、自高自大，以为从此现代生态伦理学乃至整个世界文化都将走向"中国文化的世纪"了，而是仍应持冷静的分析审察态度。因为正像有人指出的，西方现代生态伦理学中的浅层生态学运动或现代人类中心主义的生态伦理学是不需要"东方转向"的，它们主要是利用原有的西方

---

① 参见艾恺：《世界范围内的反现代化思潮》，贵州人民出版社1991年版。

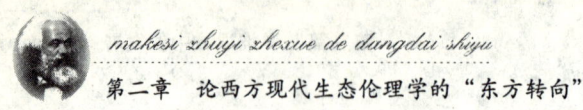

第二章 论西方现代生态伦理学的"东方转向"

文化传统和技术优势来设计解决生态问题、人与自然的关系问题，固守于西方文化的基本模式。但深层生态学，或各种非人类中心主义生态伦理观由于相信西方文化原有的强调人与自然、科学与价值的分离和对立的传统过于强大，以至如果不借助于某些外部的思想文化资源是难以突破其传统的禁锢的，而东方文化正是被他们当作能够对现代西方工业社会的价值范式进行颠覆的基本外部资源，这也是他们推崇东方文化传统的重要原因。在他们看来，东方文化中的生态智慧所明确地表达的自然整体主义思想，强调天人合一、主客交融、有机整体、顺应自然的理想，使东方文化传统不仅对生命和宇宙自然的理解与深层生态学的基本理念有很多相通之处，而且为深层生态学提供了一种很好的形上学的表达方式（由此也可以说明为什么西方学者普遍较注重道家的生态思想），从而有力地推动了西方生态运动和生态伦理思想由浅层向深层的转换。从以上所述可以看出，并不是整个西方现代生态伦理学，而是只有其中的深层生态学或各种非人类中心主义生态伦理观才由于需要从哲学的、形上学层面的探求而求助于东方文化传统的资源，出现所谓"东方转向"问题。而且更重要的是，在西方现实的生态运动中，真正占主流的还是以现代人类中心主义为基本理念的浅层生态运动。这种现实状况更使我们暂时还不能对西方现代生态伦理学的"东方转向"趋势持过于乐观的态度。东方文化的固有价值要在现代性和全球化的文化重构中发挥其应有的作用还需走过一个漫长的过程。

再次，西方现代生态伦理学以及在其"东方转向"的趋势中，在思想方法上表现出的一个突出特点是普遍地把生态危机的根源归因于某种占统治地位的意识形态，如把它归因于西方文化传统中的主客体二元对立、科技及物欲的过度发展等，同时把生态危机的解决归于道德调整为主一途，实有简单化片面化之嫌。实际上，生态危机问题、人与自然的关系的异化问题，不能归结为仅仅是意识、观念的问题，仅仅指望人们改变其价值观、道德观就可以解决，而是涉及诸多社会的、观念的、制度的、物质利益的多方面的复杂的系统工程，需要解决诸多实际矛盾，如生态保护与发展的矛盾，发展中国家面临的发展与保护的难题，发达国家的生态保护责任等等。特别是现代生态伦理学脱离一定的社会制度和社会历史条件，把人类摆脱生态危机的出路归结为"走出人类中心主义还是固守人类中心主义"的抽象的价值争论，实际上并未找到问题的真正症结。因为西方现代生态伦理学对传统的人类中心主义和科技理性的批判否定，虽然有利于人类调整自己与自然的关系、缓解生态危机，但它们本质上还是局限在西方资本主义的制度框架内谈论生态问题及其解决途径，而没有真正"走出西方"、"转向东方"。其实，"当代生态问题的症结在于：只要存在着以追求利润为目的的资本的存在，生产的目的和消费方向就必须要服从于资本的需要，技术理性就必然要发生异化"。① 所以，从当代生态问题和生态危机的实质来看，人类中心主义的哲学价值观固然是其中一个重要的原因，但并非起决定作用的主因。生态危机问题、人和自然关系的极度紧张主要是西方资本主义制度扩张之下资本为追求利润对自然资源过度开发、破坏的结果。因此，只有通过制度变革，消除资本对人的需要的控制，摆脱消费主义文化和生存方式的支配，真正走出西方现有的社会发展范式的单向度结构，建立使社会的生产、分配、消费活动都能体现公正合理的价值原则的制度维度，尤其是应建立一种体现国际间公正合理的政治经济新秩序的制度维度，才能从根本上解决生态危机问题，才有可能使现代生态伦理更具有历史感和现实感，自然它也能因此更深入地切近东方社会的历史和现实。

最后，由上述问题，可以引申出另一个更具普遍性的问题，即我们应该如何看待东西方传统文化资源对于现代生态伦理学的价值问题。首先我们来看看现代生态伦理学对西方人类中心主义和科技理性的否定态度。西方现代生态伦理学从哲学世界观的角度，正确地揭示了传统人类中心主义及其建立在这一基础上的科技理性是现代生态危机产生的重要根源，但从方法论上看，这种对传统的人类中心主义和科技理性的批判否定及其向"东方文化"的复归取向，是一种过于简单化片面化的否定和肯定，在本质上还是局限于西方中心论的话语体系中，即还是用西方传统的非此即彼的二分法和线性思维方式来作为突破"西方传统模式"的工具，而这显然有违根据生态学上的多样性原则而得出的文化多样性的要求。因为正像生态的多样性是保持生态平衡和发展的重要前提一样，文化的多样性也是文化发展的重要前提，肯定东方文化中所蕴涵的丰富的生态智慧的价值，批判否定西方文化中传统的人类中心主义和科技理性的局限固然是有意义的，但其中也不乏包含了对东方传统的误读和对西方人类中心主义和科技理性的简单否定。因为就后者来说，其

---

① 王雨辰：《略论西方马克思主义的生态伦理价值观》，载《哲学研究》2004年第2期。

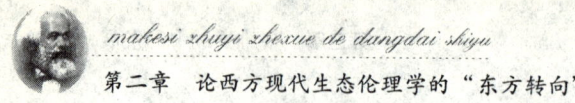

第二章 论西方现代生态伦理学的"东方转向"

价值评价必须与人类社会的文明发展进程联系起来。在早期历史中,由于人口不多科技落后,大自然的力量经常对人类生存构成威胁,人类中心的观点和科技理性的进步曾有助于人类在与自然的抗争中求得生存和发展。而随着人类认识自然、"征服自然"能力的增强和科技理性的张扬,现代人类与自然力量的对比已经发生了很大的变化,这就要求我们需要建立一种新的自然观来抑制科技理性的过度扩张,校正人类与自然的关系,帮助自然在人类的力量下得以幸存。显然,已有的经验表明,要达成这样一种人与自然的和谐境地,仍然需要科技手段的适当应用和人类理性的合理发展。所以,对西方人类中心主义和科技理性也不能简单化一概否定。况且,在西方的文化传统中也存在着有利于现代生态伦理发展的资源,如西方基督教的"敬畏上帝"的传统可以改造转换为一般的对超越于人类之上的力量和秩序的敬畏,可以由"敬畏上帝"转换为"敬畏自然。"甚至当代基督教也出现了向"生态神学"的转向趋势,强调上帝、人类和自然的内在同一,讲述人的灵性就植根于自然界之中。① 此外,从古希腊到近现代的西方文化中其实也存在着一种自然人文主义传统,因此,像现代生态伦理学在西方的出现就不能说完全是偶然的、异质性的文化现象,而是也有来自其西方文化传统内部的血脉贯注其中。

同样,就东方生态智慧来说,"天人合一"、对自然的敬畏等生态伦理思想固然十分深刻、富有睿智,的确是一种可贵的思想资源,但它们也确实更像是埋藏已久的珍宝,往往停留在少数思想家的观念层面,甚至审美层面,它并没有更好地外化于实际的生活层面以真正保护中国古代社会和现代社会的自然环境、生态平衡系统免遭类似西方近代工业文明以来的破坏。因此,这种在思想理论与实际生活之间存在的阻隔和落差是我们不能不正视的一个事实。从这里也就不难看出,对于当代西方乃至中国的自身生态伦理建设来说,任何传统思想都只能是一种可供借鉴的思想资源,要实现其由传统向现代性的转换无疑尚需面临一系列难题。

---

① 参见 H. Paul Santmire, *The Travail Of Nature*: *The Ambiguous Ecological Promise of Christian Theology*, Philadelphia: Fortress, 1985, pp. 9—10.

第三章

论全球化时代的区域经济协调发展

"世界经济旧秩序"的存在或许算是我们生活世界中最大的一套潜规则体系,每当发达国家的政治、经济精英们欢聚一堂,大谈公平竞争、南北互助、保护环境等听上去颇为悦耳的话题时,却在实践中不允许欠发达国家触犯他们一丝的既得利益。此时,一些欠发达国家的处境与罗马帝国时代被带进斗兽场的战俘竟有几分相似,他们在由罗马人一手设计的搏杀环境中,与"罗马角斗士"(并非都是罗马公民,许多人其实是罗马人从各地招募来的)进行着不对称的决斗,一旦局面不利于罗马,罗马人随时可以修改规则,使"野蛮人"最终精疲力竭地倒在"先胜而后求战"的帝国武士脚下。

当然情况并非总是如此惨烈,对于愿意主动合作的欠发达国家(其动机自然是十分复杂),如果他们有足够的利用价值,其生存条件往往能得到不错的改善,如同被编入罗马帝国大军的"外籍兵团",有稳定的给养供应,有自己相对独立的番号,甚至还能分到些与罗马公民一样的荣耀。不过,一旦战争发生,这样的兵团往往要承担起最苦、最累、最危险的活儿,而且也得不到最终信任,至于最后的胜利成果,更落不到他们手里。

这种古代社会中军事对抗的不对等性,在现代社会里又以经济竞争的形式为我们重新感受到。与当年依靠民族精神、国家意志以及坚船利炮的"帝国主义"相比,如今的强势力量则化身为一套超越国界的规则体系,它多以"和平"形式(不流血的战争形式)操纵着非其中心区域("地方")的命运,

第三章 论全球化时代的区域经济协调发展

这个被哈特和奈格称作"帝国"的东西①，确乎和我们称之为西方发达国家集团所维持的国际经济旧秩序相类。于是，那些在现代"帝国"势力范围之外的国家和地区，若想自力更生，赶超先进，就必须在没有引起"帝国"注意前，迅速发展，然而当"第三条道路"正在建设，暂时无法通行的情况下，许多国家不得不选择步"帝国"发展后尘的模式。虽说"帝国"早期经历了资本血腥积累的阶段，"丛林原则"也几乎把"社会公正"的信条挤得立锥无地，可这些国家却能通过建立殖民地和挑起帝国间战争等形式把矛盾尽量外化。现在的后进国家哪还有这种条件？只能独自消化巨大的内部冲突，有时波动之大足以引致国家颠覆。

另一些愿意屈就"帝国"之侧的国家，抛开国内统治者软弱与反动不论，对那些想忍辱负重，通过与"帝国"合作，保存实力，并学习其先进经验，以图长远的国家来说，要走的路亦是十分曲折、艰难！尽管合作国可以利用"帝国"提供的先进之物（仅仅是比较先进而已），避免从零开始的局面，绕过资本积累初期"丛林原则"的困扰，可"帝国""必先予之"的"善举"，早已悄无声息地将其经济网络深入渗透进欠发达国家的方方面面，这个庞大的"毛细血管网"把自身充盈的"血气"源源不断地输给"地方"，而终端控制血流的那个无形之心脏却始终隐身于"帝国体系"内部，而且任何有形帝国大厦的倒塌都对它产生不了实质性影响。

当然，庞大的"帝国集团"并不只是向零散的"地方"倾注"血气"，它还在不断地吸取。在布罗代尔考察17世纪欧洲资本主义起步阶段货币运动的规律时，就已经发现了这种现象，他指出："欧洲在用它的金币和银币去轰开其他国家的大门，否则这些门户就会对它关闭或很不情愿开放。任何胜利的货币经济无不用自己的货币去取代他人的货币，这对它来说无疑是势在必然，而并非深思熟虑的行动。"②正因为有了先行的货币倾注，"帝国"才在"地方"吸取到了更多、更好的东西。布罗代尔接着指出："欧洲放走白银，让它周游世界。但欧洲提高黄金的价格，就是把黄金留在家里，让它为在欧洲这个经济世界内部服务，以结清欧洲商人间和国家间的账目。这也是从中

---

① 麦克尔·哈特、安东尼奥·奈格：《帝国——全球化政治秩序》，江苏人民出版社2005年版，第4-5页。
② 费尔南·布罗代尔：《15-18世纪的物质文明、经济和资本主义——形形色色的交换》（第二卷），三联书店2002年版，第198页。

国、苏丹和秘鲁进口黄金的可靠手段。"① 随着西方资本主义体系的完善，"帝国"眼中的好东西也逐渐改变，由金币变成商品（先是奢侈品，后来是生活必需品），尔后对资源愈来愈重视（先是原初资源，之后又变为经过初级加工的资源），最后发现人乃是最大之资源，而优秀人才更成了首要吸纳的要素。与此同时，那些曾被它们看重，继而又看轻的东西，则"大方"地倾注回"地方"。

这些倾注活动自然不是什么善举，其目的在于使未来的吸取活动更顺畅，所以不能把自己眼中贬值之物简单塞给"地方"，而是先要将其"西方化"，再塞回去。当这些西方化了的东西被顺利"返还"后，西方强势集团就更顺利地从"地方"吸走新时代的"金币"。这种双向关联结构，从好莱坞与"地方"电影业的关系中可窥一斑。好莱坞积极地从世界各地吸收它认为好的东西：演员、导演、地方风格、异域情调……可这些东西一旦进入好莱坞体系，立刻被好莱坞化；与之相反，好莱坞再倾注回的那些为世界各地影视人才学习、效仿、追求、接受的东西，不但没有使"地方"光大其特色，反而使"地方"电影业在进军好莱坞的过程中，不知不觉间失了本色，成为好莱坞的附庸，进而也使好莱坞今后更容易地向该地区输入大片，并吸走它认为有价值的演员、摄影师、导演……

因而，当"倾注—吸收"系统植入发展中国家体内后，它可以通过调节倾注之物与吸收对象，深刻影响这个国家的产业结构、经济布局，且由于"倾注—吸收"系统只为"帝国"利益而建，所以对于发展中国家，它的影响往往是破坏性的。于小国而言，它可以使这些国家的整个产业结构高度扭曲；于大国而言，它则尽量在大国内部克隆出功能类似的"倾注—吸收"系统，从而使其内部表现出"二元经济结构"的特征：一些西化的、发达的中心城市与广大落后的地方乡镇、农村相对立，而这些中心城市又成为"帝国""倾注—吸收"系统的中介。此时，如果在这样的国家中，其中央政府在市场经济的框架结构内不能有效展开区域间经济发展的协调工作，那么"帝国"与"地方"间"倾注—吸收"的运动模式就会在自己国内的不同经济区域内重演，从而使自己的现代城市、发达地区与自己的落后地区对立起来，最终使外在之"帝国"坐收渔利。

---

① 《15-18世纪的物质文明、经济和资本主义》（第二卷），第202页。

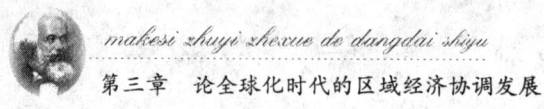

第三章 论全球化时代的区域经济协调发展

作为欠发达国家，中国自然也在这种不利的大背景下进行着现代化建设，尤其当我们摆脱自我封闭，高速推进经济建设之时，不必是经济学家，就是普通的百姓，也能深深感到发达国家集团带给我们的巨大压力。改革开放30年来，倾注进来的东西大多是最终消耗品，而且越来越新，越来越贵，很难看到有什么最新技术，最优秀人才，最廉价资源倾注进来，相反，倒是我们的许多自然资源（还要在进行了污染最大的几道初级加工程序后）被吸走，好不容易搞出的技术、建立起来的品牌被吸走，而国家花大力气培养出来的优秀人才也常常被吸走。由此可见，"赶超西方发达国家"作为一句口号说出来是轻松的，可实践去做成，却是极其艰难！

2007年山西发生的黑砖窑事件，可以看作是劳动力市场中这种由外部压力导致内部对立的显现。近两三年来，沿海发达地区中出现的"民工荒"，原因之一就是欠发达地区自2000年后也逐渐加快了发展速度，而20世纪80年代中期开始流动的"农民工"也有百万之众年近不惑，他们目前多处于漂泊状态，政策性阻碍、地方排外气氛以及大城市中高额生活成本使他们很难在打工之处扎根下去，这样如果他们家乡附近的城镇能提供就业机会，自然在家门口打工是较好的选择。然而，当发达地区渐渐感到劳动力没有以前多时，只要提高一些工资报酬，改善一下劳动保障条件，欠发达地区大量劳动力又会被吸走。所以当发达地区出现民工荒之后，可能欠发达地区民工会荒得更加厉害。

基层劳动力的情况如此，高级劳动力也无例外，几乎与农民工流动同时，中国的高级人才也开始了"孔雀东南飞，再往美国飞"的历程。为了阻止人才流失，欠发达地区的高校、科研单位以及整个政府系统设计出大量"路障"，如：相关单位干脆把要走者的档案扣住不放，或当地政府下行政命令，几几年几月几日后人才调动一律冻结……这是对高级劳动者、文化人客气些的做法。而落到弱势的农民工头上时，就是被砖窑主、包工头监禁起来，反正一样是不让走，尤其在欠发达地区急切想发展时，以致会采取些更激烈的手段。那些终于还是走出来的人，不论是基层还是高级劳动力，不让走破坏了心态，终于"逃走"后，到发达地区自然会产生出一种颇受优待的感觉，这更加剧了未走成的人出走的决心，于是也升级了"留人"的力度。

在这场劳动力流动的拉锯战中，发达地区虽然扮演了"红脸"的角色，但它们一定程度上参与造就了"黑砖窑"之类事件的发生，虽然这种说法会使这些地区感到委屈。不过，发达地区的责任毕竟有限，主要问题还是出在中央政府对国民经济的宏观调控方面。作为发展中国家，进入一个并非充满善意的世界经济体系后，不得不避免的陷阱有二：首先，不要在自己国内重复出现西方资本原始积累时的那种不公正现象；其次，不要在自己国内复制出"帝国"对"地方"的那种"倾注—吸取"模式。从这两点上看，我们的许多欠发达地区和山西运城、晋城、临汾等地差不太多，其发展都是从最低点处起步，似乎发达地区三十年的发展、积累和已达到的层级与他们干系不大，只有重复发达地区、发达国家市场经济起步时的那些阶段，在原始、粗暴的"丛林原则"下，以经济外部效应最差的形式行动，这些地区好像才能发展起来。如此，全国经济一盘棋就下散了，代之而起的是四面开花各顾各的"诸侯经济割据"，以至于彼此间会出现富国与穷国似的对立。

从历史的角度看，改革之初让一部分人先富起来，让一定地区先行发展的政策，确是可以打破旧有计划经济的僵局。尔今诸多发达地区热衷于设计一个又一个新区域发展蓝图，不但要量上扩张，更要质上跃升，甚至个别地区希望在十年、二十年后，提前进到中等发达国家水平，至于这种发展对于全国的价值，总不免老套论证："我们发展了，全国也就跟着发展了。"地方考虑自身本位利益，这很正常，况且国家考评地方官员政绩的主要指标也定位在地方经济发展程度上，可是"我们发展了"，全国真的就能跟着发展吗？这要根据发达地区是怎么发展的而定，如果还是依着二三十年前，改革刚起步的路子走，且随着发达地区经济实力的大幅提高，落后地区许多有价值因素难免会被吸走，那不但不能导致全国跟着发展，反而会对全国经济长远、协调发展造成负面影响。

西方在其"倾注—吸取"系统中，对"倾注"一块很是重视，尤其进入后工业化时代，西方通过"倾注"活动不仅要从落后国家和地区中攫取高额利润，而且为了长远发展，还要提高"地方"经济的水平，唯有如此才能使"地方"跟得上他们不断产业更新的趟儿，能买、会用他们的翻新产品。这就产生出一种假象，好像紧跟西方的国家日子越过越好，实际上这是以他们的独立、自由为代价的。即便如此，追随国的境遇到底还是有所改善，其经济发展也可以在西方控制下得到一定的高级化提升。可是我们的情况就与之不同了，我们走得是一条独立自主的发展中路，我们不能以牺牲自主性为代价换得经济层级提升，所以我们的赶超活动不但得不着帮助，还要受到不少打压,尤其是处于世界经济链条中间的那些发达地区,在追求经济层级跃升的过程中,就很难把注意力放到落后地区去。因此,当发达地区高速前进时,对落后地区经济高级化的带动实际上很有限,而从落后地区得到各种资源支持的要求却越来越强烈。长此以往,中国经济发展就可能出现这样一种现象:一列火车车头十分先进,正在不断加速前进,而挂在它后面的车厢渐次变差,最后面几节甚至还是木板定成的,于是前面开得太快,后面就有可能脱节。

在市场经济时代用计划经济时代的宏观经济调节手段协调全国经济发展,结果总是"一统就死",然而对全国经济发展的协调工作如果不得力,结果绝不是所谓的"一放就乱",这是因为旧的国际经济秩序仍在全球范围内高效运行,在开放的状态下,你不管,它就进来,表面上看是一片乱流,实则底下已溜进了一股强劲的暗流。单靠"看不见的手"已经转不动现代市场了,即便当代西方发达国家,在诸多宏微观经济活动中都离不开"看得见的手"的帮助,只不过这只越来越有力的"手"的运动机理是建立在市场经济的规律之上的。山西"黑砖窑"事件对我们来说是个警告,它是不同地区在发展地方经济时彼此矛盾的一次显现,这既表明我们现阶段立足市场经济的国家宏观调控能力还不强,又发出了一个危险的信号,即:不公正的世界经济旧秩序正渗透到我们内部中来,在经济层面上分裂着我们统一的国家利益。

不论我们现在多么热衷于"长三角"、"珠三角"之类经济区的建设,离了全国经济发展的大背景,仅是自身和世界贸易体系建立起局部密切关联,那么短期上看,会出现一已高速发展的"大好局面",可是从长远看,落后地区的后起实力会受到先进地区局部高速发展的耗损,而先进地区也永远达不到发达国家的层次。这一点,两百多年前美国的建国者们也同样看到了,杰伊在《独立日报》上就对纽约人民系统论证了国家分散的坏处和统一政府的好处,其中指出:如果各州独立为政,就会重现古希腊时期诸城邦彼此削弱的情况,从而使强大统一的外部势力得利,所以统一国家的建立和完善才能使美国的"商业管理深谋远虑",使美国的"资源和财政管理细致周到"。[①]因而我们应当以山西"黑砖窑"事件为警钟,及时行动,否则,以后类似事件还会频频发生。

因此,国家政府要立足市场经济的发展规律,全面、深入地展开区域间

---

① 汉密尔顿·杰伊·麦迪逊:《联邦党人文集》,商务印书馆1980年版,第18—19页。

经济的协调工作,从宏观制度层面上调整战略,重新在市场经济的格局下建立起全国一盘棋式的经济整体发展规划,并改革、完善干部政绩的考评标准,以经济手腕促进区域间经济合作。同时,各地区政府,尤其是发达地区的干部,也要克服一己本位思想,对旧的国际经济秩序有一个清醒的认识,不仅要有地方责任感,还要树立起全国责任感,积极配合大局。只有这样,我们今天遇到的不幸事件,才不致重演,而国民经济这列大火车才会像"动车组"一样,节节有动力,节节先进,从而国家建设才能在实质上不断接近高级化。

第四章

21世纪中国少数民族地区的社会—经济发展问题

发展问题，是当今世界各国十分关心的共同主题。中国作为统一的多民族国家，有5个自治区，30个自治州，124个自治县，1700多个民族乡，少数民族地区的面积占中国国土面积的64.3%，少数民族地区的人口约有1亿。研究中国少数民族地区的社会—经济发展问题，对于促进中国当前和今后的发展，具有十分重要的意义。

一、影响中国少数民族地区社会—经济发展的主要问题

中国少数民族地区是当前中国发展较慢的地区，与沿海发达地区相比，发展差距正在逐渐拉大。影响中国少数民族地区社会—经济发展速度的问题主要有以下一些。

（一）自然条件差

中国少数民族聚居地区，大都分布在边疆、山区、牧区和大江大河的上游等自然条件比较差的地区，其自然条件与内地和东部地区比较，较为恶劣。全国141个少数民族贫困县和97个少数民族特困县，大约有1/2分布在南方和西南的石山区，另有1/2分布在西部和西北的高寒、干旱、荒漠地区。这些地区的生产、生活条件很差，加上旱、涝、雪、风、雹等自然灾害频繁，相当数量的群众生产生活条件很困难。

（二）交通不便

受地理条件限制和经济发展水平的制约，中国少数民族地区的交通与内地、东部地区相比，要落后得多。少数民族地区至今尚未建成一条高速公路，铁路线少，公路等级低，除广西外，其他几个自治区均远离进出海港口。这种情况不仅对少数民族地区的经济社会发展造成严重困难，而且也妨碍了少数民族地区的对外交往和思想文化交流。

（三）经济基础薄弱

中国的工业，首先是从沿海地区和中心城市发展起来的。少数民族地区远离沿海和中心城市，在解放前几乎没有什么工业，现有的工业基础基本上都是在解放以后建立起来的。因此，少数民族地区的工业普遍存在着固定资产少、技术水平低、门类不齐全不配套等问题。多年来，由于少数民族地区的自然、交通条件较差，投资条件不如内地和沿海，国家的基本建设投资向沿海地区、中心城市、交通沿线倾斜，对少数民族地区投资相对较少。1950－1984年全国基本建设投资9713亿元，投向少数民族地区的资金为920亿元，只占全国的9.5%。① 少数民族地区农业、牧业产值在工农业总产值中占的比重较高，由于农业、牧业产值受自然条件制约，增长较慢，少数民族地区的国民生产总值在全国的比重出现了下降的趋势。这样，尽管经过几十年的努力，少数民族地区有了一定的经济基础，经济有了巨大的发展，但仍与内地和沿海地区有很大的差距。而且，由于大家都在发展，基础好的地区发展的更快，这个差距正在进一步拉大。

（四）价值观念落后

少数民族地区由于地处边远，交通不便，在历史上一直处于比较封闭的状态，人民接受新事物机会少、时间晚，守旧保守的特点比较明显。往往在沿海地区都已经成为普遍现象的改革措施，在少数民族地区才刚刚开始讨论、试行。受经济实力的制约，少数民族地区不敢出台吸引、鼓励科技人员和知识分子的政策措施，造成了严重的人才外流。在发展观上，往往想到的是有钱才能做事，很少想到只有做起事来才能有钱。缺少敢想、敢做、积极进取的精神。在文化建设上，比较重视和突出本地区本民族的文化特色和传统，对新文化、新思想、新观念、新潮流接受得较慢。

---

① 《中国国情》，中共中央党校出版社1990年版。

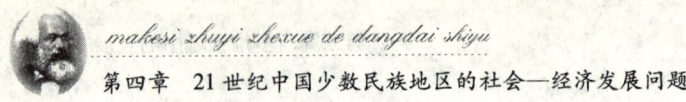

（五）短期行为和差距拉大

与全国相比，少数民族地区在发展过程中的短期行为和差距拉大表现得十分突出。主要原因是，少数民族地区的资金总量、工农业产值在全国经济中的比重很小，外部投资对少数民族地区的经济发展影响很大。而外部投资很少考虑少数民族地区的长远开发，不大考虑当地的经济格局和设施的今后发展，很少考虑当地的生态环境变化及其后果。另一个重要原因是，少数民族地区一方面急于脱贫致富和缩短经济发展差距，另一方面面对的却是资金短缺、科技和工艺水平落后、人口素质低下、教育落后、基础设施差等客观现实，使得当地政府和群众的短期行为难以避免。在经济发展的对策中，则普遍出现了自然资源开采率高、利用率低，新工艺跟不上、环境污染严重，管理以科层为主、网络化滞后，科研投资比例低，工业化和城市化措施混乱无序等一系列短期行为，为持续发展埋伏了新的危机。这些问题，使少数民族地区与内地和沿海的发展差距进一步拉大，成为少数民族地区经济社会发展的重大难题。

二、中国少数民族地区社会—经济发展问题对中国现代化进程的影响

少数民族地区发展较慢是个老问题了，随着时间的推移，不少人已经习惯了这个事实。但是，老问题正在变得尖锐起来。充分认识少数民族地区社会—经济发展问题对中国现代化进程的影响，将会有利于促进解决这个问题。

（一）少数民族地区社会—经济发展是中国发展的重要组成部分

中国各民族共同发展、共同繁荣，是所有中国人的共同理想，是实现我国社会主义现代化的需要。少数民族地区的社会—经济发展，是整个中国社会—经济发展的重要组成部分，直接关系到我国整个现代化建设目标的实现。少数民族地区的现代化与全国其他地区的现代化，少数民族的振兴同整个中华民族的振兴，是密不可分、互相促进的。少数民族地区的发展，不仅是个社会—经济问题，而且是个政治问题，是关系到中国能否长治久安、走向繁荣富强的大问题。少数民族地区一般都处于边疆，能否迅速改变这些地区的落后面貌，既关系到国防的巩固，也关系到国家的安定团结和国际威望。没有少数民族地区的迅速发展，从长远来说，就没有整个中国的稳定的和持续

的发展。

并且，少数民族地区的社会—经济发展，与沿海和内地的社会—经济发展是互有优势，互相补充的。沿海和内地的发展，需要少数民族地区的资源；少数民族地区的发展，需要沿海和内地的资金和技术。当前，资源问题越来越成为制约发展的重要问题。因此，加强对少数民族地区的投入，加快少数民族地区的发展，对于保持中国的高速发展势头和实现沿海和内地的持续发展，具有特别重要的意义。

(二) 少数民族地区社会—经济发展是国家统一、社会稳定的重要基础

毛泽东有一句名言："国家的统一，人民的团结，国内各民族的团结，这是我们的事业必定要胜利的基本保证。"维持国家的统一和人民的团结，不仅要有共同的文化、历史、语言、心理等，而且还要有基本相近的社会—经济发展水平。地区之间的发展水平差距过大，会引起和增加地区之间的矛盾，这种矛盾发展到一定时候，就会影响社会的稳定、人民团结和国家的统一。历史的和现实的经验都表明，在多民族的国家里，社会—经济发展上的巨大差距，是使统一的国家出现分裂的重要原因。而任何分裂，都会给各民族的发展造成严重的阻碍。前苏联、前南斯拉夫的解体，原因很多，其中的重要原因之一是经济没有搞上去，地区之间发展严重不平衡，造成民族矛盾尖锐，民族纷争迭起，甚至引起战乱。所以，加强、加快少数民族地区的发展，不只是少数民族地区自己的事情，而是整个国家、全民族的共同大事，是关系到整个中华民族繁荣昌盛的大事。对此，我们必须认真对待。

(三) 少数民族地区社会—经济发展对提高中华民族的整体素质具有重要的意义

中国的持续发展，有赖于中华民族整体素质的不断提高。而民族素质的提高，与国家、地区的社会—经济的发展水平有着直接的关系。少数民族作为中华民族的一部分，这部分人民的整体素质如何，不仅关系到少数民族地区的发展，而且也对中华民族的整体素质有重要的影响。提高少数民族地区的社会—经济发展水平，对于提高整个中华民族的素质，具有十分重要的意义。而且，少数民族素质的提高，对于中国多民族文化交流也有重要的意义。只有相互交流，才能相互促进，中华民族民族素质的不断提高，就是在多民族的文化交流中实现的。历史已经证明了这一点，并且还将继续证明这一点。

三、21世纪中国少数民族地区社会—经济发展问题的分析

分析 21 世纪中国少数民族地区社会—经济发展问题,就是要清楚地了解当前少数民族地区在社会—经济发展上存在着哪些优势和劣势,有哪些急需解决的问题。只有把这些问题搞清楚了,对少数民族地区社会—经济发展的前景和道路的探讨,才能实事求是。

(一) 中国少数民族地区社会—经济发展的优势

中国少数民族地区分布范围很广,不同的地区所具有的优势各不相同,但是却有两大共同的优势:一是自然资源丰富,二是与中国其他地区相比,人口所带来的经济和社会压力较小。

关于自然资源,在全国各主要资源中,少数民族地区草原面积占 94%,森林面积占 38.4%,水力蕴藏量占 52.5%,稀土、钾盐、镁、铬矿储量占 90% 以上,云母、盐矿储量占 80% 以上,汞、锡、锰、石棉、砷矿储量占 60% 以上,煤、铜、铅、锌、锑矿储量占 35% 以上,石油、天然气的储量也很丰富。

关于人口压力,在约占国土面积 64.3% 的少数民族地区分布着不到全国 8% 的人口,在人口密度上,少数民族地区均低于全国其他地区。尽管在少数民族地区分布着大面积的沙漠、戈壁、荒漠、高原等不利于人类居住的地区,但是除去这些地方,少数民族地区的人口密度仍然大大低于全国其他地区。因此,在全国其他地区表现十分突出的由过多的人口所带来的经济和社会压力,在少数民族地区相对较轻。这个特点,对于少数民族地区的社会—经济发展是较为有利的。

(二) 中国少数民族地区社会—经济发展的劣势

少数民族地区社会—经济发展的劣势突出地表现在自然条件差,交通不便,资金、技术、人才缺乏。

关于少数民族地区自然条件差和交通不便的问题,本文在前面已作了叙述。

关于少数民族地区的资金问题,多年来,国家对少数民族地区的基本建设投资较少,后来,国家在基本建设资金上实行"拨改贷"、"几方拿一点",

少数民族地区由于还贷、付息的能力低，自有资金少，争取国家投资较难。由于自然条件、基础设施较差，少数民族地区吸引、利用外资的情况也较差。由于少数民族地区的股票上市企业很少，资金市场发育滞后，近年来，大量的社会闲散资金通过证券、股票市场又流向沿海地区。目前，资金严重不足已成为少数民族地区与其他地区差距拉大的主要原因。

关于技术缺乏的问题，由于少数民族地区大中型骨干企业、高科技企业、新兴产业、大专院校、科研院所较少，科技水平和技术力量差，缺少先进的科技和技术扩散能力，由此造成少数民族地区的产品以资源和初级产品为主，附加值低、效益差的情况。

关于人才缺乏的问题，主要表现在两个方面：一是教育落后，群众的整体文化水平较低，文盲半文盲的比例高于全国平均水平。二是人才外流严重，由于缺少经济实力，少数民族地区不敢出台奖励、吸引人才的措施，科研、教学环境差，生活条件差，致使大量的优秀人才外流。

（三）加快中国少数民族地区社会—经济发展急需解决的问题

国家应从现在开始调整区域发展政策。中国先前改革的区域政策是前拉后推式的，即用行政或半行政手段着重对优势或经济发达地区主要是沿海地区进行政策优惠激励，同时对劣势或经济欠发达地区给予财政扶持和资助。[①]从政策和投入的实际强度及效果来看，对沿海地区和经济发达地区的政策激励是区域政策的重心。在改革开放初期，这样做对于推动处于改革开放前沿地区的企业进入市场特别是国际市场、加快经济建设是必要的。但是，由于政策优惠激励带来不平等竞争，既妨碍市场经济机制的建立和完善，又使地区之间的发展差距进一步拉大。所以，在目前沿海地区和经济发达地区已经有了较强的自我发展实力的情况下，国家应及时对区域政策做出相应的调整，加强对不发达地区和少数民族地区的扶持和资助，促进这些地区的基础设施建设和经济发展。应该看到，任何地区的发展，都离不开国家和中央政府的支持，现在中国沿海地区的发达繁荣，是前些年国家给予特殊支持的结果。中央如果不对少数民族地区给予特殊的支持和帮助，仅靠少数民族地区自己的努力，少数民族地区的发展是很难赶上内地和沿海地区的。在这方面，国家已经作了很大的努力，还应继续加强。

---

① 徐华：《体制转轨后我国区域经济发展的特征和趋势》，载《中国经济问题》1995年第2期。

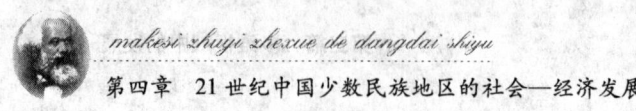

第四章 21世纪中国少数民族地区的社会—经济发展问题

加紧研究适合少数民族地区的发展模式。多年来，为加快发展，缩小差距，少数民族地区为寻找适合的发展模式作出了不懈的努力、艰苦的探索，进行了多种尝试。但是，在对发展模式的探讨上，往往只从经济学的角度去思考问题，未从自然—社会—经济的综合发展去研究；往往看重少数民族地区的潜在优势，而对少数民族地区的现存劣势重视不够；往往重视移植国内外成功的发展模式，而忽略了因地制宜和因时制宜；往往是不断提出一些新的口号和目标，却缺少稳定持续的发展措施。所以，加紧研究适合少数民族地区的发展模式，仍然是当前和将来少数民族地区最重要的研究课题。

国家和少数民族地区共同采取切实措施，稳定和充实少数民族地区的人才队伍。少数民族地区缺乏建设人才、优秀人才大量外流，已成为严重影响少数民族地区建设和发展的大问题。解决这个问题，关键是要切实改善知识分子和优秀人才的工作和生活条件。首先是要转变思想，虽然少数民族地区拿出这笔钱较困难，但是与大量优秀人才外流、重新培养人才、影响经济建设的代价相比，这笔钱是个小数。不能只算小账，不算大账。其次，国家应采取措施，鼓励和奖励建设人才到少数民族地区工作，可以长期工作，也可以短期工作，这样做，既能缓解少数民族地区人才缺乏的困难，又可以稳定少数民族地区知识分子的人心。国家和少数民族地区的政府，应尽快制定出一些稳定人才的政策和措施。

四、21世纪少数民族地区社会—经济发展道路的探讨

根据以上分析和少数民族地区的实际情况，我认为，少数民族地区的社会—经济发展，不能套用我国沿海和内地的发展模式，而应面向21世纪国际国内的发展环境，走适合少数民族地区特点的新道路。这个新道路的主要社会—经济发展思想和特点是：

（一）协调好人与自然环境的关系，保护资源和生态平衡，鼓励农牧业人口向工业人口转移

少数民族地区的自然环境多数较差。在目前的生产组织形式、耕作和放牧技术条件下，农牧业对自然条件的依赖性很强。少数民族地区的生态环境比较脆弱，过量开垦、过量放牧很容易造成耕地沙化、草场退化，过多的人

口集中在农牧业上，既对生态环境造成很大的压力，也不利于发展地区经济。因此，要促进少数民族地区社会—经济的发展，应注意协调好人与自然的关系，在自然条件的范围内发展农牧业生产，把重点放在提高投入产出效率上，而不应不顾自然条件，一味扩大农牧业生产规模。

不扩大农牧业生产规模，现有的和将要增加的农牧业人口的出路在哪里？

少数民族地区的加工业很不发达，大量的农牧业产品和资源产品以原料的形式输出，不少农牧产品因运输困难，堆积在产地降价处理甚至腐烂变质。少数民族地区应在条件较好的地方积极发展加工业，争取变原料输出为成品输出，这样既增加了产品的附加值，又减轻了运输的压力。特别重要的是，还可以使农牧业人口向工业人口转移，使产业结构更加合理，减轻由过垦过牧造成的对生态环境的破坏，使少数民族地区的自然—社会—经济发展保持平衡，实现持续发展。

（二）协调好人口与社会—经济发展的关系，鼓励人口适当集中，在自然条件较好的地方发展大中型城市，以利于教育、科学、文化的发展和提高经济效益

发展教育、科学、文化，需要修建一定的设施，建立一定的组织，具有一定的人才，在一个地区要有一定的人口数量才行。少数民族地区的不少地方地广人稀，人口分散，一些地方因孩子少方圆几百里才能建一所小学。有的地方甚至还要成立流动小学，老师巡回上课。没有一定的人口集中，就难有教育、科学、文化的发展，难有社会—经济的快速发展。人口一定规模的集中，是现代社会—经济发展的必要前提。人口集中可以创造市场、提供发展机遇、引进现代观念，有利于教育、科学、文化和经济的发展。虽然人口集中也会产生一些社会问题，但是它所带来的发展机会却是无法替代的，当今世界人口最集中的地区也是当今最发达和最富活力的地区就是明证。

因此，少数民族地区应当根据自己的实际情况，鼓励人口适当集中，放松对城镇户口的控制，在自然条件较好的地方积极发展大中型城市。目前，由于缺少大中城市作依托，加上交通不便，少数民族地区除少数条件较好的地方外，不应采取发展小城镇的模式，不应在偏僻和交通不便的地方发展乡镇企业。在边远地区建立乡镇企业，交通、资金、技术、人才都处于劣势，产品缺乏竞争力，难以发展。只有在人口较密的地区，依托中心城市，小城镇和乡镇企业才能发展起来。少数民族地区现代化的道路，在一定意义上，

就是积极进行城市化的道路。

（三）协调好地区发展与全国发展的关系，调整产业政策，因地制宜在资源产地建立规模优势企业，扬长避短，加快少数民族地区的社会—经济发展步伐

随着我国社会主义市场经济的进一步确立，国家统一市场的建立，绝大多数的生产资料价格的放开，少数民族地区可以按照符合价值规律的价格出售原材料。除此之外，少数民族地区应当利用这个优势，在资源产地，积极扶持和指导从事资源开发和加工的企业，变以往的粗放开采为精细加工，由原料输出向半成品、成品输出方向发展，提高资源的价值和产品的附加值，避免单纯的原料输出造成的巨大利益流失。少数民族地区在资源的开发选择上，应选择一些对本地区经济有着强大推动力、增长迅速的资源开发项目，集中注入资金、人才、技术，使其成为经济的增长点，形成扩张力，带动其他产业的发展，促进当地经济的快速增长。少数民族地区只有在产业政策上扬长避短，才能在全国的发展进程中逐渐增加自己的分量，吸引国家和外资的投入，成为21世纪中国的发展热点。在这方面，已有一些成功的例子。内蒙古盛产煤炭，特别是在东胜、准噶尔一带，更有世界闻名的大型优质露天煤矿，但是，长期以来受交通条件限制，煤运不出去，资源优势变不成经济优势。后来，内蒙古因地制宜，提出"煤从空中走"——在内蒙古西部地区，兴建一批大型、特大型发电厂，把煤就地转化为电，用输电代替运煤，既解决了运煤的难题，又缓解了京津唐地区缺电的矛盾，还争取到了国家建设西部能源基地的投资，上马了一批配套项目，使内蒙古西部地区的社会—经济发展在近年来取得了长足的进步。

第五章

中美欠发达地区城市化进程比较研究

城市化问题是我国近年来人们关注较多的问题,特别是我国实施西部大开发战略以来,中国西部地区的所有省、市、自治区都明确地把推进城市化作为推动当地经济社会发展的重要战略。但是,作为欠发达地区的中国西部,在推进城市化进程的时候,究竟是应当重点发展大中城市还是小城镇,却是一个有不同意见的问题。在这个问题上,不能只是抽象地说要根据各地实际情况选择适合的城市化模式,而要分析中国西部的现实情况和指出具体的城市化途径,才能真正促进中国西部的发展。城市化作为人类经济社会发展的一种历史进程,它有其自身的规律性。在这方面,美国作为发达国家已经走过的城市化进程,对于当代中国的城市化进程很有借鉴意义。把中美两国欠发达地区的城市化进程进行一些比较,有助于我们认识城市化的规律性,有效地推进中国西部地区的城市化进程。

一、中国欠发达地区城市化进程

本文所说的中国欠发达地区指西藏、新疆、宁夏、青海、甘肃、内蒙古这几个中国西部的省、自治区。与东部地区相比,欠发达地区的城市化有这样一些特点:

(一)城市数量较少,大城市少

按照通行的城市规模划分标准,非农业人口在 200 万以上为超大城市,

100万-200万为特大城市，50万-100万为大城市，20万-50万为中等城市，20万以下为小城市。与中东部地区相比，欠发达地区的城市数量少，人口50万以上的城市的数量较少。1999年，欠发达地区的城市数量最多的内蒙古只有20个城市，与之相比，河北有34个城市、黑龙江有31个城市、江苏有44个城市、山东有48个城市、广东有54个城市、四川有31个城市。1999年，全国有100万人口以上的城市37个，欠发达地区只有3个。①

（二）现有城市中不少是新兴城市

中国欠发达地区在解放前是中国最贫穷落后的地区，几乎没有什么工业，城市很少。新中国成立后，国家加强了对欠发达地区的开发和建设，随着开发和建设，在欠发达地区出现了一批新兴的城市，其中有相当部分是资源开发和加工型城市，如克拉玛依、石河子、白银、乌海、包头、霍林郭勒、额尔古纳、根河等城市。这些资源开发和加工型城市历史不长，发展迅速。内蒙古的包头市是一个典型。包头在解放前只是一个7.9万人口的小城镇，新中国成立后，由于兴建了包钢、内蒙古第一机械制造厂、内蒙古第二机械制造厂等一批特大型工业企业，在工业发展的带动下，仅仅30年时间，包头就发展成为非农业人口超过100万的特大工业城市。

（三）城市结构、功能不协调，经济社会发展水平不高

中国欠发达地区的城市大部分是解放后新建的，比如内蒙古现有的20个城市中，只有4个是解放前形成的，其余16个都是解放后新建的。由于欠发达地区的城市历史不长，城市发育不充分，城市的功能比较单一，不少城市的结构失衡，功能过分偏重于行政或工业，经济和社会发展水平不高，对周边地区经济社会发展的辐射带动作用不强。

（四）城市布局不平衡

中国欠发达地区受历史和自然地理、交通的影响，在省、自治区内，城市布局是不平衡的。首府和省会所在地周边一般是城市密集区，经济和社会发展水平较高。而有的地区，方圆几十万平方公里却一个城市也没有，经济和社会发展水平十分落后。

中国欠发达地区城市的上述特点，是这些地区在城市化进程中历史地形成的。欠发达地区最早的城市，多数形成于历史上自然地理条件较好的政治

---

① 国家统计局：《中国统计年鉴》（1999年），中国统计出版社1999年版。

军事要地,如内蒙古的呼和浩特、宁夏的银川、新疆的乌鲁木齐、青海的西宁、甘肃的兰州、西藏的拉萨等,这些地方由于建市较早,逐渐成为地区的政治、军事、经济、文化中心。欠发达地区形成较早的城市,与所在地区交通的发展密切相关,如滨洲线的开通,使海拉尔、满洲里成市,京包线的通车,使包头、集宁成市。在解放前欠发达地区城市的发展基本上是自然进行的,发展缓慢。新中国成立以后,伴随着开发和建设,欠发达地区出现了一批新兴的行政城市和工业城市。尽管在改革开放以后,欠发达地区的一些县(旗)升级为市,但是它们之所以能够升级为市,也多数是以国家在当地进行了大规模的工业建设为基础的。所以,在总体上说,解放后欠发达地区的城市化进程,带有比较浓厚的计划经济和政府推动的色彩。

二、美国欠发达地区城市化进程

本文所说的美国欠发达地区指 20 世纪以前的美国的中西部地区。从 19 世纪起,美国移民大举西移,当时流行的口号是:"到西部去,和国家共同发展成长。"[①] 与开发较早的东北部地区相比,美国欠发达地区的城市化有这样一些特点:

(一)移民西进建立大批城市

1790 年,全美国人口为 390 多万,94%集中在东部沿海。以后的几十年,是美国城市化的高潮时期,东部的城市和人口数量一直占全国的多数。随着西部开发和工业的发展,大批移民涌向中西部,在中西部发展起一批新兴城市,如芝加哥、辛辛那提、密尔沃基、底特律、洛杉矶等。在 1860 年至 1910 年的 50 年间,美国 10 万人以上的城市由 9 个增至 50 个,虽然东西部的城市数量都在增加,但是西部增加的数量大于东部,发展势头更大。[②] 19 世纪初,芝加哥还是人迹罕至之处,1837 年芝加哥建市,50 年代成为中西部重镇。1871 年因火灾使全市 2/3 化为灰烬,余烬未尽就开始重建,1880 年芝加哥市人口达 50 万,1890 年达 100 万,1900 年增至 200 万,一跃成为美国第二大城市。中西部城市经济的发展,促成美国经济重心西移,为农业提供了物质和

---

① 美国驻华大使馆文化处:《美国历史简介》,美国驻华大使馆文化处 1982 年版,第 42 页。
② 中国美国史研究会:《美国现代化历史经验》,东方出版社 1994 年版,第 187 页。

技术条件，带动了整个中西部的开发，同时中西部人口持续增长，1870年超过东部。

（二）资源开发、工业化和城市化相互促进

19世纪中期，美国进入工业化、城市化的迅速发展时期，美国经济发展的热点地区转向中西部。西进运动和工业革命吸引了大批移民涌向中西部地区开矿建厂，在中西部地区发展起城市。19世纪发明用无烟煤炼铁以后，在距原煤产地较近的宾夕法尼亚州西部、俄亥俄州、肯塔基州、田纳西州、密执安州炼铁业迅速发展起来，出现了像匹兹堡、辛辛那提、底特律等重要的钢铁工业中心。西部也是石油最早的产地，克利夫兰、塔尔萨等城市的发展都受惠于石油工业。19世纪40年代末，加利福尼亚州出现淘金热，人们蜂拥而来，旧金山、奥克兰随之发展起来。1859年，科罗拉多州的格里利发现金矿，格里利城从此发展迅速。1859年，内华达州由于发现金矿和银矿，人口在1860年至1870年间增加了7倍，弗吉尼亚城拔地而起。① 中西部的工业企业90%以上都集中在城市，工业化与城市化同步发展，互相促进。

（三）交通条件改善对城市化促进巨大

美国西部城市化的发展，与交通条件改善关系密切。James F. Willis认为，"西进运动很大程度上是由交通的进步推动的，开始是轮船，然后是运河和铁路。交通的进步降低了西部产品的运费，这不仅给本国带来利益，也有助于开辟外国市场。"② 随着美国铁路由东向西的修建，一批沿线城市迅速出现。John Reps指出："早期西部铁路的创办人很快意识到，城镇发展和铁路公司的利润能够相辅相成、互相促进。" Wallace Farnham指出："美国西部发展是由铁路打先锋，然后开发了城镇，最后发展出农场。"③ 到1860年中西部铁路已经成网，横贯全国的4条大铁路的修建，更带动了西部的一批城市，奥马哈、堪萨斯城、丹佛、西雅图、波特兰、旧金山、洛杉矶等城市都是铁路重要站点，发展十分迅速。对此，Jonathan Hughes指出，"铁路在世界历史上书

---

① 中国美国史研究会：《美国现代化历史经验》，东方出版社1994年版，第173页。
② James F. Willis & Martin L. Primack, *An Economic History of the United States*, Prentice Hall, Englewood Cliffs, New Jersey, 1989, p. 167.
③ 王旭、黄柯可：《城市社会的变迁》，中国社会科学出版社1998年版，第57页。

写了一页新篇章"。①

（四）大城市在区域经济社会发展中居主导地位

19世纪末，以芝加哥为中心，中西部很快形成了有机联系的城市体系，构成了一个工业区，即美国人所说的制造业带，中西部成为美国的又一大经济核心区域。② 进入20世纪以后，随着汽车的逐渐普及，城市的地域范围便不断扩展，在城市郊区形成很多分散的居民点，美国西部大城市开始出现"郊区化"。这些郊区不是独立的社区，是大城市的有机组成部分，是一种全新的城市景观。这一现象首先出现于洛杉矶、旧金山、西雅图、波特兰等紧随其后，这表明西海岸城市的空间结构和城市功能与原来的城市化模式有了很大的变化。1920年美国联邦人口统计署为了反映这个现象，提出了"大都市区"（Metropolitan District）的概念，其标准为人口在20万以上的城市及其周围郊区或中心城市人口10万以上及其周边10英里范围内人口密度每平方英里150人以上的地区，后来于1950年更名为"标准大都市统计区"（Standard Metropolitan Statistical Area，缩写为SMSA）。③ 在美国的区域经济中，大城市发展迅速，并一直居主导地位，其主导地位随区域开发水平的提高而有不同的表现形式。从城市体系到大都市区再到大都市连绵区的一系列变化，大城市在区域经济社会发展中的地位与作用不断巩固和上升。④

美国欠发达地区的城市化进程与其他国家相比有一个与众不同之处：美国的城市化进程较少受像战争和灾害等外来偶然的或不确定的因素的干扰，城市化进程自西向东推进，在发展上有明显的阶段性特征，美国政府在19世纪末以前实行自由放任政策，对城市化进程不加干预，以后对城市化有所干预也较其他国家少而轻。这一切使得市场经济对城市化的影响直接而强烈，城市化的发展阶段及其典型特征明显而清晰。⑤ 在总体上说，美国欠发达地区的城市化进程，是典型的市场经济和政府不干预的发展过程。

---

① Jonathan Hughes & Louis P. Cain, *American Economic History*, Addison Wesley Longman, Inc, 1998, p. 273.
② 中国美国史研究会：《美国现代化历史经验》，东方出版社1994年版，第186页。
③ 中国美国史研究会：《美国现代化历史经验》，东方出版社1994年版，第188页。
④ 中国美国史研究会：《美国现代化历史经验》，东方出版社1994年版，第191页。
⑤ 王旭、黄柯可：《城市社会的变迁》，中国社会科学出版社1998年版，第2页。

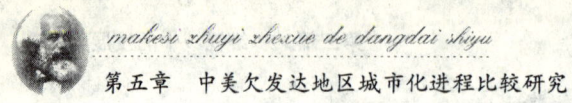

三、中美欠发达地区城市化进程比较

对中美两国欠发达地区的城市化进程进行比较,首先要注意到中美两国的国情有很大的不同。比如,美国的欠发达地区只是相对于较发达的东北部开发晚了不到一百年而已,而中国的欠发达地区则是在上千年的历史发展中形成的贫困落后地区。再如,美国西部地区自然条件较好,还有漫长的西海岸,有一批优良海港;而中国西部地区自然条件较差,地处内陆,交通闭塞。又如,在19世纪,美国政府鼓励西部开发,在区域发展政策上没有明显的倾斜;而中国政府在较长时期在发展政策上向东部倾斜,形成今天东西部之间的发展势差,从1999年才开始调整发展政策,实施西部大开发战略。面对中美两国的这些不同,我们对中美两国欠发达地区的城市化进程进行比较,不能进行机械的类比,必须着眼于两国在不同条件下城市化进程所反映出来的城市化规律,总结两国在欠发达地区的城市化进程中的经验得失,才能成为有意义的工作。

比较中美两国欠发达地区的城市化进程,我们可以得出这样一些看法:

(一)交通条件对于城市的兴起具有决定性作用

在中国欠发达地区,大中城市都位于陆地重要的交通线上。交通条件差的城镇,其规模长时期发展变化不大;交通条件好的城镇,有很多发展为城市。类似的情况也出现在美国,美国移民在西进中,不断建立起一些定居点和城镇,凡是处在重要交通线上的城镇,多数都存在了下来,发展成城市。那些远离交通要道的定居点,有很多被抛弃和荒废了。由此我们可以认识到,在过去,由于资源开发、政治或军事的原因,先有城市,后发展交通的情况很多。现代由于人类几乎已经走遍地球的每处地方,更多的情况是哪里的交通运输条件好,哪里才能发展起城市,没有发达的交通,就没有现代化的城市。

(二)自然条件特别是水资源对于城市的发展具有重要作用

人口的流动,都是从发展条件较差的地方流向发展条件较好的地方。中国欠发达地区的省会和大城市,无一例外地都处于所在地区自然条件较好的地方,它们目前的人口规模,很大程度上是由人口迁入形成的。中国欠发达地区水资源缺乏，在无力解决供水问题的地方，城市规模就难以发展。美国西部最著名的大城市，几乎都从落在西海岸上。中西部一些重要的城市，大部分濒湖靠河。在自然条件较好的地区，人们建设和生活的成本较低，生活水平较好，这是一种发展的优势，对于城市的发展具有重要作用。

（三）大城市在区域经济社会发展中的作用不断上升和巩固

关于大城市在区域经济社会发展中的重要作用和相对于中小城市的发展优势，许多专家做过大量的分析和论述，我这里就不再多加论述了。有的学者以美国等发达国家中出现的一些大城市人口向郊区迁移的所谓"逆城市化"现象，提出我国要限制大城市的发展，应重点发展中小城市。其实，这是对美国情况的一种误解。本文前面介绍过，美国出现的一些大城市人口向郊区迁移的现象，是一种全新的城市景观，是在城市化的进程中由大城市向大都市区的发展。无论是中国还是美国，大城市比中小城市都发展得迅速，并一直居区域经济社会发展的主导地位，大城市在区域经济社会发展中的地位与作用不断巩固和上升。

（四）城市规模是受多种条件和经济因素制约的，不宜人为控制

新中国成立以后，由于多种因素，形成了城乡分割的二元结构社会，实行了严格的户口制度。目前我国的"严格控制大城市规模、合理发展中等城市和小城市"的城市发展政策，主要是从户口管理角度而不是从经济社会发展角度制定的。事实上，城市规模是受多种条件和经济因素制约的，在市场经济条件下，城市规模既不会无限制的增大，也难以人为控制。中美两国城市发展的历史都证明了这一点。中国北京、广州的人口规模屡次突破了人为的控制目标，使得城市发展规划在不长的时间里一改再改。美国对大城市的规模基本不加控制，其大城市达到一定规模后自然趋于稳定。中国在现代化的进程中，城乡分割的二元结构正在逐渐被打破，为了追求更好的生活水平和更好的发展机会，大量农业人口转化为城镇人口是不可阻挡的时代潮流，是社会的进步。对这股潮流，只能疏导，而不能阻塞。只有"农民"不再是一种社会身份而只是一种职业时，中国的城市规模才能稳定下来。

四、中国欠发达地区城市化进程的发展方向

比较中美两国欠发达地区城市化进程，总结中美欠发达地区城市化的发

展规律,从中国欠发达地区的实际出发,我认为,中国欠发达地区城市化进程的发展方向应当是:优先在自然和交通条件较好的地方发展大城市和中心城市,不宜遍地开花发展小城镇。

这么说的根据是什么呢?

首先,中国欠发达地区的大部分地方人口密度小,自然条件和交通条件差,不具备发展城镇的条件。欠发达地区现有的大城市和中心城市都处于自然条件、交通条件较好的地方,本身具有发展的优势,我们应当顺应城市发展规律,优先在有利于城市发展的地方发展城市,避免在不利于城市发展的地方建设城镇。

其次,远离大城市和中心城市的小城镇经济效益差,不易解决自身的财政问题,难以发展。中外历史和现实经验表明,小城镇的发展要依托大城市和中心城市,小城镇基本上都是围绕大城市和中心城市发展起来的。中国欠发达地区的大城市较少,只有先把大城市和中心城市发展起来,才能依托它们逐渐发展小城镇。

再次,大城市和中心城市比小城镇经济效益更高,更易谋生,有更多、更好的发展条件和发展机会,有更好的科学教育文化环境和基础设施,在农业人口向城镇人口转移的流动过程中,大城市和中心城市比小城镇有更大的吸引力和更大的人口容纳能力。

最后,积极发展大城市和中心城市,能够创造出较多的就业机会,可以促使农业人口向非农业人口转移,从而减轻人口对农村牧区生态环境的压力,有利于欠发达地区生态环境的保护和可持续发展。近年来中国北方的沙尘暴日益引起人们的关注,形成沙尘暴的直接原因就是在农村牧区生活着过多的人口,为了生存和致富,人们不顾土地的承受能力,过度耕种、过度放牧、滥采滥挖,造成严重的土地沙化和草原退化。退耕、退牧是恢复生态的根本途径。但是,要求农民少种地、要求牧民少养牲畜是做不到的,因为这等于限制他们的生活水平、限制他们追求财富。我们只能用更好的生活和发展条件吸引农民牧民改变生产和生活方式,吸引他们到城市去,使他们成为市民,用减少农业人口的方法来恢复和保护生态环境。在这个意义上说,中国欠发达地区基本实现城市化之日,就是中国西部的生态环境开始好转之时。

第六章

城市文化与现代化

当前,城市化作为现代化的重要标志和推动力已经成为我国政府和学者们关注的大问题。未来的几十年,将是中国迅速城市化和现代化的时期。伴随着城市的发展,在现代城市中逐渐形成了与传统文化和乡村文化不同的城市文化,这种文化植根于城市之中,又作用于城市的发展。本文所说的现代城市,是指当代市区人口 50 万以上的大城市和特大城市,它们代表了城市文化的主流和方向。作为现代城市生产方式和生活方式产物的城市文化,它与现代化是什么关系?这既是一个很有意义的现实问题,又是一个很有意义的社会学问题。在此,我提出自己的一些看法,求教于大家。

一、城市文化的基本特点

现代城市文化是伴随近现代工业革命和城市化发展起来的。人类社会出现城市已经有很长的历史,最早的一批城市如巴比伦城诞生于公元前 3500 年左右,我国位于河南偃师的城市遗迹距今已有 4000 余年,我国唐朝的长安人口曾超过 100 万人。① 尽管古代的城市已有一定的数量和规模,但是它们只是把人口集中起来,主要的功能是防御,在城市中集中起来的人口在生活方式、社会结构、组织形态、价值观念等方面同乡村人口并没有什么太大的不同,

---

① 王春光、孙晖:《中国城市化之路》,云南人民出版社 1997 年版,第 3 页。

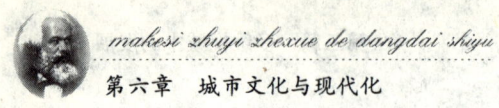

第六章 城市文化与现代化

没有形成有明显特色的城市文化。① 近代的工业革命,使城市形成了与农村完全不同的生产方式、生活方式、社会结构、组织形态、价值观念等,形成了与乡村大不相同的城市文化。城市作为先进生产方式和生活方式的代表,对乡村产生了巨大的吸引力和示范作用,城市化在世界范围内成为现代化的重要内容和特征。

城市化之所以能够成为现代化的重要内容和特征,不仅由于城市化对经济发展和社会进步有巨大的推动作用,而且也因为现代城市产生着日新月异的城市文化。城市文化是一种不断发展的、不同于传统文化和乡村文化的文化,它有这样一些显著的特点:

注重现实生活。城市人生活在拥挤的空间中,面对五光十色的生活,经历着迅速变化的世界,时常感受到社会竞争的压力,使得城市人更加注重争取现实利益,更加功利,更加注重享受生活,传统的伦理道德越来越被淡化和受到挑战,文化艺术越来越大众化、平民化。这就是西方学者所说的从伦理社会转变为世俗社会的世俗化过程,其实也就是人们摆脱传统羁绊、注重现实生活的过程。

有效的管理。城市中聚集了大量的人口和组织,带来交通、治安、供应、娱乐、生产、生态环境等一系列问题,当局必须进行有效的计划、组织、协调、指挥等管理工作,才能保持城市的正常运行。有效的管理来自实践的需要和锻炼,因此,一个城市的规模越大,城市的管理水平就越高、越有效率。有效的管理也反映在城市企业的经营管理上,城市里激烈的竞争环境,使企业特别是从事第三产业的企业,不得不努力提高经营管理水平,以应对生存的压力。管理既是科学,也是文化,是聚集的人们创造的协调彼此关系的科学与文化。

快速的生活节奏。城市中由于密集了大量的人口和各种组织,信息、资金、物资、人才流动量大,充满了机遇和挑战。城市人必须紧张地工作,合理安排时间,才能发展事业,享受闲暇。城市生活比农村生活更大的竞争压力,培育出城市人珍惜时间、讲究效率的竞争文化。

文化的多样性。城市是各种文化的交汇点,不同国家、不同民族、不同地域的文化,都可以在城市中见到。经常不断地文化交流与融合,多样性的

---

① 王春光、孙晖:《中国城市化之路》,第4页。

生活方式，使得城市文化呈现出丰富性和多样性。人们经常说，优秀的民族文化既是民族的又是世界的，这句话在城市文化的发展中得到了充分的验证。

更高的开放性。古代城市的主要功能是"城"，在于军事防御。现代城市最主要的功能是"市"，在于工商贸易。要发展城市，就要充分实现"市"的作用，就要对内对外开放，兼收并蓄。要发展，就要开放。深圳、上海的巨大发展变化和高度开放的文化，来源于我国经济和管理体制的改革使市真正成"市"。

热衷求新求异。城市生存空间相对狭窄，生存竞争激烈，个人和组织为了生存和发展，需要创新，需要变革，需要体现个性，需要在变中求发展、寻机会。只有勇于创新，才有最大的发展机会。城市生活鼓励创新，追求发明。

跟踪潮流时尚。在人口密集的城市中，人们经常处在与人的交往当中，经常处在被人评价和自我评价之中，出于自我评价意识，为了显示自己的敏感与能力，跟踪时尚潮流成了一些城市人的心理需要。这种心理需要的深处，是人类自我意识和认同意识的对立统一。

也许，城市文化还有其他的特点我未提及。我论述的重点不是列举城市文化有哪些特点，而是形成城市文化的经济和社会基础。各国、各地区的城市文化，虽有差异，但共同的特点也不少，城市文化的共同性反映出城市文化产生和发展有其规律性，反映出在人口和生产力大规模聚集条件下人类文化发展的共同特点。

二、城市文化是现代化的重要特征

现代化是当今世界各国和国内各地区认真探索并积极实践的重大课题。关于现代化的概念，国内外的见解有多种，一般认为，现代化具有以下一些特征：以工业化为核心的经济现代化；以民主和效率为标志的政治现代化；城市化；以层级制为特点的组织管理现代化；社会结构的变化；文化和人的现代化；生活方式的现代化。[①] 有人认为，"现代化主要是一种心理态度、价

---

① 北京大学社会学系《社会学教程》编写组：《社会学教程》，北京大学出版社1987年版，第281页。

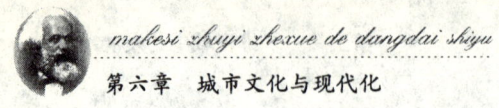

第六章 城市文化与现代化

值观和生活方式的改变过程,换句话说,现代化可以看作是代表我们这个历史时代的一种'文明的形式'"。① 从这些见解中我们可以看出,在现代化的概念中,文化的转变是一个非常重要的内容。这种文化的转变,也是文明形式的转变,是从农业文明向工业文明的转变、从乡村文明向城市文明的转变。

作为文化的转变或文明的转变,实际上都是文化或文明的主体人的转变。这是由于,现代化是由人来推动和完成的,现代化要由人来建设,现代化的最终成果要体现在人的素质(包括身体素质、科学文化素质、心理和思想道德素质)的全面提高上。人的素质的提高,会推动生产力、科学技术和社会的迅速发展。因此,人的现代化是现代化的中心问题,现代化的关键是人的现代化。在现代化的历史进程中,社会现代化与人的现代化是现代化进程的两个侧面,社会现代化的过程与人的现代化的过程是一致的,人的现代化与社会现代化是相互促进、相互作用的。② 美国社会学家英克尔斯指出,在任何社会和任何时代,人都是现代化进程中最基本的因素。只有国民在心理和行为上都发生了转变,形成了现代的人格,现代的政治、经济和文化机构中的行政人员都获得了现代性,这个社会才能称作是真正的现代社会,否则,即使引进了先进的技术、制度和观念,即使发动了经济起飞,也不会有自我持续和长期稳定的经济增长和社会变化。③

现代的人格首先形成于现代城市。现代的工业化与城市化是紧密联系的,工业化推动了城市化,工业化在建造了现代城市的同时,也培育了现代城市的人格化——城市市民,培育了现代城市文化。

现代的人格发展于现代城市。现代城市是最新科学技术的发明地和最先使用者,是最新信息的传播者,日新月异的科技进步和灵通的信息交流,在城市中形成了追求创新、讲究效率、注重效益、崇尚科学的现代城市文化。

现代的人格与现代城市文化是相联系的。现代城市文化是具有现代人格的人创造的文化,是现代人生产活动和生活的文化体现,它集中和鲜明地代表了现代化的文化特征。一些研究者指出,城市规模越大,城市经济效益越

---

① 罗荣渠:《现代化新论》,北京大学出版社1993年版,第14页。
② 吴建平:《人的现代化对社会现代化的意义》,载《内蒙古的社会现代化之路》,内蒙古大学出版社1998年版,第153页。
③ E. 布莱克:《比较现代化》,上海译文出版社1996年版,第15页。

好,城市规模与城市经济效益成正比关系。① 其实,大城市之所以发展得快,因为大城市不仅有规模优势,还有文化优势即人的素质的优势。人们之所以把城市化列为现代化最重要的指标,不仅是因为它有重要的经济和社会意义,而且因为它有重要的文化意义。

三、城市文化的地域性与世界性

城市文化作为现代城市生产方式和生活方式的产物,不可避免地要带有鲜明的地域特色,每个著名的大城市都有他自己的特色文化。城市文化的地域性主要来自两个方面:一是来自当地的传统文化,比如上海的城市文化中就有大量吴越文化的印迹。二是来自城市的主要功能,工商城市的文化较多关注经济和现实利益,政治文化城市的文化有更多的社会历史内容。比如上海、广州的城市文化有很多工商经济方面的主题,而北京的城市文化经常有政治、军事方面的主题。

普遍性存在于特殊性之中。尽管城市文化有地域性的一面,每个城市都有自己独特的城市文化,但是,城市文化又有共同的一面,或者说又有世界性的一面。这种共同的城市文化,就是在城市文化中有这样一种共同的精神:提倡创新,鼓励竞争,注重实力,精于计算,讲究便捷,无拘无束,思想活跃,较少受传统影响的束缚,更多对现实幸福的追求。城市文化的这种普遍性,其实正是它的现代性。在一定意义上说,城市文化就是现代化的文化代表。

四、发展城市文化,推进现代化建设

城市文化既是城市经济活动和社会活动的产物,同时也对城市的发展有巨大的影响。例如,对外开放门户和工商金融中心使上海形成了"海派"文化,而积极学习海外文明、敢为人先的"海派"文化又为上海的发展和繁荣

---

① 朱庆芳、莫家豪、麦法新:《世界大城市社会指标比较》,中国城市出版社 1997 年版,第 546 页。

注入了巨大的活力。因此，发展积极向上的城市文化，对于推进我们的现代化建设是非常重要的。

发展积极向上的城市文化，不仅要为城市文化的发展设计特色、规划安排，更要为城市文化的发展创造良好的环境，使城市文化能够产生于城市的发展，服务于城市的发展，实现城市文化和现代化建设相互促进。

在我国的现代化建设中，各地都十分重视吸引人才、技术和投资。然而，吸引人才、技术和投资最重要的条件是什么？地理位置、交通方便、基础设施、优惠政策当然都是很重要的。但是，我们可以看到，地理位置、交通方便、基础设施、优惠政策差不多的一些地方，发展情况却大不一样。文化发达的地方，发展势头就好。这不是偶然的，城市文化在其中起了重要的作用。所以，积极发展城市文化，发挥文化对经济和社会发展的推动作用，既是最重要、最可靠的基础设施投资，又是切实地推进现代化建设。

第七章

大同思想中的经济全球化情结

什么是全球化？按照马克思主义的观点，全球化最本质、最一般的意思是指随着生产的发展和世界市场的建立，整个世界经济日益紧密地联系在一起，从而导致世界各国和各民族之间在经济、政治、文化上的相互往来和相互依赖，最终走向全球一体化的过程。① 不难看出，全球化是一个历史的范畴，它的本质内涵和基本特征之一是"世界性"。全球化是包括经济、政治、社会、文化等方面在内的全方位的全球化。在中国近代社会，还没有今天意义上的"全球化"概念，然而先进的中国人对"全球化"问题就已有所感应。康有为就是其中的一位。他用以表示全球化含义的概念或者范畴，体现在"全地"、"世界大同"、"同一"、"统一"、"公"等语词中。他的大同思想集中体现了全球化倾向。东方文化色彩和世界意识的并存，使得他的全球化理论与大同思想缔结了不解之缘。他试图通过给"大同社会"种种界定来阐述他的全球理念。这里就尝试从经济的角度来解读一下康有为的全球化情结。

人类社会自形成以来，人们在物质生产中形成了"交往活动"。在自然经济时代，人们之间往往相互隔绝。随着社会分工的发展和商品经济的繁荣，人与人之间的联系愈发密切，交往活动也不断加深。分工和交换的普遍化、常态化使得人们总要和抽象的他人交往，交易信用不再建立在熟悉的基础上，

---

① 《德意志意识形态》，载《马克思恩格斯选集》第1卷，人民出版社1995年版，第88—135页。

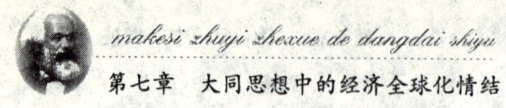

第七章 大同思想中的经济全球化情结

而是建立在契约基础上。当资本主义商品经济大潮弥漫到全球波及中国大地的时候，面对社会生活中突如其来的巨大变化，中国人的思维方式也发生着变革。作为近代中国启蒙思想家，康有为构筑了世界经济图景，他提出了全球经济的发展规划。

一、"公工"——工业的全球化

何谓"公工"？康有为指出："大同世之工业，使天下之工必尽归于公，凡百工大小之制造厂、铁道、轮船皆归焉，不许有独人之私业矣。"① 即工业上废除私产，实现"天下为公"。全球的工厂广泛联合，分工合作。世界成为一个最大的工厂。康有为的"公工"思想展现经济的开放性，向人们昭示了全球工业的庞大规模和形式。对此，他形象地描述了工业全球化后的盛况："同当大地开辟之后，杂处文明国土之间，飞楼四十层以侵天，铁道电线百数十万里以缩地，礼乐文章，缛若霞绣。"②

康有为对全球工业情况提出一些建议，主要体现在以下几点：

首先，在工厂的设立地点上，康有为将便利视为主要要求。他这样论述道："察其地形之宜而立工厂，或近水而易转运，或近市而易制作，皆酌其工之宜而行之。"③他把地形、交通和市场作为设立工厂必须要考虑的因素，这些都和工业的需要相关。

其次，就产品的生产数量和酬劳问题，康有为阐述了自己的观点。他认为应该由商部根据人们的需求进行统计，确定所需产品的数量后告诉工部。工人的报酬视产品质量分配，他指出："工价因其工之美恶勤惰为数十级而与之；其有精能而干才者，则工人可迁工长，以累迁本曹之主、伯、府、史焉"④等。同时他认为工人待遇问题因世道不同而有区别："野蛮之世，工最贱，最少，待工亦薄；太平之世，工最贵，人之为工者亦最多，待工亦最厚。"⑤在大同之世，工业全球化，工人的待遇最高。

---

① 康有为：《大同书》，中州古籍出版社1998年版，第296页。
② 康有为：《大同书》，第47页。
③ 康有为：《大同书》，第296页。
④ 康有为：《大同书》，第296－297页。
⑤ 康有为：《大同书》，第297页。

最后，康有为关注工业人才的技能和德性培养问题。

康有为主张在全球各地设立讲习会，培养工业人才；设立讲道院，每日都有学士解说道德事理、古今故事和工业改良之术。康有为特别推崇发明创造，他指出："太平之世无所尊高，所尊高者工之创新器而已"①、"政府之所奖励，人民之所趋向，皆在于新器矣。凡能创新器者，给以宝星之荣名，如今之科第焉……至大富者，舍新器莫致焉。其创有新器者，如今之登高第，中富签；其创新器而不成者，如士之落地，商之倒肆焉。"②康有为把技术创新作为发财致富的最好手段，鼓励制造新机器，因为机器可以提高生产力。他指出："以今机器萌芽，而一器之代手足者以万千倍计；过千数百年后，人既安，学既足，思想日进，其倍过于今者不可以亿兆思议。"③他尤其惊叹于工艺技术，如美术、画图、雕刻、音乐方面的技术，因为这些技术工人是为人创造快乐的。工人是物质财富的创造者，也是精神财富的享受者。工人在工作的闲暇时间可以游乐读书，"园林书器足资游乐以养魄，读书以养魂。故太平世之工人，皆极乐天中之仙人也。"④

不难看出，康有为关注物质财富，关注技术理性，同时也重视精神生活。在他的眼里，工业全球化的效应之一便是："无重复之余货，无腐败之殄天物……今则聪勤者易其时日以好学深思，愚下者易其时日以乐游健身。好学深思，则新器日出以裨公众；乐游健身，则传种日壮而人类进益。人无忧苦，则魂魄交养，德性和乐，其于人道之美，岂不羡哉！"⑤

为什么康有为如此强调"公工"呢？主要是因为他看到了工业上竞争的残酷性和危害性：小工厂为大工厂所排挤，没有生路。大的资本家操控经济命脉，富庶敌国；而工人的生活条件同资本家相比远若天渊，他们联合起来挟制业主。社会形成了马泰效应：富者愈富，贫者愈贫。利益分化的加剧，使得冲突普遍化、常态化。因而，均产之说日益兴盛，这是当时社会争论的焦点论题之一。为了避免大的斗争甚至战争，必须铲除私产，做到"公产"。这是解决当时社会矛盾的有利的措施。

---

① 康有为：《大同书》，第297页。
② 康有为：《大同书》，第297页。
③ 康有为：《大同书》，第298页。
④ 康有为：《大同书》，第298页。
⑤ 康有为：《大同书》，第298页。

二、"公农"——农业的全球化

康有为"公农"思想的提出主张是针对"独农"的弊端而发的。

何谓"公农"？简言之就是"天下之田地皆为公有，人无得私有而私买卖之。政府立农部而总天下之农田"。① 康有为关注农田的所有权和转让问题，强调农业的公有。他主张把各家各户联合起来，扩大生产交往活动的范围。这样，农业成为世界性的农业，立农部管理天下所有的农田。这种全球性的农业有以下几个方面的特质：

（一）关注农业人才的技能训练和德性培养

康有为指出："学校之学农学者，皆学于农局之中；学之考研有成，则农局吏授之田而与之耕；其耕田之多寡，与时新之机器相推迁。其百谷、草木、牧畜。渔鱼皆然。"② 这意味着从事农业的人员在技能上首先要适合，必须掌握基本的技能；同时，要对从农人员进行德性培养，设有公共讲堂。在公共讲堂里，"有讲师，每安息日，则讲古今道德品行贤豪之事及农业之事，以养其德性学识。"③ 可见，康有为在农业人才的问题注重德才兼备。

（二）注重农业的机械化和社会化程度的提高

他指出："机器愈精，道路愈辟，人之智力愈强，则农场愈广也"④、"世愈平乐，机器愈精，则作工之时刻愈少。"⑤ 可见，农业的机械化不但可以提高农业的规模，更有助于农业人才的智力水平的提高，可以大大提高农业生产力。另外，要讲究精耕细作。独农则不利于农业的机械化。他论述道："今以农夫言之，中国许人买卖田产，故人各得小区之地，难于用机器以为耕，无论农学未开，不知改良。"⑥ 这主要从农田、耕地的使用价值而言的。康有为认为农业的机械化有利于开发农业生产力，提高农业生产技术和促进农业的改良。然而，"独农"情况下，由于农田私有藩篱的限制，限制了机械化的

---

① 康有为：《大同书》，第290页。
② 康有为：《大同书》，第290页。
③ 康有为：《大同书》，第294页。
④ 康有为：《大同书》，第292页。
⑤ 康有为：《大同书》，第293页。
⑥ 康有为：《大同书》，第280页。

程度。

（三）农作物种植因地制宜，统一进行预算

"凡五洲土产，各有所宜，分其地质之宜而种植、牧畜、渔取之。"①

（四）康有为关注农业分工和人力、物力的分配问题

他指出："分业愈多，则愈专而愈精，地无遗利，人无重业。及其种植、牧畜、渔产之收成，小政府商曹统计其度界内应留用之物品若干，预告之商部，而截留其若干。"② 在农业内部分工愈多愈专的情况下，农业产品的质量会比较高。剩余产品由商部输于各地。至于农田的收入，他谈道："若天下农田之收入，……统计全地各度物品之消息盈虚而分配之。"③。比较而言，独农则容易引起以下问题。他指出："以农而言，独人之营业，则有耕多者，有耕少者，其耕率不均，其劳作不均，外之售货好恶无常，人之销率多少难定，则耕者亦无从定其自耕之地及种植之宜，于是有余粟滞销者矣。"④ 康有为认为独户耕种造成人们耕率、劳作、农产品的质量不均等情况，致使农产品滞销，而畜牧渔业的销售情况也无从计算。物多的时候容易造成人们对物的滥用，即"暴殄天物"，也造成劳动的浪费，即"枉劳"。当物品匮乏的时候，劳动量明显不足，造成人们的懒惰，即"失时"。"失时"、"枉劳"、"暴殄天物"这都是由于独户耕种引起的不均和不平衡所致。

"公农"有哪些优点呢?

康有为拿天人和凡夫来比喻公农和独农的不同在于公农能使人们安居乐业，智慧聪颖，独农则做不到。他具体阐述道："其与私产之农，其安若、忧乐。愚明，不有类于天人之与凡夫哉！其与私产之农物，有无量之重复、赢余、腐败，得失岂可数算哉！其移无益以为大有益，岂可并论哉！"⑤

另外，公农最鲜明的优越之处便是可以避免"不均"。"独农"的体制致使民生不均。他指出："即使农学遍设，物种大明，化料具备，机器大用，与欧美齐；而田区既小，终难钧一，大田者或多荒芜，而小区者徒劳心力；或且无田以为耕，饥寒乞丐，流离沟壑。"更何况"盖许人民买卖私产，既各有

---

① 康有为：《大同书》，第291页。
② 康有为：《大同书》，第292页。
③ 康有为：《大同书》，第295页。
④ 康有为：《大同书》，第286页。
⑤ 康有为：《大同书》，第295页。

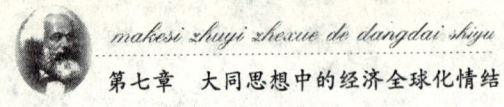

第七章 大同思想中的经济全球化情结

私产,则贫富不齐,终无由钧"①

康有为所规划的全球农业机械化程度较高,带有农业现代化的特点。对农业生产要素如人、土地、农业生产力、农业生产关系等等进行了优化。关注农业技术的全面升级和农业生产组织的现代化。这些有利于世界农业整体科学研究和技术水平的提高。

三、"公商"——商业的全球化

康有为从私商——他称之为"独商"的弊端入手,阐发"公商"的必然性。他认为商业竞争激烈,商人间骋用心计,欺人自得,信实全无,廉耻暗丧。二商相斗,必有败者。他把竞争视为社会动乱的根源,有碍于大同之道。他指出:"近世论者,恶统一之静而贵竞争之器,以为竞争则进,不争则退,此诚宜于乱世之说,而最妨害于大同太平之道者也。"② 此外,商业经营会有盈亏,这致使人产难均,这样一来一切人权法治不能平等,家业失败,人不能快乐。比较而言,商业世界化后则根本不同。他对此进行了描述:

首先,商业由"公政府"(世界性的政治组织)统一管理。康有为论述说:"大同世之商业,不得有私产之商,举全地之商业皆归公政府商部统之。"③ 有商业就有商店,商店的功能之一是存放全球各地的货品。商店规模很大、数量很多、送货便捷。他指出:"商店遍陈小模形,浩大如一市,随地皆有电话,机器皆有号数。欲购其货,以手抚机,书姓名居址,或传电话……管货仓者,即照送其家。"④

其次,在商业人员配置和商品要求上。农工商三者比较来看,商业上的用人最少,但是一定有运货、会计、振机这三种人。商品要货真价实,无欺诈行为。他论述说"货无伪品,价无欺人。"⑤ 物价由政府酌时而定、运货归一。国家以工商养民,免收赋税。男女都可以从事商业。康有为一改"重农抑商"的价值取向,认为据乱世为大农之世,升平世为大工之世,太平世为

---

① 康有为:《大同书》,第280页。
② 康有为:《大同书》,第285页。
③ 康有为:《大同书》,第299页。
④ 康有为:《大同书》,第299页。
⑤ 康有为:《大同书》,第300页。

大商之世。这表明，康有为把发达的商业视为社会发展水平高低的标准，正所谓"市无才商，则国弱。"①

最后，商业的社会职能是什么呢？对此，康有为指出："商部乃合收全球之农产而均输于各地，以所有易所无，以有余补不足。"② 在他看来，商业的流通不限于一地区、一国家，而是在全球范围内进行。

在论述商业全球发展的同时，康有为对经济生活中的关键领域进行了构想，我们先来看看他的"公通"思想。康有为说："大同之世，铁路、电线、汽船、邮政皆归于一，皆属于公，是时飞船大盛通行，亦公为之。"③ 按照康有为的说法，全球的交通都收归公有，由公政府统一管理，即所谓"归于一"；现代化交通手段的使用，打破了以往自然环境所形成的地区、民族和国家联系的自然障碍，克服了民族偏见和在一定界限内闭关自守地满足于现实需要和重复旧生活方式的状况，极大地拓展了人们的社会联系和交往的空间；其次，在金融上，"银行归于公"④、"金部总掌全地全行出纳度之金政，定其用之多寡，于大同世界部之权最大。"⑤ 康有为也注意到财政混乱给国家民族带来的灾难，清楚地看到金融业在经济发展中的重要地位，认为它是世界各部中权力最大的。全地的金政都由金部来总管意味着金融业在全球的统一，康有为主张大同社会设立金行，并且"凡全地之金行皆归于公，无有私产"。⑥ 可见，实现了金融上的统一，就意味着可以控制世界经济。这个思想，康有为已经看出来了。最后，在贸易上可以自由往来，无任何关税壁垒。康有为设想，大同社会"凡关税之出入，当渐求其平，不得限制他国及以一国垄断。"⑦ "无国，无税，无商税"、"进出口无税"。⑧ 之所以能做到这些，主要是因为大同社会打破了国家、地区的限制，可以使商品在全球范围内自由的流通。更为细微之处是，康有为关于统一度量衡的思想。他强调，在大同

---

① 康有为：《教学通义》，载《康有为全集》（卷一），上海古籍出版社1987年版，第80页。
② 康有为：《大同书》，第292页。
③ 康有为：《大同书》，第320页。
④ 康有为：《大同书》，第133页。
⑤ 康有为：《大同书》，第313页。
⑥ 康有为：《大同书》，第327页。
⑦ 康有为：《大同书》，第114页。
⑧ 康有为：《大同书》，第134页。

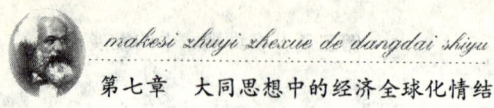

第七章 大同思想中的经济全球化情结

之世:"全地度量衡皆同,不得有异制异名。"① "各国度量衡之名称、长短、大小、轻重,当力求划一,以免参差,而烦计算以损人脑。"② 和秦始皇比较起来,康有为把度量衡的统一推广到全球的范围,这是不同于封建社会的大一统思想的,而是出于全球范围内商品交换的需要。在全球范围内统一度量衡可以避免交换中计算的麻烦,以一种统一的标准来规划差异,这也是商品经济统一规则的一个表现。

实现农工商的全球化发展的大同,康有为认为要从明男女人权开始。"全世界人欲去私产之害乎?在明男女平等各自独立始矣,此天予人之权也"。③

总之,康有为的经济全球化思想涉及社会生活诸方面,其总体的特征是要实现"天下为公"。这里的"天下",在地理范围上它指的是世界。为什么康有为如此强调"天下为公"呢?他解释说,"天下为公"就是天下国家乃为天下国家人之公器,非一家一姓所得私有。但这还只是小康之道,大同之道应该是:"无所谓君,无所谓国,人人皆教养于公产,而不恃私产,亦当分之于公产焉,则人无所用其私……内外为一,无所防虞。故外户不闭,不知兵革。"④ 康有为认为,人类未实现全球大同,归根结底是一个"私"字,应当废除生产资料私有制。对此,他指出:"今欲致大同,必去人之私产而后可;凡农工商之业,必归之公。"⑤ 具体地说,如何废除私有制呢?康有为将家庭视为私有制的基础,因此,在他笔下,家简直就是万恶之源。他写道:"以有家而欲至太平,是泛绝流断港而欲至于通津也。不宁唯是,欲至太平而欲有家,是犹负土而浚川,添薪以救火也,愈行而愈阻矣。故欲至太平独立性善之美,惟有去国而已,去家而已。"⑥ 不难看出,康有为实际上要通过取消家庭来取消私有制。这样,养老托幼、公养、公教、公恤、义务教育、免费医疗和社会负责养老送终等社会主义福利措施,也就顺理成章地提出来了。

在经济上,康有为"公"的思想提出具有重要的意义。在私有制社会里,它的提倡可谓"异端"。在近代中国社会里,尽管私有经济端倪已然,但公然

---

① 康有为:《大同书》,第119页。
② 康有为:《大同书》,第114页。
③ 康有为:《大同书》,第303页。
④ 康有为:《礼运注》,中华书局1987年版,第240页。
⑤ 康有为:《大同书》,第290页。
⑥ 康有为:《大同书》,第234页。

提出"公"思想仍然是怪异之说。从它提出的原因来分析,我们可以窥见康有为对私有制异化的深深思考,具有深刻的启蒙精神。"公"的思想把世界视为一个整体,带有全球化的性质,是对小农经济下"邻国相望,鸡犬之声相闻,民至老死不相往来"[①]的社会状况的否定。可以说,他冲破了"夷夏"大防的正统观念,以超越时代认识水平的近代天下观念和世界意识勾画他的经济全球化思想。

康有为的经济全球化思想建立在两个原则上:工业化和社会化。由于种种原因,他对工业化和社会化缺乏科学而系统的认识,而仅凭闻见和想象来勾画他的经济全球化图景,从这点来看,说他的思想中带有全球化情结更为恰当。但我们也很清楚地意识到,这种设想仍然没有脱离封建知识分子的那种保守和害怕竞争的观念。正是因为如此,康有为的全球观念没有成为他思想中的主流,反而被他后来的保守思想所窒息。

---

① 陈鼓应:《老子注译及评价》,中华书局1984年版,第357页。

第四篇

民主、合作和现代性

第一章

从经济民主到政治民主

民主管理是近现代合作制理论中的一个基本原则,也是现代合作制实践中的一项基本的制度安排。从空想社会主义对合作社会的理论构想,到马克思主义的合作制理论和现代合作制的实际运作,都完全一致地强调和贯彻了这一民主管理的原则。所以,在被誉为现代合作制典范的"罗虚戴尔原则"中,实行"一人一票制的民主管理"是合作制中最重要的基本原则之一,[①]它不仅对于合作制自身在现代社会的普遍发展和产生巨大影响具有重要的作用,而且对于实现现代政治及社会生活的民主化具有重要的意义。

一、经济民主

合作制的民主原则首先保证了合作社内部要实行经济民主。

根据合作制的理论和实践所体现的合作制基本原则的共同要求,民主管理是任何合作社的基本管理形式。这种民主管理的集中表现是实行一人一票制度,有关合作组织的所有重大事项由全体成员共同决策,而不是少数人专断。合作社组织的管理机构经社员民主选举产生,对全体成员负责。合作制

[①] Munkner, Hans – H. *Review of Priciples and the Role of Co – operatives in the 21st Century* ("合作社原则的修正及合作社在 21 世纪的角色"), Review of International Co – operation, Vol. 88, No. 2, 1995; Ian Macpherson. *Co – operative Principles* ("合作社原则"), Review of International Co – operation, Vol. 88, No. 4, 1995.

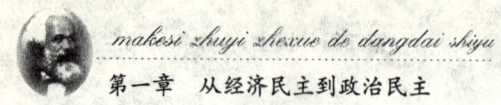

第一章 从经济民主到政治民主

的这种民主管理原则,保证了所有成员能平等地参与合作社的经济及政治、文化等一切事务的权利,并使现代民主精神第一次有可能大规模地在合作社这种经济和社会组织中予以真正实施,是现代企业制度历史上的一个巨大革命。

在现代西方经济中,一般工厂、企业中完全缺乏现代政治进程中的民主机制。如果说政治决策中的民主参与被认为是现代社会中所有公民的基本权利,那么与此形成鲜明对照的是,以往等级森严的控制制度以及政治舞台上的那种独裁在企业中被认为是理所当然的。马克思说:"如果说资本主义的管理就其内容来说是二重的……那么,资本主义的管理就其形式来说是专制的。"① 在一般企业中,现行的制度安排将企业的经济控制权集中在拥有资本所有权的资本家手中,而工人们则不得不将他们的自主权利交出以期换取劳动所需的生产资料和生存所需的生活资料(工资),并被迫成为自己劳动生活的边缘人和被控制者。正像有的学者指出的:"资本主义企业的观察家们所强调的关键问题之一,乃是许多工人所感觉到的不满或疏离情绪。工人在影响其劳动生活的重大决策中没有发言权:如生产工序的采用、生产速度、噪音水平、人员安排、工作场所中的布局、增加或减少劳动强度的决定,甚或是关闭工厂的决定",② 还有更重要的对生产什么、如何进行收入分配等都无权决定。为此,工人劳动者常以有碍于工厂运行的行为表达自己的不满,如旷工、开小差、破坏生产及设施、劳工大量流动,以及在有工会组织的条件下劳资的对立与对抗等。这些现象,就是青年马克思曾予以深刻揭露和批判的劳动异化现象。但是,如果我们把参与某些影响我们生活的重要决策看作是一个合理社会存在的基本前提,那么类似于我们政治生活中的民主进程就应该被扩大到工作场所。通过增加工作场所工人的权利和给予他们参与决策的机会,工人的自我管理既能增强工人的责任感、激发其主动性和创造性,从而提高企业运行的效率,又能有助于以企业的经济民主为基础推进整个社会政治生活的真正民主化。显然,合作社是较符合上述这些民主要求的现代企业。合作社的制度安排使合作社成为一个工人自我管理的企业,这种工人自我管理企业将可以解决上述一般企业中的种种问题,从而实现合作社的民主管理:

---

① 马克思:《资本论》,第1卷,人民出版社1975年版,第368-369页。
② 索尔·埃斯特林,尤里安·勒·格兰德编:《市场社会主义》,经济日报出版社1993年版,第177页。

"如果在公司的各种决策中给予每个员工以平等的表决权,这将有助于在工作场所产生一种互相支持和合作的新态度,再者,由于工人与公司的利润有直接的利害关系,物质刺激能够强化工作态度的根本转变。因此,疏离情绪的减少和民主参与的增加,也许能使该组织在生产效率方面获致实质性的提高"。①

正因为合作经营具有这种民主管理的机制和功能,所以马克思主义对此予以了特别的重视。马克思强调由工人们自己创办的合作工厂由于排除了雇主阶级的参加,就使工人们成为了"他们自己的资本家",从而扬弃了劳动与资本的对立,消除了"那种专制的、产生赤贫现象的、使劳动附属于集体的现代制度,将被共和的、带来繁荣的、自由平等的生产者联合的制度所代替"。② 无疑,只有这样的合作社才有可能成为真正解放劳动者、保障劳动者经济利益、实现劳动者的各项民主权利的"联合体"的组织形式,正像马克思指出的:"它是各个人的这样一种联合(自然是以当时已经发达的生产力为前提的),这种联合把个人的自由发展和运动的条件置于他们(自己)的控制之下。"③ 也可以说,这种联合体也就是劳动者作为独立的自由人能够平等地参与合作组织的重要事务、进行各项民主管理的经济、社会共同体。

不过,现代合作社的这种民主管理制度在当代合作社的管理实践中遇到了一定的困难和挑战。从一般情况来看,在合作社初创时期或规模不大、人数不多的情况下,一人一票的民主管理方式显然是容易适合合作社经营的,也是便于实行的。然而,随着合作社规模不断扩大、业务日趋复杂、经营管理的技术含量不断增强,合作社的经营管理不得不越来越多地借助于专业管理人员,甚至是聘请的专职经理人员,这就容易造成合作社的管理权被控制在少数管理人员手中,有可能削弱甚至破坏了民主管理的监督、制约作用。鉴于这种情况,有的西方学者提出了"经理革命论",④ 认为在现代资本主义

---

① 索尔·埃斯特林,尤里安·勒·格兰德编:《市场社会主义》,经济日报出版社1993年版,第177页。

② 参见马克思:《临时中央委员会就若干问题给代表的指示》,载《马克思恩格斯全集》第16卷,人民出版社1964年版,第218—219页。

③ 马克思、恩格斯:《德意志意识形态》,载《马克思恩格斯选集》第1卷,人民出版社1972年版,第83页。

④ 这种"经理革命论"理论最早是由美国经济学家阿道夫·贝利(Adolf Berle)和加德纳·米恩斯(Gardiner Means)首先提出,后又经美国新制度主义代表人物约·K. 加尔布雷斯补充和发展,成为一种有重大而广泛影响的企业理论。

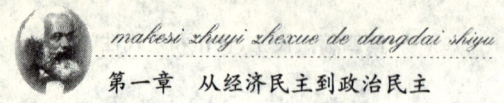

第一章 从经济民主到政治民主

大公司中,企业的控制权(即管理权)已经不再掌握在资本所有者即资本家手中,而是转移到了实际处于企业领导地位的经理手中了,企业的管理权已逐渐由资本所有者手中转移到以经理为核心的知识拥有者手中。同时,这种由"经理革命"引起的企业管理权力的转移,也同样会发生在合作制企业中,使合作社面临民主管理与专业化管理如何协调的难题。应该说,上述现象是存在的,但问题的实质却并非如此简单。因为正如马克思主义所强调的,体现在管理权上的经济关系的性质归根到底是由生产资料所有制的性质决定的;或者说,生产资料所有者最有权利决定谁是管理者,由生产资料所有者确定、选拔和控制管理者,只不过是财产所有权在经济活动中的一种特殊实现形式。可见,只要企业的所有权性质不发生根本的改变,即使企业的管理权部分地掌握在职业经理人手里,但其最终仍然是受生产资料所有者控制的。由于合作社的管理制度也是由其特有的产权制度所决定的,合作社的产权制度是一种建立在肯定劳动者的普遍所有权和合作劳动制度基础上的"个人所有制",所以,劳动者作为合作社的真正所有者自然应是合作社的最终管理者,有权决定进行管理的方式、管理人选包括选择职业经理人以及对管理的监督制约等重大问题。当然,无论西方合作社还是社会主义国家的合作制实践都表明,合作社内部由生产资料所有关系决定的劳动者平等参与管理的企业制度,只是为劳动者行使民主管理权提供了基本的制度保障。除此之外,为了使劳动者能够真正行使企业的民主管理权,还需要设法填补在合作社民主管理制度的基本模型与管理工作的实际运作之间可能存在的"缺口",如必须提供必要的实现劳动者民主管理的治理结构、运作机制以及由这种机制作保障的管理人才和管理知识,必须改造资本主义企业中的各种具体管理工具而不能照搬套用,特别是需要仔细地剥离掉这些工具的资本形式,保留由社会生产力或人类本质决定的一般内容,使之为合作社的民主管理服务。① 此外,还需要参照现代企业制度的要求,形成一系列具有兼顾了公平与效率的产权制度、分配制度等制度设计所产生的激励效应,使所有成员产生稳定的理性预期,并给予专业经营管理人员充分的激励和约束,克服专业管理人员的机会主义行为。只有这样,劳动者在合作制企业中的民主管理才有保障落到实处。

从现代合作社的制度结构来看,合作社的这种民主管理制度正是它之所

---

① 参见丁为民:《西方合作社的制度分析》,经济管理出版社1998年版,第126-152页。

以成为现代合作社、它之所以不同于其他一般的企业制度的一个重大特征。正如索尔·埃斯特林指出的:"工人合作社的核心乃是对决策的民主控制。"①乔·罗赛思查尔德和约·怀特也强调:"给予民主控制的方法以优先的地位是现代合作社的最基本特征。"② 正如前面说过的,企业的控制权最终是与其所有权相关联的。在合作社中,劳动者作为合作社的真正所有者自然也是合作社的最终管理者。所以在合作社中,劳动者既是企业的主人,是管理者,又是被管理者。这种合作社的民主管理实际上就是一种以集体管理形式存在的自我管理,它正好与资本主义企业中的以私人管理形式存在的雇佣管理相对立。因为就资本主义企业来说,"只要企业是在资本主义私有制的基础上组织的,资本就可以创造出它所需要的制度,以维护它对企业的统治。同时,正因为这种统治和支配是以资本为基础的,它就不可能是一个民主的制度,而只能是以资本的实力为转移的制度"。③ 即使是20世纪下半期以来,为了缓和企业中的劳资关系,调动职工的积极性,提高企业的竞争力和生产效率,许多资本主义企业纷纷开展了一些以允许职工参加管理、分享管理权、强化团队意识为内容的制度改革。如日本的"质量控制团体"、美国的"谈判模式"、德国的"共同决定"等。但是,正像有关的调查结果所显示的:"与西方许多观察者的信念相反,日本的参与决策制度并未导致工厂的民主。虽然公司允许工人提出意见和建议……但它们是拒绝工人作为决策权威的。"④ 所以,在资本主义企业中,只要尚未变革企业的产权制度,工人哪怕成为管理者也仍是形式上的,其作用是很有限的,他们在实质上仍是被管理者。但合作制通过其特有的产权制度和合作劳动制度等制度安排实现了劳动者对企业的控制,这的确是人类管理制度上的重大革命,因而具有重要的理论和实践的多方面意义。首先,它的最直接意义就是否定了资本家及其代理人在企业中的合法地位。在资本主义企业中,资本家及其代理人利用自己作为生产资料所有者的控制权,不仅通过作为劳动过程的监督者发挥作用,最终实现劳

---

① 索尔·埃斯特林,尤里安·勒·格兰德编:《市场社会主义》,第191页。
② J. Rothschild and J. A. Whitt: *The Cooperative Workplace*(〈合作工厂〉),Cambridge University Press,1986,p. 7.
③ 丁为民:《西方合作社的制度分析》,第115页。
④ R. M. Marsh: The Difference Between Participation and Power in Japanese Factories("日本工厂中参与和权力的差别"),Industrial and Labor Relation Review,January,1992.

动对资本的形式隶属,而且利用分工和机械化等手段,使劳动成为一种片面的、简单的和受劳动手段支配的异化活动,最终实现了劳动对资本的实际隶属。同时,也就是在上述工作中,资本家及其代理人找到了自己在资本主义企业中的支配地位。① 但是,在合作制企业中,劳动者通过自我管理把资本家及其代理人从企业活动中赶了出去,并且同样可以组织有效的生产活动,从而否定了资本对劳动统治的合法性。对此,马克思曾给予了充分的肯定和高度的评价。他认为,工人们独立创办的合作工厂,使"工人们不是在口头上,而是用事实证明:大规模的生产,并且是按照现代科学要求进行的生产,在没有利用雇佣工人阶级劳动的雇主阶级参加的条件下是能够进行的……"② 其次,它用实践表明了马克思所希望的扬弃资本和劳动之间的对立,使工人通过合作社这一联合体成为"他们自己的资本家",利用生产资料来使他们自己的劳动增殖、从而消灭劳动异化实现真正的劳动解放完全是可能的。当然,这种劳动解放需要有一个重要的前提,即只有通过生产资料所有制和劳动制度的根本变革,劳动者才有可能真正成为自己的主人。总之,合作制所体现的经济民主化实践及其基本精神与人类以往各种经济生活方式形成了鲜明的对比,特别是在当代资本主义企业管理制度和经济生活方式的弊端日益暴露出来的当代社会,它的意义和价值已引起了越来越多的西方学者及社会各方面的关注,必将对当代企业制度和社会经济生活产生广泛的影响。

二、从经济民主到政治民主

现代合作社的民主管理制度不仅保证了在合作企业内部实现经济生活的民主,而且还为将这种企业的经济民主延伸扩展到社会政治生活之中提供了有利的基础。索尔·埃斯特林指出:"通过增加工作场所工人的权利和给予他们参与决策的机会,工人的自我管理就会有助于政治民主。"③ 的确,与一般企业中现行的制度安排将企业的经济控制权集中在拥有资本所有权的资本家

---

① 丁为民:《西方合作社的制度分析》,第119页。
② 马克思:《国际工人协会成立宣言》,载《马克思恩格斯选集》第2卷,人民出版社1972年版,第133页。
③ 索尔·埃斯特林,尤里安·勒·格兰德编:《市场社会主义》,第176-177页。

手中相反，合作社通过给予成员在企业决策中以同等发表意见的权利而将控制权力分散化，并且可以由此激发全体成员潜在的主人翁责任感、主动性和创造性，发挥和增强其民主精神和民主政治的实践能力。特别是通过合作制的民主管理实践和机制，为全社会领域的政治民主化可以提供一种较成功可行的示范和微观的组织基础。因为一方面，合作社的一系列民主管理机制排斥了劳动与资本的对立，使利益分配更加合理，为全体成员的平等权利提供了经济基础，有助于防止机构的官僚化、决策的主观性和权力的腐化，合作社由此可以成为一种民主管理的典范；另一方面，合作社将分散的个人、特别是社会中大量缺乏自觉的组织意识的弱势人群组织起来，通过自由、平等的参与，成为广大群众自我表达、自我保护的经济组织和社会团体，既可以成为向政府和社会反映社员的普遍的和特殊的政治、经济要求，协调各种利益关系和政治关系、参与政治对话的经常性机构，又可以代理政府的微观的经济、政治管理职能，成为劳动群众在合作社内部及更大范围内实行民主自治的微观基础。显然，这是一条从经济民主走向政治民主的可行道路。

这条由经济民主通向政治民主的道路并没有引起大多数合作制的理论家和实践者的重视，但马克思是个突出的例外。马克思不仅特别重视了合作社的民主管理机制和功能，而且进一步强调了应将合作社的这种民主管理的机制和功能扩大到整个未来社会。因为按照马克思的设想，未来社会是一个合作制社会，即由无数合作社联合而成的全社会性合作社大联盟，所以自然而然地应在这种全社会性的合作社大联盟中同样贯彻执行民主管理的基本原理，使未来理想的社会真正成为自由、民主、平等、合作的社会大共同体、"自由人联合体"。这是马克思合作制思想中一个十分突出的基本观点和鲜明的理论特色。马克思的这一基本观点和理论特色，在其对巴黎公社的研究评价中得到了集中体现。由于早在《共产党宣言》中，马克思就指出过："工人革命的第一步就是使无产阶级上升为统治阶级，争得民主。"[①] 因此，在马克思看来，巴黎公社不仅是一个"想把现在主要用作奴役和剥削劳动的工具的生产资料、土地和资本变成自由集体劳动的工具，以实现个人所有权"，即剥夺了资本剥削的权利、实行劳动解放、合作生产的新型合作社，是一种并不是将合作制生产作为一句空话或一种骗局，而是实实在在地实行合作制生产，并进一步将它作为排除资本主义制

---

① 马克思、恩格斯：《共产党宣言》，载《马克思恩格斯选集》第1卷，第272页。

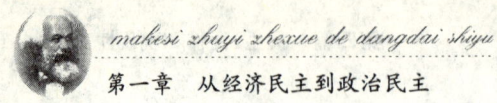

第一章 从经济民主到政治民主

度,在全国范围建立起联合的合作社组织,从而从事计划生产的"可能的共产主义";而且是一个废除了有产阶级的管理特权、工人拥有全部管理权的自治组织。① 马克思说:"公社的真正秘密就在于:它实质上是工人阶级的政府,是生产者阶级同占有者阶级斗争的结果,是终于发现的、可以使劳动在经济上获得解放的政治形式。"② 可见,实际上,这种公社就是将合作社的民主管理机制和功能进一步扩大到全社会之后的政治组织,是消除了由社会供养又与社会相对立并凌驾于社会之上的旧国家政权之后的民主政权和"廉价政府"。③

马克思上述关于将合作社的民主管理原则推广、应用于全社会的国家政权变革、通过合作社制度建立民主政治的设想,由于巴黎公社的失败未能真正实施,在以后的各国社会主义实践中也由于种种原因未能真正实施,而且,其理论设想本身也还存在一些缺陷和需要进一步深入具体地予以讨论的问题,如从经济民主如何走向政治民主的具体途径问题;一个相对较小的合作社范围的直接民主制如何在全国性范围的合作组织特别是执政机构中并在较长的时间过程中得到较好的体现和坚持的问题;劳动者民主自治的权力也同样存在如何监督、制约、分权,以防止腐败变质、提高效率、保证公正的问题,等等。但是,尽管如此,马克思的基本思想观点仍然是正确的、有价值的,对于我们发展社会主义的合作制、构建合作社会主义的民主政治体系,最终实现人类高度发达的政治文明,仍然富有重要的指导和启发作用。因为从根本上说,消除政治、经济和社会生活中的各种异化现象、特别是劳动异化和权力异化现象,保障劳动者的实践主体地位和作用,建立一个自由、平等、合作、富裕的社会共同体,是马克思无论在其合作社会主义构想中还是其他思想中都始终倡导的一个主要社会目标,而我们不难看出,这一社会目标也正是一切人类社会所普遍追求的一个基本理想。正因为如此,列宁作为马克思主义合作社会主义思想的主要继承者,在其"政治遗嘱"的"合作制构想"中,就十分重视在发展合作制过程中如何同步推进政治民主化问题,认为今后最好的政治就是少空谈政治,就是要以经济建设为中心,大力推进合作制的发展,并以此作为实现社会主义政治民主化的主要途径。同时,全社

---

① 参见马克思:《法兰西内战》,载《马克思恩格斯选集》第2卷,第378-379页。
② 马克思:《法兰西内战》,载《马克思恩格斯选集》第2卷,第378页。
③ 马克思:《法兰西内战》,载《马克思恩格斯选集》第2卷,第376-377页。

会范围的高度发达的民主政治也是合作社会主义发展的基本目标。在"论合作社"一文中,列宁就明确地把通过政治改革达到民主化当作实现其合作制计划的"两个划时代的任务"之一。① 从这个意义上说,合作化与民主化是合作社会主义发展中不可分割的两个方面。两者互为条件、互相促进、合二为一,共同推进整个社会的政治民主化。在这方面,我国一些地方的县乡管理体制改革就在实践上朝着这个方向作了很可贵的尝试,如温岭的民主恳谈会等。一些学者已把它们称之为民主合作制,即通过政府与公民个人、企业、社会组织之间平等的对话协商、高度合作,以合作制的方式实现整个社会的经济和政治层面的民主化管理,获得合作各方的共赢效益。②

不过,我们说通过发展合作制的民主管理制度可以推进整个社会的政治民主化,这只是由经济民主走向合作社会主义的政治民主的一条重要途径。实践表明,仅仅靠合作制自身的力量是难以顺利达到合作制的民主管理目的的,更不用说实现整个合作社会的民主化。正因此,马克思主义十分重视首先从社会根本制度上为合作社会主义的经济民主化和政治民主化提供基本保障。无论马克思、恩格斯还是列宁都一再强调,只有彻底废除资本主义私有制和雇佣劳动制度,让劳动群众拥有生产资料的所有权、成为自己劳动的主人,并进而掌握国家政权,才能从根本上解决劳动与资本的对立,使劳动群众拥有企业生产经营活动的民主管理权;同时,也只有如此,才能进一步为实现合作社会的政治民主化提供客观基础。当然,除此之外,还必须通过对以往的国家政权的管理体制、运行机制、内部治理结构、权力制衡机制以及政治文化等做重大改革,使劳动群众对国家政权的民主管理权从形式拥有转变为实际拥有,使国家权力从管治型转向服务型,创建出以高度发达的民主政治为核心的前所未有的合作社会主义的政治文明。可以肯定,这种政治文明的发展,必将反过来对经济基础的发展产生巨大的推动作用。尤其对许多落后国家来说,政治上的专制、落后往往已成为其社会经济及文化发展的瓶颈。所以,从根本上进行政治改革,推进以政治民主化成为核心的现代政治文明的发展,无疑将极大地促进其经济及社会、文化的现代化发展,为最终实现作为"自由人联合体"的合作社会提供一条可行的道路。

---

① 列宁:《论合作社》,载《列宁全集》第 43 卷,人民出版社 1987 年版,第 368 页。
② 参见徐家良:《民主合作制:政府与公民间的双赢博弈》,《浙江社会科学》2003 年第 1 期。

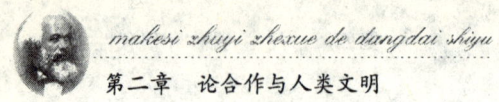

第二章

论合作与人类文明

现在,全社会都在呼吁要创建和谐社会。那么,和谐社会究竟如何创建?我认为,创建和谐社会最重要的一个途径应该是通过广泛的合作。因为合作是人类活动的一种基本方式,特别是持久、广泛的制度化合作正是人类社会不同于动物界的"文明的扩展秩序",是人类文明得以产生和发展的一个重要基础。只有通过广泛的多种类多层次的合作,才能协调好各方面的关系和利益,建立起和谐的文明社会。

一、文明起源于合作

如果我们从一种新的角度来观察和解读人类历史,即以合作的观念考量人类文明的产生和发展历史,那么就可以发现,合作实际上可以被看作是人类活动的一种最基本方式,就人类文明的实质性过程来看,没有合作几乎就没有人类文明的产生和发展,一部文明史也就是一部合作进化史。这可以称之为一种"文明—合作"的历史观。

"合作"(Cooperation)一词首先意指社会成员之间的共同行动或协同互助活动,更宽泛一点讲,合作可以指一切在人们之间就共同行动或协同互助的规则达成的一致,包括就竞争的规则达成的一致。它反映的是一种人们在社会经济活动中平等互助的关系。合作作为一种活动方式,不同于个体的单干,因为合作具有参与主体的多元性(至少两个主体以上)和行为目标的一致性的特性，即合作是由若干人或若干集团为了某一特定目的的共同行动而形成的。合作也不同于一般的协作，因为合作具有参与主体在权利义务方面的平等性，即合作是所有的参与主体以平等的条件和资格参与活动、承担义务、分享成果的一种活动，而协作（如协作生产）则不需要必备这些条件。合作是一种平等互利的协同互助活动。

　　合作是人类活动的一种基本方式，也是人类文明得以产生和发展的一个重要基础。人类社会活动中既遍布竞争、斗争，又充满协同、合作。可以说，合作和竞争在人类社会发展中的关系是既对立又统一的，缺一不可。以往人们对竞争问题关注、研究得较多，而对合作问题则关注得较少，但实际上，持久、广泛的制度化合作正是人类社会不同于动物界的"文明的扩展秩序"，是人类文明的一大特征。

　　社会心理学中有一个著名的悖论叫"囚徒困境"（或"囚徒悖论"）。两个合伙作案的罪犯被当作嫌疑人抓起来隔离囚禁，等待审问。他们因为无法串通商议，所以对于是否招供、如何招供，很难做出对自身最有利的选择，从而陷入两难的困境。"囚徒困境"这一悖论揭示出了：当一个个体的理性行为加入到一个整体过程中时，往往可能变成非理性的、或者说会导致群体的非理性的行为。因此，"囚徒困境"悖论的意义，实可以用来理解非常广泛的社会现象和个人行为，特别是从反面说明了人类合作的重要性：人与人之间既充满矛盾和斗争，又普遍地需要合作。如果人与人之间的行为能够尽可能地进行沟通和合作，那么就可能避免陷入各种不利局面，产生互利互惠的"双赢"结果。

　　人类经常面对各种各样的"囚徒困境"，为此，人类不得不寻求各种各样的合作。从历史上看，人类社会的各个阶段和各种活动领域都曾经出现过广泛的合作行为。人类正是由于有了合作，才使人类成为人类的、区别于动物所独有的生产活动成为可能，才使人类的社会生活、家庭生活以及精神文化生活得以进行。例如，自古以来，世界上一些地方的农民就有在收获时合作"护秋"以防盗贼和野兽的传统，这是最简单、最常见的合作行为。又如，当一些游牧民族决定在某地定居下来，他们往往会合作建筑和管理某些水利、道路、教堂等能够使合作者普遍收益的工程。再如，传统社会中一些由手艺人或商人组建的行会也具有为其成员进行平等互利的合作服务的职能。至于在日常生活中，某些家族、村落或人群为了生产、生活、消费中的某些活动，

第二章 论合作与人类文明

根据习俗或约定（大都是口头的、临时性的契约）采取短期的、一次性的、阶段性的合作行为，是非常普遍的。如利用合作集资、轮流受益的办法进行重灾重病的救治、婚丧嫁娶的送礼"凑份子"等。可见，广义上的人类合作活动及其合作观念，是普遍存在的，其产生的历史也是十分悠久的，自有了人类活动起，就存在着人们之间相互的合作行动。这样，合作就是与人类文明发展史同步产生和发展的。从这个角度去看人类文明史，我们还可以进一步说，人类的各种合作活动及合作观念是推动人类文明发展的巨大杠杆，人类的文明史就是一部不断地从冲突走向合作的历史。人类从无数次两败俱伤的冲突教训中逐渐学会了谈判妥协，懂得了从合作中求得互利互惠。这个历史过程体现了人类文明发展不同于一般动物性生存的一个最基本特征。因此，著名的自由主义思想家哈耶克在体现了其毕生思想主要脉络的最后著作《致命的自负》里开篇就指出："我们的文明，不管是它的起源还是它的维持，都取决于这样一件事情，它的准确表述，就是在人类合作中不断扩展的秩序。"①其实，一般的合作并不是人类所特有的现象，在生物界也存在合作。以往的生物进化理论是以生存竞争和适者生存为基础的，只重视生物进化过程中的竞争，而对生物进化过程中的合作现象缺乏重视和研究。实际上，"合作普遍存在于相同种类的生物个体之间，甚至存在于不同种类的个体之间，"② 前者主要发生在具有密切的亲缘关系的生物种类中，后者大都表现为不同生物构成的互惠的共生现象，例如寄居蟹和它的搭档海葵，树和它的寄生真菌，小鱼或甲壳动物移去或吃掉可能是它的捕食者的大鱼身上甚至嘴里的真菌、残渣的共生现象等。

不过，尽管一般的生物也存在着合作现象，但它与人类活动中的合作行为还是有着许多重要的区别。首先，生物界的合作主要出于本能的、不自觉的活动，而人类社会的合作则往往是自觉的、理性的活动；其次，生物界的合作主要是适应性的活动，而人类合作则是蕴涵创造性的活动；再者，生物界的合作主要是自发的、缺乏组织和规范，人类社会的合作活动则往往是通过一定的组织和规范实现的，大量的特别是那些持久、广泛的合作总是表现

---

① 哈耶克：《致命的自负》，中国社会科学出版社2000年版，第1页。
② 美国密执安大学著名的政治学和公共政策教授罗伯特·艾克斯罗德在其杰作《The Evolution of Cooperation》一书中，对生物界中普遍的合作现象作了深入的研究、介绍，参见该书中译本《对策中的制胜之道——合作的进化》第五章《生物系统中的合作进化》，上海人民出版社1996年版。

为一种制度化的合作。

人类与一般生物在合作活动上的这些重要区别,其主要根源恐怕在于人类不同于其他生物所具有的学习能力。控制论的创始人维纳(Norbert Wiener)也强调,人类和其他动物的决定性差异在于"学习"。人类正是通过其他一般生物不具有的极强的学习能力而在面对世界上的各种矛盾冲突时能够不断地总结经验、学会合作,并且积累和完善有关合作的知识,促进了合作的进化。现代西方学者十分重视从经济学、社会学等方面研究人类知识(包括传统、道德和专门技术等)的学习对于合作活动的影响,其道理就在于此。

当然,就人类自身的合作来说,它也不是从来如此,一成不变的。正如前面曾说过的,人类合作需要有一个不断学习的过程,人们之间的相互合作需要建立在一定的文化传统和知识背景的基础上,因而人类合作实际上存在着一个进化的过程,在这一过程中,人类的合作活动不断摆脱了自然的束缚,与一般的生物性合作拉开了距离,从而使人类合作逐渐具有了上述不同于一般生物性合作的特点。换句话说,人类合作表现为一个进化的过程,即表现为一个由具有较多的生物性合作向具有更多的人性化合作转化的过程,表现为一个由具有较多的不自觉性、被动性、单纯的适应性、自发性的合作向具有较多的自觉性、自主性、创造性的合作发展演进的过程。同时,这一过程也表现为一个由局部的、带有偶然性、不确定性的合作向普遍化、规范化、制度化的合作发展演进的过程——这在很大程度上构成了古代社会与近现代社会在合作现象上的重大区别。如在古代社会中,由于这样那样的原因,人们的合作行为大都只是局部的、短期的和阶段性的,带有不确定性和不规范性,并没有长期化、固定化。同时,这些合作行为多数靠隐含的传统习俗和非正式的契约加以维系,没有明确的(书面的和法律的)契约制度形式加以规范和固定化,也没有实现高度的组织化,所以这种合作往往因缺乏普遍使用性而无法扩大发展。这与近现代社会中普遍化、制度化的合作现象恰成对比。近现代社会中的合作行为由于实现了组织化、规范化、制度化,往往可以发展成经常性的、大规模的、普遍性的合作,不仅使合作行为产生了显著的规模效益,节约了合作成本,而且使合作成为近现代社会中普遍而重要的生产、生活方式。这种合作进化的现象也表明了,在近现代社会中,以合作的方式而不是斗争的方式来处理人类社会生活中的各种事务、解决形形色色的冲突和争端,已越来越多地成为人们的共识和基本的行为价值取向,使合

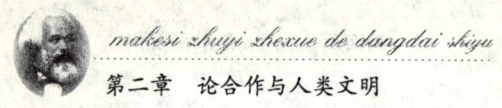

作在促进现代文明、引导未来走向的进程中发挥了日益重要的作用,使人类实现普遍合作的合作社会的理想逐渐成为可能。显然,这一过程也就是人类由野蛮到文明,由低级文明向高级文明演变的过程。从这一意义上可以说,真正的人类文明起源于合作。没有人类社会的合作就没有人类文明的产生和发展,一部文明史也就是一部合作进化史。这是一种"文明—合作"的历史观。霍布斯等人把人类的原始状态看作是一个野蛮争斗、普遍敌对的无序社会,认为人类正是从这种两败俱伤的冲突中逐渐懂得了和平合作的重要性,开始制定契约、建立秩序,从而使社会走向了文明,这种观点实际上也表达了一种"文明—合作"的历史观。因为"文明—合作"的历史观强调了契约、秩序等文明成果本质上是人类合作的产物,也是文明社会人类合作的重要内涵。而且,根据这种历史观,我们有理由进一步相信,未来理想的人类社会应是合作社会,即一个既有个人的充分独立和自由发展,又实现普遍合作的社会。

总之,"人类文明"与"合作"是一种互动关系。如果说人类文明的产生和发展在本质上是人类合作的产物,那么反过来也可以说,人类合作的发展和演进也正是反映人类文明发展的标尺,也是人类文明进步的结果,尤其是近现代社会中普遍化、规范化、制度化的合作,更是人类近现代文明发展的一个巨大成就,融汇了人类的经济文明、政治文明、精神文明的多方面的优秀成果,对现实生活和社会发展有着深刻而巨大的影响。这种近现代社会中普遍化、规范化、制度化的合作,概括起来应有以下一些基本特征:一是合作主体的多元性,即参与合作的主体至少应在两个(含两个)以上,且是能对自己的合作行为负责的独立主体。二是合作主体的独立性,即参与合作者应是能够独立进行合作活动并对之负责的主体。因此,处于奴役状态的奴隶之间无法进行真正的合作。同时,合作者应独立拥有或掌握一定的能够自由支配的资源,这是形成和参与合作行为的前提条件。这个资源包括人的劳动能力、智力、技术、资金、生产资料等。三是合作者行为目标的一致性,为此,合作者拥有并可自由支配的资源应具有一致性或互补性,以便于通过合作行为达到一致的目标。没有一致的目标就很难产生持久有效的合作。四是合作者之间的平等性,即所有合作主体都有平等的权利参与合作活动、进行民主管理、发挥监督制约作用,使所有合作活动都是平等协商、共同行动的结果。五是合作行为的互利性。合作的目的是为了合作各方通过合作行为获得并分享合作收益剩余，而且这种合作收益剩余的分享是公平的、互利的，是合作者双方的"双赢"、多方的共赢。这也正是合作行为能够存在和发展的根本原因。综上所述，合作所体现的基本精神是自由平等、互利互惠、共享共荣。这种合作精神不仅在近现代以来各种合作社的制度设计和合作活动的实践中得到了很好的体现，也已构成现代文明社会的一些基本价值理念，具有独特而重大的意义。

二、现代社会与合作制

上述的合作史观表明了，人类合作正是推动人类社会不断发展的强大动力。不过，这种合作史观对于传统社会来说还比较好理解，但不少人会产生疑问的是，通常认为现代社会首先是一个市场经济社会，而市场经济社会主要是讲竞争的，合作作为推动人类社会不断发展的强大动力仍然有效吗？的确，现代社会首先作为一个市场经济社会，竞争是十分重要的，与此相应的是，传统经济学只注重研究市场经济中的竞争，而不重视研究市场经济中的合作问题，从而使一般人都误以为合作制与现代市场经济没什么关系。但实际上，从合作社产生的历史过程可以看到，在自然经济条件下是不可能产生真正制度化的合作社的。因为自然经济主要是一种追求自给自足的产品经济，它没有分工的不断发展，没有市场竞争，每个人、每个家庭都像是一个个孤立的、互不相干的"马铃薯"（马克思语），这样他们自然不需要也不可能进行经常性的合作。而在近现代市场经济条件下，商品生产的分工、协作、市场的交换、竞争以及对高效率的追求正是导致合作社产生和发展的一些基本因素。所以，虽然人类的合作活动及合作观念有着悠久的历史，但是，合作社作为一种具有规范性的生产和生活组织制度形式，最早却出现于18世纪60年代的欧洲，迄今只走过了两个多世纪的历史。合作社最初出现于欧洲，尤其是英国，并不是偶然的。英国从18世纪的60年代开始到19世纪30年代完成了产业革命，以机器生产代替了手工劳动，工厂制度代替了工场手工业，从而确立了市场经济的统治地位。合作社正是市场经济的产物，也就是市场经济中社会矛盾的产物。正是资本主义社会第一次系统地建立和发展了人类的社会合作理想及其实践，连整个资本主义社会本身的发展也是人类社会的

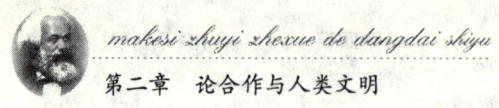

第二章 论合作与人类文明

合作秩序的一种建立和扩展的过程。正像哈耶克所指出的：我们的文明由以发生并赖以维系的东西，精确地说只能够被描述为人类合作的扩展秩序，而所谓"资本主义"实质上就是这样一种能够把这种人类合作不断扩展的秩序。

在人类社会生活中，人们不得不经常面对各种困难的境地，在面对这种困难的境地时，人们独自或单方面地试图去解决问题往往是很难的，但如果借助于众人的联合和多方面的协作，则往往比较有利于解决难题。这也就是著名的"囚徒困境"悖论所揭示的合作原则。这种合作原则的有效性不仅十分普遍地在从个人关系到国际关系的一切人类生活的事务中表现出来，而且随着近现代工业化和市场经济的发展，在资本主义社会里更有着其特殊的意义。因为资本主义市场经济的普遍化，使全社会成了通过商品交换而在经济上彼此依赖和竞争的社会分工体系，所以市场经济是一种充满竞争性的经济。但是，这种竞争性经济在有力地促进社会生产力发展的同时，也加剧了社会的两极分化、贫富悬殊。占人口大多数的雇佣工人、小生产者和低收入的消费者作为个人在市场竞争中不可避免地处在了弱者地位。合作社首先就是这些竞争中的弱势人群试图用群体的合作优势来增强自己的竞争地位和改善自己的不利处境而创立的。因此英国早期的合作社以消费合作社居多，它们是低收入者为了对付商人的价格垄断和中间商的盘剥而产生的；19世纪的德国信用合作社较为发达，这是为了适应不易从商业银行得到贷款的手工业者和农民的融资需求。当然，随着市场经济的发展，合作社的类型、形式也随之不断发展变化，但是，它作为市场竞争中独立劳动者和分散的消费者通过合作实现自我保护的制度结构功能却基本上没有改变，也不能改变，因为那是合作制的基本功能。

如果说市场经济催生了合作制，那只是说到了事物的一个方面。而另一方面，市场经济本身也需要合作制。市场经济不仅需要竞争，更需要合作，可以说市场经济在本质上蕴涵了合作原则。例如市场经济的一个基本内涵是要求合理地配置资源，达到最大限度地提高效益的目的。但是，资源本身具有稀缺性，由这种稀缺性所造成的利益冲突往往会使市场这只"看不见的手"不会始终自动地调度好最佳的资源配置，而是也有"失灵"的时候，使"看不见的手"变成了"看不见的肘"，并由此造成了种种经济危机、社会问题、环境问题，等等。"市场失灵"的情况证明了"囚徒困境"悖论的存在：每个个体根据趋利避害原则而做出深思熟虑选择的理性行为可能导致集体非理性的后果。但合作有助于消除因分工等发展所造成的专业局限性及知识、信息的不充分性等所带来的选择的片面性，降低"交易费用"、缓解甚至消除"囚徒困境"，从而产生新的更大的效益。人类就是这样从无数次两败俱伤的冲突教训中逐渐学会了谈判妥协，懂得了从合作中求得互利互惠的，人类文明逐步从冲突走向合作的历史过程，再次在市场经济的发展过程中得到了典型的体现。

当然，我们说市场经济需要合作制，并不等于说市场经济会很自然而然地产生合作制。大家知道人不是天使，他们往往首先关心自己的利益。在资本主义市场经济社会里，市场活动的主体是那些追求利益最大化的"经济人"，人们更是普遍以求利、自利作为其一切活动的主旋律。然而，即使如此，合作现象仍然四处可见，它过去是，现在仍然是人类文明的主要基石。那么，值得深思的问题是：在每一个人都有自私动机的情况下，怎样才能产生合作呢？美国著名的合作行为研究专家罗伯特·艾克斯罗德组织大批对策论专家通过模拟"囚徒困境"的计算机竞赛游戏研究人类合作产生的条件及演化进程，"这些竞赛的结果表明在适当的条件下，合作确实能够在没有集权的自私自利者的世界中产生。"[①] 这种合作以"一报还一报"策略为典型的合作原则。而且，相互回报的合作原则并不像我们一般以为的要以道德和友谊为必备条件，相反，"在合适的环境下，合作甚至可以在敌对者之间产生"，[②] 就像在残酷的第一次世界大战的堑壕战中敌对的两军竟然出现了"自己活也让别人活"的合作系统。现代合作理论正是基于对这种追求自身利益的个体的合作行为的研究。它表明了个体出于追求自身利益也可以进行彼此之间的有效合作，而这种合作便不是基于对他人的关心或对群体利益的考虑，而主要是出于能够满足其自身特殊的利益要求的"相互回报"策略。可见，"相互回报"策略作为一种基本的合作原则，由于它不仅兼顾了合作双方的利益，而且由于合作双方都要追求自身利益而不得不对双方的自利行为予以一定的约束，所以它是在没有外在权威强迫下个体进行相互合作的有效策略。显然，这种相互回报的合作原则也是促使市场经济社会中追求自利的"经济人"能

---

① 罗伯特·艾克斯罗德：《对策中的制胜之道——合作的进化》，上海人民出版社1996年版，第15页。

② 罗伯特·艾克斯罗德：《对策中的制胜之道——合作的进化》，第67页。

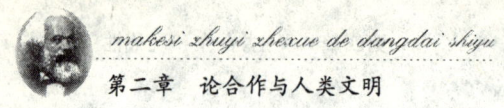

够进行有效合作的基本动因。当然,市场经济中的有效合作不仅需要互利互惠的利益机制作基础,还需要与之相适应的制度安排(如合作社制度)做保障,这正是为什么拥有合作社这类规范性制度化的现代合作活动远比以往人类的合作活动都更持久、广泛而富有成效的重要原因。

此外,现代社会分工的发展也不断地凸显了发展合作的必要性。我们知道,现代化的大生产和高度发达的交换是建立在日益普遍化、专门化的精细分工基础上的,可以说,现代社会的生产和各种实践活动,一刻都离不开发达的分工。而分工越发达,又反过来越离不开合作。因而,所谓分工,必须是合作基础上的分工,而所谓合作,也必须是以分工的发展为前提条件的合作。从这一意义上讲,分工就意味着需要合作,合作就意味着有分工。分工与合作是现代市场经济的一体之两翼,缺一不可。举个例子说,我们固然可以用"只要功夫深,铁杵磨成针"的传统方法通过个体的长期的巨大的努力做成一根缝衣针,但这样一根针的成本代价太大,缺乏效率。而如果出售,其售价也必定高昂才可与投入相称。但现在市场上出售的缝衣针由于是现代工业化大生产的产物,不仅价格十分低廉,而且美观实用,样式丰富,这些正是现代社会的分工和合作相统一的结果。如果还是采用个体的手工式的生产,则根本不可能有这种结果。高度发达的分工及其合作是现代市场经济社会高效运转的重要保证。

如果说上面我们还只是从一般的意义上讨论了市场经济是如何产生和需要合作社及各种合作活动的,那么现在接下来的问题是:现代合作社及各种制度化的合作活动也需要市场经济吗?特别是中国的合作社会主义的发展与市场经济的发展是否相统一呢?

从合作制的发展史来看,合作制可分为传统型合作制和现代型合作制。传统合作社往往被看作仅仅是在弱势人群中进行联合、协作的组织。虽然它在客观上产生于市场经济的环境,与市场经济有着千丝万缕的联系,但它在主观上往往又自觉不自觉地排斥市场经济,不重视市场机制的作用。这使传统的合作社具有浓厚的政治色彩,它和劳工运动一样,首先是作为工业资本发展的对立物产生的。这在空想社会主义者的合作制试验、欧洲早期的合作社及我国20世纪50年代的合作化运动中表现得很典型。国际上通行的合作社的基本原则也侧重于此。但是,西方现代型合作社除了保留了上述传统合作社的基本原则之外,在一些合作制内涵和具体的企业制度上有了一些新的重要变化，其中最主要的就是引进以市场为导向的经济利益最大化原则，使合作制与现代市场经济具有了较好的相容性，因而能积极地融入现代经济轨道来开拓自己的发展空间。像西班牙的蒙德拉贡工人合作社就是这样一个典型。① 总之，在现代市场经济社会中，一般追求自利的"经济人"只有通过合作才能建立起一种能够解决利益冲突的秩序，提高经济组织和社会生活的运行效率，使原来存在着利益冲突的合作者之间达到一种新的利益协调。现代合作社作为一种制度创新就是一种在市场经济环境中如何寻求和均分合作利益的有效机制。所以从制度上看，市场经济和人类历史上各种其他经济的一个根本区别，就是市场经济允许乃至鼓励每一个与别人合作，并从这种合作中实现互利互惠，只要这种行为不妨碍别人的同样权利。西方市场经济中有"双赢"的观念，"双赢"就是指利人又利己。人们通过平等交换、互助协商等合作形式，达到资源的合理利用和效益的极大提高，从而既满足了自己的私利又满足了他人的私利，这就是合作所产生的"双赢"效果。市场制度在某种程度上也可以说就是一种利人利己的合作制度。可见市场经济与合作经济不仅不存在根本对立，反而具有内在的相容性。正因为市场经济内含有合作精神，广泛地存在着对合作的内在需要，才可能在此基础上进一步形成各种形式的制度化合作组织及合作活动。

三、合作社会的理想

人类自古以来就充满了对合作与合作社会理想的追求，从中国古代源远流长的"和合"思想，到中外古代关于"大同世界"、"桃花源"、"理想国"等理想社会的构想，都体现了人们特别是关心社会和民生的先进思想家们对人类的普遍合作和合作社会的向往和追求。显然，这是人们对合理的人类生存状况和社会秩序的一种最美好的理想。

当然，人类对合作和合作社会的理想追求直到近代才开始分外强烈起来，有关合作社会的思想也在近代第一次开始以较为系统化理论化的形式予以阐述。从世界范围来看，近代关于合作社会的思想是随着欧洲资本主义的发展

---

① 可参见汉克·托马斯等：《蒙德拉贡——对现代工人合作制的经济分析》，上海三联书店1991年版。

而产生和演变的,商品生产和交换、市场经济、普遍交往的发展,特别是由于资本主义的发展而导致的贫富两极分化、社会结构简单化现象为近现代合作思想的产生和发展提供了客观基础。像莫尔的"乌托邦"、康帕内拉的"太阳城",空想社会主义者傅立叶的"和谐社会"、欧文的"合作公社"等的设想,就是其中一些较突出的典型。在傅立叶和欧文提出其合作思想以后,对后来合作社会理论的发展产生了巨大的影响。现代的合作社会思想大致可以划分为三个主要的流派:(1)合作改良主义,属于在傅立叶和欧文的学说基础上形成的主张通过合作社来改造资本主义社会的改良主义,代表人物有拉萨尔、季特以及20世纪30年代的"第三条道路"的社会主义改良主义者们;(2)合作资本主义,属于资产阶级自由主义的合作社会理论,他们强调了空想社会主义者设想的合作社的组织功能,而抛弃了合作社的社会改造功能,把合作组织当作适应资本主义制度和市场经济体制要求的一种经济组织形式或克服资本主义制度局限性的重要工具,而不是去改造或否定资本主义制度。这一流派产生于19世纪中叶的德国,早期代表人物有舒尔采·德里奇和赖法伊,现代的代表人物有加尔布雷斯等;[①](3)合作社会主义,属于马克思主义的合作社会理论,它是在批判空想社会主义的空想成分、吸收其科学内核的基础上,伴随着科学社会主义的产生而形成的。这一流派认为,资本主义制度下的合作社具有二重性质,它不可能将资本主义制度改造为社会主义制度,只有社会主义社会,合作组织才会成为一种人民普遍接受的公有化形式,合作化道路才会成为小商品生产者或个体经济向大规模的社会主义经济轨道转变的最合理可行的道路。马克思主义合作社会理论的代表人物主要有马克思、恩格斯、列宁、斯大林、毛泽东,中国改革以来由新的合作社会实践引发的探讨,也是对马克思主义合作社会主义理论的发展。[②] 总的来说,合作思想在西方的发展经历了从空想社会主义的合作社会构想到当今占主流地位的资产阶级自由主义的合作经济思想的发展轨迹,在其基本的目标取向上,存在着一个从把合作组织看作改革社会制度的工具,向把合作组织看作只具有

---

① 参见王天义、杨欢亮、乔传福:《中国股份合作经济》,企业管理出版社1997年版,第48-49页。

② 关于合作社会主义的概念及其发展问题,可参见朱晓鹏:《论列宁最后思想中关于"合作制的社会主义模式"的理论构想》,载《马克思主义来源研究论丛》第20辑,商务印书馆2000年版;《落后国家合作社会主义的发展道路》,载《当代世界社会主义问题》2002年第1期。

改善社会功能的企业制度形式的转变，而在其研究的内容上，则存在着一个从注重合作社的政治目的和意义向注重合作社的经济组织功能的转变。这种转变，使西方合作社理论更贴近了资本主义经济社会发展的现实需要，也彰显了西方合作资本主义理论及实践的内在局限性。特别是在当代社会发展中，由于各国在一定程度上的自由放任和无所作为，往往造成了在获得经济发展的同时，也普遍存在着诸如经济危机、贫富悬殊、资源浪费、环境破坏、人性异化等社会经济问题，存在着各种"囚徒困境"中的两难境遇。而要解决这种把"看不见的手"变成了"看不见的肘"的这些"囚徒困境"，还须借助于在重建人类价值体系的基础上人的主体性的进一步觉醒和提升，大力倡导和发展人与自然、人与他人、人与社会以及不同国家、不同民族、不同地区、不同文化传统之间的普遍合作精神，进一步彻底实行合作制原则，通过社会合作制度的真正普遍的发展打造出人类的诺亚方舟，最终驶向全面的合作社会，实现人类创建和谐社会的理想。因此，社会合作制度的发展不仅仅是一个"自然的历史过程"，而且也是一个较漫长的人的主体性的重塑和人的自由、平等、和谐不断发展的历史过程。

正如马克思所设想的，未来理想社会就是一个大"自由人联合体"，而这个自由人联合体实际上就是合作社会主义经过长期发展后所达到的高级形态，是一种全体社会成员都能够作为自由人平等充分地进行合作的社会共同体。在马克思主义看来，无论是从社会主义的基本价值取向上还是从社会主义的根本制度特征上来看，社会主义本质上应是在人类社会发展达到较高级形态之后的一种社会合作共同体，即合作社会主义社会。马克思主义的社会主义思想可以概括为就是一种合作社会主义的学说，因为它在实质上是一种主张通过合作制，而且仅仅通过合作制来建成完全的社会主义，社会主义社会就是合作制社会的学说，也就是说，真正的社会主义社会将是一个建立在发达的社会化生产基础上的合作社会，合作社会主义社会的发展目标就是要通过各种形式和途径建立起这种全社会性的合作网络、实现普遍的社会合作的"自由人联合体"。未来社会作为自由人联合体，就是一个合作制社会，其基本的社会单元就是合作社。在未来的社会经济生活中，会有很多各行各业的合作社，而每一个合作社都是一个小的自由人联合体，整个社会就由这些各行各业、不同类型不同层次的合作社自下而上地组成的合作社联盟，也即一个大的自由人联合体。在这个大联合体中，无论是个人还是单个的合作社，

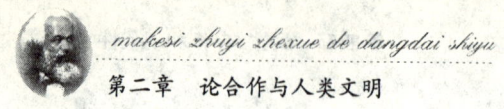

都享有最大的完全的自由平等的权利。当然,合作社会主义上述目标的实现需要有一个长期发展的过程,也可以采取多种多样的实现形式,走各自不同的发展道路。同时,合作社会主义还应是一个具有多层次结构的社会,而不可能是一劳永逸地达到纯而又纯的终极完美状态。因为迄今为止,人类社会已形成过各种各样的共同体,大到国家、民族、政党,小到家庭、社区、合作社,在最广泛的意义上说它们都是人类合作的产物,都在不同程度上反映着人类合作的理念和行动。不过,总的来说,人类历史上的各种共同体大都是狭隘的、虚幻的共同体,而不是真正普遍性的、真实的共同体。只有在合作社会主义条件下,合作社及其高级形态"自由人联合体"才可能是真正具有普遍性的、真实的共同体。

造成这种不同共同体在性质上的根本区别的,主要是由于它们与个人的不同关系。也就是说,个人在共同体中的地位和作用,决定了一个共同体是真实的还是虚幻的。"在过去的种种冒充的集体中,如在国家等等中,个人自由只是对那些在统治阶级范围内发展的个人来说是存在的,他们之所以有个人自由,只是因为他们是这一阶级的个人。从前各个个人所结成的那种虚构的集体,总是作为某种独立的东西而使自己与各个个人对立起来;由于这种集体是一个阶级反对另一个阶级的联合,因此对于被支配的阶级说来,它不仅是完全虚幻的集体,而且是新的桎梏"。在这种共同体中,个人"不是作为个人而是作为阶级的成员处于这种共同关系中的",① 因而它在本质上是与个人的存在和自由发展相对立的。也就是说,由共同体所反映的公共利益并不能够或者说并不总是能够代表真正的个人利益,因而共同体往往成了一种"虚幻的共同体"。"正是由于私人利益和公共利益之间的这种矛盾,公共利益才以国家的姿态而采取一种和实际利益(不论是单个的还是共同的)脱离的独立形式,也就是说采取一种虚幻的共同体的形式。"②

但是马克思主义是最重视个人问题的。马克思主义的一个基本前提就是肯定了"现实中的个人"是一切社会历史的出发点,也是有关社会历史理论的出发点。马克思对以往社会历史的分析批判,主要着眼点在于它们对人、

---

① 马克思、恩格斯:《德意志意识形态》,载《马克思恩格斯选集》第1卷,人民出版社1995年版,第121页。

② 马克思、恩格斯:《德意志意识形态》,载《马克思恩格斯选集》第1卷,第86页。

"现实中的个人"的剥夺和扭曲;同样,马克思对未来合理社会的构想、展望,也主要围绕了个人的全面解放和自由发展而展开,因为没有个人的全面解放和自由发展,也就没有真正的人类社会的解放和发展,"人们的社会历史始终只是他们的个体发展的历史"。① 所以马克思曾从三大社会形态演进的角度,描述了个人如何从对他人的隶属关系、对物的依赖关系等束缚状态中挣脱出来,实现全面解放和自由发展的过程。马克思、恩格斯说:"私有制只有在个人得到全面发展的情况下才能消灭,因为现存的交往形式和生产力是全面的,所以只有全面发展的个人才能占有它们,即才能使它们变成自己的自由的生活活动。"② 可见,个人的存在状况、个人的自由和解放,是马克思一生的思想探求的终极价值目标和关怀主体问题。正是由于马克思主义高度重视个人,所以在个人与集体或共同体的关系上,马克思主义反对黑格尔那种把国家这类本质上是"虚幻的共同体"当作终极的价值目标,强调个人具有超越于集体之上的终极价值,任何集体只有使各个个人不仅在其中不再与自己相对立,而且使"各个个人在自己的联合中并通过这种联合获得自由",才是"真实的集体"。据此来看,未来社会的自由人联合体就是这样一种"真实的集体",真正的社会合作共同体,因为"在这个共同体中各个个人都是作为个人参加的。它是各个个人的这样一种联合(自然是以当时发达的生产力为前提的),这种联合把个人的自由发展和运动的条件置于他们的控制之下"。③ 合作社通过实行劳动合作和资本合作等合作形式及相应的制度安排,充分保障了个人的各项权利和自由,使合作社及由各种各样的合作社联合而成的联合体能够真正成为独立、自由的个人所组成的合作共同体。

由于社会合作共同体已经成为个人的"真实的集体",所以个人与社会就实现了统一:一方面,社会是自由、独立的个人的联合体,个人的权利和意志能够在这个联合体中得到真实的体现,实现政治、经济和社会生活各方面的自由民主和平等,这样也就可以使合作制原则中的自由合作、管理民主、权利平等在整个社会合作共同体的各个方面都得到真实的体现;另一方面,"只有在共同体中,个人才能获得全面发展其才能的手段,也就是说,只有在

---

① 马克思:《致巴·瓦·安年柯夫》(1846年12月28日),载《马克思恩格斯选集》第4卷,人民出版社1995年版,第532页。
② 《马克思恩格斯全集》第3卷,人民出版社1964年版,第516页。
③ 马克思、恩格斯:《德意志意识形态》,载《马克思恩格斯选集》第1卷,第121页。

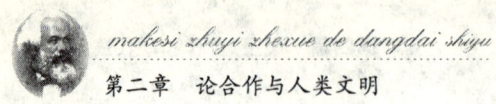

第二章 论合作与人类文明

共同体中才可能有个人自由。"① 黑格尔把近代"市民社会"看作是"各个成员作为独立的单个人的联合"。② 其实,资产阶级市民社会还没有能够成为这样一个"真实的集体"。但未来的社会合作共同体,将是一个由真正摆脱了人身依附关系和物的依赖关系之后所形成的独立个体所结合而成的自由人联合体。也正因为如此,同这种自由、独立的个人和联合体相对立的一切虚幻的共同体形式、"冒充的集体"(如国家)就都将失去其存在的基础,应予否定和抛弃。马克思指出:劳动者迄今为止都和国家这种共同体形式处于直接的对立中,而国家则凌驾于社会之上,所以劳动者们"他们应当推翻国家,使自己作为个性的个人确立下来"。③ 而随着"由自由平等的生产者的联合体所构成的社会"的出现,"与社会相对立的政府或国家将不复存在!"④ 显然,这样一个社会不仅是一个实现了充分自由平等的社会,而且也是一个实现了高度民主、高度和谐的社会。因为政治、经济和其他社会生活各方面的发达的民主和谐和充分的自由平等是相辅相成的,是作为合理的社会存在不可或缺的一体之两翼。

总之,合作社会主义所追求的是弘扬、发展人类的合作事业和合作精神,通过人与自然、人与环境、人与人、人与社会不同国家、不同民族、不同地区、不同文化之间等的合作而不是斗争达到新的和谐状态。我们相信,合作是人类文明得以产生和发展的重要基础,更是未来人类社会文明进一步演进的基本途径。合作社会作为一种悠久的社会理想,将再次出现在人类思想和生活的地平线上,展现出迷人的曙光。人类在这条走向未来的发展之路上,将以人的觉醒和解放的姿态重建以合作精神为核心的新的价值体系。

面对未来,让我们开始在生活中合作,并在合作中走向未来。正像印度诗人泰戈尔在其著名演讲《中国和印度》中说的:当黎明来临,我们就从个人生活的封闭和孤独中自由了。就在这时我们看到了光明;这是赐予全人类的永远光明。就在这时我们开始了解他人,开始在生活中彼此合作。

---

① 马克思、恩格斯:《德意志意识形态》,载《马克思恩格斯选集》第1卷,第119页。
② 黑格尔:《法哲学》,商务印书馆1961年版,第174页。
③ 马克思、恩格斯:《德意志意识形态》,载《马克思恩格斯选集》第1卷,第121页。
④ 马克思:《论土地国有化》,载《马克思恩格斯选集》第3卷,人民出版社1995年版,第130页。

第三章

论合作社会主义的制度特征

一种有效的制度安排，特别是有效的组织制度形式对于社会发展具有十分重要的作用。自然，它对于合作社会主义的发展也具有同样重要的意义。因而，今后合作社会主义要获得顺利的发展，就必须有一种有效的制度安排作为基础和保障。当然，由于这是一种自然的演进过程，而不可能是一种人为的设计，所以我们现在还不可能也没有必要对未来合作社会主义的组织制度形式作过于具体的猜想或规定，而只准备对其所具有的基本的制度特征作一些原则性的探讨，也就是说，我们将讨论一种较有利于合作社会主义发展的制度安排应具备哪些最基本的原则。这些基本原则既体现了对以往合作制度发展的理论和实践经验的总结、提升，也包含了对未来合作社会主义发展前景的展望。

一、权利原则：劳动合作与资本合作的统一

从合作制的起源和发展过程来看，合作制首先是广大劳动者及各种弱势群体为维护自身的基本经济权利的一种有效的制度安排。人类之所以要进行合作，是由于合作者可以因此获得合作利益，合作不仅可以使合作者协调原有的利益秩序、均分合作的剩余利益，还可以不断创造出新的利益。切实地保护合作者的这些利益，使其权益真正落到实处，是一切合作制度存在的内在要求。因此，合作制度的一条最基本原则就是权利原则。这条基本原则的

重要性也在获得普遍公认的从罗虚戴尔公平先锋社到当代国际合作社联盟的合作社基本原则,以及国际上和当代中国合作制实践的经验教训中得到鲜明的体现。无疑,它也应在今后合作社会主义的发展中得到重视和坚持。

合作社会主义的权利原则主要包括两方面内容:

(一)劳动权利及劳动合作

合作社会主义将使合作社成员的劳动逐步成为真正自觉自愿的联合劳动。在资本主义社会,由于资本权利凌驾于劳动权利之上,劳动被资本所奴役,所以劳动者的劳动只是被资本所雇佣的劳动,不可能是自觉自愿的、心情愉悦的劳动,而是强制的、为生存所迫的,因而是被异化了的劳动。马克思指出:"雇佣劳动,也像奴隶劳动和农奴劳动一样,只是一种暂时和低级的形式,它注定要让位于带着兴奋愉快心情自愿进行的联合劳动。"① 合作制度下的劳动特别是合作社会主义制度下的劳动则是消除了异化的劳动,是扬弃了劳动与资本对立形态后的自主劳动,人们将在此基础上,进一步将劳动当作实现自己的本质和价值,成为人生第一需要的活动,因而将成为真正自觉自愿的,心情愉悦的自由劳动。

那么,为什么合作社会主义制度下的劳动会成为不同于异化劳动的自由劳动呢?其中的关键原因就在于它实现了劳动者当家做主的权利,确立并真正提高了劳动者的主人翁地位。马克思曾指出:即使在资本主义制度下的合作工厂那里,"资本和劳动之间的对立在这种工厂内已经被扬弃,虽然起初只有在下述形式上被扬弃,即工人作为联合体是他们自己的资本家,也就是说,他们利用生产资料来使他们自己的劳动增殖。"② 在社会主义制度下的合作社那里,劳动者更是能够全方位地成为"他们自己的资本家",实现各项劳动权利。虽然在传统社会社会主义体制里,由于错误的指导思想,频繁的政治运动,旧的经营管理体制及企业内部的组织原则等原因,使劳动者的主人翁地位长期缺位,没有建立起保证劳动者参与企业经营决策、管理、监督的有效机制,剥夺了劳动者的经济自主权。而中国改革开放以来进行的股份合作制等合作制的改革探索,其成功经验已为解决劳动者的主人翁地位缺位、维护

---

① 马克思:《国际工人协会成立宣言》,载《马克思恩格斯选集》第2卷,人民出版社1972年版,第133页。

② 马克思:《资本论》第3卷,人民出版社1975年版,第498页。

劳动权利问题提供了有益的启示，股份合作制的制度安排保证了其劳动者所拥有的所有权、分配权、决策权及监督权的落实，真正体现了劳动者当家做主的权利。合作社会主义条件下的合作社就是这样一种包含了各种劳动权利的联合体。

当然，合作社会主义社会劳动者的自由劳动，并不再是小农经济社会里的个体劳动，而是在社会化大生产基础上的联合劳动，是在尊重和保护各个自由的劳动者的平等权利的基础上进行协作的合作劳动。正像马克思认为的，合作工厂作为工人的联合体，并不是一种否定了个人的联合体，而是"各个人都是作为个人参加的，它是各个人的这样一种联合（自然是以当时已经发达的生产力为前提的），这种联合把个人的自由发展和运动的条件置于他们的控制之下"。[①] 因此，合作制的劳动合作是以当时已经发达的生产力为前提的，是以现代的社会化生产及其相关的企业制度、信用制度的发展作为起点的，不然，所谓的"共同经济"只能导致"寺院经济"。

不过，实现自由的联合劳动，维护劳动者的正当权利，这是一个十分漫长的发展过程，马克思指出："他们（指工人阶级——引者注）知道，以自由的联合的劳动条件去代替劳动受奴役的经济条件，需要相当一段时间才能逐步完成（这是经济改造）；这里不仅需要改变分配办法，而且需要一种新的生产组织，或者勿宁说是使目前（现代工业所造成的）有组织的劳动中存在着的各种生产社会形式摆脱掉（解除掉）奴役的锁链和它们目前的阶级性质，还需要在全国范围内和国际范围内进行协调的合作。"[②] 但不管这一过程多么漫长，否定资本对劳动的统治、维护劳动权利、进行劳动合作、实现劳动解放始终是合作社会主义所追求的一个基本目标，也是合作社会主义的一个主要制度特征。

（二）资本权利与资本合作

不论传统合作社还是现代型合作社，它们共有的一个关键性因素就是坚持劳动的联合，这是一切合作制的本质性特征。但是，传统型合作社特别是我国以往的合作制实践，在坚持劳动联合的同时，完全否定了资本联合和财

[①] 马克思：《德意志意识形态》，载《马克思恩格斯选集》第1卷，人民出版社1972年版，第83页。

[②] 马克思：《法兰西内战》，载《马克思恩格斯选集》第2卷，人民出版社1972年版，第416页。

产权利，这是不对的。马克思主张消灭资本权利，主要是指资本对劳动的统治权利，至于建立在自己劳动基础上的资本或确切地说是个人财产，则不在消灭或剥夺之列。但传统观念往往误以为马克思主张消灭一切资本权利，因而如果保留了资本权利就是保留了剥削，就是保留了资本主义；消除资本权利，就是铲除了资本主义的因素，完全通行劳动权利，从而有利于社会主义的实现。这样，保留还是消除资本权利就成了划分社会主义和资本主义的分水岭。1949年以后中国以闪电般的快速进行社会主义改造，即致力于改造私有制，以便全面消除资本权利。然而经验教训表明了，资本权利是无法完全消除的。因为经济资源的普遍短缺以及人类生产对资源的依赖是资本权利存在的客观基础，而人类在相当长的时期内还无法消除的对要素所有权及所有权收益的内在要求则是资本权利存在的重要前提。传统社会主义国家长期以来虽然试图消灭资本权利，但始终没有达到目的，资本权利及其收益权在相当程度上仍然存在着，哪怕采用各种强制手段去"消灭资产阶级法权"、"割资本主义尾巴"也未能使其绝迹。相反，强行消除资本权利的一个严重后果是造成了效率低下、经济停滞甚至倒退。因为生产资料既然不再被当作资本来对待，那么生产资料就可以不计成本、效益地投入到生产管理过程中去，出现无偿使用、无偿调拨、不计报酬（没有利息的支付等）的现象，成为事实上的无主财产，于是财产的流失、损失和浪费便成了司空见惯的事情。结果整个社会陷入了一方面是资源严重浪费，另一方面是资源严重短缺的困境之中，为消除资本权利付出了昂贵的代价。

中国的改革开放和市场经济的发展，在保护劳动权利的同时，对正当的资本权利给予了充分的肯定，改变了过去的所有制歧视，打破了公有制一统天下，国有制占绝对优势的格局，使财产权形态不再无一例外地表现为集体或国家的所有权，劳动者的资本所有权被虚化、模糊化的弊端开始得到克服。可见，历史又一次证明了，至少在人类发展的现阶段及今后的较长一个时期里，市场经济发展中所要求的资源的有效配置是以肯定生产要素的所有权和收益权为前提的。肯定并保护资本的正当权利，是顺应现实的生产力发展和社会发展的内在要求的制度选择，中国改革开放以来取得的巨大成就与资本权利的实现之间存在着内在的相关性。正因此，我们要发展合作社会主义，就既要坚持劳动合作，又要实现财产合作，实现两者的统一。我国当前合作制的发展正是朝着这一方向前进的，也是符合社会主义市场经济发展的内在要求的。我国合作制发展的这一新特点，在近年来全国各地蓬勃发展的股份合作制中得到了突出表现。我们知道股份制注重于财产的合作，合作制注重于劳动的合作，股份合作制把市场经济中的股份制引入合作制，是财产合作与劳动合作的结合。当然这种结合不是拼合，而是有机的糅合、融合，达到内在的统一。股份合作制的这一特点其实并没有违背合作制的基本原则。因为合作制中的劳动合作是指作为合作社成员的劳动者之间的劳动合作，它不同于一般劳动特别是雇佣劳动的突出特点就是其与财产合作是紧密不可分割的。这也就是说，任何劳动者如果不同时把自己的财产（资金或生产资料）折股入社，即通常所谓"以资带劳"或"以劳带资"，那就只是一种临时的劳动互助，而不可能组成合作社。根据马克思主义的观点，任何财产都是劳动的结晶，都是物化劳动，货币资金或生产资料只不过是它的不同表现形式。因此，问题的关键在于参与劳动合作的财产应是自己劳动的成果，而不是无偿占有他人劳动的成果。如果劳动者以自己劳动成果的财产折股入社，这种财产入股本质上就属于劳动合作的范畴。我国股份合作经济的特点有许多，有人把它们概括为基本的两条：一是合作社成员人人既是所有者又是劳动者，二是以按劳分配为主、入股分红为辅，按期提留——事实上的公共积累。① 中共十五大报告也把股份合作制界定为"以劳动者的劳动联合和劳动者的资本联合为主的集体经济。"这也就是说，在股份合作制中，劳动合作与财产合作、劳动者与所有者是相统一的，合作社的社员既要作为所有者以自己的财产折股入社；又要作为劳动者参加合作社的共同劳动，并以按劳分配为主要方式获得合作社的收益分配。由此可见，既肯定了资本权利，又保留了劳动者的共同所有，这正是股份合作制的显著特点和魅力所在。这样，股份合作经济一方面在总体上仍然属于以劳动者自愿集资入股组成的、以劳动合作为本质特征的合作制范围。另一方面，它又具有一些不同于传统合作制的特点，即实行人人劳动、人人持股，既坚持了合作社成员作为劳动者的权利，又维护了其作为财产所有者的利益；即使他们能从劳动收益和资本收益最大化的双重动机中会积极出产，关心发展，又保证了人人平等、共同富裕的社会主义目标，扬弃了"劳动与资本"的对立。同时，它也表明了，股份合作制的最深层意义并不仅仅是它解决了融资和生产要素的合理配置等问题，而是它

---

① 参见曹麟章：《关于股份合作经济的若干思考》，载《财经研究》1991年第10期。

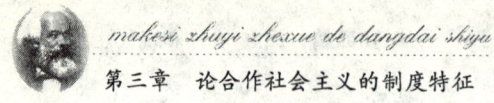

第三章 论合作社会主义的制度特征

建构了一种新的具有示范意义的财产制度。仅就这一点来说，股份合作制就可以被看作是继家庭联产承包责任制之后中国农村改革中最具有实质意义的又一次重要突破和制度创新，也是我国社会主义市场经济条件下合作制发展的新型形式。可见，时代的变迁和社会的发展已使原有的合作制从内容到形式都发生了多种变化：由传统型转变为现代型、由单一型转变为多元型、由封闭型转变为开放型，等等。这些转变使合作经济与现代市场得到互补和统一，也使合作经济获得了新的发展。

总之，历史经验证明了，保护劳动者的财产权利、个人利益不受侵犯是马克思主义的合作社会主义的一条重要原则，也是合作社会主义在实践中能够取得成功的一个关键。前苏联的集体农庄、中国的合作化运动及人民公社制度之所以失败，一个最主要的经验教训就在于其违背了这一原则，没有很好地保护合作社成员的资本权利，维护他们的物质利益。而1978年以来中国改革开放取得的巨大成就以及社会主义合作制事业的蓬勃发展，也正在于其不断地恢复和发展了这一原则。显然，这一事实极大地有助于总结在农民占人口大多数的国家如何从事社会主义事业的经验。这正如国务院农村发展中心的一份报告中所指出的："无论如何不应该凭借政权的取得而剥夺农民的财产和限制农民的自由。在社会主义时代，如果试图把农民剥夺成无产者，然后再强制其参加'社会主义建设'，那么，这样的主张必定要遭到农民群众消极的、但却是最难于制服的反抗。无论在哪里这样做，总要付出农村社会生产力停滞不前的代价。而任何地方只要纠正剥夺农民财产的错误，都能获得巨大的经济和政治方面的矫正效益。"① 的确，我国改革开放二十年来合作制的发展，第一次大张旗鼓地肯定了人民群众的物质利益原则的合理性，并且不断地使这种利益的追求和分配的机制合理化和制度化，理顺国家、集体、个人之间的利益关系，重建个人的财产权利体系，发展有中国特色的合作社会主义。显然，达成这些目标，既要借助于社会主义法制的健全，社会的开放自由，也要借助于市场机制的有效调控。可以预见，社会主义市场经济的发展将为实现千百万劳动者的物质利益进一步提供越来越广阔的活动舞台。

---

① 国务院农村发展中心课题组：《农民、市场和制度创新》，载《经济研究》1987年第1期。

二、激励原则：公平与效率的统一

一种成功的组织或制度安排，必须具有足够的激励机制以实现其发展目标。社会主义的合作制也是如此。而如何真正实现公平与效率的统一原则，是建立这种有效的激励机制的重要内容。

公平与效率的关系问题历来是一个社会或组织发展中的最重要问题，也是人们在思想认识上十分关注的一个问题。当然，我们这里不准备讨论一般的公平与效率问题，而主要限定在与合作社会主义发展有关的公平与效率的关系问题。对公平与效率关系的处理，不仅关系到合作社会主义的经济效率与社会安定，而且直接关系到中国社会发展与现代化所要达到的模式目标以及达到这一目标的手段，其深层实质关系到中国走向合作社会主义的基本价值取向。不过，公平与效率问题虽然重要，但从理论上进行深入系统的研究则时间还并不长，西方经济学界自20世纪70年代才开始对其进行深入系统的探讨。西方经济学家一般认为：所谓"公平"，是指社会成员收入的均等化；所谓"效率"，是指资源的有效配置。公平与效率这两个政策目标是相互抵触、相互矛盾的，存在着一种此长彼消的替代关系：为了达到收入均等化，就要牺牲效率；为了提高效率，势必要牺牲公平。故公平与效率就有一个先后主次问题，不可能达到和谐统一。应该说，这种情况在资本主义社会里是非常普遍的，也是必然的。而马克思正是从这一点出发批判和否定资本主义的。马克思认为，资本主义以资本权利否定劳动权利，因而从根本上来说只是维护了资本权利和资产阶级利益，资本主义社会只是一个"虚幻的共同体"，没有实现真正的公平。同样，虽然资本主义鼓励竞争，相信通过自由市场这只"看不见的手"的调度，每个人（经济人）在实现自身利益的最大化的同时，也能使社会资源得到最合理的配置，达到最大的效率，但事实上，马克思认为，由于资本主义的私人占有与生产的高度社会化的矛盾作用，以及信息不充分、知识和管理能力的欠缺等，常常会导致每一个个体深思熟虑的理性行为可能产生集体非理性的后果，如周期性经济危机的爆发，全球环境的退化，等等。这些说明了市场这只"看不见的手"仍有调度失灵的时候（所谓"市场失灵"），因而完全依赖市场的自由竞争有可能使人类陷入各种

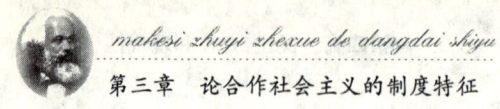

"囚徒困境"之中，从而造成效率的退化局面。但在合作社会主义的发展中，公平与效率应该是超越了两难的分裂困境后获得和谐统一的。那么，合作社会主义到底应该如何具体地实现公平与效率的统一呢？

（一）公平

一般认为，传统社会主义的一个重要特征是实行"平均分配"的平均主义。但实际上，传统社会主义在合作制实践中没有解决好公平问题，那种"平均分配"的平均主义并不等于公平，况且它从未真正实行过全社会公民财产的"平均分配"，充其量只是"等级化的平均分配"。因为实行计划经济体制的传统社会主义国家中，全体社会成员都被纳入不同的等级系统中，使城市与乡村、农民与市民、工人与干部以及不同职业之间、同一职业的不同职务之间均存在着固定化的等级差别，所以无论在社会保障、福利供给方面，还是在收入分配方面，都具有浓厚的行政等级和行业等级色彩，所谓的"平均分配"只不过是等级内的平均化，即所谓"一刀切"。这样，虽然传统社会主义的价值目标是实现社会公平，但其计划经济体制模式却又使它难以实现这一点。计划经济体制模式的超经济的行政分配方式所形成的等级化的社会利益的结构，割裂了收入分配与贡献之间的本质联系，使收入和贡献错位的现象普遍化，公平蜕化为等级制下的平均主义。这种严重违反公平原则的所谓平均主义，不仅在作为结果的收入分配等方面普遍存在，而且在社会的经济活动和社会生活的过程中普遍存在。例如中国自1958年以后盛行的"平调风"就是一个典型。所谓"平调"主要是指在人民公社及各种集体经济组织内部或相互实行贫富拉平、平均分配、无偿调拨的现象，以后又进一步发展为上级行政组织包括国家可以无偿调拨和占有合作企业等集体经济组织的生产资料、劳动力、资金和产品的行为。"平调"现象的实质是通过运用行政手段进行相对剥夺来实现表面上的合理配置和平均分配，是一种与"公平"的合作原则相悖的超经济行为。又如由于户籍制度、人事制度、计划管理等因素所形成的城乡隔离、择业限制、行业分割等现象，造成了整个社会生活中严重而普遍的不公平竞争现象，极大地抑制了社会大多数成员的积极性、创造性，阻碍了经济社会的发展。

美国著名政治哲学家约翰·罗尔斯把"公平"作为他所提出的社会合作理念三要素之一，他说："合作包含公平合作项目的理念：这些项目是每一个参与者都可以理性地予以接受的——假如所有其他人也同样接受它们的话。

公平合作项目将一种相互性理念具体化了：所有介入合作并按规则和程序履行其职的人，都将以一种适当的方式受益于合作，而这适当的方式则由一种合适的比较基准来估价。政治的正义观念刻画了公平合作项目的特征。由于正义的第一主题便是社会的基本结构，这些公平项目是通过一些原则来表达的，这些原则具体规定了社会主要制度内的基本权利和义务，并永远规导背景正义的安排，以便靠大家的努力所产生的利益得到公平分配，并为世世代代所分享。"① 罗尔斯的论述表明，公平的理念作为社会合作制度的最基本原则之一，是以正义为基础，以利益为指向的。也就是说，合作制度中的公平原则体现为所有介入合作并按规则和程序履行其职的人都应该以一种适当的方式受益于合作，而这种获益将通过一种较稳定有效的制度安排予以保证。可以说，社会合作制度不同于其他的社会制度安排的一个主要特征就是它特别突出了公平原则。显然，合作社会主义社会作为一种典型的社会合作制度，无疑更加需要突出这种公平合作原则。

西方谚语说："没有财产的地方也没有公正"。个人利益和私人财产权（个人所有权）是维护公平的重要条件，而合作社会主义的公平原则，就是要实现和维护最大多数人的个人利益和个人所有权。也就是说，根据合作社会主义的公平合作原则，共同富裕是合作社会主义的本质特征和发展目标，因为贫穷不是社会主义，两极分化也不是社会主义。以往社会没有能够解决社会的普遍贫困和贫富悬殊问题。传统社会主义实践在反对贫富悬殊的社会收入分配方式时，又把社会主义引向了等级性平均主义，一方面是相对剥夺，另一方面是平均主义"大锅饭"，最终导致了社会成员的普遍贫困和劳动积极性的丧失。中国改革开放以来，通过打破"大锅饭"、"铁饭碗"，提倡竞争，发展多种经济成分、允许一部分人、一部分地区先富起来等一系列制度变革，已在很大程度上改变了传统的收入分配格局，有利于实现社会公平。同时，通过制度建设，切实保障个人的财产权利和各种个人利益，为实现社会公平提供了客观基础，正像哈耶克指出的："要想保证个人之间的和平合作这一繁荣的基础，政权必须维护公正，而不承认私有财产，公正也不可能存在"。②

也许有人会问：允许一部分人、一部分地区先富起来，是否与公平和共

---

① 约翰·罗尔斯：《政治自由主义》，译林出版社2000年版，第16–17页。
② F. A. 哈耶克：《致命的自负》，中国社会科学出版社2000年版，第33–34页。

同富裕的社会主义原则相矛盾呢？其实这两者在合理的制度安排之下，是可以协调统一的。首先，合作社会主义坚持以按劳分配为主的合作制原则。按劳分配是以承认不同劳动者的劳动的质和量有差别，因而劳动者的报酬有差别为前提的。这就决定了人们在走向共同富裕的道路上有先有后、有快有慢。公平首先是指出发点和过程中的公平，而不是结果上的均等，共同富裕是个相对概念，不是机械的平均，不能像过去那样把富裕的拉下来降到贫穷而达到平衡，而是要像邓小平同志所说的那样，让先富起来的通过带动、示范和影响，帮助贫穷的走向共同富裕。其次，通过税收、福利分配、社会保障等途径调节社会财富的再分配以缩小贫富差别，特别是合作制本身的制度安排要求限制个人的资本所有权和资本收益权，实现劳动者的共同占有的主导取向，这样就能保证在公平与效率之间找到适当的均衡点。再者，建立健全一系列与市场经济相适应的社会主义合作制度，规范"游戏"规则，以保障经济社会活动的有序运行和公平竞争，形成多元化的自由平等的经济主体和多样性的利益实现途径。

（二）效率

社会主义的一个巨大优越性就是比以往任何社会都更能促进生产力的发展，极大地优化资源配置，提高生产效率。这本来是马克思主义关于社会主义学说中的一条基本观点。邓小平指出："马克思主义最注重发展生产力"，"社会主义阶段的最根本任务就是发展生产力"。① 可惜以往传统社会主义实践不懂得这一点，因而弄不懂什么是真正的马克思主义、社会主义，导致社会主义在实践中长期低效率地运行。下面，我们考察一下这种低效率的具体表现、形成原因及今后的解决策略：

第一，传统社会主义的合作化运动的目标取向是政治的而非经济的，而这一点就必然会导致其轻视甚至漠视经济效率问题。中国自20世纪50年代开始的合作化目标就是完成对农民的社会主义改造，因此，必须逐步消灭个体农民所有制，否定个人财产私有权，全盘集体化或高度公有化就是合作化所要实现的最终政治目标。由于这种政治取向和所有制设计超越了当时的生产力水平和人们的认识水平，严重地挫伤了劳动者的生产积极性，造成了经

---

① 邓小平：《建设有中国特色的社会主义》，载《邓小平文选》第3卷，人民出版社1993年版，第63页。

济效率的低下。改革开放以来,中国社会主义的合作制实践坚持实事求是地突出了经济取向,充分肯定了个人所有权的地位以及所有权收益的正当性,尊重和保护劳动者的各种物质利益,从而极大地提高了经济效率。实践表明,真正的合作必须带来效益,不然就不可能保证自发地自愿地进行合作。必要的利益机制是进行有效率的合作的重要前提。从这个意义上看,我国目前及今后股份合作制等合作制的自主发展,就不可能像某些人认为的单单出于政治取向,而更有经济取向上的选择。

第二,传统社会主义的合作社及人民公社体制是一种政社合一体制,用行政职能代替经济职能,用高度集中的行政干预办法直接指挥经济活动,实行高度集中的计划管理体制。这种体制从宏观上通过工农产品价格剪刀差这种不等价交换关系牺牲了农民的利益,确保了国家工业化原始积累的来源;从微观上又试图更多地体现平等,造成了分配上的等级性平均主义,这样就从内在动力上破坏了广大劳动者的激励机制,形成了长期低效的运行模式。因此,转变政府职能,实行政社分离,剥除政府权力直接对合作经济活动的行政干预,培育自由自主的合作社企业,实行合作社的民主自治管理,使合作社真正成为独立的经济主体和劳动者的利益共同体,是提高合作效率的一个重要途径。

第三,由于国家用高度集中的行政管理和统一的计划经济方式管理合作制企业,取消了其独立核算、自负盈亏的经营方式,造成了生产经营不计成本,不搞盈亏核算等弊端。此外,由于农业、手工业生产的特点决定了实际计算有效劳动的困难,加上在社会化生产程度不高的基础上进行科学的生产、经营管理的欠缺,使干多干少一个样,出工大呼隆,出工不出力,滥竽充数等"搭便车"现象十分普遍,从而使按劳分配缺乏客观基础,最终滑向了以平均主义为特征的分配不平等。"搭便车"现象的普遍出现,证明了原有体制下已无法形成有效的合作性制度偏好的激励机制,反而形成了典型的"制度悖论"。合作社会主义的发展,必须与市场经济相结合,以市场为取向,建立竞争机制和成本核算制度,发挥确保劳动合作与资本的统一及其相应权益和奖惩的制度安排所起的内在激励和约束机制的良好作用,有效地限制和防止"搭便车"现象所产生的"蝴蝶效应",真正实现合作社会主义具有比任何社会更为高效率的理想。

总之,在合作社会主义社会中,公平与效率应是统一的,社会公平与社会效率成正比:一方面,效率是公平的经济基础。公平不仅是社会发展所追

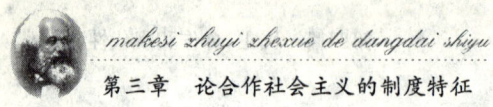

求的目标,而且是社会发展的必要条件,公平也不单纯是政治口号或伦理范畴,还是一个重要的经济范畴。因为在社会经济活动中,公平不能直接计算,它只有中介于主体的经济活动效率,才能表现出合理的尺度。离开经济主体活动的效率,或无视经济主体的贡献,而抽象地强调公平的形式原则,只能导致实际上是相对剥夺的平均分配。这种结果不仅与社会合作的"公平"要求相悖,而且还会使经济主体的社会行为失去"合理"的尺度。另一方面,公平是效率的动力源泉。从传统合作社会主义实践来看,与公平相悖的等级性平均分配,因其建立在相对剥夺基础上,必然导致社会普遍贫穷、生活质量下降、社会发展停滞的恶果。因为等级化的平均收入分配既会压抑资源禀赋高者的积极性,破坏了劳动者和投资者的合理稳定的收益预期,又会滋生、纵容"搭便车"现象从而产生可怕的"蝴蝶效应",最终使整个社会长期陷入低效率的恶性循环之中。由此可见,倘若没有了公平,也就失去了提高效率的深层动力。公平与效率互为条件,推动着合作秩序的扩展和社会文明的发展。

三、自由原则:人的自由、经济自由与创新自由

有人认为,我国 20 世纪 80 年代以来改革开放的主旋律是"利益与自由",[①] 这是很有见地的看法。其实,不断地、从各个方面逐步地实现劳动者的"利益与自由"也是我国改革开放以来合作制发展的基本内容或者说"主旋律",而这又是与社会主义市场经济的发展存在着密不可分的关系。这也说明了坚持合作制度中的自由原则对于我们坚持和发展合作社会主义,具有十分重要的意义。合作社会主义中的自由原则具有几个不同的层面:

(一) 人的自由

马克思在考察近代西欧资本主义的兴起时,把千百万自由劳动者的存在看作是一个十分重要的条件。也可以说,正是近代资本主义实现了人的初步解放——至少它把千百万劳动者从封建的人身依附关系中解脱出来,使其成了一无所有的、可以"自由地"出卖自己的劳动力的自由劳动者。的确,近现代市场经济社会中所谓的经济自由,就包含了人的自由问题。正是自由人

[①] 参见陈刚:《社会主义是对私有制的积极扬弃》,载《上海社会科学院学术季刊》,1992 年第 2 期。

的存在构成了近现代社会一切市场经济的实践主体。作为这种经济主体的自由人，是指具有自由流动、自由择业、自由从事正当的经济、政治及生活活动的权利的人。这种自由人，不仅是近现代资本主义、市场经济社会中的实践主体，也同样是合作社会主义社会所必需的实践主体，而且后者将比前者具有更全面彻底的自由性。所谓合作社，就像马克思所说的，是一个"自由人联合体"，而合作社会主义社会，就是一个大自由人联合体。显然，这种"自由人联合体"的设想，首先是以承认个体的"自由人"的存在为逻辑前提的。

合作社作为一种自由人联合体，其中的一条基本原则是自愿参加，入社退社自由，同时合作社还保障其成员享有各种正当的经济、政治及人身的各种自由权利。但是，中国在20世纪50年代的合作化运动及后来的人民公社体制中，却完全违背了这一原则。在合作化的初期，各级政府和官员还能按照自愿原则组织合作社，而后来就不断地、普遍地使用行政命令手段甚至强迫方式人为地推进合作化、建立人民公社，剥夺了劳动者加入或退出合作社的自由自主权利。不仅如此，社员们还被剥夺了基本的人身自由，严格的户籍制度与社队组织把他们牢牢地捆绑在土地上，使他们不得经商、做工、搞副业，甚至也没有怎样种地的自由。同样的情况也普遍地存在于城镇中的国有、集体企业职工中，结果是劳动者感觉不到真正的主人翁地位和作用，人们的积极性低落、生产率低下，几亿人长期挣扎在半饥饿状态中。改革给了千百万劳动者本来应有的种种自由，使重新建立起来的各级各类合作社真正贯彻了"自愿参加、入退社自由"的原则，使之成为从一开始就是人们自愿组织起来，具有高度自决权的经济组织。更重要的是改革还赋予了各种合作社及其成员们从事生产、经营以及选择生活方式的越来越多的自由、自主权，使他们真正成为市场经济活动的主体，从而激发了他们的巨大积极性、主动性和创造性。相反，否定了个人权利，否认了个人自由，也就抹杀了个人的创造性和主动性，这样的整体，其内部必然会失去活力与生机。可见，合作社作为一个自由人联合体要想保有活力和生机，必须对个人与共同体之间的权利和义务作出明确的界定，以契约的形式保证个人在"不侵犯公共利益"和"不侵犯他人利益"的范围内拥有广泛的自由。正因为如此，合作社才能使人"在真实的集体的条件下，各个个人在自己的联合中并通过这种联合获得自由"。①

---

① 马克思恩格斯：《德意志意识形态》，载《马克思恩格斯选集》第1卷，第82页。

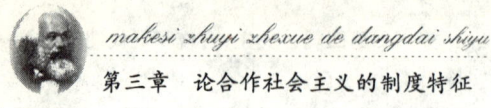

（二）经济自由

在合作社会主义中，不仅作为实践主体的个人是自由的，而且合作社中的个人特别是共同体的经济运行活动也是自由的。

经济自由作为近现代社会所产生的经济思想和制度规则，是与传统社会的经济统治相对立的。它是指经济活动处于自然的、自动的状态，而不是处于国家行政管制和干预的状态。经济自由制度保障了人们在一定的法律的规则约束下自由从事一切经济活动的平等权利。它主张尊重自然秩序，反对国家以各种政治权力对经济的干预，维护个人和企业的财产权利和以各种合法方式追求各自的经济利益的权利，承认个人和企业的经济主体地位。经济自由包括了市场经济所要求的自由企业、自由就业、自由贸易、自由竞争、自由市场、自由选择等一切内容，因此，搞市场经济就必须承认经济自由原则，并通过制度安排，使经济自由原则成为市场经济中一种制度化、法律化的规则。毫无疑问，与市场经济不是资本主义的专利一样，经济自由也不是资本主义的专利，而应是我国社会主义市场经济制度和合作社会主义制度的应有内涵。

正如笔者在一篇论文里曾指出的，合作社会主义的经济自由原则的一项主要内容就是要实行自由企业制度。而所谓自由企业制度，其主要含义是：在根据经济自由原则制定的规范的法律和政府的规章制度的框架下，政府部门对合作性企业的产生实行简便自由的登记制而不是层层设卡的行政审批制；合作企业作为单个独立的经济行为主体拥有自由进入或退出市场的选择权，而不存在外在限制和强迫；企业的生存与否、效益好坏、发展程度主要靠市场竞争、市场选择；企业成员或企业内部所有者的代理机构可以自主决定企业生产什么、生产多少，使用何种技术和采取何种组织类型进行生产，使用哪些劳动力、何时何地生产和出售产品，是否扩展或收缩企业的活动等。自由企业意味着自由投资、自由经营、自由交易和市场的自由调节。总之，在自由企业制度下，由于合作企业的产权关系十分明确，企业可以根据价格的变化和市场的调节而进行生产要素的自由流动和重新组合，实现社会资源的优化配置，从而促使个人和合作经济组织都可以自由地追求自身的最大利益，同时也能最大限度地增进社会利益，推动整个社会经济的发展。

（三）创新自由

创新是人类文明的最重要而独特的品质，也是一种组织制度的内在生命力。合作社制度就是人类文明进程中的重大制度创新，而其发展无疑也有赖于在制度形式和内涵各方面的不断创新。然而，创新的一个重要前提是人这一主体及其活动的自由，没有自由就不可能有真正而持久的创新。因此，自由原则对于合作社会主义制度的创新和发展具有极为重要的意义。

中国改革开放二十多年来，合作社会主义发展的创新成效极为显著，像家庭联产承包责任制、股份合作制、专业合作社等新型合作制实践的探索、市场化道路的推进、各种社会合作体系的逐步建立等，就是这种创新的一些成功典范。而这种巨大的创新成效，正是来自于千百万普通劳动者在改革开放和社会主义合作制实践中逐步孕育、发展和强化的勇敢而自由的探索的结果。如果没有或者不允许进行自由的探索，就不可能有中国改革开放二十多年来的一系列发展成效和创新，这不能不说是改革开放和合作社会主义发展中的一条基本经验。正像邓小平一贯主张的，要允许试，允许失败，不能像小脚女人一样迈不开步子，而是要大胆探索，大胆创新。传统的社会主义限制甚至剥夺了广大劳动者的人身自由、经济自由，自然也剥夺了其创新的自由。改革开放解放了人，逐渐打破了各种框框的束缚，焕发了广大人民群众潜藏着的巨大的创新冲动，并使其转化为经济社会发展的不竭动力。千百万群众在社会经济发展和制度创新中所反映出来的创新精神和行为，具有鲜明的内生性和自下而上性，完全是民间群众自主的创新行为的表现，而不是像以往一样是政治强制社会动员的结果。毫无疑问，今后社会主义市场经济和合作制度的发展也离不开自由探索这一重要前提。因为这种自由意味着合作制所倡导的机会均等和公平竞争，意味着消解原有的政府权力的垄断性，改革僵化的行政管理体制，摆脱旧的精神枷锁，形成一种真正有利于发展创新的自由、平等、开放的生活空间和社会秩序。弗里德曼说："凡是允许自由市场起作用的地方，凡是存在着机会均等的地方，老百姓的生活都能达到过去做梦也不曾想到的水平。相反，正是在那些不允许自由市场发挥作用的社会里，贫与富之间的鸿沟不断加宽，富人越来越富，穷人越来越穷。""一个把自由放在首位的国家，最终作为可喜的副产品，将得到更大的自由和更大的平等。"[①] 没有自由就没有创新，更没有发展和繁荣。

[①] 米尔顿·弗里德曼等：《自由选择》，商务印书馆1982年版，第150、152页。

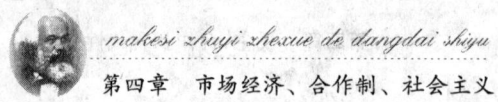

第四章

市场经济、合作制、社会主义

合作社会主义作为一种社会理想和制度安排，具有不同于以往其他任何社会形态及其制度安排的特有性质和内涵，也呈现了自己引人注目的实践形态。当然，合作社会主义的理论形态和实践形态曾发生了极大的扭曲，甚至经受了狂风暴雨般的考验，特别是在苏维埃社会主义联盟解体和东欧剧变之后，合作社会主义事业遭到了空前的挑战和危机。但是，当代中国改革开放和社会主义市场经济的发展所取得的显著成绩无疑又为中国特色的合作社会主义的重建和发展提供了坚实的基础和良好的机遇，尤其是股份合作制的普遍兴起和成功，更为合作社会主义的发展展示了充满希望的光明前景。合作社会主义在现实运动中的实践指向、制度设计及其未来走向究竟怎么样呢？它与马克思主义所提出的未来理想社会的构想又是一种什么样的关系呢？这些就是我们在这里将要进行探讨的若干重大问题。

中国要发展合作社会主义，首先必须与我国的具体国情相结合。这种结合，一方面体现在它要和我国小农经济为主体的历史传统及坚持搞社会主义的现实选择相结合，① 另一方面体现在它要与我国发展社会主义市场经济的体制目标相结合，实际上，这也就是探讨市场经济、合作制、社会主义这三者在我国的历史基础和现实条件下的结合点、共生点问题。而这种结合点、共生点又正是我们无论在认识上还是在实践中处理好合作社会主义的发展问题

---

① 可参见朱晓鹏：《合作制与中国社会主义道路》，载《农村合作经济经营管理》2001 年第 8 期。

的一个真正的重点和难点。显然，这是一个需要深入研究而又一时难以彻底解决的重大课题，我们在这里只能暂作一些简要的讨论。

一、合作社：市场经济的产物

传统经济学只注重研究市场经济中的竞争，而不重视研究市场经济中的合作问题，从而使一般人都误以为合作制与市场经济没什么关系。其实，从合作社产生的历史过程可以看到，在自然经济条件下是不可能产生真正制度化的合作社的。因为自然经济主要是一种追求自给自足的产品经济，它没有分工的不断发展，没有市场竞争，每个人、每个家庭都像是一个个孤立的、互不相干的"马铃薯"（马克思语），这样他们自然不需要也不可能进行经常性的合作。而在近现代市场经济条件下，商品生产的分工、协作、市场的交换、竞争以及对高效率的追求正是导致合作社产生和发展的一些基本因素。所以，虽然人类的合作活动及合作观念有着悠久的历史，但是，合作社作为一种具有规范性的生产和生活组织制度形式，最早却出现于18世纪60年代的欧洲，迄今只走过了两个多世纪的历史。合作社最初出现于欧洲，尤其是英国，并不是偶然的。英国从18世纪的年代开始到19世纪30年代完成了产业革命，以机器生产代替了手工劳动，工厂制度代替了工场手工业，从而确立了市场经济的统治地位。合作社正是市场经济的产物，也就是市场经济中社会矛盾的产物。正是资本主义社会第一次系统地建立和发展了人类的社会合作理想及其实践，连整个资本主义社会本身的发展也是人类社会的合作秩序的一种建立和扩展的过程。正像哈耶克所指出的：我们的文明由以发生并赖以维系的东西，精确地说只能够被描述为人类合作的扩展秩序，而所谓"资本主义"实质上就是这样一种能够把这种人类合作不断扩展的秩序。

在人类社会生活中，人们不得不经常面对各种困难的境地，在面对这种困难的境地时，人们独自或单方面地试图去解决问题往往是很难的，但如果借助于众人的联合和多方面的协作，则往往比较有利于解决难题。这也就是著名的"囚徒困境"悖论所揭示的合作原则。这种合作原则的有效性不仅十分普遍地在从个人关系国际关系的一切人类生活的事务中表现出来，而且随着近现代工业化和市场经济的发展，在资本主义社会里更有着其特殊的意义。

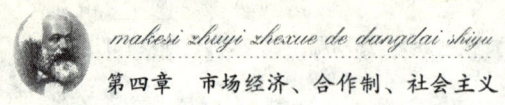

第四章 市场经济、合作制、社会主义

因为资本主义市场经济的普遍化,使全社会成了通过商品交换而在经济上彼此依赖和竞争的社会分工体系,所以市场经济是一种充满竞争性的经济。但是,这种竞争性经济在有力地促进社会生产力发展的同时,也加剧了社会的两极分化、贫富悬殊。占人口大多数的雇佣工人、小生产者和低收入的消费者作为个人在市场竞争中不可避免地处在了弱者地位。合作社首先就是这些竞争中的弱势人群试图用群体的合作优势来增强自己的竞争地位和改善自己的不利处境而创立的。因此英国早期的合作社以消费合作社居多,它们是低收入者为了对付卖者的价格垄断和中间商的盘剥而产生的。19世纪的德国信用合作社较为发达,这是为了适应不易从商业银行得到贷款的手工业者和农民的融资需求。当然,随着市场经济的发展,合作社的类型、形式也随之不断发展变化,但是,它作为市场竞争中独立劳动者和分散的消费者通过合作实现自我保护的制度结构功能却基本上没有改变,也不能改变,因为那是合作制的基本功能。

如果说市场经济催生了合作制,那只是说到了事物的一个方面。而另一方面,市场经济本身也需要合作制。市场经济不仅需要竞争,更需要合作,可以说市场经济在本质上蕴涵了合作原则。例如市场经济的一个基本内涵是要求合理地配置资源,达到最大限度地提高效益的目的。但是,资源本身具有稀缺性,由这种稀缺性所造成的利益冲突往往会使市场这只"看不见的手"不会始终自动地调度好最佳的资源配置,而是也有"失灵"的时候,使"看不见的手"变成了"看不见的肘",并由此造成了种种经济危机、社会问题、环境问题,等等。"市场失灵"的情况证明了"囚徒困境"悖论的存在:每个个体根据趋利避害原则而作出深思熟虑选择的理性行为可能导致集体非理性的后果。但合作有助于消除因分工等发展所造成的专业局限性及知识、信息的不充分性等所带来的选择的片面性,降低"交易费用"、缓解甚至消除"囚徒困境",从而产生新的更大的效益。人类就是这样从无数次两败俱伤的冲突教训中逐渐学会了谈判妥协,懂得了从合作中求得互利互惠的,人类文明逐步从冲突走向合作的历史过程,再次在市场经济的发展过程中得到了典型的体现。

当然,我们说市场经济需要合作制,并不等于说市场经济会很自然而然地产生合作制。大家知道人不是天使,他们往往首先关心自己的利益。在资本主义市场经济社会里,市场活动的主体是那些追求利益最大化的"经济人",人们更是普遍地以求利、自利作为其一切活动的主旋律。然而,即使如此,合作现象仍然四处可见,它过去是,现在仍然是人类文明的主要基石。那么,值得深思的问题是:在每一个人都有自私动机的情况下,怎样才能产生合作呢?美国著名的合作行为研究专家罗伯特·艾克斯罗德组织大批对策论专家通过模拟"囚徒困境"的计算机竞赛游戏研究人类合作产生的条件及演化进程,"这些竞赛的结果表明在适当的条件下,合作确实能够在没有集权的自私自利者的世界中产生。"① 以"一报还一报"策略为典型的合作原则。不过,相互回报的合作原则并不像我们一般以为的要以道德和友谊为必备条件,相反,"在合适的环境下,合作甚至可以在敌对者之间产生",② 就像在残酷的第一次世界大战的堑壕战中出现的"自己活也让别人活"的合作系统。现代合作理论正是基于对这种追求自身利益的个体的合作行为的研究。个体追求自身利益,彼此之间的合作便不是完全基于对他人的关心或对群体利益的考虑,而是首先要能够满足其自身特殊的利益要求。可见,"相互回报"策略作为一种基本的合作原则,由于它不仅兼顾了合作双方的利益,而且对双方的自利行为具有一定的约束,所以它是在没有外在权威强迫下个体进行相互合作的有效策略。显然,这种相互回报的合作原则也是促使市场经济社会中追求自利的"经济人"能够进行有效合作的基本动因。当然,市场经济中的有效合作不仅需要互利互惠的利益机制作基础,还需要与之相适应的制度安排(如合作社制度)作保障,这正是为什么拥有合作社这类规范性制度化的现代合作活动远比以往人类的合作活动都更持久、广泛而富有成效的重要原因。总之,在现代市场经济社会中,一般追求自利的"经济人"只有通过合作才能建立起一种能够解决利益冲突的秩序,使原来存在着利益冲突的合作者之间达到一种新的利益协调,合作社作为一种制度创新就是一种在市场经济环境中如何寻求和均分合作利益的有效机制。所以从制度上看,市场经济和人类历史上各种其他经济的一个根本区别,就是市场经济允许乃至鼓励每一个与别人合作,并从这种合作中实现互利互惠,只要这种行为不妨碍别人的同样权利。西方市场经济中有"双赢"的观念,"双赢"就是指利人又

---

① 罗伯特·艾克斯罗德:《对策中的制胜之道——合作的进化》,上海人民出版社1996年版,第15页。

② 罗伯特·艾克斯罗德:《对策中的制胜之道——合作的进化》,第67页。

二、合作社会主义与市场经济

利己。人们通过平等交换、互助协商等合作形式,达到资源的合理利用和效益的极大提高,从而既满足了自己的私利又满足了他人的私利,这就是合作所产生的"双赢"效果。市场制度在某种程度上也可以说就是一种利人利己的合作制度。可见市场经济与合作经济不仅不存在根本对立,反而具有内在的相容性。正因为市场经济内含有合作精神,广泛地存在着对合作的内在需要,才可能在此基础上进一步形成各种形式的制度化合作组织及合作活动。

如果说上面我们还只是从一般的意义上讨论了市场经济是如何产生和需要合作社及各种合作活动的,那么现在接下来的问题是:现代合作社及各种制度化的合作活动也需要市场经济吗?特别是中国的合作社会主义的发展与市场经济的发展是否相统一呢?

从合作制的发展史来看,合作制可分为传统型合作制和现代型合作制。传统合作社往往被看作仅仅是在弱势人群中进行联合、协作的组织。虽然它在客观上产生于市场经济的环境,与市场经济有着千丝万缕的联系,但它在主观上往往又自觉不自觉地排斥市场经济,不重视市场机制的作用。这使传统的合作社具有浓厚的政治色彩,它和劳工运动一样,首先是作为工业资本发展的对立物产生的。这在空想中社会主义者的合作制试验、欧洲早期的合作社及我国 20 世纪 50 年代的合作化运动中表现得很典型。国际上通行的合作社的基本原则也侧重于此。但是,西方现代型合作社除了保留了上述传统合作社的基本原则之外,在一些合作制内涵和具体的企业制度上有了一些新的重要变化,其中最主要的就是引进以市场为导向的经济利益最大化原则,使合作制与现代市场经济具有了较好的相容性,因而能积极地融入现代经济轨道来开拓自己的发展空间。像西班牙的蒙德拉贡工人合作社这是这样一个典型。①

---

① 可参见汉克·托马斯等:《蒙德拉贡——对现代工人合作制的经济分析》,上海三联书店 1991 年版。

我国自改革开放以来，合作制的种类、形式、内涵都有很大的发展。[①] 那么，具体到我国当前及今后社会主义条件下合作制与市场经济都有什么样的关系及其发展趋势呢？总的来说，我国当前合作社会主义的发展正在与市场经济的发展逐步融合、相互促进，在社会主义市场经济基础上大力发展合作制无疑是今后中国的合作社会主义发展的根本方向及基本趋势。

由于在传统观念中往往把合作制与市场经济对立起来，把市场经济看作只是属于资本主义的经济范畴，而把社会主义及其合作制看作是只适于搞计划经济，所以致使传统的社会主义合作制实践长期地在高度集中的计划经济体制下运行。当代中国的改革开放用其成功的实践形态否定了传统观念的这种误解，邓小平同志更是以其卓识远见深刻透彻地分析论述了社会主义与市场经济的关系问题，他指出："计划多一点，还是市场多一点，不是社会主义与资本主义的本质区别。计划经济不等于社会主义，资本主义也有计划；市场经济不等于资本主义，社会主义也有市场。计划和市场都是经济手段。"[②] 邓小平明确地肯定了市场经济与社会主义的相容性，鼓励要发展社会主义的市场经济，这是对原有的传统社会主义观念的重大突破，它进一步为合作社会主义在当代中国的发展奠定了思想基础。中共中央十四大进一步确立了建立社会主义市场经济体制的改革目标，从此为有中国特色的合作社会主义事业的发展提供了基本的改革方向。实践证明，在人类社会发展进程中，商品经济的充分发展是社会经济发展所不可逾越的阶段。对于我国这样一个经济文化比较落后的国家，进入社会主义之后，必须经历一个相当长的初级阶段，去实现工业化和经济的社会化、市场化、现代化，这也是一个不可逾越的历史阶段。确立社会主义市场经济体制的改革目标，是符合我国现阶段生产力发展的要求和社会经济发展的客观规律的，也是对几十年合作社会主义，特别是改革开放以来合作社会主义发展的经验教训的根本概括。

我国当前及今后社会主义条件下合作制与市场经济的结合具有以下一些主要的特点和发展趋势：

[①] 可参见艾宏扬：《对改革开放以来我国合作制发展的考察》，载《中国社会科学》1997年第3期；何光主编：《中国合作经济概观》，经济科学出版社1998年版。

[②] 邓小平：《在武昌、深圳、珠海、上海等地的谈话要点》，载《邓小平文选》第3卷，人民出版社1993年版，第373页。

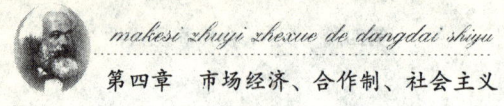

(一) 合作制企业是真正的民营企业

任何合作制企业都是由劳动者自愿组合，并以劳动联合与资本联合相结合的经济组织，必须以"民有、民办、民管、民享"为基本原则，因此，它完全是民营性企业。所谓民营性企业是指其经济的主体是老百姓、民间人士，是相对于国营、官营而言的，也就是说，它是以非官办的、非政府控制的平等的市场交易者和独立的利益主体的资格参与市场竞争的。企业民营性的关键在于："政府是政府，企业是企业"，政权与所有权不能混合在一起，企业不能是政府行政机构的附属物，而应该是主要受市场机制这只"看不见的手"指挥的市场运动员和独立的法人。从事企业的经营管理的人应是听命于市场和消费者的企业的直接所有者代表或企业家，而不能是依仗政治权力的"企业官员"。当然，民营化也不等于私有化。真正的私有企业自然是民营的，但民营的企业却并不只是私有企业，各类合作企业都是民营企业，合作企业只有作为真正独立的民营性企业，作为自主经营、自负盈亏的市场活动的利益主体，它没有"婆婆"，不受行政权力的管辖和粗暴干涉，才能成为充满活力的自由企业。但在原来的计划经济体制下，国家用管理国有经济的办法来规范约束合作企业的运行，把合作经济推上了"二国营"、"准官办"的轨道上去，伤害了合作制的原有活力，失去了合作企业的民营性特征。《中华人民共和国宪法》明确地把城乡各种形式的合作社经济，定义为集体所有制经济，并说它是社会主义劳动群众集体所有，是公有制的一种基本形式。中共十五大进一步把股份合作制界定为"劳动者的劳动联合和劳动者的资本联合为主的集体经济"。这样的集体合作经济自然是"民有、民办、民管、民享"了，"民营"应是它的本义。

(二) 合作制企业是拥有完全自主权的自由企业

近现代社会区别于传统社会的一个重要特征，就在于确立了经济自由制度。经济自由是驱动传统社会转向近现代社会、使之走上现代化进程的一个主要推进器，是市场经济社会的一个不言而喻的基本前提。没有经济自由就没有市场经济，就没有近现代社会的工业化和现代化。

自由企业制度是经济自由的一项主要内容，也是经济自由原则的一种具体体现。在市场经济社会里，现代企业制度从根本上说是一种自由企业制度。正是自由企业构成了近现代社会一切市场经济的微观基础。具有独立的商品生产者经营者性质的自由企业是工业化发达国家兴起和发展的一个有力支点。

自由企业制度使企业这一经济主体在市场经济社会里始终充满了活力,不断推动着一个国家的经济发展和现代化进程。① 毫无疑问,在社会主义市场经济社会里,合作制企业也应是拥有完全的自主权的自由企业,其产权关系十分明确,可以在国家法律规定的范围内自主地根据价格的变化和市场的调节而进行生产要素的自由流动和重新组合,实现社会资源的优化配置,从而使合作企业能够在激烈的市场竞争中,快速决策,自主运行,获得最佳效益。当然,由于在原有的计划经济体制下,政府包揽了企业的许多权利,企业也承担着许多社会职能,合作企业的自由自主权也因此基本丧失,每个企业上面都有一个主管部门,企业的一切活动都要听命于主管部门,连厂长经理都是由主管部门任命的。随着改革的展开和深化,政企分开、简政放权,合作企业的自主权有所恢复,但远没有获得企业应有的全部自主权,成为真正的自由企业。这主要是因为国家管理体制改革的严重滞后,市场体系的形成还要有一个过程。只有在社会主义市场经济体制完全构建起来,企业的产生及运行不必再由政府部门盖章审定的时候,合作企业的自主权才能真正确立。

(三) 合作制企业的一切行为应实现市场化

合作企业作为独立的产权主体,是以市场为其存在和发展的条件的。从它产生之日起就是市场经济活动中积极的、最富有活力的一员。当今世界上市场经济发达之处,往往也是合作经济繁荣之乡。我国社会主义市场经济的发展及相关的制度框架的确立,为合作企业及合作经济的发展提供了广阔的天地。在社会主义市场经济条件下,合作企业的运行必然要以市场经济作为其出发点和立足点,以市场信号为基本导向,在市场机制作用下运行,使企业活动特别是其生产要素的配置方式市场化。但在计划经济体制下,合作制企业往往无法保持自己的这一特征,被迫努力争取把自己纳入计划经济的轨道,因为一旦不纳入国家计划,合作经济组织就无法获得必要的资源配置,从而也就无法参与正常的生产经营活动,更无效益可言。改革开放使各种合作企业有机会率先进入市场,在直接面对市场的竞争挑战的同时,也给了它们一个平等的市场竞争的机遇,最终使它们如鱼得水,蓬勃发展,既赋予了合作经济的强大活力,又首创了丰富多彩的改革经验。历史与现实的经验都

---

① 可参见朱晓鹏:《自由企业制度:我国企业制度改革的目标模式》,载《学习与探索》1994 年第 2 期。

证明了，合作经济的运行一定要以市场经济为中心，市场经济越是发展，合作经济的活动舞台就越宽广。

(四) 合作社构架起了通向大市场的桥梁

一方面，市场经济的发展提供了合作经济的基础；而另一方面，合作社等合作制企业的发展，也构架起了千家万户通向大市场的桥梁，从而推动了我国社会主义市场经济体制的形成和发展。

在我国当前合作制发展中，很大一批合作社是在各个个人、中小企业生产要素分散不全、或受分工分业限制缺乏协作的情况下，组合起来使合作经济与现代市场经济得到互补和统一，形成具有一定合力和规模效益的生产经营能力而产生的。马克思指出：正是商品生产和市场经济既需要分工又离不开联系和合作的特点，使合作制的产生有了客观基础："由于谁也不能单独生产出任何东西，于是就使得合作制成为一种社会必然性。"① 合作社的一个巨大功能，就是可以通过合作社这个中间环节，把千家万户与国内外的大市场紧密地联系在了一起，解决了绝大多数独家独户所解决不了的问题。我国现在要发展社会主义市场经济，更需要以合作制组织广大小生产者及中小企业进行联合，实现适度规模的生产，并且帮助他们进入市场，真正成为市场的主体，建立起与市场经济相适应的新的合作经济。例如中国农村虽然经过20世纪50年代的合作化及人民公社运动后，农民们多少存有"恐合症"，但要真正从温饱迈向小康，就必须极大地提高农业的经营规模和经营效益，做好农业资源的深度和广度开发，解决好农民与市场的衔接问题，即要求农业生产实现集约化、商品化、企业化的发展，这就是所谓农业的"第二次飞跃"。股份合作制等合作经济形式显然是较富有成效的途径。因为它能够在保障农民的财产所有权、充分发挥个人的投资和生产积极性的基础上，克服农民在发展生产中由于小规模家庭经营所不能克服的困难，而可以在更大范围内组织生产要素，以联合的道路搭起农民与市场直接相衔接的桥梁，成为农村实现"第二个飞跃"的重要途径。

尤其值得重视的是，与以往我们只注重生产领域的合作社，而不重视服务型的合作组织不同的是，当前我国合作制的发展已建立起了一大批与市场

---

① 马克思：《关于土地所有制的发言记录》，载《马克思恩格斯全集》第16卷，人民出版社1964年版，第648－649页。

接轨的各种服务型的专业合作社。西方发达国家的合作制历来较侧重于发展服务型的合作社组织，用服务型的合作社组织去带动生产企业、合作社等。因为这些服务型的合作社组织能够适应市场环境、参与市场竞争，构架市场的流通渠道，在建立与市场接轨的各种服务型的合作社组织的基础上形成能够提供诸如科学、技术、法律、经营管理等方面的咨询和服务的社会化服务体系。我国当前的合作制发展也已开始朝着这一方向演进。如在城乡出现的种子合作社、农机具合作社、医疗合作社、住宅合作社、蔬菜合作社，以及将农产品生产、销售、服务一体化的综合合作社等，就已显示了很好的成效和生命力，也使市场经济原则和合作制原则得到了很好的结合，具有长远的发展前途。

第五章

民主经营论

保证劳动者在企业中的主人翁地位,是调动和发挥劳动者的积极性、主动性、创造性的根本途径,是提高劳动生产率、增强企业活力的重要源泉,是当今时代发展与深化改革的客观要求。切实保证劳动者在企业中的主人翁地位,这是我国经济体制改革过程中带有根本性的一个重要问题。

这里所讲的劳动者,是指在企业中从事体力劳动和脑力劳动的全体职工;企业则为全民所有制企业。但这里所讨论的问题,基本上也适用于我国其他公有制企业。

一

提起劳动者在企业中的主人翁地位,人们往往首先想到所有制问题。长期以来,在我国一直流行着这样一种传统的观点:社会主义公有制的建立,使劳动者成为国家和企业的主人。这种观点使人感到,随着社会主义公有制的建立,劳动者在企业里就自然而然地具有了主人翁地位。我认为,这种认识是不准确的,因为它把建立社会主义制度,同在企业经济活动中实行社会主义民主这两件虽有联系、但并不相同的事情混同了起来。事实上,建立了社会主义制度并不等于已经确立了劳动者在企业中的主人翁的地位。例如,根据中华全国总工会经济技术劳动保护部1988年对17个省市447家企业21万名职工的调查,收回的答卷中回答没有主人翁地位的占36.6%;回答主人翁地位不高的占 51.5%。① 对相同的问题，浙江省总工会也在 1987 年在全省范围内进行了 1.3 万名职工的抽样调查，60% 的职工回答感觉不到自己在企业中的主人翁地位。②

我国的实践表明，要真正确立和保证劳动者在企业中的主人翁地位，除了社会主义公有制这个根本前提之外，还需要其他条件，还有许多工作要做。其中，正确确立国家与企业的关系是保证劳动者在企业中的主人翁地位的重要外部条件，正确确立职工与企业的关系，即确立劳动者在企事业中的经营主体地位是保证职工主人翁地位的重要内部条件。确立劳动者在企业中的经营主体地位，可以用一个简单明确的词语来概括，这就是——民主经营。

二

所谓民主经营，是指在社会主义企业的所有权与经营权相分离的条件下，以全体职工为企业的经营主体，企业生产经营的重大问题由职工工资代表队大会审议决定。它的主要内容包括两个方面：(1) 以全体职工为企业的经营主体，由劳动者集体对企业经营成果负责。(2) 企业生产经营的重大问题由职工代表大会审议决定，日常生产经营指挥由企业领导人全权负责。民主经营在强调劳动者是企业的经营主体的同时，并不排斥现代社会化生产所要求的集中灵活的统一指挥。民主经营是民主与集中的统一。

民主经营不同于民主管理。经营与管理在内容上有许多地方相互交叉，难以截然划分经营与管理的领域。但是，经营与管理有一个最大的不同：在经营中有企业重大决策的内容，而管理中则没有企业重大决策的内容。经营比之管理，更突出地体现着企业主体的意志。所以，在我国企业民主管理的思想已经广泛传播的时候，现进一步提出和宣传民主经营的思想，是完全适时和完全必要的。

当国家与企业间的关系有所明确之后，民主经营则成为确立职工与企业间的正确关系，从企业内部解决劳动者的主人翁问题的关键。这是因为，在社会主义公有制的基础上，由于实行了所有权与经营权的分离，实行了企业

---

① 见《关于职工劳动积极性的调查》，载《中国劳动科学》1989 年第 2 期，第 22 页。
② 见《充分发挥职工群众的积极性》，载《工人日报》1988 年 4 月 6 日，第 2 版。

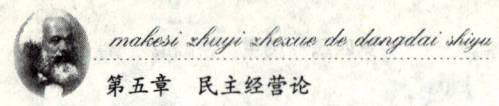

第五章　民主经营论

承包经营责任制，企业经营权已经成为企业行使权利和分配利益的基础。在这种情况下，由企业全体职工担当掌握与运用企业经营权的主体，对于确立和保证劳动者在企业中的主人翁地位来说，就有了最重要的、具有决定性意义的实际内容。

首先，企业民主经营体现了劳动者与生产资料直接地、紧密地相结合。劳动者在企业中的主人翁地位的本质特征，就是劳动者能够同企业的生产资料直接地、紧密地相结合，在社会主义的所有权与经营权相分离的条件下，表现为劳动者对企业生产资料的占有、使用、支配的权利。而这些权利，正是企业经营权的基本内容。因此，在所有权与经营权相分离的情况下，谁掌握和运用企业的经营权，谁就是企业的主体，谁就同企业的生产资料直接结合，谁就是企业实际的主人翁。

其次，企业民主经营有利于落实劳动者在企业中的责、权、利。劳动者在企业的活动中，要充分发挥自己的积极性、智慧和创造力，离不开劳动者的主人翁责任感。而劳动者主人翁责任感的产生和形成，归根结底，来自于劳动者对自己切身利益的关心。劳动者是实现和争取自己的利益，必然要求在企业的经营决策中体现自己的意志。责、权、利三者是互为条件、辩证统一的。在这三者当中，企业经营中的企业经营权是基础。劳动者掌握了企业的经营权，劳动者的利益和主人翁责任感就有了切实的保证，主人翁地位就落到了实处。

再次，企业民主经营有助于在企业中真正支持和发扬社会主义经济民主。在企业中民主管理是社会主义企业的重要标志。劳动者要成为企业管理的主体，只有在其企业经营的主体、拥有对企业重大问题的决策权之后，才能真正做到。企业民主管理如果离开了劳动者掌握企业的经营权，就会流于生产技术管理和专业管理，失去民主管理的根本意义。在我国一些企业中流传的企业民主管理是"丫鬟拿钥匙，当家不做主"的说法，正是反映了职工群众要求参加经营决策的强烈愿望。我们应该顺应这种愿望，让劳动者成为企业经营的主体，这是企业民主管理发展的必然趋势。

三

论述实行民主经营的可行性，就是要进行一个比较：以全体职工为经营者与以个人（或几个人）为经营者相比，哪个更有利于生产力的发展。

目前，在实行企业承包经营责任制的过程中，关于谁是企业经营者的问题，主要有两种不同的认识：第一种看法认为，厂长是经营者。第二种看法认为，企业劳动者集体（包括厂长）是经营者，厂长是经营者代表。两种认识哪一种正确？从理论上来说，只要我们坚持企业的社会主义性质，肯定劳动者企业的主体，就只能肯定劳动者集体是经营者。①

对此，本文不拟多作论述。从实践效果来看，以企业劳动者集体为经营者较之以厂长为经营者，更有利于生产力的发展。

以厂长为经营者，固然有助于加强厂长在企业的中心地位，有利于厂长对企业的生产、经营管理实行集中指挥，有利于调动厂长的积极性，出现了一些"一个能人救活一个工厂"之类的事例。但是，以厂长为经营者，其弊病也是众所周知的：其一，压抑职工群众和积极性，"厂长急得团团转，职工站在一边看"是许多实行个人承包经营的企业中常见的现象；其二，诱发企业行为的短期化；其三，造成企业承包经营中的"负盈不负亏"。

克服这些弊病最根本、最有效的途径，就是确立企业的全体职工是企业的主体，以劳动者集体为企业的经营者。由于职工群众的生活基础是企业，生老病死靠企业，从自身利害出发，职工群众十分关心企业的后劲和长远利益。因此，以劳动者集体为经营者，他们不但会重视眼前利益，也会想到长远利益。他们不但不会搞杀鸡取蛋的短期行为，而且还会以主人翁的态度积极关心企业的经营管理，努力从事生产劳动，千方百计避免亏损，扩大生产，创造赢利。以劳动者集体为经营者不但有助于确立劳动者在企业中的主人翁地位，有利于争取劳动者的利益，而且在客观上也有利于发展企业和国家利益。

有的同志也许会提出这样的担心："肯定劳动者是企业的主体，确立劳动者集体为企业的经营者，会不会削弱厂长负责制？"我说不会，相反还会增强厂长的领导权威，更好地落实厂长负责制。这是因为，厂长领导权威的产生和形成，不但要有来自上面的肯定和任命，而且也需要下面群众的拥护和支持。没有群众的拥护和支持，光有上级的任命，厂长也不会有真正的权威。

---

① 关于这个问题，林凌同志作过很好的论述。请参见《企业承包经营中的一个重要问题》，载《求是》1989年第21期。

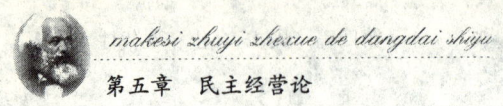

第五章 民主经营论

对此,每个厂长都能深刻地感受到。以劳动者集体为经营者经营企业,对企业重大问题作出决策,并不是说要所有的职工都去发号施令,而是指对企业生产经营的重大问题,由企业领导人提出方案,经过职工代表大会讨论通过,成为劳动者集体的意志,然后依靠全体劳动者群策群力加以实施。而厂长作为劳动者中的一员,他不但要积极贯彻职工代表大会通过的决策,而且还要负责组织指挥决策的具体实施,成为经营者的代表,这就是突出了厂长在企业经营管理中的中心地位和重要作用。职工群众由于参加了企业重大决策的制定,了解了企业的情况和问题,就会自觉地支持厂长的管理,服从厂长的指挥,维护厂长的权威,使厂长负责制与劳动者在企业中的主人翁地位统一起来。肯定和确立劳动者集体是企业的经营者,明确厂长是经营者代表,符合社会主义民主集中制的原则,应该成为我国企业领导制度改革的方向。

我国在经济体制改革中,各地有不少企业实行了全员承包经营、群体经营、全员承租等办法,普遍取得了很好的效果。其中,特别值得一提的是首都钢铁公司,首钢实行了职工代表大会领导下的经理负责制,规定职工代表大会是企业的最高权力机构,公司领导人经过全公司职工直接选举产生。首钢的全员承包制,不仅使首钢连续10年实现利润逐年递增20%,而且在短短的几个月之内就使被兼并的13家军工企业扭亏为盈。这就表明,要使我国的社会主义企业产生较高的劳动生产率,体现社会主义制度的优越性,就要在企业领导制度上真正具有社会主义的性质和特点——确立劳动者为企业经营主体,保证劳动者在企业中的主人翁地位。如果认识不到这一点,沿用资本主义小规模生产的个人经营企业的方式,不但与社会主义根本宗旨相违背,而且也达不到在资本主义条件下的劳动生产率。因为,社会主义条件下的职工群众的法律地位根本不同于资本主义条件下的雇佣劳动者,劳动者是国家的主人、企业的主人的观念已经深入人心。主人如果感觉不到自己是主人,就发挥不出主人的积极性。社会主义企业如果不从确立和保证劳动者的主人翁地位来调动劳动者的积极性,单纯用"严格管理"、"经济手段"等办法来约束职工,职工群众就会产生逆反心理,用不合作的态度进行抵制。所以,要办好社会主义企业,就必须用社会主义的办法来办企业。

四

论述民主经营的可能性，其实就是要回答一个重要的问题：劳动者有没有能力经营管理企业？

关于这个问题，当前主要有两种不同的认识：第一种看法认为，职工群众文化素质低，参政议政能力差，受岗位局限不了解企业生产经营全局，劳动者经营管理不了企业。第二种看法与之相反，认为劳动者有能力经营管理企业。我认为，那种否定劳动者经营管理企业能力的观点，只是站在少数人利益上的、突出少数人作用的一种偏见，不是站在国家利益、企业利益和广大劳动者的利益上去客观地认识问题。

第一，肯定劳动者是企业经营的主体，同肯定厂长在企业经营管理中的中心地位，肯定企业经营管理需要高度的专业知识并不矛盾。企业领导人是不是劳动者？企业经营决策要不要实行民主集中制？只要不把企业领导人放在同职工群众对立的位置上，就会对此作出肯定的回答，就会对劳动者经营管理企业的能力作出肯定的回答。

第二，应当看到，在我国，企业经营管理知识和水平比较低下是较为普遍的现象，努力学习和提高企业经营管理的科学知识，是企业领导和职工群众都面临的共同任务。不能因为一些厂长的经营管理水平还不够高，就不让他们行使生产经营的指挥权。同样，也不能因为职工群众的经营管理水平还需要提高，就取消他们经营管理企业的民主权利。

第三，随着我国文化教育事业的发展，企业职工队伍的文化水平、民主意识有了很大的提高，现在的企业职工多数具有初中以上的文化程度，中专、大专以上文化程度的职工已经占有相当的比例，企业经营管理对他们来说不是理解不了、掌握不了的东西。而且，聪明才智系于利益，只要使职工群众明确地看到企业经营与自己利益的联系，就可以涌现出大批优秀的经营管理人才。

第四，任何人都不能避免自己的岗位局限性，单个职工有局限性，厂长个人也有局限性。特别是在现代化大生产条件下，信息量之大，经营管理之复杂，是单凭个人能力很难处理好的。只有各部门人员集思广益、群策群力，才能全面地、准确地反映各方面的情况，形成有效的经营管理。

第五，经营管理行家不是天生的，通过学习和实践，劳动者会不断提高自己的经营管理能力。只要为劳动者经营管理企业提供条件，他们的经营管理能力就会逐渐提高。人们不应当只看到劳动者的经营管理能力有待提高，而且还应当看到劳动者的经营管理能力可以提高和能够提高，不能把职工中蕴藏着的经营管理能力和智慧估计过低。

第六章

人性论与激励理论

21世纪初，我国各级政府陆续废除了一批不合时宜的政策法规，出台了一些方便群众、贴近群众的服务措施，许多单位在进行管理和开展工作时也开始更多地考虑群众的情感和需要，一时，人性化管理成为了社会流行的词汇。如何认识人性，是一个对哲学和管理学有重要意义的问题。

一

既然是人性化管理，当然首先要了解人性。然而，从古到今，不同的人对人性的理解是不一样的。

中国古代识字启蒙课本《三字经》开篇第一句，就是"人之初，性本善"。《三字经》是以儒家的理念编撰的，它关于人性的观点是与孔孟之道一脉相承的。

孔子是儒家的创始人，但是他没有说过关于人性善恶的话，关于人性他只是说了一句"性相近也，习相远也"[1]。儒家的性善论是从孟子发端的。

孟子从儒家所倡导的伦理道德和社会关系出发，主张人性善。他说："恻隐之心，人皆有之；羞恶之心，人皆有之；恭敬之心，人皆有之；是非之心，

---

[1] 《论语·阳货》。

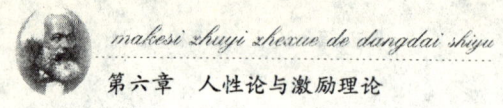

人皆有之。"① 譬如看到一个婴儿在井口爬行,每个人都会情不自禁地过去把婴儿抱离险境,这就是恻隐之心。恻隐之心是每个人生来就有的,所以人性本善。

荀子反对孟子的观点,主张人性恶。他说:"孟子曰:人之性善。曰:是不然。凡古今天下云所谓善者,正理平治也;所谓恶者,偏险悖乱也;是善恶之分也已。今诚以人之性固正理平治邪?则有恶用圣王,恶用礼义矣哉!虽有圣王礼义,恃曷加于正理平治也哉?今不然,人之性恶,故古者圣人……明礼义以化之起法正以治之……"② 荀子认为,善恶是相对的,因为有善才有恶,有恶才有善。正是因为有恶的存在,所以才有圣王,才有礼义,才需要教化。如果人性善,又何必有圣王和礼义呢?所以人性恶。

荀子解说什么是人性,他说:"生之所以然者,谓之性"。"不事而自然,谓之性。"③ 他认为人生来就有的本性才是人性,"若夫目好色,耳好声,口好味,心好利,骨体肤理好愉佚,是皆生于人之性情者也。感而自然,不待事而后生之者也。"④ "今人之性,生而有好利焉,顺是,故争夺生而辞让亡焉。生而有嫉恶焉,顺是,故残贼生而忠信亡焉。生而有耳目之欲,有好声色焉,顺是,故淫乱生而礼义文理亡焉。然则从人之性,顺人之情,必出于争夺,合于犯分乱理而归于暴。"⑤ 由于人性生来喜好和追求利益、地位、美色,如果由着人的本性,必然会发生争夺、欺诈、淫乱,所以人性本恶。

荀子认为,人性虽是天生的,但是可以通过法制予以约束、用道德予以教化,使人性由恶而善。"性者也,吾所不能为也,然而可化之。"⑥ "古者圣人以人之性恶……故为之立君上之势以临之,明礼义以化之,起法正以治之,重刑罚以禁之,使天下皆出于治,合于善也。"⑦

与孟子和荀子同时期的告子认为,人性就是"食色性也"、"生之谓

---

① 《孟子·告子上》。
② 《荀子·性恶》。
③ 《荀子·正名》。
④ 《荀子·性恶》。
⑤ 《荀子·性恶》。
⑥ 《荀子·儒效》。
⑦ 《荀子·性恶》。

性"①，人性也就是人的自然本性，因此，他主张"性无善无不善"②，即人性没有善恶，无所谓善恶。

中国古代虽然还有不少人对人性问题发表过见解，但是都不出性善、性恶、性无善无不善这几种观点。汉代以后，儒家思想逐渐成为统治思想，很少有不同的声音。虽然宋明理学提出了"存天理，灭人欲"的人性观，认为"天理"是善的人性，"人欲"是恶的人性，大讲所谓存善去恶的虚伪残酷的道理，但是它还是儒家一脉的。

人性本恶的观点，在西方文化中也是自古就有。许多西方思想家都把趋利避害视为人的天性。认为在现实生活中，由于生存和生活的资源是有限的，人们各自都设法以牺牲别人来保全自己，以致有一种众人反对众人的战争状态。人们为了争夺权势和利益，就要发动战争、相互争斗。对此，近代英国思想家霍布斯（Thomas Hobbes）有句名言："人对人像狼。"

在西方现代管理理论中，美国学者麦格雷戈（Douglas M. McGreger）曾经提出著名的关于人性的两种假设，一种假设认为人性是消极的，他称之为X理论；另一种假设认为人性是积极的，他称之为Y理论。X理论，可以看作是管理理论中的性恶论；Y理论，可以看作是管理理论中的性善论。

古今中外的思想家对人性的理解，各自都有一定的道理，但是也都存在着偏差。那么，我们应当怎样理解和把握人性呢？人性问题是一个古老的问题，它不是一个简单说性善还是性恶就可以解决的问题。对于这个问题，我的观点是：

人性不是抽象的，而是具体的。这里所说的"抽象"，是指脱离社会的历史发展，对人的某种个别属性做孤立的、片面的、静止的把握和规定，如上面介绍的关于人性的各种性善或性恶的观点。这里所说的"具体"，是指在现实的和具体的历史条件下，对人的各种属性做本质的把握和规定。也就是说，在不同的社会历史条件下，对人性善恶的理解和评价是不一样的。按照马克思主义的观点，人在本质上是社会的存在物，脱离具体的社会历史来研究人性，是不可能从本质上真正把握人性的。如果抽象地研究和规定人性，要么把人性归结为人的自然属性，如荀子的性恶说；要么把人在具体条件下某一

---

① 《孟子·告子上》。
② 《孟子·告子上》。

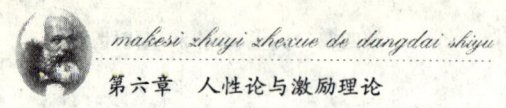

第六章 人性论与激励理论

方面的特性当作普遍人性,如孟子的性善说,其结果都不能正确认识和理解人性。那些以抽象的形式提出的某种关于人性的观点,其实都是在具体的历史条件下,对具体的历史的社会关系承担者的人性的反映。因此,在人性问题上,马克思主义认为,没有抽象的人性,只有具体的人性。人性就是人的社会性。具体的人的特定的社会性,是在具体的社会历史条件下形成的。不同的社会历史条件,造就不同的人性,对人性的善恶也有不同的评价标准。我们只能从具体的社会历史要求出发,提出善恶的标准,对人性做出判断。

在生产资料和生活资料不能丰富到充分满足每个人的需要、存在需要通过竞争来获取对资源的支配的情况下,人们站在社会化生活和社会道德的角度来看待人性,就会把人的生物性所表现出来的趋利避害的本能,看作是恶;就会把人的社会性所表现出的仁义协助的精神,看作是善。也就是说,在人类社会相当长的历史时期内,如果说人性有善恶的话,只是从社会管理者和组织管理者的立场来看的。在现实中,人性有善的一面,也有恶的一面,单纯说人性是善还是恶,都是片面的、极端的。领导者和管理者的任务,就是启发、发展人性中善的一面,阻碍、压制人性中恶的一面。也就是要营造一种积极的、向上的社会和组织气氛。领导者不可能要求所有的社会成员都具有高素质,但是可以通过创建积极的社会和组织环境,使所有的社会成员向高素质努力,不断地去恶向善。荀子所说的"义与利者,人之所两有也。虽尧舜不能去民之欲利,然而能使其欲利不克其好义也。虽桀纣亦不能去民之好义,然而能使其好义不胜其欲利也"① 也有这个意思。

人性就是人的社会性。如果我们抛开人的生物本性来看人性,人性其实就是具体的人所处的社会关系对他的社会性要求。如果他符合这种要求,他就会被认为具有积极的、善的人性。如果他不符合这种要求,他就会被认为具有消极的、恶的人性。因此,没有普遍的、永恒的人性,只有个别的、现实的人性。

人性是一种社会认识。主体对他的现实社会关系的认识,产生主体对人性的理解和判断。主体在社会实践活动中,感受到自己与他人的实际关系、他人对自己的态度,产生他对人性的认识。事实上,历史上各种关于人性的观点,都不过是某个人对自己当时的社会关系的一种认识。从这个意义上说,

---

① 《荀子·大略》。

人性论实际上也是认识论。

基于上述认识，我们说现在我国社会上流行的所谓人性化管理，实际是对长期以来行政管理和组织管理偏重管束、偏重制裁的一种反思和改进；是由于社会进步对人权越来越尊重和保护，把过去群众应得而未得的权利还给了群众；是对群众社会地位的某种提高，使管理更符合群众的利益，而不是依据抽象的人性进行管理。如果说朝着这个方向努力，就是人性化管理的话，那么人性化将是一个不断前进的过程。随着社会的进步，这样的人性化管理必将进一步加强，在行政管理和组织管理过程中必须更加注意和符合人民群众的利益、愿望和要求，这是社会历史的进步。

我们必须看到，管理学需要研究人的行为，但是这种对人的行为的研究，只能是基于心理学和社会学的，而不能是基于人性论的。从心理学和社会学入手研究管理学，我们可以获得许多有价值的知识，而如果从人性论入手研究管理学，除了困惑之外，我们得不到任何有价值的东西。

二

在管理学中，激励是一个很重要的内容。古今中外，人们对如何进行有效的激励进行了许多探索。

中国古代，管理者对部属的有效激励方式主要是"赏罚分明"、"赏罚有度"、"赏罚有信"。对有功劳和贡献者，要给予奖赏，奖赏要同功劳和贡献相称，奖赏要及时兑现。对犯错误或有罪者，要予以惩罚，惩罚的力度要同所犯错误相适应，惩罚要及时进行。古代的英明君主和官员在赏罚上都很有自己的一套，都很善于利用赏罚来激励属下为自己效命。但是，有人过分迷信赏罚的作用，所以有把奖赏的作用推向极端的"重赏之下必有勇夫"的说法。也有人对严刑酷法的作用表示怀疑，于是有对惩罚的作用范围提出疑问的"民不畏死，奈何以死惧之"的感叹。

新中国成立以后，我国在激励职工方面进行了许多探索。在奖惩方面，主要是在奖励方式上先后做出了许多尝试：既有物质鼓励，如计件工资、奖金、政府特殊津贴、经济承包、奖励休假、升职晋级等等；也有精神鼓励，如劳动模范称号、有突出贡献的中青年专家称号、三八红旗手称号、杰出青

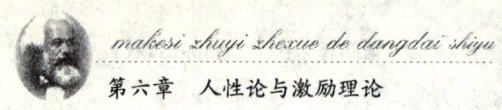

年称号等等。值得特别指出的是，在20世纪60至80年代，在我国的一些企业中实行的"两参一改三结合"，即干部参加劳动、工人参加管理、改革不合理的规章制度、干部工人技术人员结合攻关，曾有效地激励了职工的工作热情，受到了国外管理学家和企业家的重视，日本的一些企业还派人专程来取经。一些企业认真落实职工代表大会制度，实行民主管理，对于调动职工的工作积极性也有很好的作用。"两参一改三结合"和民主管理，重视和激励的是职工的主人翁责任感和职工对企业的凝聚力，重点关注的是职工的心理感受和情感以及企业中的人际关系问题。

西方现代管理理论关于激励的理论大体先后经历了"经济人"、"社会人"和"决策人"三个阶段。

一般认为，管理作为一门科学，是从19世纪末20世纪初美国的泰罗（Frederick W. Taylor）的科学管理理论开始的。当时的经济学和管理理论认为，人人都是依据趋利避害的理性原则行事的"经济人"，企业主追求最大限度的利润，工人追求最大限度的工资收入。出于这种对人的理解，以泰罗为代表的科学管理提出了工作定额原理、标准化原理、奖励工资制等管理原理，法国的法约尔（Henri Fayol）提出了管理功能的理论和一般工业管理的14条原则，德国的韦伯（Max Weber）提出了管理行政组织体系的理论，美国的古利克（Luther Gulick）和英国的厄威克（Lyndall Urwick）提出了管理的七职能理论等等。这一时期的管理理论，虽然也注意到了管理中的人的因素，但是对人的理解却是以个人利己主义为基础的。美国学者休·艾肯特十分精当地指出，"经济人"和科学管理是18世纪和更早时期唯理主义哲学的表现。这种哲学认为包括人类活动在内的一切现象都受理性规律的制约，而科学管理是试图把这些规律应用到工作的人们身上。[①] 这是一种深深植根于西方文化的管理概念。

1924—1932年，美国科学院的全国科学研究委员会在西方电器公司的霍桑工厂进行了一项实验研究，以确定工作条件同工人个人劳动效率的关系，即管理学史上著名的霍桑实验。在实验过程中，研究人员发现，改变刺激工资制度、车间的照明亮度、睡眠时间、空气湿度、休息时间、工作时间的长度等工作条件，并不像原先设想的那样对工人的劳动效率有重要影响。甚至

---

① 丹尼尔·A. 雷恩：《管理思想的演变》，中国社会科学出版社1986年版，第284页。

还出现了将车间的照明亮度降低到近似于月光的程度，实验组和对照组的产量反而都上升了的令人迷惑不解的现象。经过对实验结果的细致研究，梅奥（Mlton Mayo）认为，参加实验的工人成为一个社会单位，对于受到实验者的关心感到兴奋，产生一种参与实验计划和受到重视的感觉，小组精神状态的巨大改变，使工人不管工作条件如何变化，都保持着高昂的工作热情。工人的问题不能只用一种因素来解释，而必须置于他叫做"整个情况的心理学"之中来加以探讨。针对科学管理理论的"经济人"的观点，梅奥等人提出了"社会人"的观点：在社会性的生产活动中，金钱只是工人所要满足的需要中的一小部分，工人还有社会承认和人际关系方面的社会心理需要，工人在团体成员中的地位比起经济报酬对于提高生产率有更大的重要性。梅奥认为有效的管理就是要在正式组织的经济需求和非正式组织的社会需要之间保持平衡。因此，"社会人"的管理思想又被称作管理学的社会心理学派。

受梅奥等人研究的启发，研究行为科学和人际关系的管理理论大量出现，这些理论的特点是注重对人的心理因素和社会行为的研究。比如，马斯洛（Abraham H. Maslow）的"需要层次论"、赫茨伯格（Frederick Herzberg）的"激励因素—保健因素理论"、弗鲁姆（Victor H. Vroom）的"期望机律模式理论"、麦格雷戈的"X理论—Y理论"、卢因（Kurt Lewin）的"团体力学理论"、布莱克（Robert R. Blake）和穆顿（Jane S. Mouton）的"管理方格理论"等等。

第二次世界大战结束以后，随着科学技术的进步、生产力的巨大发展，管理学开始朝着综合性、系统性的方向发展，出现了现代管理理论的"决策人"观点。美国管理学家巴纳德（C. A. Barnard）认为，构成组织的个人并不像科学管理理论所说的那样，是"机器的附属物"，也不是单纯接受命令的"被动的生产工具"，个人是自由意志的决定者。有意志自由，就有个人的人格，就有决策能力，就有选择的自由，就有通过选择而适应环境的能力。人进行决策时，虽然受到环境的制约，但是通过反复进行决策又可以改变环境。西蒙指出，人在进行决策时要受到三个方面的制约：一是生理方面的制约，科学管理理论的研究其实就是为了克服这方面的限制。二是动机方面的制约，管理学的社会心理学派的研究其实就是为了克服这方面的制约。三是认识的制约，人们不可能了解涉及决策的全部知识，寻求决策的"最优解"是困难的，实际上更为可行的是寻求决策的"满意解"。日本管理学家占部都美指

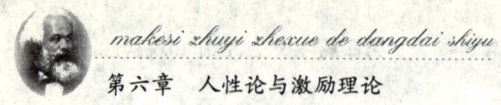

出,以"决策人"为特征的现代管理理论是从个人主义价值观出发的理论。①按照"决策人"的观点,激励实际就是提供做出所希望行为的决策的环境和条件,促使人们做出相应的决策选择。

尽管历史上人们对激励进行了大量的研究,提出了各式各样的理论,试验了各种各样的方法,然而在实际操作中,进行有效的激励是一件很不容易的工作。美国学者斯蒂芬·P. 罗宾斯(Stephen P. Robbins)和玛丽·库尔特(Mary Coulter)指出:"在管理者从事的工作中,激励和奖赏员工是最重要也最具挑战性的活动之一。成功的管理者,认识到对某个人具有激励作用的刺激物对其他人可能作用很小甚至根本不起作用。你可能会因为在一个团结协作的团队中工作而受到鼓舞,但别指望每个人都会如此;你可能会因为挑战性的工作而受到激励,但别人未必如此。作为有效的管理者,要想让所有员工付出最大努力,必须了解员工如何受到激励以及为什么会被激励,并调整自己的激励活动以满足员工的这些需要和欲求。"②

为什么对某个人具有激励作用的刺激物对其他人可能作用很小甚至根本不起作用?这既是一个心理学问题也是一个认识论问题。

瑞士著名心理学家皮亚杰曾经对行为主义心理学的观点进行了批评:行为主义心理学的一个重要特点,只讲行为,不讲意识,认为行为就是外显的意识,人的心理就是刺激引起反应的活动过程,相应的刺激就会引起相应的反应。按照行为主义的观点,对某个人具有激励作用的刺激物对其他人也应当起作用。但是,现实中的情况并非如此,对某个人具有激励作用的刺激物对其他人可能作用很小甚至根本不起作用。现今的一些社会心理学的实验研究,经常出现这样的情况:实验者改变了刺激,被试出现的反应却与实验者的期待差距甚远,被试的反应也有很大的不同,使实验者解释实验结果出现了很大的困难。事实一再说明,人的行为不是简单的刺激→反应模式,研究人的心理和行为,不能脱离人的意识。

皮亚杰指出:"当我们说一个机体或一个主体对某一刺激感受到了,并能对之产生反应,我们系指它已具有让这个刺激被同化进去的一种图式或结构。

---

① 占部都美:《现代管理理论》,新华出版社1984年版,第142页。
② 斯蒂芬·P. 罗宾斯、玛丽·库尔特:《管理学》(第7版),中国人民大学出版社2004年版,第451页。

这一图式正好具有对之做出反应的能力。"① 在这里，皮亚杰指出了一个重要的问题，人对刺激发生反应，要受到主体的认识结构的影响和制约。由于每个主体的认识结构都是不同的，所以受到刺激，主体会依据自己的认识结构，对刺激做出适当的反应。同一个刺激，对于不同的人，它的作用是不同的，它所引起的反应也是不同的。这就是为什么对某个人具有激励作用的刺激物对其他人可能作用很小甚至根本不起作用的原因。

通常许多管理者认为，物质刺激对于调动人们的工作积极性是很有效的。但是在实际运用中，经常可以遇到一些人对金钱刺激并不敏感，对一些人很有效的物质奖励，对另一些人几乎不起作用。进一步了解这些人的情况，就可以发现，对物质刺激敏感的一些人，往往是经济状况比较艰难的人。对物质刺激不敏感的人，一般他们的经济状况是比较好的。经济状况的不同，会使他们对金钱形成不同的认识结构，面对同样的物质刺激，他们自然会做出不同的反应。

例如，2004年7月至8月，作者所在单位要从旧址搬迁到新址，需要组织职工在暑期加班工作，时值几十年一遇的高温天气，为了鼓励职工参加加班工作，单位按照大约平日工资3倍的标准发放加班津贴。面对高额津贴，一些经济困难的职工嫌给他安排的加班时间比有的人少，抱怨领导不给他加班挣钱的机会。而一些经济条件较好的职工表示，即使加班津贴更高，也不愿意加班。后来单位做出决定，无论是否自愿，职工都要按照统一调度，参加加班工作。这样，才使这项任务顺利完成。

从认识论的角度来看这个问题，可以这样解释，对于某个现象或者刺激来说，由于每个人的认识结构不同，受认识结构的制约，主体对信息的感知不同，不同认识结构的人从环境中获得的是不同的信息，不同的主体以自己不同的认识结构反映着客体，形成自己对客体的认识。认识虽然是主体对客体的反映，但是不同的主体对客体形成的反映内容是不一样的。反映的内容不同，主体的感受不同，主体的反应自然也不相同。从经济学的角度来解释，就是金钱价值的边际效用递减。所以，同样是暑假加班工作，有的人看作是一个难得的增加收入的机会，有的人却看作是一件辛苦劳累的负担，也有人

---

① 皮亚杰：《皮亚杰的理论》，载《皮亚杰发生认识论文选》，华东师范大学出版社1991年版，第9页。

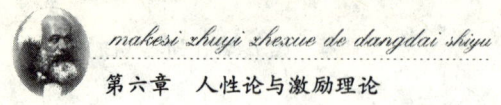

第六章 人性论与激励理论

看作是一件很有意义的事情,即使没有加班津贴也要干好。

在激励的问题上,以前的管理学之所以产生那么多的理论和观点,其原因就在于以往的激励理论都是把职工当作客体来研究和考虑激励问题的,没有站在职工的立场上,从主体的角度来研究和考虑激励问题。研究者往往把职工当作如同机器和原料一样的没有感情、没有思想、输入刺激就会产生相应反应的客体,忽略了这个客体也是主体,是有经验和能够思维的主体。没有想到这个客体在研究者把他作为客体研究的同时,他也作为主体在自己认识结构的影响下,做出从他的角度看起来是最合理的反应。这样,以往的各种激励理论,可以说只是研究者对自己研究工作的某种解释,其中虽然不乏合理的思想,但是受具体研究的局限,形成不了可以普遍应用的理论,于是出现了关于激励问题不同的理论各执一端、莫衷一是的局面。

而且,对人的行为的实验研究,本身就会对人的行为发生干扰,使人在正常情况下可能出现的行为出现改变。这很像量子力学中的测不准原理。而许多心理学家和管理学家进行在进行心理学或行为科学研究时,往往忘记或者忽略了非常重要的这一点。

因此,关于有效的激励,没有也不会有放之四海而皆准的统一的理论和模式。管理者要进行有效的激励,就要了解职工的需要,了解职工的各种情况,根据不同时期不同职工的不同需要,解决职工最关心最需要解决的问题,才能有效地激发职工的工作热情。就是说,不能把激励对象简单地当作被动的客体,而要把他看作是能动的主体,管理者的任务就是找准激励对象的需要,解决激励对象最关心的问题,这就是有效的激励。

关于有效的激励最典型的例子,莫过于中国解放战争时期共产党的解放军以高昂的士气用小米加步枪的劣势装备打败了飞机加大炮优势装备的国民党军队。许多国民党士兵被俘虏后加入了解放军,一改过去在国民党军队时的胆小怕死而变为解放军的战斗英雄。解放军战士的士气从何而来?共产党的政治工作者针对解放军战士主要是来自农民的情况,用"打倒国民党,斗地主,分田地"、"保卫翻身农民的胜利果实"这样一些简洁明了的口号,使来自农民的解放军战士认识到他们是为自己而战,为争取和保卫自己的利益而战,激发起他们的革命热情,奋不顾身地投入到解放战争中去。而在和平年代,有效的激励机制无疑更能够有效地激发人们的工作热情和献身精神。

第七章

论建设社会主义政治文明

发展社会主义民主政治,是当代中国现代化进程中的一项基本任务。中共"十六"大报告在谈到加强我国政治建设和政治体制改革时,强调指出了"发展社会主义民主政治,建设社会主义政治文明,是全面建设小康社会的重要目标"。① 把"民主政治"、"政治文明"和"重要目标"相提并论,特别是单独而明确地提出"政治文明"概念,并把它与物质文明、精神文明相并列,从而阐述了三个文明的重要思想。这在马克思主义理论发展史上还是第一次,也是对有中国特色的社会主义理论——邓小平理论的一个丰富和发展。

那么,什么是政治文明?又应该如何建设当代中国的社会主义政治文明呢?

一、政治文明的核心是实现民主政治

所谓文明,正如古人所谓"经天纬地曰文,照临四方曰明"(唐孔颖达对《尚书·舜典》中"睿智文明"的疏解),"辟草昧而致文明",即"文明"就是从人类的物质创造(尤其是对火的利用)扩展到精神的光明普照大地。文明是标志着人类的开发程度和社会历史的进步程度的标尺,所反映的是人类

---

① 江泽民:《全面建设小康社会开创中国特色社会主义事业新局面——在中共十六次全国代表大会上的报告》,人民出版社2002年版,第31页。

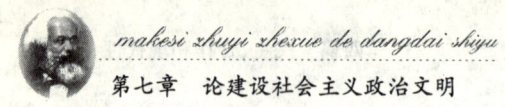

第七章 论建设社会主义政治文明

创造的全部具有积极进步意义的物质的、精神的成果,是积极的进步的文化达到一定程度和水平的反映。在人类社会历史上尤其是现代社会中,"文明"可以大致地分为"物质文明"、"制度文明"、"精神文明"这三大类。"政治文明"就应属于制度文明的主要内容之一,它是人类根据特定的具体社会生活环境制订的用以约束自己的政治行为、规范人与人之间相互的政治关系的准则及相应观念的反映。因此,所谓"政治文明",应指政治制度、政治发展、政治文化、政治观念和政治生活都要适应时代的潮流,特别是要适应社会的物质文明、精神文明发展的状况和需要,不断演进和发展,使之始终坚持积极进步的发展方向。总之,人固然并非如亚里士多德所言是"政治的动物",但政治的确是人类社会生活中的一项重要内容,实现"政治文明",推进"政治文明",是一个社会物质的和精神的文明达到较高的开发程度和进步水平的必然要求。

在人类历史上,政治文明的内涵是不断发展变化的,但无论怎样变,政治文明也与其他文明一样,其反映着真善美的本意不会变,总是代表着人类政治生活中美好的光明的一面。因此,政治文明总是与政治生活中的种种不文明现象相对应,与政治上的假丑恶、专制暴政、黑暗政治等相对立。也正如此,在近代社会以前的政治生活中,是不存在真正的普遍的政治文明的,因为处于奴隶制、等级制、封建专制、君主独裁等政治统治状态下的政治,在总体上只会产生政治黑暗,而不是政治文明。奴隶制、封建专制状态之所以不能产生真正的普遍的政治文明,其主要原因在于它们的政治实质上是少数人对大多数进行充满欺骗和暴力的统治,在那里,政治权力不仅没有体现出大多数人的意志和美好愿望,反而是剥夺大多数人获得美好生活的工具,政府不仅没有赋予大多数人自由、平等的基本权利,保障其基本的政治参与和政治决策的权力,反而在身份的等级制和世袭制、特权制、官僚制等制度安排中被排挤于社会政治生活的大门之外,不仅成为政治生活中的缺席者、沉默者,而且总是成为被欺压愚弄的对象和牺牲品。正像孟德斯鸠所认为的,专制制度是不人道、充满罪恶和愚蠢的制度,专制制度在本质上不能使社会得到改良:它的存在本身就依赖着永久地使用残酷和血腥的暴力。① 近代资本主义消灭了封建专制主义,建立了资产阶级民主政治制度,初步实现了自由、

---

① 参见列奥·施德劳斯等主编:《政治哲学史》,下册,河北人民出版社1993年版,第620页。

民主、平等的政治理想，从而才可以说开始有了真正的（尽管是初步的）政治文明。可以说，实现民主政治就是最重要、最基本的政治文明。当然，资产阶级政权在根本上也还是"原来意义上的政治权力，是一个阶级用以压迫另一个阶级的有组织的暴力，"[①] 但资本主义民主政治毕竟已成为人类政治文明史上最富有成果的开端，其丰富成果无疑值得后人批判性地继承和发展。邓小平反复强调我们搞发展和现代化要学习和吸收包括资本主义在内的一切人类社会的优秀文明成果，当然其中也应包括学习和吸收资本主义的政治文明成果。

中国作为发展中国家，其发展和现代化既需要高度的物质文明和精神文明，也需要高度的政治文明。如上所说，政治文明的最重要、最基本的内涵就是实现民主政治，当代中国的政治文明建设首先就是要实现有中国特色的社会主义民主政治，从而为政治文明建设提供坚实的基础和充实的内容。正因此，现在的中共中央明确地把"发展社会主义民主政治"与"建设社会主义政治文明"相提并论，在其语句的构成上看，民主政治、政治文明是全等式的，实际上是将它们等同看待的，并且同样是作为"社会主义现代化建设的重要目标。"[②] 中共十六大报告中指出："发展社会主义政治，建设社会主义政治文明，是全面建设小康社会的重要目标。"这里所说的"社会主义的政治文明"，其基本内容显然与"发展社会主义的民主政治"是一样的。

二、建设社会主义政治文明的基本途径

既然政治文明的核心是实现民主政治，那么，推进当代中国的政治文明建设，其基本途径就在于真正实现和发展社会主义的民主政治。具体来说，就是要抓好以下几个基本方面的建设：

（一）树立现代政治理念

要通过研究和宣传，使民主、自由、法治等现代民主政治意识和理念逐渐成为全社会的广泛共识，成为政治文明发展的基本价值取向。中国传统政

[①] 马克思、恩格斯：《共产党宣言》，载《马克思恩格斯选集》第 1 卷，人民出版社 1995 年版，第 294 页。

[②] 中共中央文献研究室编：《江泽民论有中国特色社会主义》（专题摘编），第 304 页。

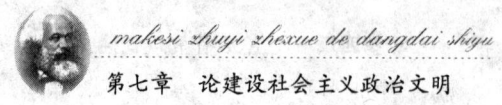

治中虽然有仁政、王道等理想,但实际政治生活中更多的是法家注重权术的专制集权理念和"成者为王,败者为寇"的强者逻辑,即使是那些是具有重民色彩的民本思想、为民作主的父母官、清官意识,与民主政治也仍然有很大的距离,表明了传统政治中并没有多少政治文明的传统。因此,在一个充满了封建专制传统的社会里,要建设民主政治,不能不首先使自由、平等、人权、法治等现代政治文明的思想观念得到普及和加强。当然,这需要有一个过程,不可能一蹴而就、简单速成。因为西方社会走向现代民主政治就经过了几百年的发展演进的历程,其间经过了早期的文艺复兴,宗教改革、启蒙运动等思潮作思想观念上的引导和铺垫。尽管中国作为后发国家可以通过学习借鉴西方的经验而大大缩短这一思想启蒙的进程,但一定的过程肯定还是必要的。

(二) 转变政治职能

无论在中文还是英文中,"政治"一词都具有统治和管理这两层基本意思,如英文中的政治,指城邦中有关统治、管理、参与、斗争等各种政治生活的总和。中文中政治一词,其正如孙中山所说的:"政就是众人的事,治就管理,管理众人的事,就是政治。"但传统政治实践将政治的职能主要定位于统治上,所以西方政治学者很早就认为政治的本质就是"谁统治"(who governs)的问题。这种传统政治观表现于实际的政治生活中,就是以国家统治为主导的政治生活形态。但在现代社会,随着利益格局的多元化、公共领域的扩大化和政治生活的民主化,政治的统治职能已大大弱化,而其管理职能则大大强化,表现于实际政治生活中就是以社会为主导的政治生活形态,可以说,这种转变已逐渐凸显为现代政治文明的主要标志之一。我们常常说的国家及政府职能的现代转变,就是其具体体现。不过,管理就是服务,即面向社会提供的公共服务,国家及政府职能转移到以管理为重心,也就是以服务型的管理为重心。尤其是社会主义国家和政府,其服务型管理更应是其主要职能。应该对国家、政府的公共服务与执政治理之间的关系予以明确的厘定:执政治理要以公共服务为基础,执政治理的最终目的是"执政为民",而只有以公共服务为中心,才能真正体现"为人民服务",落实"执政为民"的执政宗旨,这是中国社会主义民主政治的本质要求,也是当代政治条件下一个执政党或一届政府的执政地位的合法性的根本所在。例如中国共产党是当代中国的执政党,发展社会主义民主政治应坚持共产党的领导地位,而"共产党执政就是领导和支持人民掌握管理国家的权力。"① 因为,现代民主政治承认"主权在民",国家和政府要"让民作主"而不是传统上的"为民作主",执政者就是要为"让民作主"服务的。也就是说,党的领导的实质和核心内容,就是组织和支持人民当家作主,这是真正的服务型管理的体现。

(三) 推进政治制度建设

政治制度是政治文明的核心内容,因为任何政治理念、政治行为、政治职能等有关政治文明的设计要想变成现实,最终都需要通过一定的制度、规序付诸实践。而人类社会政治文明程度的高低,很大程度上就表现在政治制度建设上。因此,邓小平非常强调发展社会主义民主,要着重从制度方面解决问题。江泽民也强调,由于"制度建设更带有根本性、全局性、稳定性和长期性",② 所以我国社会主义政治文明建设的当务之急是"着重加强社会主义民主政治制度建设,实现社会主义民主政治的制度化、规范化、程序化。"③ 按照民主政治的原则,政治民主化不仅要重视实体性内容,而且要注重制度性规范和程序性规定,制度和程序并非可有可无的章法和形式,而是切实履行民主原则的重要保证。

推进政治制度建设涉及的具体内容很多,主要之处至少有以下几方面:

第一,建立对政府权力的制约机制。现代政治文明中有一个重要的理念,即权力是一把双刃剑,不受制约的权力必然会腐败。当然这里所说的权力首先是指政府及其执政者的权力。在现代政治实践中,限制政府权力的途径主要有两条:一是以权力制约权力,即通过一定的制度安排将权力分立成对列之局,形成相互制衡之势,通过这种分权与制衡的制度机制来阻遏其权力的绝对化和腐化。二是以法治制约权力,法治是现代政治中最基本的治国方略,其目的是运用宪法及各种法律制度来规范和约束政府权力,使政府行使权力必须在一定的限度内,而绝不可肆意妄为。只有这样,才能变无限政府为有限政府、权力政府为责任政府。

第二,要不断扩大民众政治参与和监督的渠道,真正体现人民群众当家作主的政治权利。在现代政治文明中,无论是直接或间接的政治选举所要求

---

① 中共中央文献研究室编:《江泽民论有中国特色社会主义》(专题摘编),第32页。
② 中共中央文献研究室编:《江泽民论有中国特色社会主义》(专题摘编),第304页。
③ 江泽民:《在庆祝中国共产党成立八十周年大会上的讲话》,载《人民日报》,2001年7月2日。

的民主原则，政治参与和监督的自由权利，还是人民群众自身各项基本人权和利益的维护，都需要有一套有效的制度和规范，通过一定的可行的渠道和程序予以保障和落实。与此同时，必须改变政府的官僚主义、行政命令式的传统管理方式，建立民主的决策机制，变神秘政府为透明政府，使政治生活和政治权力的运作始终处于作为权力主体的最大多数人民的参与监督之下。在这方面，有些地方已做得不错，如各个政府部门的公开电话，有关民生的立法听证会、市政、公交、城建等方案的公开评选审议等，就是市民参与政治的一些有效方式。

第三，政治制度建设应以体现公平、公正的正义原则为基础。这种正义原则是指政治生活中基本制度安排的正义性对各种基本权利与义务的公正合理的分配，以保证各政治组织和成员平等自由地进行政治参与和合作，可见这种正义原则理应成为构建现代政治中的民主制度的一种基本价值理念。因为任何政治民主制度的形成都必须首先依据某种能够为社会普遍认同和接受的公共原则，有关政治生活的制度安排、规则建构中的正义性正可以通过其基本公平、公正的价值取向而使之获得较为广泛的可接受性和普遍的价值有效性，成为各政治主体愿意普遍尊重和遵循的政治制度。

（四）遵守政治道德

道德是人类社会文明中的重要内容，因而政治文明的重要内容之一就是要讲政治道德。很难设想，一个国家的政治生活中，如果充满了欺骗、谎言和阴谋，如果政府经常朝令夕改、言而无信，官员普遍贪污受贿、徇私枉法，从而不仅严重地破坏一个社会正常的政治、经济秩序，而且起极坏的示范作用，导致整个社会的道德体系、信用体系的全面危机，那么，又谈何政治文明及基本的社会文明呢？可见，遵守基本的政治道德、树立政府信誉、防止官员的权力腐败，对于推进政治文明的建设具有重要意义。近年来中央进行了一系列严惩腐败官员的行动、身处市场经济大潮中的浙江大力提倡打造"信用浙江"的品牌、许多地方政府着力树立"信用政府"的形象，都是一些有助于政治道德建设的具体措施。

中国历史上有很多对政治道德的论述，也非常重视政治道德在实际政治生活中的作用，如对"德治"、"贤人政治"的追求，对为政者个人品德的重视等，以至于往往把政治道德化，形成政治生活中的泛道德主义倾向。这种重视政治道德的取向有其可取之处，但把政治道德化，使政治与道德混为一谈的倾向是错误的,因为它并未能导向真正的政治民主和政治文明。所以实现现代民主政治、提升现代政治文明的水平,并不能单靠讲政治道德甚至把政治道德化,而是要以法律、制度的建设为基本前提,将法治和德治相结合。在现代政治文明中,虽然法治是最基本的治国方略,但"法治和德治,从来都是相辅相成、相互促进的。"① 可以说,法德并行、法德互动既是以往政治文明成果的一种历史总结,也是今后政治文明发展的重要途径。首先,"法德并行"意味着法律等正式的制度安排必定在一定社会历史阶段上的道德文化等非正式的制度环境中产生和实施,如立法活动需要道德选择的价值导向,执法主体需要基本的道德素质的保障,守法心态需要起码的道德底线的制约等。其次,"法德互动"意味着依法治国需要以德治国在内容上予以补充,因为法律不可能完备无遗,不可能规定好一切细节;在功能上予以辅助,"道之以政,齐之以刑,民免而无耻;道之以德,齐之以礼,有耻且格"说的就是这个道理;在时间上予以配合,法治"禁于已然之后",德治"禁于将然之前"。总之,建设社会主义政治文明,也要一手抓法制建设,一手抓道德建设,做到"正法倡德"、法德并举。

---

① 中共中央文献研究室编:《江泽民论有中国特色社会主义》(专题摘编),第337页。

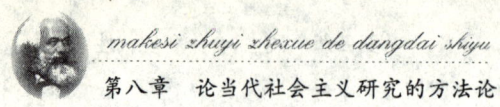

第八章

论当代社会主义研究的方法论

当代社会主义作为一种社会理想、社会形态及其制度安排,具有不同于以往其他任何社会理想、社会形态及其制度安排的特有性质和内涵,也呈现了自己引人注目的实践形态。特别是在20世纪的现实层面上,社会主义的理论形态和实践形态都曾发生了极大的扭曲,甚至经受了狂风暴雨般的考验,遭到了空前的挑战和危机。我认为,造成这种局面的一个主要原因就在于人们在认识马克思主义、社会主义的方法论上存在简单化、教条化的错误,从而导致人们长期以来对什么是马克思主义、什么是社会主义这些最基本的理论问题没有清楚、正确的认识,存在着极大的偏差和盲区。正像邓小平所说的:"我们总结了几十年社会主义的经验。社会主义是什么、马克思主义是什么,过去我们并没有完全搞清楚。"① 因此,他认为,从中国几十年社会主义发展历史中得到的"最根本的一条经验教训,就是要弄清什么叫社会主义和共产主义,怎样搞社会主义"。② 但直到现在,我们仍然还不能说对什么是社会主义、怎样搞社会主义已经有非常清楚、正确的认识和实践。所以,当代社会主义要获得自己未来的发展道路,就必须在回顾总结20世纪社会主义的理论和实践的基础上对社会主义进行重新认识,并且首先对其认识和研究的方法进行认真的革新。

---

① 邓小平:《改革是中国发展生产力的必由之路》,载《邓小平文选》第3卷,人民出版社1993年版,第137页。
② 邓小平:《社会主义必须摆脱贫穷》,载《邓小平文选》第3卷,第223页。

一

马克思主义及其社会主义学说本身首先是而且主要是一些科学的辩证的方法,而不是一些可以到处照搬、随时套用的现成教条,正像恩格斯在晚年反复强调指出的:"马克思整个世界观不是教义,而是方法。它提供的不是现成的教条,而是进一步研究的出发点和供这种研究使用的方法。"① 既然马克思主义及其社会主义学说主要是一种科学的辩证的方法,那么我们今天研究社会主义问题,需要从中吸取到什么方法论的精髓来避免对马克思主义、社会主义的简单化、教条化理解,并以这种方法论的精髓为现实社会主义的探索服务呢?

首先,应该"回到马克思"。

近些年,"回到马克思"已成为马克思主义及社会主义研究中的一个重要口号,但实际上这不仅仅是一个口号,更应是一种研究的方法。"回归"云云意味着以往存在着"偏离"甚至"背弃"。确实,由于人们以前长期受极左思潮和教条主义的影响,更多的是依据前苏联的模式(实际上主要是斯大林模式)来理解马克思主义和社会主义,从而把它们单一化、平面化和僵化,甚至被恐怖化和妖魔化,完全失去和背离了马克思的思想本义。现在我们要求"回到马克思",就是要努力破除以往对马克思主义、社会主义的教条化理解和极"左"化实践的影响,回归到马克思等人的经典著作中去,通过深入系统地阅读研究这些原著,梳理出其基本的思想脉络,感受其原汁原味的鲜活思想,把握其真实的思想实质,从而重建马克思主义、社会主义的基本观念。所以,"回归马克思"具有正本清源的作用,其目的是要通过重新解读马克思,找回一个真实的马克思、一个具有鲜活思想和丰富蕴涵的马克思。

更重要的是,"回到马克思"并不仅仅是一个恢复马克思主义的本来面目,达到正本清源、寻根问祖的目的的问题,而且是要以此为建构当代的马克思主义及社会主义学说提供重要的历史根据和思想坐标。马克思主义的经典文本是一个丰富的思想库、资源库,"回到马克思"就是要回归于经典文本

---

① 恩格斯:《致威·桑巴特》(1895年3月11日),载《马克思恩格斯全集》第39卷,人民出版社1974年版,第406页。

第八章 论当代社会主义研究的方法论

以便对这些丰富的思想库、资源库予以发掘、利用。可以说,当代社会的实践表现了"回到马克思"仍然应是当代不合理社会的改造和现实社会主义的理论和实践探索可以利用的丰厚思想资源。譬如,马克思、恩格斯针对深陷因生产不断社会化和资本不断高度私人垄断化的矛盾困境之中的传统资本主义的弊端而开出的三项治理措施,即实行"高额累进所得税制"、"高额累进遗产税制"、"社会失业保障制",① 虽然还不是消灭私有制的彻底办法,但已经对改造资本主义社会、促使资本主义的自我革新起了根本性的作用;同时它们又促进了社会主义因素在整个资本主义体系内的发展。同样,最近20多年来中国社会主义理论和改革实践的发展所取得的各种成效,特别是市场经济和合作社会发展的显著绩效,很大一部分来自于对教条化的,甚至是虚假的马克思主义、社会主义的不断批判否定和对真实、鲜活的马克思主义、社会主义的不断的"回归"。

当然,"回到马克思"并不是要回到迷信经典、盲从本本的本本主义那里去。从上面论述可以看出,我们"回到马克思",是为了通过对马克思主义基本文本的重新解读,力图回归经典作家的语境和语义,较准确全面地理解其思想的根本宗旨和原则。而之所以要如此,是为了在经典文本所提供的基本立场、观点和方法的指导下,对当代社会实践的新经验进行新的总结概括,提出新的见解,以最终实现对文本的突破和超越,形成有利于推动当代社会主义发展的新思想。

其次,回到现实的语境。

从现实出发,从客观实际和事实出发,从对现实社会问题的关注和研究中引出自己独特的研究课题和研究结论,就是马克思的理论活动和思想创新一贯所遵循的方法论原则。恩格斯在谈到他和马克思如何把这个方法运用于分析未来社会的特征时指出:"我们对于未来非资本主义社会区别于现代社会特征的看法,是从历史事实和发展过程得出的确切结论;脱离这些事实和过程,就没有任何理论价值和实际价值。"② 的确,马克思主义正是立足于现实,而且勇于直面现实,把现实社会生活中的重大问题当作自己的思想探索的中

---

① 参见马克思、恩格斯:《共产党宣言》,恩格斯:《共产主义原理》等,载《马克思恩格斯选集》第1卷,人民出版社1972年版,第272、220页等。
② 恩格斯:《致爱德华·皮斯》(1886年1月27日),载《马克思恩格斯全集》第36卷,人民出版社1975年版,第419—420页。

心课题的。正因为如此,才使马克思主义具有了一种强烈的"现实关怀"的品格。而由这种强烈的"现实关怀"的品格,造就了马克思主义的两个突出特点:一是不断追求发展和理论创新的特点。因为现实生活是不断发展变化的,注重反映这一现实生活的理论也必定是需要不断发展创新的,而这种不断发展创新又会使它永葆思想的活力,具有不甘落后、与时俱进的品质。同时,这也意味着马克思主义面对那些已不适应现实情况需要的理论观点勇于进行自我否定,而不是死抱着以往的教条不放,并能够结合新的现实条件作出理论创新。二是注重实践的特点。我们知道,马克思主义以实践观作为其首要的和基本的观点,但马克思主义对实践的重视,并不是停留在认识层面上,把实践当作认识的来源和动力,去探求现实世界的真实面貌,而是更重视其直面现实、改造现实、引导现实发展方向的作用。而这正构成了马克思主义不同于以往思想学说的重要特征,它从根本上体现了马克思主义的深切强烈的"现实关怀"的品格。

深切强烈的"现实关怀"是一切真正杰出的思想家都具有的基本的思想品格。正如我们前面所说的,"回到马克思"之下的经典文本的研究是十分必要的,但是,我们在经典文本中又不可能找到解决现实问题的现成答案,这就需要解决好文本解读与"现实关怀"之间的关系,既要超越无视现实而固守本本的本本主义、教条主义,也要反对以现实变化为借口轻易抛弃文本的基本宗旨及其思想的历史积累的文化虚无主义。我们需要做的应是打通文本与现实之间沟通的渠道,以文本及以往的积累所提供的基本理念和价值坐标作参照系,以现实生活中的重大问题为切入点,在探讨和解决现实重大问题中发掘和提升原有理论的当代价值,并争取提出和阐发具有突破和创新的思想理念。也可以说,在这种思想活动中,是否具有深刻强烈的"现实关怀",尤其具有重要的意义,在一定程度上是当代理论发展的一条基本途径和一项历史性任务。实际上,"现实关怀"的思想品格的缺乏已成为造成当代中国学术理论研究中存在诸多偏见和缺失,更缺乏思想创新的一个深层次的原因。从这个角度上说,形而上的理论反思与形而下的现实关怀不仅不能对立起来,反而应该达到统一。正因为如此,我们当前对社会主义理论的研究,必须从社会主义实践所呈现出来的客观情况为出发点,直面现实中的各种重大问题,寻求现实社会主义的发展之路。

再次,回到以问题为中心的视域。

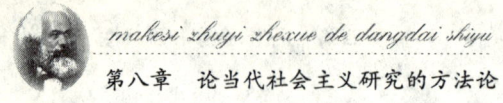

第八章 论当代社会主义研究的方法论

前面说过,马克思主义所具有的深切强烈的"现实关怀"要求以现实社会主义中的重大问题为依据和出发点,来构建合作社会主义发展的现实途径。实际上,这乃是突出了以问题作为研究视域的中心。以问题为中心,树立敏锐的问题意识,正是"现实关怀"的方法论的具体体现。我们只有把那些重大问题纳入到理论研究的视域之中,并予以实事求是的研究和创造性的探索,才有可能真正解决许多长久以来困扰和阻碍社会主义发展的理论和实践问题。也只有这样,才能达到理论的彻底性。

以问题为中心的研究方法意味着必须打破目前的学科、专业界限,不拘泥于采用某一学科专业的知识和方法去研究和解决所面对的中心问题。实际上,由于问题本身往往是复杂的、多维度的,很难简单地归类于某一学科专业领域,因而,为了解决这一中心问题,确实需要多学科、多专业从多个角度,运用多种方法进行综合性的"会诊",以求得适当的解决方案。总之,只要研究和解决的"问题"本身需要,在遵循基本学术规则的前提下,任何有利的方法、手段都是可以拿来为我所用的。因为真正值得我们去严肃面对的是理论和现实所遇到的各种重大问题,以及怎样来解决这些难题。任何知识的有效性总是和问题意识相关联的。这种问题意识正是科学理论研究中一种最重要的品质。这样,我们需要强化的是问题意识,而必须淡化的是学科专业的分割意识。但在现行的知识体系中,它的每一个学科专业都有自己的独立性,如果过于强化这种学科专业的独立性,就会导致每一学科专业在进行研究过程中都只是对一个整体的问题对象做了一个学科专业的切割。用这样的学科专业框架来看待问题,这个问题的"能指"和"所指"往往是不一致的,它实际上已割离了问题本身,也遮蔽了很多问题及其应有的展开。由此提出的问题的解决方案或研究思路,往往也就是片面的、不彻底的、缺乏应有深度的。

二

现在让我们回到邓小平一再提出过的一个重要问题:究竟什么是社会主义?如何认识和建设社会主义?

按照笔者的看法,无论是从社会主义的基本价值取向上还是从社会主义的根本制度特征上来看，社会主义本质上应是在人类社会发展达到较高级形态之后的一种社会合作共同体，即合作社会主义社会。正是鉴于这种看法，我们不妨明确地把马克思主义的社会主义思想概括为合作社会主义的学说，认为它在实质上是一种主张通过合作制，而且仅仅通过合作制来建成完全的社会主义，社会主义社会就是合作制社会的学说。也就是说，真正的社会主义社会将是一个建立在发达的社会化生产基础上的合作社会，合作社会主义社会的发展目标就是要通过各种形式和途径建立起这种全社会性的合作网络、实现普遍的社会合作的"自由人联合体"。当然，合作社会主义上述目标的实现需要有一个长期发展的过程，也可以采取多种多样的实现形式，走各自不同的发展道路。同时，合作社会主义还应是一个具有多层次结构的社会，而不可能是一劳永逸地达到纯而又纯的终极完美状态。

虽然"合作社会主义"这一概念及其理论内涵只是在笔者的一些论文中首次得到了明确系统的阐述，但其基本思想并不是笔者所独创的。实际上，在笔者看来，这种"合作社会主义"不仅是马克思主义的社会主义思想的根本主张，也是整个近代以来社会主义思想运动和实践运动的根本追求，更是社会主义之所以区别于资本主义的基本特征。当然，我们这种对社会主义的新认识，不敢说就是完全正确的，但至少它可以给我们提供一个解读近现代社会主义特别是马克思主义的社会主义运动的历史奥秘，探寻当代社会主义的未来走向的独特视角。

那么，为什么我们要选取合作社会主义这一独特角度来解读近现代社会主义特别是马克思主义的社会主义运动的历史奥秘，探寻当代社会主义的未来走向呢？

人们常说马克思主义及其社会主义学说是一种科学，也就是说马克思主义及其社会主义学说是一种具有确定性的知识体系和科学真理。但同时，我们也应该看到，马克思主义及其社会主义学说也具有其独特的价值属性，是一定的价值取向的意识形态反映。因而它体现了科学与价值的统一。具体来说，所谓马克思主义及其社会主义学说的"科学性"，是指它作为社会历史科学反映了社会历史演变的客观进程及其发展规律；而其所谓"价值性"，是指它作为一种价值观念反映的是一切劳动阶级的利益要求，代表平民反抗剥削统治、实现社会公平、寻求社会解放的理想和愿望。然而，在实际上，人们对马克思主义及其社会主义学说中的科学与价值的统一性是重视不够的，以

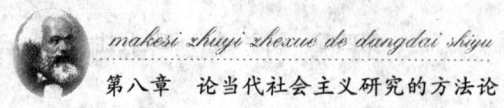

第八章 论当代社会主义研究的方法论

致长期以来人们"在现实社会主义的理论和实践中,出现了把马克思主义科学化的倾向。人们越来越把马克思主义看作是一种单纯的科学体系,并对马克思主义进行了百科全书式的改造,使之成为全面解释人类社会历史现象的一种认识工具。而另一方面,马克思主义的价值取向逐渐淡化,意识形态功能日益丧失。各国共产党人日益强调按客观规律办事,而劳动阶级的解放和社会公平则较少提及。马克思主义经历了一次价值祛除"。① 可见,科学与价值的内在统一性面临被对立起来的紧张关系。而实际上,马克思主义及其社会主义学说始终内在地包含了科学与价值的统一性,这种科学与价值的内在统一关系就十分典型地体现在合作社会主义理论中。一方面,马克思是一位社会"科学家",对社会历史运动作了客观的分析、总结和预言。正因此,英国当代哲学家麦克莱伦曾把马克思的学说形象地比喻为人类探索社会历史规律的"地图"。马克思根据人类生产发展,特别是资本主义社会化大生产和市场经济的发展对合作经济提出的内在要求、资本权利的扩张产生了劳动者联合起来维护自身权利的客观需要等,阐明了通过政治变革使合作制成为改造旧的不合理的社会制度的有效形式,逐步实现合作社会主义的社会发展目标。另一方面,马克思又是一位具有深厚的人文主义精神和现实关怀的思想家,他所提出的合作社会主义的社会发展目标,不可能不融入其价值取向上的选择,体现出其一定的主体性维度。因为在马克思看来,社会历史既不是纯粹客观的物质运动过程,又不是仅仅由人的主观意志活动所支配的过程。由于人的主体性的实践活动的影响,社会历史最终表现为客观可能性与主体选择性的统一,而社会历史观也就相应地表现为在一定价值观基础上的对各种社会历史因素可能产生的因果关系的科学认知。因此,马克思在审视社会历史时,不仅不存在萨特所说的一个人学的"空场",反而是给人这一社会历史的主体留下了广阔的空间,力求唤醒主体性的历史主角意识,推动主体性的实践活动的拓展。

合作社会主义的理论构想表达了马克思希望通过普遍的合作制度实现劳动民众的全面解放的价值追求。它体现了其价值目标与以往的一切社会理论都具有根本的区别:合作社会主义将以最大多数的民众的权利和利益,以人的全面彻底的解放,以真正属于人的历史时代的到来为根本归依。社会主

---

① 房宁:《社会主义是一种和谐》,载《中国与世界》1999 年第 37 期。

具有自己的伦理目的,这是社会主义所具有的独特价值属性。合作社会主义虽然需要建立在一定的(比资本主义更高的)生产力基础上,合作社会主义的任何目的(包括伦理目的)的实现都需要以这种物质生产力条件作基础。但合作社会主义的价值属性决定了其伦理目的不是仅仅为了发展生产力,增加社会物质财富和个人消费的总量,而是为了从根本上改变人的需要,从而最终实现人的彻底解放。也就是说,合作社会主义不同于资本主义等社会的根本任务就在于:一方面要在社会生产力高度发达的同时,要消除物化,使人类从无休止的物质追求中解脱出来,使人类在满足自身的自然需要之外不再追逐过分的物质占有和享受,从根本上改变以往人的需要的单一、片面甚至畸形、变态的性质,恢复和发展人的全面丰富的需要,使人类社会从注重物质生活转向注重精神生活,在创造性的劳动和审美活动中实现多方面的需要和价值。另一方面要消除异化,使人类从不平等、不自由、不公正的社会关系中解放出来,克服人的劳动及其社会生活的普遍异化,消除充满剥削、压迫和不合理竞争的社会制度,维护劳动者的权利,实现人与人之间普遍的平等、自由、合作,创造出一个以每个人的自由而全面发展为基础的"自由人的联合体"、一个充满社会合作的"真实的共同体"。总之,合作社会主义所追求的是弘扬、发展人类的合作事业和合作精神,通过人与自然、人与环境、人与人、人与社会等等的合作而不是斗争达到新的和谐状态,构建和谐社会。我们相信,合作是人类文明得以产生和发展的重要基础,更是未来人类社会文明进一步演进的基本途径。合作社会作为一种悠久的社会理想,将再次出现在人类思想和生活的地平线上,展现出其迷人的曙光。人类在这条走向未来的发展之路上,将以人的觉醒和解放的状态重建以合作精神为核心的新的价值体系及和谐的社会秩序。

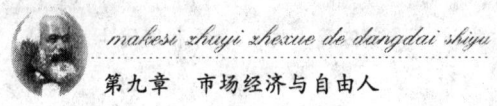

第九章

市场经济与自由人

一个社会的改革实质上是一个制度变迁的过程。自从中共十四大把我国经济体制改革的总体目标确定为建立社会主义市场经济的新体制后,这就意味着必须按照现代市场经济的要求彻底改革传统的计划经济体制及其相关的各种制度。

我们认为,在我国向社会主义市场经济新体制迈进的改革进程中和与世界经济一体化接轨的过程中,关键在于实现一系列的制度变革和制度创新。这里,首要问题就是要解放思想,转变观念,形成适应市场经济体制要求的自由人。

一、自由人与社会主义市场经济体制的建立

近现代社会区别于传统社会的一个重要特征,就在于其确立了经济自由制度,经济自由是驱动传统社会转向近现代社会,使之走上现代化进程的一个主要推进器,是市场经济社会的一个不言而喻的基本前提。没有经济自由就没有市场经济,就没有近现代社会的工业化和现代化。

经济自由作为近现代社会所产生的经济思想和制度规则,是与传统社会的经济统制相对立的。它是指经济活动处于自然的、自动的状态,而不是处于国家行政管制和干预的状态。经济自由制度保障了人们在一定的法律和规则约束下自由从事一切经济活动的平等权利。它主张尊重自然秩序,反对国

家以各种政治权力对经济的干预,维护个人和企业的财产权利和以各种合法方式追求各自的经济利益的权利,承认个人和企业的经济主体地位。

经济自由包括了市场经济所要求的自由企业、自由就业、自由贸易、自由竞争、自由市场、自由选择、自由调节等一切内容。因此,搞市场经济就必然承认经济自由原则,并通过制度安排,使经济自由原则成为市场经济中一种制度化、法律化的规则。毫无疑问,与市场经济不是资本主义的专利一样,经济自由也不是资本主义的专利,而应是我国社会主义市场经济体制的应有内涵。

市场经济与经济自由密不可分,而经济自由其中就包括自由人的问题。自由人的形成既是经济自由的一项主要内容,也是经济自由原则的一种具体体现,正是自由人的存在构成了近现代社会一切市场经济的经济活动主体。要建构社会主义市场经济体制,就必然要求实现经济自由,实现生产要素的自由配置和自由竞争,其中很重要的一项就是实现劳动力资源的自由配置和自由竞争,也就是自由人的形成。

自由人的含义主要是指人的自由流动、自由竞争、自由择业、自由迁徙和独立化。自由性和独立性是自由人的两个基本特征。自由性是指个人在根据经济自由原则制定的规范的法律和政府的规章制度的约束下自主地决定自己做什么,不做什么,怎么做,什么时候在什么地方做以及自己怎样生活,不存在任何外在的限制和强迫。独立性主要指具有成为独立的经济主体的资格,也就是人格的独立化。

二、形成自由人的基本途径

在传统的计划经济体制下,整个社会的经济活动都依靠国家自上而下的计划条块和行政命令运行,个人对集体依附性很强,结果不但各种东西不可能由那些最懂得如何生产因而能以最低成本生产这些东西的人来生产,而且如果人们能选择的话,他们最喜欢的东西也不可能生产出来,同时,实际价格与生产成本脱节。因此,我们认为,要改变这种状况,出路在于实现一系列的制度变革,形成具有独立经济主体资格的自由人。

一个社会的基本功能是为个人提供他自由地使用他的知识和技能的环境,从经济角度来说就是一个如何充分利用现有资源的问题,而不是假如情形与

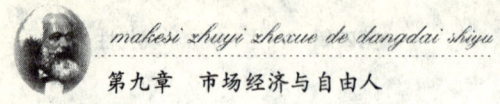

第九章 市场经济与自由人

现实不同,我们该怎么办这样一个问题。现在,"真正的问题是,如何才能使现有的知识尽可能充分地被利用起来。所以,摆在一个竞争社会面前的问题,不是我们如何才能'发现'懂得最多的人,而是怎样才能把不计其数的懂得特别适于某一特定工作的专门知识的人,吸引到该特定工作上"。① 为此,除了首先要解放思想,实事求是,转变观念,大胆地学习和吸取一些通行的国际惯例和规章制度,树立彻底改革、全面开放、走向世界的积极态度之外,还必须为自由人的确立提供以下几方面的制度保障。

(一)转换政府职能是确立自由人的先决条件

在高度集中的条件下,政府管理存在严重的人治因素,个人属单位所有、部门所有、地区所有,政府不仅具有代理企业所有权的职能,而且具有直接控制和经营企业的职能,不仅管财、物,而且直接管人。作为自由人形成的先决条件的政府职能转换,主要就是必须改变这种政府直接控制人的状况。转变后的政府应当是法治的政府,它是依据规则(包括法律、法规、制度、政策、公平竞争的市场规则)来管理国家,而这种规则是一种对社会的每位成员都同样适用并赖以生存的持久性的原则,这种原则能使人们区别我的和你的,并且他和他的同伴就能够确定他和其他人的责任范围。政府的权力仅限于使得每个人能够看到他们知道的并且在他们的决策中能够加以考虑的原则,在社会事务中创造公平竞争的秩序。

(二)发展和完善统一的开放的劳动力市场、实现劳动力使用的市场化是自由人形成的必要前提

既然市场经济是通过市场合理配置社会资源的有效形式和手段,那么,要形成适应社会主义市场经济要求的自由人,其必要前提就是要使整个社会的资源配置方式由过去单一的行政计划调拨的方式向市场的优化配置方式转化,而劳动力资源是生产要素中最重要、最活跃的一个。因此,必须改革现行劳动力分配的行政调配制度,撤除地区之间、部门之间、行业之间、企业之间,城乡之间、所有制之间一切人为的壁垒,实现劳动力在企业之间、地区之间、部门之间、所有制之间的自由选择、自由流动、自由竞争,使劳动力流向能够实现他的价值最高的地方,也就是流到最适合他的地区、行业、企业和企业里具体的岗位,从而实现劳动力使用的市场化。

---

① F. A. 冯·哈耶克著:《个人主义与经济秩序》,北京经济学院出版社1989年版,第90页。

（三）户籍制度的改革是形成自由人的重要条件

中国历代专制王朝为了强化对生产者的人身控制，除了使用强大严密的官僚政治系统和常备军之外，还在制度上以法规等形式对人民实行强制管理，如户籍制度、什伍里甲制度，使人民既丧失了任何经济自由权，也没有作为公民起码的社会自主权。改革开放前，在户籍管理上主要是通过户口控制人民的居住、生产、生活等活动，人们不能自由择业、自由流动、自由迁徙，极大地限制了人们积极性的发挥，阻碍了经济的发展和社会的进步。现在，要通过对户籍制度的改革，改变对人们的直接控制和管理，使之能自由择业、自由迁徙、自由竞争。

（四）分配制度的改革也是自由人形成的重要条件

改革我国分配上的平均主义，涨工资比资历、评职称熬年头、靠关系的弊端，让工资收入的增加、职称的评定与人的能力、水平直接挂钩，允许人们按照他们认为理想的方向去努力、去发展，以充分调动人的积极性、主动性、创造性。

三、目前形成自由人要处理好的几种关系

在人与世界的关系上，一方面世界对人有决定的作用，另一方面人对世界又有反作用，表现为认识世界和改造世界。党的十四大明确提出我国经济体制改革的总体目标是建立社会主义市场经济体制，这既是建设有中国特色社会主义理论正式形成、走向成熟的标志，也表明我们对客观世界认识的深化。现在，我们已完成了认识上的深化任务，那么，当前最重要的也是最关键的就是如何改造世界，即如何从各方面构建社会主义市场经济体制的问题。而自由人的形成又是建立社会主义市场经济体制的重要组成部分，因为体制转轨最终要落实到具体的人这个因素上。劳动力资源配置的市场化也就必然意味着要实现人的自由化。

（一）实现人的自由与经济发展的关系

现在，有一种非常流行的观点认为，实现劳动力的自由流动，实现人的自由择业、自由迁徙会导致人心不稳，单位工作无人干，影响经济的发展和社会的进步。这是非常错误的，实质上，经济发展和社会进步的原动力在于

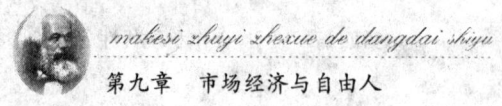

第九章 市场经济与自由人

人的积极性、主动性、创造性的充分发挥，而要充分发挥人的积极性、主动性、创造性就必须允许人们自由择业、自由迁徙、自由竞争，在流动中求稳定、求发展。很难设想，一个工作不安心或对工作环境感到不愉快的人能把自己的创造潜力变为现实。据国外专家研究认为，人经常变换环境能使他始终保持好奇心和活力，并从各方面发现、挖掘自身的潜力。俗话说，"树挪死、人挪活"，只要整个社会形成了自由择业、自由竞争、自由迁徙的环境，每个单位既能找到最适合本单位自身发展的人才，每个人也能找到最能发挥、拓展自己知识、能力的单位和职业。

经济要更快更好地发展，社会要进步，就需要制度的变革，而体制变革的目标是要寻求促进经济发展、推动社会进步的人才，正如邓小平同志所说的："改革经济体制，最重要的，我最关心的，是人才；改革科技体制，最重要的，我最关心的，还是人才。"现在也只有有能力、有知识、有水平、积极向上的人才要求施展自己的才华，渴望找到适合自身发展的土壤，要求自由择业、自由竞争、自由迁徙，而且，社会的进步、经济的发展也要求有越来越多有胆有识、敢于竞争、善于竞争的社会劳动者。可见，自由人的形成是我国社会主义市场经济发展的客观要求。

（二）实现人的自由与物质利益的关系

以往有人要调走，人们会说他是出于经济利益的考虑。的确，现阶段在我国生产力水平低、经济落后、地区经济发展不平衡的条件下构建社会主义市场经济体制、实现我国经济与世界经济接轨的过程中，拜金主义、享乐主义、极端个人主义在一些人身上还存在，有人调动也的确为了更多的收入，但并非所有人的流动都是为了更多的收入，有的人是为了自身事业更好的发展，有的人是为了求得一个舒心愉快的工作环境，等等。再说，我国提倡一部分人先富起来，我们认为这一部分先富起来的人应该是有知识、有能力、有水平的人。在目前脑体收入倒挂严重、知识分子工作生活条件很差的条件下，有知识、有能力、有水平的人为了更好地实现自身的价值，为了自己未来更好地发展，要求到收入更高的地方、单位去工作，凭自身的能力、本事公开竞争，这也没什么不对。他们现在能获得更高的收入，既改善了他们的工作生活条件，也对社会发挥了自己的聪明才智，而且提高了他们的身心健康水平，为国家，为社会积累了宝贵的创造源泉，最终受益的还是国家和社会，因为"创造能力"取决于知识存量。

第十章

技术专家治国论话语和学术失范

近些年来,学术失范乃至腐败已成为学术界以至全社会普遍关注的焦点问题。对于造成学术失范的原因,学术界已作了不少研究,大致将其归结为"学术政治化""学术经济化",学术机制的约束力弱化和学者道德滑坡三大原因。笔者认为这些分析是十分深刻的。笔者所思考的是我国学术界存在的某些学术失范现象,在当代西方社会表现得也很明显,而西方学者是将其放在技术专家治国论背景下加以分析的。考虑到我国社会生活结构性的变化和学术发展与国外接轨的大趋势,我认为技术专家治国论话语的传播,可能也是造成我国学术失范乃至学术腐败的原因之一。这里试图在揭示学术失范、腐败与技术专家治国论话语的联系方面作一点探讨。

一、技术专家治国论及其话语

技术专家治国论或科技治国论是一种主张专家政治,由科学技术专家或按照科学技术专家提出的原则进行统治的意识形态。这种思潮可以追溯到培根、圣西门和孔德,而圣西门则被西方学界视为技术专家治国论之父。技术专家治国论认为,在当今社会(后工业社会),知识成为新的权利基础,掌握新的智力技术的科学家、数学家、经济学家和工程师将成为统治人物。[1] 技

---

[1] 丹尼尔·贝尔:《后工业社会的来临》,新华出版社1997年版,第375页。

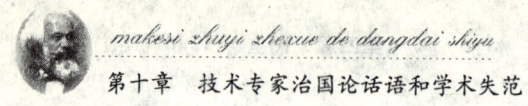

第十章 技术专家治国论话语和学术失范

专家治国论被认为是开辟了一条各阶层都能接受的通往较完善的社会的道路。

学术界普遍认为,技术专家治国论的本质是依照技术的规则塑造人和社会生活,其理论基础是技术理性或工具理性(instrumental rationality)。这是一种强调手段的合适性和有效性而不管目的的恰当与否的合理性。工具理性的出现,极大地推动了科技和经济的发展。随着科技、经济的发展和社会生活的合理化,它正在成为一种主流意识,现在全世界绝大部分国家都在按照技术专家治国论原则管理国家,都以追求效率、产量和经济增长为目的。

然而,西方学术界,特别是法兰克福学派认为,以功利目的和技术手段为核心的工具理性孕育着内在的深刻的文化危机,它造成了现实和先天目的、真与善、科学与伦理的分裂。在当代,工具理性已变成社会的组织原则,渗透到社会的总体结构和社会生活的各个方面,造就了异化、物化或单面的社会和单面的思维方式及思想文化,成为这个社会对人进行全面统治、控制和操纵的深层基础。①

技术专家治国论话语,根据美国政治学家卡尔·博格斯(Carl Boggs)的分析,大致包含了专业主义、技术崇拜、学术合理化等方面的内容。

现代专业主义产生于启蒙运动的乐观主义。这种乐观主义高度肯定了知识分子对社会发展的能动作用,它认定理智的不断成功将促进人性朝社会进步的方向前进。现代专业主义则进一步认为,后工业社会的中心是一个主要从事专业的阶级。艾尔文·古尔德纳(Gouldner, Alvin W)指出,这个新阶级"是精英主义和追求自我的。它利用自身的特殊知识来增加其利益和权利,控制自己的工作环境"。② 专业主义认定专业人员必须经受合乎标准的正式训练,领取合格证书,坚持共同的开业标准。也就是说,"侧身于一门专业之内,意味着正式或非正式地得到本专业同行或某些已确立的结构的认可",③ 这就意味着只有专业人员才有能力相互评价。专业主义还进一步认为,专业人员强有力的法人身份维持着他们特有的"服务方向",因此,其自主权自然会符合公众的利益。

然而正如古尔德纳所指出的,专业主义实质上是专业技术阶层或阶级的

---

① 陈振明等:《西方马克思主义的社会政治理论》,中国人民大学出版社1997年版,第290页。
② 艾尔文·古尔德纳:《知识分子的未来和新阶级的兴起》,江苏人民出版社2002年版,第8页。
③ 丹尼尔·贝尔:《后工业社会的来临》,第406页。

意识形态，它"不动声色地把新阶级奉为公正、合法的权威典范，以其专业技能和对社会的奉献、关心而进行操作"。① 同时也肯定了专业人员能凭借他们的教育、专长和社会作用对权威提出特别的要求。从这些论述不难看出，专业主义在充分肯定专业人员权益的同时也内含着将专业人员与大众隔开的趋势。

专业主义作为一种意识形态的兴起，一方面对推动学术的发展和专业人员地位的提高产生了积极的作用；另一方面，也造成了一些问题。根据博格斯的分析，专业主义造成的问题大致可以归纳为三个方面。首先，专业主义造成了学术生活的实证化的倾向，任何学术活动乃至文化事业都必须接受实证主义标准的指导，在"科学"客观化、经验主义、过度专业化（hyperspecialization）以及量化方法论的框架内运作，非常不利于学术的多元化；其次，专业主义为使学术经得起量化的检验，而将其细化和专业化至极端的程度，学术生活的实证化和分裂，严重妨碍了知识分子作为集体力量谈论公共社会政治主题；第三，专业主义和社会利益化的结合使一部分知识分子形成一个独立的特权阶层，他们更关心的是自身的利益而非大众的利益，从而丧失了知识分子独有的超越自身利益、充当社会普遍良心的特性。

和专业主义紧密联系在一起的是技术崇拜。技术崇拜是技术理性的一种极端的表现形式，其核心是科学技术万能论。它的基本特质是关心在技术上能做什么，而漠视这些做法会造成什么样的社会后果。它的出现表明，今天技术已经不仅仅是工具，它本身已成为一种意识形态和价值观，它正取代宗教和政治权力成为人们的崇拜的对象。随着信息科学技术的发展和信息化社会的来临，当代技术崇拜的一个突出的表现是计算机崇拜的出现。有些计算机科学家认为，思维和机器的界限似乎正在消失，计算机创造了一个新的知识分子文化。新"人工智能"技术能将世界变成一个能动的思考网络。这个网络有自身的心理过程，超智能机器甚至比人更聪明，将替代人作出重大的经济、政治和军事决策。② 沿着这个思路，不难得出计算机比人聪明的结论。更重要的是，它可以进一步延伸为计算机的特征同样应该成为人的特征，或者说人应当以计算机为榜样。正如法兰克福学派奠基人霍克海默在《启蒙的

---

① 艾尔文·古尔德纳：《知识分子的未来和新阶级的兴起》，第23页。
② 卡尔·博格斯：《知识分子和现代性危机》，江苏人民出版社2002年版，第106页。

辩证法》一书中所说，技术崇拜使以理性为基础的技术非理性化了。

技术的初衷在于实现人对自然的控制，而当这种控制扩大到自然之外的人类社会中时，控制就成为一种普遍的原则，人自身反而成为控制的对象。当计算机取代人成为认识主体时，计算机特征也就成为整个世界的特征。技术崇拜内含着用机器的观点看待和处理世界的原则。它认为思考和解决问题的主要手段是依靠计算、精确、衡量以及系统的概念，因而它强调用逻辑的、实践的、解决问题的、有效的、有条理的和有纪律的方法来处理客观事物，从而与传统的宗教、美学、直观的思维方式相对立。① 当这些原则用于人的管理时，人就成为一种特殊的机器，成为技术崇拜的牺牲品。技术崇拜出现表明在当今社会，科学和技术的力量是如何强大，如此广泛，以致于"技术正在变成全球性的力量，它开始染指于人类历史的根基，而且正在向人类历史注入极不稳定的因素"。②

技术专家治国论话语另一个重要内容是学术生活合理化。学术生活的合理化即合理性化，根据韦伯的观点，合理性指人们逐渐强调通过理性的计算而自由选择适当的手段去实现目的。学术生活合理化不仅是一个学术自身的转变问题，更重要的是它是全部社会生活合理化的一部分，是伴随着整个社会现代化而出现的。学术合理化的进程在大学教育制度的变化中最充分地表现出来。克拉克·克尔在《大学的作用》中的论述可能是对这个问题最早的系统表述。他认为，将出现庞大的"多科大学"，这种"多科大学（multiversity）"处于多元化兴趣网络的中心。在那里，知识的生产被功能性地融入占支配地位的经济政治和军事结构之中，大学不再是追求真理的地方，也不是改革思想的潜在论坛。多科大学这种学术生活合理化集中体现于大学脱离象牙塔式的学术生活，努力与工业制度联合在一起，成为体现国家目的的主要工具。它的结构和课程设计都是为了满足现代化经济不断提高的技术要求，大学和经济部门的界限日渐模糊。③ 在这一环境下，教授体现出经理或企业家的特征，反映了科学和技术世界与学术世界的融合。

技术专家治国论话语的传播，对当代学术生活产生的一系列深刻的影响。

---

① 丹尼尔·贝尔：《后工业社会的来临》，第 381 页。
② E. 舒尔曼：《科技时代与人类未来》，东方出版社 1995 年版，第 2 页。
③ 卡尔·博格斯：《知识分子和现代性危机》，第 137 页。

其积极的作用多为人们普遍肯定,本文所要讨论的则是它消极的方面。

二、学术的单一化、狭窄化、形式化

随着实证主义对学术领域的殖民化,真理是不断发现的事实积累的信念压倒了一切其他的假设,建立在这一基础上的量化的方法论原则渗透到知识分子工作的各个方面。这样形成的学术框架带有科学的客观性、经验主义、过度专业化和量化法的特征。① 这不仅是自然科学的学术框架,也日益成为人文社会科学的学术框架。在这一学术框架内,一切学术活动必须遵循"严密"和专业化的准则,学术人员的职业、升迁、出版著作同样受到这种制约,这样规范化对学术生活发展当然有一定的促进作用。然而,它造成的一系列负面的效应也是不应该忽视的。

(一)学术单一化

学术本质上是对客观世界及其规律自由的探索,是拟真性和真理性的融合,求真性和有用性的统一。客观世界的丰富多样性和文化的多样性决定了学术表现形式的多样性。这就决定了在学术研究中,没有一种方法论是完美无缺的。多种方法论的对话和相互补充,远比单一方法论有利的多。然而,技术专家治国论话语则要求学术人员必须遵循统一的实证主义方法论原则,如果拒绝这种"科学"的标准,就有可能使论文、著作的发表受到阻碍,甚至可能使自己的学术威望和学术生涯受到影响。我国学术界现在存在的课题选择的实用性,表现形式的实证性,已经出现了某种学术单一化的倾向。以主流学术内容及形式排斥其他类型的研究,可能会造成墨守成规的风气,扼杀突破常规的学术研究成果。

(二)学术的狭窄化

在专业主义的影响下,某些学术领域被分解和专业化至极端,而分解和专业化的准则有两条:其一是要经得起量化的检验,其二是只有内行才能理解和评价,至于对社会实践的实际意义和大众的接受能力却考虑不多。这样做的结果可能会形成大量相互分离、各不相关的学科和研究课题。学术人员

---

① 卡尔·博格斯:《知识分子和现代性危机》,第139页。

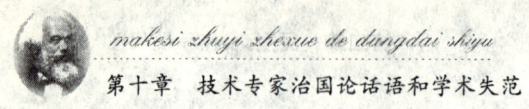

不再像过去知识分子那样面对着非专业的群众,而只是面对专业人士,他们所研究的内容有可能只是"学术现实"而不是"社会现实"。结果可能会产生出一些对"学术"是有意义的,而对于社会现实意义不大的"学术成果"。更重要的是学术狭窄化使知识分子很难作为集体研究社会重大问题并在现实生活中发挥作用,从而出现人们现在所说的只有专家而没有知识分子的现象。

（三）学术形式化

学术研究是内容和形式高度统一的过程。健全的学术的研究需要定性研究和定量研究的结合,实证研究和思辨研究的结合,尊重现实和批判现实的结合。然而在技术专家治国论学术框架内,涉及事物本质内容的定性、思辨、批判研究日见式微。学术的形式化研究特别是定量化研究出现了片面发展的趋势。定量化研究本是一种进步,它使内容研究更加精确。然而,离开了思辨和批判的量化研究容易产生出缺乏实际内容的形式主义,造成学术生活形式化特点。其结果可能是使人们在检验学术成果,不是根据它的内容,而是根据它的形式。

现在确有一部分学者,根据他们摸熟的套路,根据他们的主观需要,任意玩弄数字游戏,一路顺风地创造大量合乎"规范"而空无一物的成果,在申报课题、成果鉴定、评定职称等方面做足了技巧的功夫,从而化学为术,在学术界中形成了一种投机取巧、虚而不实的倾向。这种现象之所以能存在,与学术形式化的倾向存在着密切的关系。

三、学术管理中的非人本化倾向

技术崇拜的一个本质特征是将世界看作是非生命的技术装置,是按数理规律运转的机器。许多学者认为,学术界一段时间来的浮夸式的大跃进是造成学术腐败的重要原因,而这种大跃进的形成在笔者看来又与学术评价中的量化管理存在着一定的关系。量化考核标准不仅体现对学术成果的要求上,又被进一步延伸到对学术界各项工作的考核上,以至一个学术工作者的全部工作都可能被数量化。这样一来,就迫使整个学术界掀起一股追求数量化热潮,规定一个学者一年必须申报多少课题,完成多少论文。某省一所医学院校,规定教师晋升应发表在一级学刊的论文,竟包揽了中国全部医学一流学术期刊所能容纳的内容，这显然是做不到的。

实行学术的量化考核的原因是多方面的。主要的原因是使考核更客观，更有科学性。这对于避免主观随意性具有积极的意义。但是现在存在把这种量化标准绝对化的倾向，这不是一个简单的工作偏向的问题，从其思维方式和价值观念上看，可能与技术崇拜而造成的以强制性的数量考核为杠杆的非人本化管理的模式不无关系。这种模式有两大弊端。其一是无意中将学者视为创造学术成果的机器，不断施加压力，而没有充分考虑他们的承受能力，不少中年知识分子英年早逝正是由于这个原因造成的。我们现在讲可持续发展，人是最宝贵的资源，知识分子更是宝贵的资源。把知识分子的健康乃至生命拼光了，我们还谈什么发展。其二是这种管理模式从根本上忽视了作为有血有肉的学者的学术生活渐进性的特征，也忽视了每个学者不同的情况，一刀切的数量指标迫使人们急功近利，制造了不少有"独"无"创"，有"创"无"用"的"学术成果"。不仅耗费了大量的人力、财力，而且造成了不好的学术风气，甚至引发了抄袭、剽窃等一系列学术腐败现象。

四、专业主义制造出新的利益集团，造成部分知识分子的特权地位

专业主义刚刚出现的时候，西方学者认为专业阶层可能阻止资本主义向经济衰退和道德堕落的滑行，专业主义发展最终会有利于社会进步和公正。然而，正如美国学者博格斯指出的那样，现实却是专业主义使专业阶层在劳动分工中占据了一个特权地位，从而拥有建立在对知识和技能的垄断，自己的社会地位和官僚杠杆基础之上的利益。

在我国，在极左思潮占统治的时代，专业主义是批判的对象，外行领导内行被视为理所当然，从而，给学术建设和社会发展都带来了很大的损失。改革开放以后，为了适应科技和经济的发展，专业主义开始兴起。专业主义是建立在知识专业化、专家对特定科学领域拥有发言权的基础之上的。因此，专业主义体现了知识和权力的关系。专业主义使学者、专家对自己本行有了更多的权利，这是社会进步的表现。我国在现阶段还很需要专业主义，以保证学术发展少受来自外部的干扰。然而，另一方面，从社会学角度看，专业

主义发展有可能使部分知识分子形成特权阶层，从而使他们能够利用多种权力，为自己获取超常的经济、社会利益。现在存在的学术权力化就是这种特权的典型现象。

在学术界内部，正如博格斯所说：现代学术环境在教授和学生之间，在学科守护人和进取的专业人员之间形成了一种"师徒"之间一种工具化关系，学术潮流分野之中掩盖着的是神秘的师徒关系。① 这就在学术界形成师徒相帮，近亲繁殖，从而划分成不同势力范围的不正常现象。在评定职称、课题申报、评奖等一系列问题上，用权利原则取代学术原则，实行庇护同门同派方针。

在学术界外部，从知识论角度看，它可能造成知识分子垄断知识，在专业范围用一种"外行"无法明白的话语谈话，从而使知识发展越来越脱离大众，脱离实际生活。这不仅造成知识精英和大众的矛盾，而且可能使一些人利用大众对专家的仰视与崇拜，愚弄大众，以谋取私利。在我国医学和保健领域伪科技传播行为频频发生，就是典型的表现。

总之，专业主义片面发展可能造成了学术界内部不平等、不公正的局面，也使整个学术界日益脱离大众和社会现实，成为失范和腐败的重要原因。

五、学术生活理性化造成学术政治化、经济化倾向

学术生活合理化意味着学术正在失去自己的独立性，融入社会结构之中，特别是社会科技和经济结构之中，从而使学术发展越来越受到技术和经济标准的制约。在我国由于外来文化和本土文化，现代化和传统体制的多重矛盾，情况更加复杂。学术生活理性化不仅使学术生活出现向经济一边倒的倾向，而且由于传统体制的影响，学术生活还受到政治领域明显的制约，这就使得政治和经济力量能够轻易殖民学术界，造成学术政治化，学术经济化倾向。一方面是学者官僚化，学者商人化，学者世俗化，甚至有少数学者为了经济利益，不惜出卖学术良心，以其专家身份参与经济集团对大众的不负责任的行为。另一方面则是政界、经济界人物利用手中的权力、财力，轻易获得

---

① 卡尔·博格斯：《知识分子和现代性危机》，第144页。

"学术成果",最终造成学术贬值、学术腐败。

正如一些学者指出的那样,知识合理化是伴随着现代化的合理化主义而来的,人们往往将其看成是学术规范、学术发展的必由之路,却没有看到这个合理化本身的专断性质。在合理化过程中,思想将作为不合理的东西被排斥和取消掉。知识分子逐步沦为大学体制的配件,为了消费而自动地生产更多的"知识",学术合理化的结果是生产"思想狭窄的教授和中性的专家"。他们是知识的忠实看守,而对人类的命运则完全缺乏关怀能力。

六、限制技术专家治国论的负面影响

技术专家治国论之所以被大多数国家所接受有其深刻的历史原因,对发展中国家尤其是如此。以往我们从科技是第一生产力的观点出发,强调科学的生产力功能,着重探索了知识,特别是科技知识对科教兴国的推动作用,鼓励知识分子将自己的学术研究与经济发展结合起来,取得了不少成果。

但是,从发达国家的经验和我国近些年的现实情况看,仅仅从生产力的角度理解科学,从经济发展的角度看待知识分子的作用是远远不够的,是对科技是第一生产力原理不够全面的理解。时下这种流行的看法只注意了科学的技术价值和经济价值,忽视了它的文化价值和精神价值;只看到它的正面作用,忽视了它的负面影响;只将其作为创造财富的工具,忽视了它对于人生存、发展、自由和解放的意义和价值。①

从更高层面看,这种认识比较接近技术专家治国论的观点,而不是马克思主义的科学文化观。也就是说,我们有些同志对科技是第一生产力的原理实际上作了技术专家治国论的理解。随着对现代性认识的深入,人们日益认识到,技术专家治国论话语虽然对社会现代化、学术规范化具有一定作用,但是,它作为一种现代性的产物,作为一种单一工具理性价值观的意识形态,本质上存在着深刻的片面性。这种片面性在促进学术发展的同时,也造成了学术界出现重经验,轻思考,重现实,轻批判以及迷信数据,过于量化的倾向。造成学术视野单一化、狭窄化、形式化和技巧化,造成学术界内在隔阂,

---

① 孟建伟:《论科学的人文价值》,中国社会科学出版社2000年版,第4、5页。

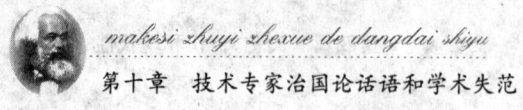

第十章 技术专家治国论话语和学术失范

造成学术界过于依附于社会政治、经济结构的弊病以及新知识贵族的兴起,这些都是造成学术失范和腐败的重要原因。

对此,西方学者认识较早,特别是西方马克思主义进行了深刻的分析。法兰克福学派认为作为技术专家治国论理论基础的工具理性已变成社会的组织原则,渗透到社会的总体结构和社会生活的各个方面,造就了异化、物化或单面的社会和单面的思维方式及思想文化,成为这个社会对人进行全面统治、控制和操纵的深层基础。以功利目的和技术手段为核心的工具理性孕育着内在的深刻的文化危机。所以,他们特别强调用黑格尔、马克思学说传统中的批判理性对抗工具理性。并且进一步提出,要扬弃技术的异化,最根本的途径是把价值整合到科学中,使科学向形而上学倒转,形成科学、技术、艺术和价值相结合的新理性,从而实现人和自然的双重解放。① 这些论述为我们突破技术专家治国论的局限性,塑造新的科技文明提供了宝贵的思想资源。应该承认,西方马克思主义所批判的技术专家治国论的负面影响,在我国亦有不少表现。从我国国情出发,我们认为我们在现代化道路上作为后发国家,完全有可能借鉴先发展国家的经验,少走弯路。在限制或消除技术专家治国论对学术研究的负面影响方面,我们现在可以做一些工作:

(一) 恢复知识分子的批判精神

技术专家治国论的发展过程,从某种意义上讲,是将知识分子变成专家的过程。因此,要限制技术专家治国论的负面影响,首先应当恢复知识分子的批判精神,使现代专家学者身份能与传统的知识分子身份统一起来。在这一方面,美国学者博格斯的观点对我们很有启发意义。他认为,在现代性条件下,知识分子可分为技术专家治国型知识分子和批判性知识分子。前者坚持技术专家治国论的学术规范,后者则对现存的权威、价值观具有反抗性。博格斯认为新一代批判性知识分子的成长,有助于冲破技术专家治国论的统治。

笔者认为,在我国没有必要去机械地划分两种知识分子,然而,博格斯所说的批判性知识分子确实集中了我们所理解的知识分子的优秀品质:充当社会良心,对现实持有批判精神。没有这种品质,只能是一个专家,而不是一个严格意义上的知识分子。知识分子蜕变为专家正是当代学术失范和腐败

---

① 衣俊卿等:《20世纪的新马克思主义》,中央编译出版社2001年版,第251页。

的重要原因。为此,现在应特别提倡知识分子传统的人文、批判的精神;要特别注意弘扬马克思主义辩证法中的理性批判精神,以抗衡当代工具理性的过度膨胀。这种精神将促使知识分子自身的觉醒,既把自己当作本专业的专家,又把自己的专业自觉地与社会健康发展联系起来,勇敢地肩负知识分子应有的责任,从而在推进专业化的同时突破专业主义的局限性。

要做到这一点,应当重视科学知识分子和人文知识分子的交流与合作,重视科学人文主义的培养。在当代,科技中心化和人文边缘化已成定势,这是社会转型的必然结果。但这并不意味着知识分子批判精神必然丧失,对人文知识分子来说,在当代科技理性盛行,人文精神极其低迷的状况下"象牙塔的营造"成为人文知识的重要使命,面对商业主义和消费主义,面对世俗主义甚至是庸俗主义,尤其是媒介的暴力和诱惑,象牙塔将成为知识分子独立批判精神的象征,它将为差异和多种异质文化的存在提供可能。[①] 面对居于中心地位的科技知识分子来说,若不能弘扬科学和技术内在的人文精神,自觉地将科学技术的发展和人类的生存、发展、自由和解放结合起来,知识分子批判精神恢复仍然是句空话。

(二) 学术研究应超越技术专家治国论的研究框架

随着现代化进程的发展,现代性正受到人们普遍的质疑,这一事实表明社会各方面的发展,包括学术发展都不能建立在单一工具理性的基础之上。学术研究不仅需要工具理性而且更需要实质理性,不仅需要技术理性,而且更需要人文价值理性。因此,为了促进学术的健康发展,我们应当充分关注后现代主义和重建现代性的学术见解,在学术的指导框架中努力将科学文化和人文文化融合起来,将实证研究和理性批判结合起来,将坚持现代化的方向和完善现代性结合起来,将继续学术专业化和坚持服务于大众、服务于社会结合起来。这样的学术框架应以科学文化为基础,人文文化为主导,既服务于现实又不断批判和超越现实,把学术研究和社会发展推向前进。

(三) 鼓励学术成果内容和形式的多样化

学术的生命在于创造,而任何学术思想的发展都要经过"前科学"阶段。因此在肯定主流学术"范式"的同时,鼓励"另类"、边缘的研究,才能使学术界始终处于生气勃勃、百花齐放的局面。这是由学术创造性的本质所决

---

① 周宪:《崎岖的思路》,载《文化批判论集》,湖北教育出版社2000年版,第45、46页。

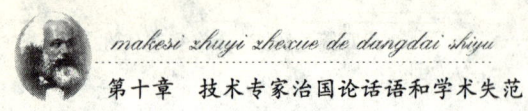

第十章 技术专家治国论话语和学术失范

定的。现在由于学术腐败严重，人们比较关注学术求真制度的建立，其实更基本的乃是求新机制的建立。正如有的学者指出的那样，"让人更为忧虑的是，现在让人关注的还仅仅是保障学术活动'求真'目标实现的'底层规范'——技术性规范，而保证学术活动创新性的行为规范却不在我们视野之内。而实际上，学术规范不仅是以规定（引证他人成果必须注明）、排斥（不得作伪）等形式保证知识的可靠性和发现的优先权，而且以赞同、偏爱和提倡等方式激励学术研究的创新性"。① 只有真正的创新才能避免抄袭一类的腐败现象。理论分析和历史经验都一再表明，只有遵循学术自由规范，才能带来竞争性的协同，从而保证学术繁荣。排斥所谓另类观点，是我们许多重大失误的原因。② 新中国成立后的历程充分说明了这个问题。

我认为，现在应该特别注意正确地对待量化研究。学术研究既需要定性研究也需要定量研究。然而，定量研究不是孤立的，它仅仅是定性研究的深化，从来没有脱离定性问题独立的量化研究。然而，学术界现在似乎有一种唯量化的倾向，结果使一些未有一定量化的论文尽管有思想深度和学术见解，却被一些杂志拒绝刊用，其成果不被承认，这种绝对化的标准可能导致学术研究思想性下降，技巧性上升，甚至出现了玩弄数字的现象，使学术研究失去了它应有的价值。

造成这种现象主要原因是人文社会科学出现的向自然科学看齐的潮流，这本来有其积极的意义。但是技术专家治国论带来的技术崇拜，诱发的数字崇拜就走向异化，使量化由手段变成目的。数字化生存渗透进学术生活，不仅带来学术精确化，也会带来数字游戏。据报道，国外学者玩弄实验事实，捏造实验数据也时有发生，其原因亦是数字崇拜。而且可怕的并不是少数学者玩弄数字游戏，可怕的是这样的成果能够得到广泛的认同。长此以往，将有可能使学术研究的意义在越来越高级的数字统计游戏中化为乌有。因此，我认为现在应提倡返璞归真、宁拙勿巧的学术态度，坚持思想性第一的原则，还学术以其本来的面目。

（四）坚持以人为本的管理模式，改变片面量化的学术考核方式

学者的工作表现和学术成果以数量化的方法进行考核是管理科学化的表

---

① 樊春良：《还有什么学术规范我们忘记了》，载《自然辩证法通讯》2000年第2期。
② 张华夏：《根本的规范：学术自由与创新》，载《自然辩证法通讯》2000年第4期。

现。其本意是使考核避免主观性，增加客观性。但是，我们应该看到，管理的科学化不一定是合理化，正如精确性不等于正确性一样。学者作为一个活生生的人，不是单纯的数字所能够完全表现的。量化考核本身存在着内在的片面性，近现代以来，工具理性不断扩张，实质理性不断萎缩，与科学技术的发展，特别是与知识和经验存在着的数学化倾向有关。更何况现在往往将量化考核局限在学术成果数量上，以学术成果的数字决定学者的地位和待遇，这就在客观上将学者作为创造成果的机器。这样做不妥之处一是将人视为手段，将学术研究本身变成目的；二是无视学术研究自身的规律。结果是不利于学者全身心地、无私地投入学术事业，诱发急功近利的行为。而且，随着量化考核的不合理的加码，终将严重损伤知识分子群体的健康，消耗这最宝贵的可持续发展的资源。更何况，量化管理的尺度往往随着权力杠杆而摆动。合理的方法应是全方位的学术管理方法。在公正，平等，民主，公开以及从尊重个人差别的原则指导下进行。让人文历史的管理思想进入学术考核系统，首先是确立全面的、公正的、尊重历史和差别的考核原则，切实排除权力的干预；其次是真正做到定性与定量的结合；最后是应实行定量考核的全面性，是学者全部付出而不是单纯的学术成果决定学者的命运。

（五）在学术界形成真正民主，切实打破少数人在专业主义旗帜下，垄断学术界的情况

我们需要的是规范学术的专业化，而不是专业主义，更不是专业霸权主义，在学术界真正坚持公正、真实、宽容的学术活动准则。

（六）学术不能只体现工具理性，更应当体现人文价值理性

无论是科学技术，还是人文社会科学最终都应当体现真、善、美的统一。学术的价值首先在于其真，要做到这一点，就应当坚持学术活动的相对独立性，这是学术活动健康发展的前提。在现代化时代，学术界不大可能像传统的学术界那样，持完全独立沉思态度，但决不意味着可以化解学术的独立性。我们认为学术密切联系社会实际，并不是意味着学术成为政治，特别是经济活动的附庸。正如朱亚宗先生所言，人类文明创造了一个多元化的价值系统，任何领域都有其主导的价值观。对于学术研究来说，求真是压倒一切的主流价值观。[1]

---

[1] 朱亚宗：《品位第一，求真至上》，载《自然辩证法通讯》2000年第4期。

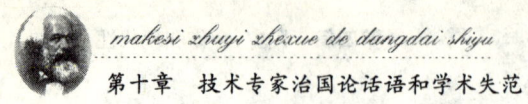

第十章 技术专家治国论话语和学术失范

学术界在与社会其他方面的互动中应该坚持"独立性"和"适应性"的原则,只能在保持自身独立性的基础上,与社会各界保持密切合作,共同发展,学术界越保持自身独立性,才越有能力参与社会各界的交流和合作,共同推动社会的健康发展。然而,学术研究需要经济支撑,如何既保证学术研究的相对独立性又切实发挥它对社会发展,特别是经济发展的作用,即在学术的理想主义和功利主义之间保持合理的张力,就成为一个时代的课题。我们设想国家是否可能在学术界和经济界之间建立良性的中介联系或切实有效的监督机制,以保证学术界在保持独立性的前提下,为经济建设服务,而不是成为经济集团的附庸。

从知识社会学的角度看,我们今天所说的知识经济时代是知识和经济充分互动的时代,而这种知识转化为经济的前提是它的真实性、科学性。只有知识的真才能使经济获得实在的利,才能形成两者的良性互动,否则只能是学术的腐败和经济的失败。社会的发展从来就是多元互补而不是单元统一的过程。

技术专家治国与学术失范和人们现在谈的很多的学术腐败有联系也有区别。学术腐败已严重影响学术正常发展,其原因多植根于传统体制,解决它主要靠道德和法制建设。而技术专家治国论引起的学术失范刚刚显露,其原因与新的社会建制相关,解决它主要依靠学者理念的升华和政府的干预。尽管如此,可以预料到它对学术的负面影响将会随着现代化的进程逐渐加大,没有必要一定要等到"科技主义"极度膨胀了再来纠正,人们现在开始认识它并采取一定措施还是很有必要的。

第十一章

知识分子的批判精神和现代性危机的解决

近几十年来,西方社会各类学者对通俗文化和意识形态在社会变革中所起的作用表现出空前的关注,这种关注又促使人们对当代知识分子的状况和作用进行更加深入的考察。这些研究几乎都是围绕着现代性危机及其解决的方案而展开的。而知识分子的批判精神则被视为解决现代性这个时代问题的核心。

从某种角度看,西方学者关于知识分子的大量论述,大体可以概括为两大主题:一是知识分子面对权力、市场和专业主义的压力,如何保持自身的独立的批判性;二是如何把这种批判性用于社会变革实践。这两大主题对强调与时俱进、锐意变革的中国知识分子不乏启示作用。

一、现代性危机和知识分子的"消亡"

在现代西方学者对当代西方社会的思考和批判中,现代性(Modernity)危机问题居于核心的地位,所提出的各种主张,本质上都是寻求解决现代性危机的方案。

关于现代性,西方许多著名学者都有自己不同的看法。从总体上看,可以将其理解为从文艺复兴以来西方所建立的一种思想模式和社会模式,其基本特点为:注重当前,对过去和传统持批判和超越的态度;确立人的主体性

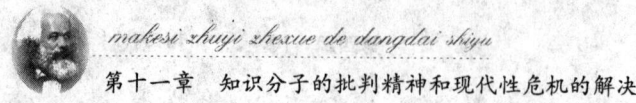

第十一章 知识分子的批判精神和现代性危机的解决

和人的自由权利;将科学和理性化秩序作为征服自然和组织社会的手段。不难看出,现代性的基本内容正是我们在走向现代化的道路上所追求和实践的东西。

现代性尤以理性为其主要内容。在文艺复兴时期,理性有着丰富的人文意义,遂能成为反抗宗教和封建统治的武器。当资产阶级成为统治者之后,理性逐步变成仅仅以科学和技术为基础的理性——工具理性。这是一种只问手段是否得当,不问目的是否正确的理性。西方马克思主义认为,在当代西方社会,工具理性已变成社会组织原则,成为这个社会对人进行全面统治和控制的基础。这样一来,理性就成为人的异己的力量,而且剥夺了人对道德、理想和价值的追求,这与人的主体性和存在的多样性是矛盾的。现代性这种内在的矛盾通过技术专家治国论造成的普遍的精神迷茫和社会冲突表现出来,使它陷入危机之中。

在现代性的作用下,技术理性成为"现代"意识形态而获得霸权的地位,整个社会按照技术专家治国论的方式在运转。技术、知识和权力之间的融合,使体现资本主义制度的公司、国家和军队能够侵入公共领域,从而扩大了对人们的经济控制和政治控制。权力更加掌握在少数统治精英的手中。[①] 现代性由解放的模式变成了统治的根源。

知识分子是任何一种新社会制度建立最初的精神来源。知识分子今天的状况如何,他们能挽救这个危机吗?西方学者的考察是令人沮丧的。美国政治学家博格斯认为现代性同样给知识分子的生活造成了严重的扭曲。专业主义造成知识分子学术生活的实证化。任何学术活动都必须符合实证主义的标准。雅各比尖锐地指出:"晦涩的学术论文写作已经不是什么新鲜事了。"这些学术论著具有公报式的形式令人不堪卒读,它本身就不是让普通人读的。"出版发表要比怎么写重要得多。"专业主义还造成了学术生活的分裂化,知识分子只是个专家。如雅各比所说,他们在自己的专业领地中,共享一种专业术语和学科,形成自己的世界。[②] 知识分子成了学院派人士,他们不再像过去的知识分子面对公众,他们的听众就是他们的同事。因此,"他们的专业生

[①] Carl Boggs. *Intellectuals of Crisis of Modernity*. State university of New York press, Albany. 1993, p. 5.
[②] 拉塞尔·雅各比:《最后的知识分子》,江苏人民出版社2002年版,第5页。

涯成功之时，也就是公共文化逐渐贫乏衰落之日"。① 他们对自己职业外的社会和大众失去了关注。

不仅如此，博格斯还认为，学术生活日益失去独立性，成为政治、经济结构的组成部分。使一部分知识分子形成一个独立的特权阶层，他们更关心的是自身的利益而非大众的利益，从而丧失了知识分子独有的超越自身利益、充当社会普遍良心的特性。由于知识分子由启蒙的英雄变成统治的工具，许多学者认为由于现代性的发展，知识分子有的只是在不同领域以知识谋生的人。

在官僚体制化和市场商业化的双重制约之中，传统的知识分子（古典学者、哲学家、文学人士等）和雅各宾式的知识分子（如法国大革命那样以先锋队出现的知识分子）正在消失或者边缘化，而技术专家治国型知识分子作为与技术理性化紧密相连的新兴知识阶层却应运而生。他们主要由经理、科学家、工程师和各种专家、学者、教师、媒介工作者甚至包括政府官员所组成。曾有一些社会主义流派，希望他们成为变革社会的力量。然而，许多西方学者以为，这种希望最终落了空，他们是资本主义社会新生的领导团体，意识形态和生活方式都依赖统治阶级的价值观念。博格斯的结论是，在过去的100多年里，尽管知识分子的意识形态已经有了巨大的影响，但是，现代知识分子为此付出的代价是，他们已经失去了重组社会以及按照柏拉图的观点改变人类的能力。② 即使一向以改革者出现的马克思主义也难以摆脱同样的命运。

二、批判性知识分子和现代性危机的解决

在当代西方社会，现代性危机实际上反映了当代资本主义社会各种矛盾的尖锐化。西方各类学者特别是西方马克思主义者为此探索着解决这种危机的主体和途径。西方马克思主义对社会变革的主体的看法并不相同。马尔库塞和高兹等人都否定了工人阶级，而把希望寄托在被称为"新左派"和"新工人阶级"身上（主要成分是科技知识分子），然而，20世纪60年代一系列的群众运动至少证明了两个问题：一是科技知识分子没有从根本上反对资本

---

① 拉塞尔·雅各比：《最后的知识分子》，第5页。
② Carl Boggs. *Intellectuals of Crisis of Modernity*. p. 97.

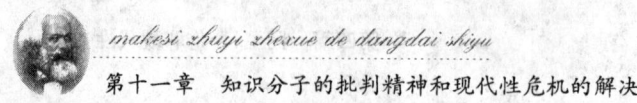

第十一章 知识分子的批判精神和现代性危机的解决

主义制度;二是推翻资本主义离开工人阶级不行,然而工人阶级却沉默着。在这种背景下,稍后些的博格斯就提出了用批判性知识分子通过新社会运动和大众的结合,解决现代性危机新的政治方案,凸显了知识分子的批判功能在社会变革中的关键作用。

博格斯认为现代性(modernity)总是产生它自己的分歧和矛盾。这种分歧和矛盾反映为发达工业国家中对抗性话语和运动,法国1968年5月事件和意大利1969年"热秋"(Hot Autumn)之类的社会政治动乱就是现代性危机的典型表现,这种危机造就了大学内外新一代批判性知识分子的发展。

将批判视为知识分子的本质的看法在西方由来已久。当代西方著名学者鲍德里亚、乔姆斯基、萨义德等人更是发出了这样的声音:"知识分子最大的贡献就是保持异议","知识分子的责任就是说出真理、暴露谎言","知识分子扮演的应该是质疑而不是顾问的角色"。知识分子因此被人们理解为在体制外,对主流社会即拥有各种政治权力的社会体制的批判者。

博格斯认为的这种批判性知识分子,正集中体现了知识分子的本质特征。他们拥有漫长的传统,表现出与众不同的气质。他们对确定的权威、传统和价值总是抱有敌意,其思想观点具有反抗性。从而对合法的或普遍接受的模式构成冲击。在当代,他们是一个与技术专家治国型知识分子霸权相对立的松散群体,所认同的是西方马克思主义、批判理论、女权主义、生态学、黑人与种族激进主义、后结构主义等另类的思维模式。这个批判性知识分子阶层可能由分散的个人、小圈子(围绕政治潮流和期刊)或一个较大的更团结的阶层所组成。他们的工作将阐明历史的意义,揭示阶级和权力关系的实质,并提供一个激进变革的视野。①

爱因斯坦和萨义德成为西方学术界公认的批判性知识分子不同类型的杰出代表。爱因斯坦虽然是个杰出的科学家,但是,凡是他所经历的重大政治事件,他都要公开表明自己的态度。凡是他所了解到的社会黑暗和政治迫害,他都要公开发表自己的意见。② 萨义德则是闻名国际的文学学者暨文化批评家,同时以知识分子的身份投入巴勒斯坦解放运动。他不但号召抵抗西方帝国主义的文化霸权,同时又绝不苟同本民族一些狭隘的部落观点。他以自己

---

① Carl Boggs. *Intellectuals of Crisis of Modernity*. p. XII.
② 许良英等编译:《爱因斯坦文集》(第1卷),商务印书馆1976年版,第6页。

的行动实践了他自己的主张:知识分子是有倔强性格的个人,他不能放弃文化批判的职责,不能被任何集团所收买。他要顶住外部的压力,对强权说出真理,他还要反抗知识发展的专业化带来的内部压力,关注社会与受压制的弱者。

在博格斯看来,在美国和其他工业化国家中,现代性危机在技术专家治国论的思维模式和批判性思维模式之间产生划时代的冲突。知识分子命运的决战将在技术专家治国型知识分子和批判性知识分子之间发生。当大众运动为集体赋予权力而斗争时,批判性知识分子锻炼成为这些运动的"喉舌"。批判性知识分子以其远见卓识和民主化形式来帮助大众打破旧的障碍和分工,从而在市民社会的深处积累起力量,成功地阻止国家和公司权力大规模的入侵。在博格斯心目中,这是现代性危机最有希望的"解放方法"。

对现代性的反思,使西方马克思主义将前苏联及东欧国家也纳入批判的视野。他们认为苏东社会制度的建立,主要是按照列宁主义而不是按照马克思主义的革命方式完成的。这些雅各宾式的知识分子在领导人民建立新的社会制度后,接着又通过对专业知识、物质资源以及权力的垄断,使自己成为新的统治者。由于现代性的发展,出于对资本、技术和专业知识的需要,使苏联的社会进步和布尔什维克的中央集权主义发生冲突。然而,博格斯认为,当苏东社会发生剧变时,本来有可能实现一种更合理的社会,然而由于马克思主义的批判性意识形态没有真正形成和发挥作用,技术专家治国型知识分子却填补了这个空白,结果是后共产主义制度中主要话语受制于由技术人员、科学家、经理、上层官僚、专业人员和学者组成的混合阶层。他们向往的是今日西方的社会模式。从西方马克思主义的观点看,这不过是由一种统治取代了另一种统治,社会与人的解放同样没有实现。

三、现代中国知识分子的批判精神和批判实践

西方各类学者特别是博格斯对现代性危机及西方、苏联东欧批判性知识分子命运的分析,当然与我国的现实有着本质的区别。然而,苏联东欧社会和我国社会结构的相似性,现代性的全球性使他们的观点对我们有现实的启发意义。

第十一章　知识分子的批判精神和现代性危机的解决

正如博格斯所说，没有批判性知识分子的作用，任何真正的、健康的、成功的社会变革都不会发生。这早已为中国历史现实的改革实践一再证明。中国的知识分子问题在沉寂了多年后又成为人们关注的一个热点，人们在讨论什么是知识分子，说穿了就是由于种种原因，中国的知识分子的批判精神和功能没有得到很好的发挥，与时代赋予他们的使命不能很好地适应。

中国知识分子批判功能弱化的一个重要的原因和社会转型及知识分子队伍的状况的变化有密切的关系。我国知识分子大体可分为科技知识分子和人文知识分子。科技知识分子研究的对象是自然规律和技术规律，并以自己的认识成果直接推动社会物质层面的发展；而人文知识分子则担当着社会的道德规范、意义模式、生活方式的建构与阐释的使命。正因为如此，他们常常对于现存的价值观念、道德规范和生活方式等进行反思和批判，并传播一种新的观念和社会理想，从而成为社会变革的导火索。中国现代化过程中两个最重要的时期"五四"运动和20世纪80年代以来的改革开放都离不开人文知识分子的批判作用。①

自20世纪90年代以来，以市场经济为导向的中国社会现代化转型，世俗化浪潮席卷中国，科技知识分子迅速走向中心，而人文知识分子则日益边缘化，仿佛成为明日黄花。在商业主义、功利主义、实用主义和消费主义的冲击下，不少人文知识分子不得不按照技术科学的实用方式规划自己的学术活动和个人生活，固守原有理想的人文知识分子如同进入象牙塔一般。人文知识分子队伍的缩小和斗志的衰减使知识分子的总体批判精神明显降低。

中国知识分子精神衰落的另一个原因是技术专家治国论日益强大的影响。过去人们往往将现代性和技术专家治国论看作是社会进步的成果，而对它的负面效果考虑甚少。确实，技术专家治国论之所以被大多数国家所接受有其深刻的历史原因，对发展中国家尤其是如此。问题在于，它在理论上是否完美无缺，在实践上是否能推动社会全面健康地发展。随着对现代性认识的深入，人们日益认识到，技术专家治国论话语虽然对一个社会科技和经济的发展具有相当的作用，但是，它作为一种现代性的产物，本质上存在着深刻的片面性。从文化层面上，它在促进科学和技术文化发展的同时压抑了非科学文化（在不少迷信实用科学的人看来，人文学科是可有可无的历史遗迹，甚

---

① 拉塞尔·雅各比：《最后的知识分子》，第2页。

至是可以嘲弄的丑小鸭）的发展。在促进工具理性发展的同时压抑了价值理性，出现一方面是科技发展，另一方面是实用主义横行，道德明显退化的局面。我国不久前出现的"伤熊"事件，大学生把小狗放进微波炉去烧烤试验的事情就是工具理性恶性发展的典型。在社会层面上，科技人员更容易进入权力机构，使整个社会生活更倾向于按技术方式组织起来，人由目的成为实现科技和经济发展的工具。在教育领域中出现的应试教育和对教师、学术工作者片面的定量化考核，知识教育超常发展，道德教育不断萎缩正是技术专家治国论发展片面性的反映。价值理性的沉沦削弱了知识分子的批判精神。

作为技术专家治国论的重要组成部分，对于知识分子学术生活影响更为直接的是专业主义。在我国极左思潮占统治的时代，专业主义是批判的对象，外行领导内行被视为理所当然，从而，给学术建设和社会发展都带来了很大的损失。改革开放以后，为了适应科技和经济的发展，专业主义开始得到人们的普遍认同。它的发展使从业人员能受到良好的专业训练，培养起对本专业的光荣感，保证专家对自己本行有了更多的权利，从而使专业沿着规范化的方向发展。因此，在现阶段我国专业主义正面的作用还是主要的。然而，专业主义同样不是完美的。

从学术的角度看，专业主义可能造成视野狭窄、固步自封的状态，它像一个边境线，一方面阻止了无端的入侵者，另一方面，它也锁住了自己前进的道路。有文学工作者就指出，从19世纪末以来，我国的古代文学研究急速地转入了西方式的疆域化，其长处是快捷地培养出大批量的文学专业人才，其弱点则是使文学的境域越来越狭窄。专业主义的过度发展反而使专业发展走上狭窄和僵化的道路。加之学科越来越细，使知识分子失去了全面评判社会问题的眼光。

从我国国情看，专业主义的弊端主要表现在学术界外部，它可能造成知识分子垄断知识，在专业范围用一种"外行"无法明白的话语谈话，从而使知识发展越来越脱离大众，脱离实际生活。专业主义的过度发展不仅造成知识精英和大众的矛盾，而且可能使部分知识分子形成特权阶层，从而使他们能够利用多种权力，为自己获取超常的经济、社会利益。正如博格斯所言，"专业主义能产生反民主的结果"。[①] 现在存在的学术权力化就是这种特权的

[①] Carl Boggs. *Intellectuals of Crisis of Modernity*. p. 102.

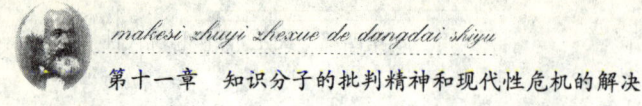

第十一章 知识分子的批判精神和现代性危机的解决

典型现象。

在我国特殊的国情条件下,影响知识分子批判功能正常发挥的最深层的原因是传统的思想观点和社会结构。从思想上讲,我们长期以来对知识分子的批判精神存在许多不正确的认识。认为知识分子的批评是造成不安定的因素,从而对知识分子的批判精神指责的多,保护的少。从本质上讲,只认可知识分子生产知识的功能,不认可知识分子批判的功能。事实上,批判也是一种知识,而且是更重要的知识,它给党和国家在进行决策前,对社会发展的各种可能性进行了理论的探索,从而使我们强调的实践更富有理性,减少失误的机会。它还能帮助我们及早发现政策实施中出现的问题,及时纠正工作中的错误。没有其他社会阶层能代替知识分子这个特质。否定或者弱化知识分子的批判功能,会给国家决策和发展带来重大损失。所以,承认、培养、保护、合理使用知识分子的批判功能是我国民主政治和社会发展一项重大任务。从社会结构上讲,中国一直缺乏一个被称为市民社会的公共领域,这使知识分子批判作用的充分发挥受到了限制。

正如殷海光所说,"知识分子是时代的眼睛"。如果知识分子批判精神和功能不能正常发挥,"这双眼睛已经快要失明了。我们要使这双眼睛光亮起来,照着大家走路"。[①] 历史和现实都说明,要使这双眼睛光亮起来,需要全方位的关照。

首先是知识分子自身的批判精神的发扬。不少人认为,20世纪90年代以来,中国知识分子因各种原因放弃了批判的责任,或躲进"学术"的庙堂,或逐利于"市场"的大潮,使知识分子的批判功能面临全面危机。挽救危机的首要因素只能是知识分子自身。对同一个问题,人文知识分子和科技型知识分子所要解决的问题是有区别的。科技知识分子所要克服的主要是专业主义的束缚和商业化的诱惑。萨义德认为要做到这一点,知识分子应该是个业余者。这对于高度专业化的今天,绝大多数知识分子很难做到也没有必要这样。中国学术界多主张提倡科学人文主义有助于解决这个问题,将社会理想和专业理想结合起来。[②]

---

① 殷海光:《中国文化的展望》,上海三联书店2002年版,第543页。
② 王小波等:《知识分子应该干什么:一部关于命运的争鸣录》,时事出版社1999年版,第4页。

人文知识分子所面对的不仅有专业主义的压力，还有来自僵化的思想观念和市场经济的压力。如何勇敢地燃烧原创的思想火花，以铁肩担道义的精神直言时弊，面对人文精神极度低迷的状况下能够坚持"象牙塔的营造"将成为人文知识分子的重要使命。① 既把自己当做本专业的专家，又把自己的专业自觉地与社会健康发展联系起来，勇敢地肩负知识分子应有的责任，从而在推进专业化的同时突破专业主义的局限性，才能体现知识分子之为知识分子批判的本质。

当然，我们认为这种批判应当以马克思主义为指导，而且它不应当只是从道德和理想上评判现实生活应该不应该、合理不合理，更重要的是以具体科学的途径探索解决问题的方案。专业化和超专业化构成知识分子批判实践的完整过程。

在我国具体的社会历史条件下，知识分子批判精神付诸实践并且产生良性的社会效应根本在于制度的保证，也就是说，不仅知识分子的知识生产功能应当得到尊重、鼓励和保护，知识分子的批判功能更应当得到尊重、鼓励和保护。知识分子对社会发展的各种可能性进行探索，包括看上去很另类的探索，构成了社会发展宝贵的思想库。它不仅使我们制定各项政策能尽可能减少盲目性，而且政治这种探索本身就是民主健全社会最有力的象征。在社会主义制度中，建立一整套使学术能独立发展又能有效地服务于国家各方面的建设和长治久安的机制是发挥知识分子批判精神和功能最重要的保证。西方批判性知识分子的成长，现代性危机的解决，是借助于新社会运动力量发展起来的。在我国，显然没有这个必要，它应当借助于有序的民主与法制的建设来完成。

---

① 周宪：《崎岖的思路》，湖北教育出版社2000年版，第45页。

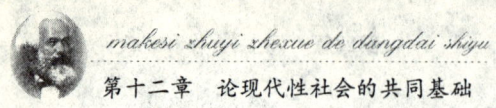

第十二章

论现代性社会的共同基础

一

现代性社会，尤其是进入多元时代后，所展现出的纷繁复杂、高速动荡的特性，往往令很多人应接不暇，从而使他们产生了对古典时代清晰、简单、缓慢运行的社会体系进行赞美的冲动，更以为甚的是，这种心理反过来又将现代社会视为灾难。劳伦斯曾在《查太莱夫人的情人》一书开篇时写道："我们根本就生活在一个悲剧的时代，因此我们不愿意惊惶自扰。大灾难已经来临，我们处于废墟之中，我们开始建立一些新的小小的栖息地，怀抱一些新的微小的希望。这是一种颇为艰难的工作。"①

这种伤感情绪令许多怀古之士忧郁难持，甚至哲学家也跟着哀鸣起来。麦金太尔明确指出：现代社会使得古典道德体系发生了毁灭性崩塌，那些从古典时代继承来的道德语言实际上处于严重失序状态，"我们所拥有的只是一个概念体系的残片，只是一些现在已丧失了那些赋予其意义的背景条件的片断"。②

之所以把现代生活与"悲剧"、"大灾难"以及"废墟"之类的词联在一起，一个重要的原因在于：虽然现代社会中充满了古典时代所容纳不了的新

---

① 戴·赫·劳伦斯：《查太莱夫人的情人》，湖南人民出版社1986年版，第1页。
② 阿拉斯代尔·麦金太尔：《德性之后》，中国社会科学出版社1995年版，第4页。

内容，但它们只是零散地拼凑在一起，不存在共同之基，从而埋藏下社会普遍失序的可能性，而且参与因素越多，对立就越严重，结果就越可怕。当然，古典主义者绝不是在危言耸听，他们的确在历史上找到了层出不穷的证据，证明在古典时代只要出现了和现代社会相似的现象，原有社会的原则规范便会出现松动，甚至失去效力，如果这种社会不能及时悬崖勒马，最终结果就是：大灾难！

虽然如此，古典主义者的忧虑却是以历史循环论为前提的，其失误在于把现代和古典等同起来，没有看到两者之间已出现了根本性的不同。从普通常识里可以看到，现代多元社会并没有失序，而且社会越现代，越多元，同时也就会越繁荣，越稳定！所以我们不得不怀疑古典主义者对现代社会的断言，并想进一步考查在现代多元世界的下面究竟有没有支持它的统一性基础，从而找到看似"混乱"世界中的稳定秩序。

二

现代社会是随着近代资本主义制度的建立而逐渐成形的，黄仁宇给资本主义下过一个定义，认为："资本主义是一种经济的组织与制度，内中物品之生产与分配，以私人资本出面主持。大凡一个国家采取这种制度以扩充国民资本为当前主要任务之一，所以私人资本也在其政治生活中占有特殊的比重。"[①] 这个定义突出了新世界的一个重要特性，即社会重心已由古典政治转向了现代经济，而且把私人资本运转经济的形式上升到制度层面，以代替封建社会中以武士、贵族为代表的军政制度。因而，当时的社会变化并非溃散形式，而是属于替代形式。如果只看到了旧世界的解体，自然会以为世界末日到了，可目光向前一移，立刻能发现一片新大陆正缓缓升起。

翻开历史记录，在1702年法国的一份报告中写道："商人在工匠中确实可被认为高人一等和占据首位，但仅此而已。"[②] 而在阿姆斯特丹、伦敦甚至意大利，商人们的情况甚至还要略好一点，虽然总体来说他们在身份上仍属

[①] 黄仁宇：《资本主义与二十一世纪》，三联书店1997年版，第191页。
[②] 布罗代尔：《十五至十八世纪的物质文明、经济与资本主义》，第2卷，三联书店2002年版，第46页。

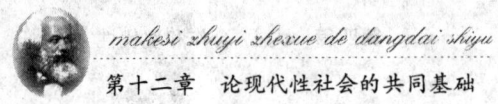

第十二章 论现代性社会的共同基础

于社会低下阶层,但这只是表面情况,事实上当时集市已成为城市生活的心脏,它悄无声息地代替着古典时代政治性广场的职能,成为人民公共生活的中心,而那些低人一等的商人便是这中心中的中心!与集市并进,由商人办起来的各种类型的商店也迅速征服所有城市,并飞快占领乡村,到17世纪城市里店铺简直泛滥成灾,而乡村中小酒店也成了穷人集会的场所,是教堂之外的另一个"教堂"。①

同时,世俗化进程也极大地推动了商业发展。在南方,教会变得十分腐败,罗马城中几乎"每个人都有一个穿僧衣的亲戚,每个人都有从教会的财产中得到某种补助或未来的利益的希望",宗教成了一种生活习惯和一种有利可图的日常生活事务。② 在北欧,由于新教与天主教间的战争,尤其经历30年战争之后,"理性生活停滞不前,道德颓败,宗教遭到剧烈摧残。战争结束后一个世纪之久蹂躏摧残的后果还未完全平复。在这场可怕的战争期间,宗教生活的迹象很难找到"。③ 腐败和战乱,都直接或间接地加剧了世俗化进程,原初基督教对商业的严厉限制变得松散,世界对商业的需要却与日俱增。

此刻,世俗化过程中又派生出两个因素,它们进一步使商业得到发展。首先是奢侈的合法化。奢侈总是宗教打击的重点,但教廷的腐败却使这种限制从内部被悬置起来。早先精美的教堂、体面的主教生活都向穷苦人展现出一种来自"天国"的吸引力,但后来教士阶层自己先被吸引了进去,在宗教的外衣下极尽欢娱;而宗教战争也打掉了人们的信仰,宫廷中首先肆无忌惮地及时行乐起来,帝王将相变成奢侈生活的忠诚仆役;接下去是中产阶级、布尔乔亚以及暴发的商人,他们也受到所经手东西的诱惑,在民间以粗俗的方式模仿着贵族生活。外在教会的限制越来越弱,内心宗教罪恶感也越来越小,使人快乐的东西也令人宽容。"那些在17世纪资本主义制度迅速发展的国家,都废除了禁止奢侈的法律……法国最后颁布的禁奢令是1708年的服装法令。"④ 与此同时奢侈对经济的刺激作用也表现出来,人们开始改变口吻,小心翼翼地赞美起这个曾经名声不佳的东西来。孟德斯鸠虽然不赞成共和国中的奢侈生活,但对他所生活其中的君主国却是另外一番言论,在他看来:

---

① 布罗代尔:《十五至十八世纪的物质文明、经济与资本主义》,第2卷,第51页。
② 雅各布·布克哈特:《意大利文艺复兴时期的文化》,商务印书馆1979年版,第455页。
③ 威利斯顿·沃尔克:《基督教会史》,中国社会科学出版社1991年版,第502-503页。
④ 维尔纳·桑巴特:《奢侈与资本主义》,上海人民出版社2000年版,第151页。

"奢侈对于君主政体特别合适,也可以看到,君主政体并不需要节俭法律。因为按着君主政体的政制,财富分配很不平均,所以奢侈是很必要的,要是有钱人不挥霍的话,穷人便要饿死。"① 伯纳德·曼德维尔更是公开将这种遮遮掩掩的辩护发展成一套社会哲学体系,指出:"那恶德虽说是格外荒唐万分,却在推动着贸易的车轮前进。"②

其次,近代民族国家形成后,需要大量财富来支持彼此间连绵不断的战争,从而导致国家最高权力机关重视商业发展。当时单靠王室和贵族财产已不能支付规模巨大、技术先进的战争造成的高额费用,国家必须介入到大量税收和债务工作中去才能维持权力机器的正常运转,而使财源茂盛的唯一方法就是给予商业发展充足的空间。同时随着国家间竞争的深化,经济力量的对比渐渐产生了比直接军事对抗更长远的影响,"经济秩序的砝码变得越来越重:经济指导、干扰和影响其他秩序。经济的优势使不平衡现象更趋加剧,使同一经济世界中的伙伴停留在或穷或富的地位,似乎角色一旦分配完毕,便要延续很长时间。"③ 这一点明显表现在 17 世纪的法国和那些小联省共和国的关系中,由于当时法国国内没有大商人,而荷兰等国则拥有自己庞大的商业网和信贷体系,传统欧洲巨人竟被一群商业之狼牢牢统治!法国如果想摆脱这种不利局面而发动战争,那么即便仗打赢了,结果仍有可能对法国不利,因为靠掠夺得来的财富很快又会被联省的批发商们重新赚回。这种不利局面直到 18 世纪 20 年代法国出现了一批国际水平的批发商时才有所改变。④

以商业为代表的经济秩序成为了填充旧时代秩序空洞的最佳材料,虽然商人身份还不高,但无疑社会中最高层已经意识到商业、经济在新时代的极端重要性。这方面英国首当其冲,理论上霍布斯在《利维坦》中勾画出新时代全能型政府的轮廓,哈灵顿指出政府的权威出自经济力量,洛克则修正了霍布斯理论中的暴力因素,说明通过和平契约达到现代政府的可能性,并强调其首要任务就是保护人民财产。⑤ 实践中,首先形成民族市场或民族经济的英格兰在 1688 年革命后,迅速转入商人统治之下,而且除了英国,在商业发

---

① 孟德斯鸠:《论法的精神》(上册),商务印书馆1961年版,第99页。
② 伯纳德·曼德维尔:《蜜蜂的寓言》,中国社会科学出版社2002年版,第18页。
③ 布罗代尔:《十五至十八世纪的物质文明、经济与资本主义》,第3卷,第34页。
④ 布罗代尔:《十五至十八世纪的物质文明、经济与资本主义》,第3卷,第285-289页。
⑤ 黄仁宇:《资本主义与二十一世纪》,第242页。

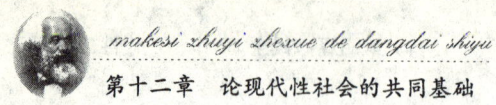

第十二章 论现代性社会的共同基础

达的其他地区,如威尼斯、阿姆斯特丹,都产生了政治与经济结合的尝试,它们对内"强制城市居民服从纪律,必要时加重税收负担,保障信贷和商业自由。它们在国外也能做到说一不二:这些政府使用暴力绝不手软,对它们我们满可以'殖民主义'和'帝国主义'的字眼,而无颠倒时间次序之嫌。"① 由此看来在古典向现代转变的过程中,社会秩序并未像古典主义者所预言的那样失去共同基础,只不过以前立足在宗教基础上的国家,现在提出脚来迈入了以经济为基础的存在状态中。

三

旧秩序的解体是全面的,同样新秩序也是全面地浮现出来的。当以商业秩序为代表的经济秩序渗入国家权力系统后,它还需要其他条件的配合才能真正丰满地生存和发展,在这些条件里既需要相应的硬件基础,也要有合适的软件配置。从硬件上讲,商业生长必不可少的配置便是"现代城市"。

城市在古典时代就已经大量存在了,但那时人们的生活重心仍在农村,城市像一个集市,那些没了依靠的人不得不长住其中,农村、土地和家族才是正常百姓的归属之地。就算是古希腊城邦中最先进的雅典城,人们也并非象现代市民一样完全生活在城中,实际上大多数雅典人分散于全亚狄迦的独立乡村中,一直保持着乡村的生活方式。在伯罗奔尼撒战争之初,雅典打算把所有公民迁入城中,坚壁清野以对付斯巴达,但迁居工作却进行得非常艰难,据修昔底德记载:"他们很悲伤,很不愿意抛弃他们的家园和他们祖先遗留下来的古代神庙,很不愿变更他们整个的生活方式,把每个人所认为是自己的市镇加以抛弃。"② 古典时期最典型的城邦尚且如此,其他城邦的情况可想而知。至于中世纪的城堡,更不能称作是城市,那简直就是个大院子,只是住的人稍多一点,至于现代城市生活根本无从谈起。

现代城市是在对农业性古典国家的改造中逐渐产生出来的,布罗代尔曾把西方城市的发展分成三种类型,第一种是"开放型城市",即与其周围农村区别不分明的城市,如古希腊、古罗马的城市都属这类。这种城市只有国家

---

① 布罗代尔:《十五至十八世纪的物质文明、经济与资本主义》,第3卷,第38页。
② 修昔底德:《伯罗奔尼撒战争史》上册,商务印书馆1960年版,第117-118页。

出了事人们才进去，事一完城门大开，人们多又回到了他们可爱的乡村。此类城市处于与农村平等的地位，产业分工所造成的城乡不和还不存在，城乡间关系平和，相入相融。① 第二种类型为"封闭型城市"，这是一种微型的、排他的城市，中世纪商业城市为其典型，其产生、成长于11世纪，开始时与农村保持协调，城市权利也往往脱胎于农村集体特权，通常城市不过是对农村的一种改组，② 但货币经济使它们得到异常活跃的发展，虽然总体上农业性封建国家依然束缚着大多数此类城市，可仍有某些城市完全突破传统政治空间限制，获得充分自治，成为具有很多特权的新型"城邦式国家"，③ 如威尼斯、米兰、佛罗伦萨等意大利城市，它们成为孕育资本主义社会的早期胚胎。在这种通过货币进行商业活动的城市里，社会关系发生巨大变化，其居民获得对土地、领主甚至封建皇帝的独立性，那些"离乡背井进入城市的农民也马上变成另一个人：他是自由的，就是说他摆脱了可恶的原有的奴役"，④ 这些人成为最早的一批近现代意义上的城市市民，与农村和以农村为基础的封建性国家对立起来。

最后一类城市为"受监护的城市"，它是重新为国家所束缚的城市，但是此时对它进行束缚的封建性国家却受到新式城市的"感染"，虽然城市表面上听从国家的命令，但实际上城市已不可逆转地和乡村生活分道扬镳，以至于命令它的国家实际上却在不知不觉地跟着近现代城市的发展逻辑前进，逐渐改变自己的性质。此时，那些穷奢极欲的封建贵族们已经不能忍受传统的乡村生活，只有商业才能满足他们奢侈腐朽的生活需要，表面上他们重新夺回了城市控制权，可暗地里，他们又不得不为商人的活动创造出和封闭城市时期一样的条件，虽然他们也知道这样做无异于自掘坟墓，可眼前的享受总使人顾不了太多。

因此到了第三种类型城市出现时，权力机关已开始倾全国之力支持城市发展，如果说现代国家创造出了大城市，那么在开始时，大城市也同样创造了现代国家，近代民族市场和近代民族国家都在大城市的推动下得以发展，大城市进入资本主义和现代文明的中心位置。虽然当时的人们把巴黎、伦敦

---

① 布罗代尔：《十五至十八世纪的物质文明、经济与资本主义》，第1卷，第641页。
② 布罗代尔：《十五至十八世纪的物质文明、经济与资本主义》，第1卷，第606页。
③ 布罗代尔：《十五至十八世纪的物质文明、经济与资本主义》，第1卷，第607页。
④ 布罗代尔：《十五至十八世纪的物质文明、经济与资本主义》，第1卷，第615页。

这样的城市和古罗马城作比较，担心因其大而失去活力，但这些城市实际上已经和古典时代的城市产生了质的差别，新的城市承载着新的生产方式、生活方式才刚开始冉冉升起，它们将接受即将来临的工业革命的洗礼，变得更为强大，而此时乡村成分超过 3/4 的旧制度正在退隐，慢慢地解体。①

四

当现代性商业活动获得了现代性城市的发展平台后，相应的软件配置也已在潜移默化中准备好了。这一软件就是近现代自然科学和技术，它们的作用绝不限于使商业发展具备了强大的业务处理能力，更重要的是它们在人们的观念生活中置换了传统的精神世界。

从技术史的角度看：自中世纪开始技术的发展就一直没有中断，从 12、13 世纪在水力和机械力方面出现重大进步后，技术保持了数世纪的发展态势，直到 17 世纪时才变得止步不前长达 150 年之久。② 然而这些技术上的不断革新却并没有引发社会层面上质的变动，社会仍然保持着稳定的农业状态。有观点认为技术是引发工业革命的关键性因素，但晚近历史学界已有扎实的论据认为技术不是工业革命的"原动力"，甚至也不是保尔·贝洛什所说的"导火线"，实际的技术应用在本质上就落后于经济生活的一般运动，它必须等到经济产生相应要求时才能真正发挥作用。这一点贝洛什倒是也看到了，他指出："工业革命开头的几十年间，技术与其说是决定经济的因素，不如说是被经济决定的因素。"技术革新在工棚出现并不等于它就能成为一种社会现象，它显然要听从市场安排，听从它所在的特殊的经济秩序的安排。③

技术进步虽然在 17 世纪后停滞了 150 年，但这一阶段却诞生了现代科学，这两件事可以说都与世俗化进程及商业社会的发展有关。在前商业社会中，技术主要从属于农业社会，在教堂、田间、宫廷和骑士纵横的战场上发挥作用，显然这些技术并不完全适应于现代性商业发展的需要，到 17 世纪时封建性农业社会开始全面向近现代商业社会转型，旧技术被冷落，新技术的

---

① 布罗代尔：《十五至十八世纪的物质文明、经济与资本主义》，第 1 卷，第 662-664 页。
② 布鲁诺·雅科米：《技术史》，北京大学出版社 2000 年版，第 197 页。
③ 布罗代尔：《十五至十八世纪的物质文明、经济与资本主义》，第 3 卷，第 656-657 页。

胚胎又还在形成期，从而出现一段停滞期。与此同时，世俗化的深入使传统的世界观发生分裂，日常世界和神的世界间的对立出现在人们的意识里，中世纪大序性宇宙结构内产生了一道裂痕，人们不再愿意接受用通过当前事物的上一层存在来解释其意义的目的论式的解释模式，而是希望通过"自然王国"本身来解释它自己，至于"神恩王国"则应留给启示和信仰。① 虽然如此，旧时代的思维惯性依然保留了下来，在"自然王国"中人们仍能感觉到这种旧惯性和新冲动间的张力，一方面人们越来越朝向特殊、具体和事实，另一方面又有朝向绝对的普遍冲动，作为折中其间的产物，科学理性既关注个体，又在自然王国中使个体上升到原则层面得到解释，这种态度预示着一种新型自然观的出现。② 同时尽管当时科学家们依然虔诚，但在如何具体对待自然的问题上却已偏离了基督教时代对希腊的继承方向：亚里士多德的定性研究被放在一边，毕达格拉斯的量与数的观念充满了人们的脑子；苏格拉底与柏拉图式的目的论解释受到排斥，德谟克利特的机械论式解释体系则为人们所推崇。③

用机械的、数学的方式来理解我们生活的日常世界，这成为世俗化过程中人们对现实认识的一个高峰。正是这种科学的自然观改造了技术，当18世纪技术重新发展时，它已经不是那个曾经隶属于农业社会的技术了。当年技术几乎只停留在工匠水平，并不依赖纯科学，只管自己摸索；而现在科学和技术间发生了密切的交往，许多科学家精通实际技术操作，而工程师们也往往上升到从科学原则的层面来思考具体的工作。④ 技术在新的理论系下得到迅速发展，而纯科学也因此表现出它的实用性。其实早在17世纪时，这种实用功能已经为当时各国的精英们所预见到，皇家学会、国家科学机构的设置标志着最高权力当局对科学能增强国力的认同，⑤ 这样看似与商业很远的科学却通过与其一体的现代工程技术和商业紧紧地联系在一起。

由于商业的蔓延，现代技术得到了广泛的应用，人们在切切实实的生活

---

① 卡西勒：《启蒙哲学》，山东人民出版社1988年版，第37页。
② 卡西勒：《启蒙哲学》，第36页。
③ 亚·沃尔夫：《十六、十七世纪科学、技术和哲学史》上册，商务印书馆1984年版，第8-9页。
④ 亚·沃尔夫：《十八世纪科学、技术和哲学史》上册，第583页。
⑤ 罗斯托：《这一切是怎么开始的——现代经济的起源》，商务印书馆1997年版，第120页。

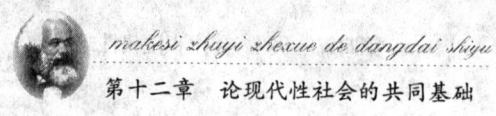

第十二章　论现代性社会的共同基础

中感受到技术的功用，同时也使得技术后边的现代科学得到了普通大众的推崇。这并不是人们理解了科学本身，而是它在世俗世界中的成就改变了人们的态度，科学作为一种新的世界观填充进传统风俗和宗教退却后留下的空白。随着科学中可验证性的结论一再在实际生活中得到证明，它的内容几乎成为了一般人的常识。现在不论一个人相信什么宗教，拥有什么习俗，他都不会否认地球是个圆的，我们生活在宇宙中银河系的边缘，DNA 分子结构是双螺旋型的……如果他在这些方面表示怀疑，就会被认为是愚昧无知。所以当人们进入现代城市性经济社会时，从某种意义上讲，都受到科学意识形态的洗礼，并利用这种意识形态处理着每天的日常生活问题。

五

18 世纪中后期，英国工业革命和法国大革命都震动了整个古典社会，它们使传统生产方式、生活方式、思维方式乃至信仰、观念在短短数年内发生断裂、崩塌，城市、街道、乡村还有往来其中的人们今夕之间判若天地。这种震荡久久不去，时至今日，有些人回想起来还会心生惊悸，现代性真像是一个忽然到来的旋涡，"个人、社会和政治生活的每一层面都会产生爆炸性的巨变"。[①] 它使得"一切固定的僵化的关系以及与之相适应的素被尊崇的观念和见解都被消除了，一切新形成的关系等不到固定下来就陈旧了。一切等级和固定的东西都烟消云散了，一切神圣的东西都被亵渎了。"[②] 在古典主义者看来，这一切仿佛预示着欧洲的黑暗时期又要来了！

不过通过回顾历史，我们看到改变近代西方世界的两大革命并非横空出世，以英国工业革命为例，它以前就已经发生过几次同样性质的革命，有的浅尝辄止，有的有一定深入，但都在一段或长或短的存在后夭折，因而"成功的工业革命包含着一个普遍的增长过程，也就是全面的发展过程，这个过程'归根到底表现为经济、社会、政治和文化从结构到体制的彻底改变。'所以一个社会及一个经济的各个层次全都牵涉在内，并且应该都能伴随、承担乃至忍受所发生的变化。只要在变革过程中出现一点故障，也就是我们今天

---

① 马歇尔·伯曼：《一切坚固的东西都烟消云散了》，商务印书馆 2003 年版，第 17 页。
② 马克思 恩格斯：《共产党宣言》，人民出版社 1997 年版，第 30－31 页。

所说的'瓶颈堵塞',机器就会卡壳,运动就会停止,甚至可能发生倒退"。①大革命的情况也是如此,它们都是一种系统性的变动,要求一个新整体来对旧整体进行全面替代,而不仅仅是破坏了完事,正是因为这样,之前才会有很多次失败。

  无可否认现代社会依然存在混乱与失序的现象,但它们根本不是古典视境下映射出的一片废墟,现代多元社会实际上有一个统一的基础支持着它表面看来破碎的传统价值体系,而且这个基础早在18世纪时就已经大体完成!正如我们已指出的:以商业为始的经济秩序全面代替了农业时代的政治、军事秩序;现代经济生活占主流的城市的发展、壮大又将大量传统社会中的人们吸入新的生活平台;当技术的前进一天天加固这一平台时,科学则在持不同观念的人们中间得到了广泛的认同和推崇。因此,不论从古典时代走来的人们带有什么样破碎的观念,此时他们至少都拥有了同样的城市生活、同样的经济生活秩序和同样的基本意义上的科学自然观,而且这个统一基础还在随着现代社会的发展逐步强化,丝毫没有断裂成碎片的意思!

---

① 布罗代尔:《十五至十八世纪的物质文明、经济与资本主义》,第3卷,第624-625页。

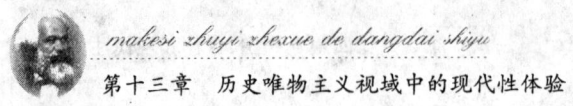

第十三章

历史唯物主义视域中的现代性体验

1847年,断定并断言一个"幽灵"将在19世纪以后整个人类文明进程中掀起波澜的《共产党宣言》横空出世。150多年过去了,它的可信度仍在人们之间争辩,"幽灵"是否依旧徘徊在如此高度发达的现代生活之空?无论怎样,"幽灵"的宣告者敏锐地把捉和表达了自资本主义问世以来人们的一种现代性感受。既然如此,我们暂且可以撇开有关争论,从"现代性"维度来解读《共产党宣言》,同时从历史唯物主义视角来透视现代性的"体验"。

一、作为"体验"的现代性

"现代性"、"现代主义"、"后现代性"、"后现代主义"在时下极具话语市场,来自不同领域的学者们从时间意识、历史观、社会状况、哲学思维和美学艺术等不同视角给出了斑斓多彩的界定。无论是"作为历史分期的现代性"、"作为启蒙的现代性"还是"作为审美的现代性",往往以一种非常客观的方式,从客体的角度来诠释"现代性"内涵。然而,随着现代生活于主体心理留下的烙印被大大忽略,现代性本身的驳杂本性被遮蔽也是可以预料的。从这一角度出发,无论否定现代性、反思现代性、重写现代性还是继续仍未完成的现代性筹划,都有可能重走一元化的"现代性"道路。

一种思路的转向显然是必要的,我们可以参照美国著名学者马歇尔·伯曼对现代性的理解。他把现代性解释为一种投生于或者被抛入现代性生活之中的主体的心理"体验",是试图在特定历史转变过程中成为现代化客体和主体、试图把握现代世界并改造它成为自己家园的男男女女们的一种"体验"。这是今天"全世界的男女们都共享着一种重要的经验———一种关于时间和空间、自我和他人、生活的各种可能和危险的经验。"这种经验就是"现代性。"①

"现代性"体验是卷入现代化过程中的人们所必然产生的心理经验,而现代化过程绝不是一种任何时间阶段的意旨,它专指资本主义出现以来的历史大变动过程,这是一个把所有人都卷入的"大旋涡"。在这个世界性的历史过程中,自然科学的伟大发现改变了人类对自己在宇宙中位置的看法,大工业生产极大地改变了人类所处的自然环境与社会环境,把人们猛然投入到一种崭新的生活中。人们变成了陌生人,所有的陌生人又被民族国家和世界市场捆绑在一起,而一切边界又在此中被打破。按伯曼所见,使得这一切产生并使它不断变化发展的各种社会过程,就是"现代化"。现代性正是在这种世界历史过程中培养出的各样形形色色的看法和观念,这些观念和看法都旨在使身卷其中的人们成为现代化的主体和客体,旨在赋予他们理念去改变在改变着他们的世界,旨在开辟出他们通过这个大旋涡找到的道路并将它变成他们的道路。"在过去的一个世纪中,这些看法和价值观念最后都松散地集合到了'现代性'的名称底下。"②

那些有关"现代性"过程的观念与人们经历不同时期的"现代性"的体验有着密切相关性,现代性体验就是"现代人"对于他们所处的"现代环境"的一种历史的感性意识。这种视域开拓了一种宽广开放理解"现代性"的方式,而不是把现代化过程以及卷入其中的主体之复杂体验简单化。现代性过程的多变性表现为生活于现代生活中的人们的体验的矛盾性,而不同时期现代人的"现代性"体验又显示了现代性作为长期演变而来的历史过程的丰富性。

依据不同时期人们对现代性过程的不同感悟,可以明了现代性体验的三个历史阶段。第一阶段,从 16 世纪初至 18 世纪末。现代生活刚刚撞击还站

---

① 马歇尔·伯曼:《一切坚固的东西都烟消云散了——现代性体验》,商务印书馆 2003 年版,第 15 页。
② 马歇尔·伯曼:《一切坚固的东西都烟消云散了——现代性体验》,第 17 页。

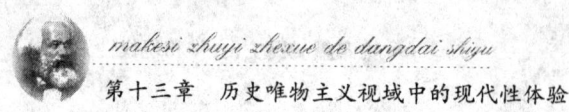

第十三章 历史唯物主义视域中的现代性体验

在现代性门槛之间的"现代人",他们还不清楚是什么东西冲击着他们的生活,对现代性还只有一种懵懂的体验。他们像卢梭那样既初悟到一个旋风一样大变动的"革命"时代,同时也为所有一切成为转瞬即逝、没有可以把握的坚固东西而焦虑。第二阶段,始于18世纪90年代的大革命浪潮。该时期的"现代人"生活在一个勃勃发展、爆炸性剧变的现代社会中,"现代"意味着要从现代生活的内部摧毁现代生活的顽固性。在这里,我们听到了19世纪现代性最伟大的两个声音——尼采和马克思,他们同样体验到现代生活从根本上充满着矛盾,现代历史的潮流是嘲弄的或辩证的。第三阶段,20世纪的现代化过程扩展到了全世界。继续前进且继续取得无数惊人胜利的现代生活,却使现代人在扩展中破成了大量的碎片。人们的"现代性"观念以许许多多破碎的方式来构想,丧失了它大部分的生动性、广度与深度,丧失了它组织人的生活的能力和赋予生活以意义的能力,总之,"这个现代时期失去了与它自己的现代性的根源的联系"。①

循着伯曼的思路,我们可把《共产党宣言》置入一种现代性体验的历程中加以阐释,它凸显了19世纪现代性体验的内在复杂性和多义性。相比较,似乎更加成熟的20世纪现代思想,对于现代性的思考却好像停滞了、倒退了。"19世纪的思想家同时既是现代生活的热心支持者又是现代生活的敌人,他们与现代生活的模棱两可和矛盾作斗争;他们的自我嘲弄和内在紧张是他们的创造力的一个首要源泉。20世纪的思想家们则远比他们的先驱更加倾向于极端化和平面化。现代性被设想为一块封闭的独石,无法为现代人塑造或改变。对现代生活的开放见解被封闭的见解所取代,'既是/又是'被'非此/即彼'所取代。"②

在这个意义上,现代性是否已经过时,现代性的地平线是否已经关闭,对这些问题的回答倒可以先摆在一边。只有开掘被抛入现代性生活中的人们的现代性体验,才能深入领会现代性的深层蕴涵。而《共产党宣言》中的许多内容,鲜明表征了我们这个时代的"现代人"遗忘的"现代性"体验,展现了现代性的宏大历史性和现代性体验的内在丰富性。扩展《共产党宣言》解释的现代社会辩证运动过程及其决定力量,必将拓深对"共产主义"这个

---

① 马歇尔·伯曼:《一切坚固的东西都烟消云散了——现代性体验》,第17页。
② 马歇尔·伯曼:《一切坚固的东西都烟消云散了——现代性体验》,第28页。

历史事件的内在深层结构的揭示。

那么,《共产党宣言》所揭示的是一种怎样的"现代性"体验呢?

二、一切坚固的东西都烟消云散了

伯曼告诉我们,体验着"现代性"的人们身陷马克思所谓的"一切坚固的东西都烟消云散了"的资本主义世界中。"所谓现代性,就是发现我们自己身处一种环境之中,这种环境允许我们去历险、去获得权力、快乐和成长,去改变我们自己和世界,但与此同时它又威胁要摧毁我们拥有的一切,摧毁我们所知的一切,摧毁我们表现出来的一切……现代性把全人类都统一到了一起。但这是一个含有悖论的统一,一个不统一的统一:它将我们所有的人都倒进了一个不断崩溃与更新、斗争与冲突、模棱两可与痛苦的大漩涡。"①

关于现代生活"大漩涡"的完整过程,《共产党宣言》也有一段精彩的描绘:"资产阶级除非使生产工具,从而使生产关系,从而使全部社会关系不断地进行革命,否则就不能生存下去。反之,原封不动地保持旧的生产方式,却是过去的一切工业阶级生存的首要条件。生产的不断变革,一切社会状况不停的动荡,永远的不安定和变动,这就是资产阶级时代不同于过去一切时代的地方。一切固定的古老的关系以及与之相适应的素被尊崇的观念和见解都被消除了,一切新形成的关系等不到固定下来就陈旧了。一切固定的东西都烟消云散了,一切神圣的东西都被亵渎了。人们终于不得不用冷静的眼光来看他们的生活地位、他们的相互关系。"②

"一切固定的东西都烟消云散了"究竟表达了一种怎样的现代性体验呢?

首先,展现在我们面前的是一幅"融化"的"瞬间"图景。资本主义与以往一切社会不同的地方,在于它的"不断变革"、"动荡"、"永远的不安定和变动"。资产阶级实可以说是历史上最具"破坏性"的统治阶级,他们厌恶稳定,因为稳定意味着缓慢的死亡,不停的发展才是现代人得以确信自我的唯一方式。《共产党宣言》于这里揭露出来的资产阶级本性即是歌德"浮士

---

① 马歇尔·伯曼:《一切坚固的东西都烟消云散了——现代性体验》,第15页。
② 马克思、恩格斯:《共产党宣言》,载《马克思恩格斯选集》第1卷,人民出版社1972年版,第254页。

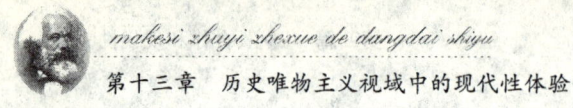

第十三章 历史唯物主义视域中的现代性体验

德"所隐含的"发展欲望的一种冲动"。

资产阶级的发展冲动不仅是针对过去的一切,而且在按照自己的面貌创造一切之时也拿自身以及自己创造的"作品"开刀,资产阶级自己建立的每样东西都是为了被摧毁而建设起来的,此即《共产党宣言》中所表达的现代性"体验"。资本主义社会的所有一切都是为了明天被打碎,被打破、切割、碾磨或溶解制造出来的,因此它们能够在下一星期就被复制或替换,而且这整个过程能够一而再、再而三地希望能永远为了获得更多的利润而不断地继续下去。所有资产阶级纪念物的令人哀怜之处在于,它们在物质上的强度和坚固性实际上毫无价值,无足轻重,甚至最漂亮的、最打动人的资产阶级建筑物和公共工程也是一次性的,是屈从于追逐利润的资本所需要的。现代资产阶级是一些技艺高超的虚无主义者,他们已经使自己的创造性异化了,因为他们无法忍受去考察他们的创造性所开辟的道德的、社会的和心理的深渊。"资产阶级赋予现代生活每个层面的疯狂步子和节奏……我们发现,我们周围的坚固的社会结构已经融化。"①

现代性的体验不仅是"融化",而且也是消弭一切神圣性的"祛魅"。《共产党宣言》一再凸显资本主义所具有的把一切神圣的东西摧毁于"瞬间"的破坏性力量,它"解除"了人与人之间笼罩的所有"神圣"光环。"资产阶级在它已经取得了统治的地方把一切封建的、宗法的、田园诗般的关系都破坏了。它无情地斩断了把人们束缚于天然首长的形形色色封建羁绊,它使人与人之间除了赤裸裸的利害关系,除了冷酷无情的'现金交易',就再没有任何别的联系了。它把宗教的虔诚、骑士的热忱、小市民的伤感这些情感的神圣激动,淹没在利己主义打算的冰水之中。它把个人的尊严变成了交换价值,用一种没有良心的贸易自由代替了无数特许的和自力挣得的自由。总而言之,它用公开的、无耻的、直接的、露骨的剥削代替了由宗教幻想与政治幻想掩盖着的剥削。"② 以往披在家庭关系上的温情脉脉的面纱也被资产阶级毫不留情地撕下,变成了纯粹的金钱关系。以往一切向来受人尊崇和令人敬畏的职业的灵光都被抹去,它们都变成了可以出钱招雇的雇佣劳动。

最后,这个现代性于现代人心中"冻结"为一个"残酷"的过程,资本

---

① 马歇尔·伯曼:《一切坚固的东西都烟消云散了——现代性体验》,第117-118页。
② 马克思、恩格斯:《共产党宣言》,载《马克思恩格斯选集》第1卷,第253页。

主义的力量必然表现为"恶"的力量。就像浮士德成为英雄的途径，是在与魔鬼建立了契约关系之后才可能的。资本主义呈现出的现代生产力，同样"以可怕的力量爆发出来"，这是"人类根本无法加以控制的各种令人恐惧的黑暗能量"。① 资产阶级这个"魔鬼"按照自己的面貌为自己创造一个世界，把一切民族甚至最野蛮的民族都席卷到统一的"文明"中来。资产阶级自以为就此关闭了"魔鬼"的欲动，然而《共产党宣言》昭示我们，资本主义同样要陷入在它之前各种社会被"魔鬼"毁灭的命运，它一旦成为现代生活的阻力，生产力必然以"魔鬼"的方式把它踢出现代化进程的历史舞台。

《共产党宣言》唤起了一种独特的现代性经验，面对充满了矛盾的现代生活而夹杂的一种复杂经验，"即杂有一种恐惧感的敬畏和兴奋"。② 不过，这还没有真正触及《共产党宣言》的"现代性"深意。伯曼虽然分析了这样的情绪，可并没有指出此种现代性体验背后的历史唯物主义真理及现代社会运动的"辩证性"：生产方式矛盾运动决定了社会历史运动表现为客观规律，并必然打通和开凿未来社会之路。

三、历史唯物主义视野下的"辩证"现代性和"新人"的诞生

在一定意义上，资产阶级创造的东西倒是次要的，关键问题在于是什么力量推动了这种创造，历史唯物主义给出了一个答案。在《共产党宣言》中，决定"一切固定的东西都烟消云散的"力量就是处在辩证运动过程中的生产方式，它赋予了资产阶级摧毁以往一切、创造崭新世界的"权力"，同时也是资本主义毁灭的"自因"。

《共产党宣言》以一种甚至连资产阶级自己都没有的热情歌颂着资本主义："资产阶级在历史上曾经起过非常革命的作用"，"资产阶级……第一次证明了，人的活动能够取得什么样的成就。"③ "资产阶级在它的不到一百年的阶级统治中所创造的生产力，比过去一切世代创造的全部生产力还要多，还

---

① 马歇尔·伯曼：《一切坚固的东西都烟消云散了——现代性体验》，第51页。
② 马歇尔·伯曼：《一切坚固的东西都烟消云散了——现代性体验》，第154页。
③ 马克思、恩格斯：《共产党宣言》，载《马克思恩格斯选集》第1卷，第254页。

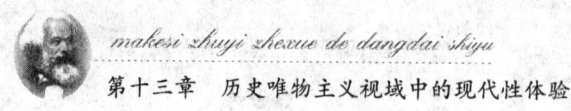

第十三章 历史唯物主义视域中的现代性体验

要大。"① 这里所用赞誉之词已大大超过了资产阶级及其辩护士想象力所及，与此相比，整个资本主义自身的辩护都显得苍白无力。

资产阶级为何会如此奇怪地不去炫耀其最大"敌人"都"歌颂"的事迹呢？因为，上述"光明"的一面无法掩盖资本主义丑陋、衰落乃至即将崩溃的另一面。正是在这里，《共产党宣言》感触到了资产阶级所不敢也不愿清醒面对的现代性的"辩证体验"：资本主义创造了巨大的物质财富，却使得人除了"赤裸"之外一无所有；资本主义席卷了全球并建构了世界市场，却将"无良心"的竞争带到了各个角落；资本主义给予每个人以最大的能动性，可也把他们变成了受抑于市场和资本冲动的畸形主体。

1856年4月14日，在英国伦敦举行的《人民报》创刊纪念会上，马克思的演讲再次表白了对现代生活的基本体验——这种生活从根本上充满了矛盾。"这里有一件可以作为我们19世纪特征的伟大事实，一件任何政党都不能否认的事实。一方面产生了以往人类历史上任何一个时代都不能想象的工业和科学的力量。而另一方面却显露出衰颓的征象，这种衰颓远远超过罗马帝国末期那一切载诸史册的可怕情景。在我们这个时代，每一种事物好像都包含有自己的反面……"机器创造了神奇却引起了饥饿和过度疲劳，不断涌现的财富源泉却不可思议地变成贫困的根源，技术不断进步却以道德的败坏为代价，人类控制自然的力量愈大却使个人愈益成为别人的奴隶或自身的卑劣行为的奴隶。最终，"我们的一切发现和进步，似乎结果是使物质力量具有理智生命，而人的生命则化为愚钝的物质力量"②。

过一种现代生活就是过一种充满悖论的生活，"矛盾"体验的根源来自现代社会运动的客观本性。《共产党宣言》的深刻之处就在于表达了造成现代性"矛盾"体验的历史唯物主义真理——推动这场运动的实质力量是生产方式的变革，现代社会变动不居的真正原动力终于被科学地揭示了。"一切神圣的东西都被亵渎了"之后的最大好处就在于"人们终于不得不用冷静的眼光来看他们的生活地位、他们的相互关系。"暴露在此种目光之下的自然是社会辩证运动的真像：像被其摧毁的所有以往古老的阶级一样，资产阶级也沦入了

---

① 马克思、恩格斯：《共产党宣言》，载《马克思恩格斯选集》第1卷，第256页。
② 马克思：《在〈人民报〉创刊纪念会上的演说》，载《马克思恩格斯选集》第2卷，人民出版社1972年版，第78—79页。

"类似的运动"之中,资本主义脚下的大地已经被曾把它们推上历史舞台的力量动摇了。

此时,资本主义的生产关系,其毁灭的一面已经超过了其创造的一面。一场场工业和商业大毁灭、一次又一次仿佛重新回到野蛮状态的经济危机,暴露了现代生产力已开始反抗资本主义的现存生存关系、反抗作为资产阶级及其统治的存在条件的所有制关系。资本主义的生产关系已经不能够适应现代社会生产力的脚步,资产阶级已经成为现代性力量的阻碍物,它试图用消灭大量过剩的生产力或者更加彻底地扩大新市场来克服"现代性"危机,"这不过是资产阶级准备更全面更猛烈的危机的办法,不过是使防止危机的手段愈来愈少的办法。"① 最终还是逃避不了"资产阶级用来推翻封建制度的武器,现在却对准资产阶级自己"这个历史唯物主义所论证的现代社会历史运动的辩证宿命。

在现代化过程中,资本主义以前所未有的力量取得了惊人的发展,不过它又试图通过现代技术、科层组织、工具理性,以压倒一切的力量、不可抗拒的命运形式把所有人、所有关系置入一个庞大的"铁笼"之中。但是,现代人是不断渴望发展的一代人,是体悟到一切坚固的东西都要烟消云散的一代人。《共产党宣言》进一步把这种体验深深扎根于现实关系之中。历史唯物主义原理不是哪个改革家发明的结果,而是现代历史运动的真实关系的体现。"消灭先前存在的所有制关系,并不是共产主义所独具的特征。一切所有制关系都经历了经常的历史更替、经常的历史变更。"②

现代生活绝不会止步于资本主义生产关系,生产方式辩证运动所决定的现代生活不会停滞,不断前进、不断改变和不断发展是资产阶级无法压制的。《共产党宣言》表达了这样一种现代性真理:资产阶级这个曾经的历史推动者,一旦清除了一切前进的障碍,它自己最终也将成为现代化进程中一个新的障碍,必须离开现代历史舞台。填补他们的位置的即是《共产党宣言》预言的肩负埋葬资本主义使命的"新人"。根本不需要再"呼唤",现代生产力在其摧枯拉朽的进程中已然创造了这样的"新人"——工人阶级和共产党人。

面对现代工业、科学与现代贫困、衰颓之间的悖论,面对生产力与生产

---

① 马克思、恩格斯:《共产党宣言》,载《马克思恩格斯选集》第1卷,第256页。
② 马克思、恩格斯:《共产党宣言》,载《马克思恩格斯选集》第1卷,第264-256页。

关系的对抗,有些人视而不见,有些人痛哭流涕,有些人希望回到过去。只有共产主义者"不会认错那个经常在这一切矛盾中出现的狡猾的精灵。我们知道,要使社会的新生力量很好地发挥作用,就只能由新生的人来掌握它们,而这些新生的人就是工人……历史本身就是审判官,而无产阶级就是执刑者"①。

"共产主义"要克服资本主义现代性的内在矛盾,既在现代世界中巩固自己又能不压制它所承诺要解放的现代生产力。《共产党宣言》坚定呼号了如下前景:无产阶级与过去一切阶级争得统治之后使整个社会服从于它的私利不同,它与过去一切运动都是少数人的或者为少数人谋利益的运动不同,它同以往一切传统的所有制关系实行了最彻底的决裂,它在自己的发展过程中要同传统的观念进行最彻底的决裂。阶级、民族、城乡、政治、国家等的对立和差异都将最终在"融化"之后得到解决。无产者在革命中失去的只是锁链,获得的将是整个世界。这个"代替那存在着阶级和阶级对立的资产阶级旧社会的"世界,"将是一个联合体,在那里,每个人的自由发展是一切人的自由发展的条件"②。

我们这个时代的智力是否还能塑造这样的想象力?当代人对现代性总是徘徊于肯定、否定和回避之间,从而丧失了对现代生活中各种各样矛盾的把握。我们应该复兴《共产党宣言》中那种生气勃勃的辩证的现代主义,深入到现代历史的底蕴和现代社会运动的内在结构中去,以历史唯物主义的视点来重新审视当代人的现代生活,为今天的现代性体验提供健康有力的资源。从另一方面来说,依借"现代性"走入"共产主义"的历史底蕴和深广背景,在一个更为宽阔的时空之中,"共产主义"将获得更为开放的、丰富的、深刻的内涵。终究,恢复《共产党宣言》体验到的现代性之"根",将有助于仍然生活在"一切坚固的东西都烟消云散"的当代人能够积极应对现代性之挑战。这也许从别样的视角印证了《共产党宣言》中"所发挥的一般基本原理整个说来直到现在还是完全正确的"原因。

---

① 马克思:《在〈人民报〉创刊纪念会上的演说》,载《马克思恩格斯选集》第2卷,第79-80页。
② 马克思、恩格斯:《共产党宣言》,载《马克思恩格斯选集》第1卷,第273页。

第十四章

"消极自由主义者"的消极生活

贡斯当在 1819 年演讲时把曾经浑然一体的自由观念一剖为二,一半标作"古代人的自由",另一半标作"现代人的自由",这种划分意味着经过文艺复兴的长期孕育,在政治哲学的核心处,那层复古的蛋壳终于被新思想冲破!自此,"现代人"摘下希腊、罗马的面具,从神和英雄的周围散开,走进商业资本和科技运转下的现代城市,过上了一种尽管陌生却不再遮掩的新式"自由生活"。然而思想家对此却没有存而不论,他们沿着贡斯当的方向,努力使这种现代人的自由清晰起来。直至 1958 年,伯林作了题为《两种自由概念》的演讲,才算在概念上以"消极自由"之名把现代人的自由与古代人的"积极自由"区别开来。值得注意的是:在这条通向"消极自由"的道路上,希望澄清它的思想家几乎大都生活在此种"自由社会"的内部,在他们认识的道路上,充满了生活体验的色彩。然而这种体验却并不激动,甚至也谈不上有多么愉快,它弥漫着一股消极沉闷的气息,其中很少能找到古代自由城邦中那种光风霁月的英雄形象和丰富多彩的燃情生活。从某个角度上看,这种现代自由中的消极性在更深层面上揭露出现代人生活境遇中的重大问题,同时也标明了现代"消极自由"的局限所在。本文的工作就是通过对四位自由主义思想家"消极生活"的描述和分析,来尝试性地对"消极自由"下的现代人存在的际遇问题进行一番初步的探索。

第十四章 "消极自由主义者"的消极生活

一

在最早一批走向"消极自由"的近代欧洲思想家中，贡斯当是一个特别值得注意的角色，当年他虽被人忽略，可时光推演，他那关于自由的论述具有了越来越重要的地位。贡斯当很早就敏锐地感悟到一种和古代自由很不相同的新式自由，他把这种新式自由描述为："对他们每个人而言，自由只是受法律制约，而不因某个人或若干个人的专断意志受到某种方式的逮捕、拘禁、处死或虐待的权利，它是每个人表达意见、选择并从事某一职业、支配甚至滥用财产的权利，是不必经过许可、不必说明动机或因事由而迁徙的权利。它是每个人与其他个人结社的权利，结社的目的或许是讨论他们的利益，或许是信奉他们以及结社者偏爱的宗教，甚至或许仅仅是以一种最适合他们本性或幻想的方式消磨几天或几小时。最后，它是每个人通过选举全部或部分官员，或通过当权者或多或少不得不留意的代议制、申诉、要求等方式，对政府的行政施加某些影响的权利。"① 与之相比，古代人的自由则要求个人完全服从社群权威，以集体方式直接行使完整主权的若干部分，这是一种为了政治自由而牺牲个人独立性的自由。可以看出，现代人自由的核心是"个人自由"，政治自由虽然不可或缺，但它已不再是主角，而是作为个人自由的保障才得以存在。

作为政治哲学家的贡斯当的见解虽深，但在风雨飘摇的时代里，冷静的思想多为时人忽略，使他名噪一时的反倒是他一生中唯一的一篇小说《阿道尔夫》。这本小说之所以得到人们的喜爱，原因与歌德的《维特》相似：它们都准确表达了同时代年轻人的心理特性。不过与维特的纯粹、高尚不同，贡斯当笔下的阿道尔夫气质低沉、阴郁，尽管初入社会，可思想上却已对尘世的欢乐感到厌倦，对未来也失去了美好的憧憬。作为青年人的身体与老年人的思想的奇怪混合，阿道尔夫每天不得不去接触生活世界里的新事物，但又对此毫无兴趣，只是平添了许多失望与怀疑。他少有维特式的悸动、惊喜，总是用一双冷眼漠然地观察。"这很像通过望远镜看一颗星星时发生的情况，

---

① 贡斯当：《古代人的自由和现代人的自由》，商务印书馆1999年版，第26页。

它闪闪的光亮都没有了,只剩下一个天体;在过去我们看到的丰满皎洁的月亮是一个清晰明亮的圆盘;现在我们却在上面看出了大量的山脉和谷地。"①

《阿道尔夫》叙述了一个爱情悲剧,以往这种体裁中的不幸往往是由恋人之外的原因造成,而贡斯当却把阿道尔夫的痛苦直接归咎于他自己的心理原因,因为在他既消极又冷静的眼光下,爱情已失去了恋人们视野模糊时的浪漫色彩,它不再是诗,而是一种可以分析的心理状态。当阿道尔夫想到追求爱情时,他希望求得一种超出生理之上的心理刺激,并想通过超越这种激情达到对女人心灵的了解,并最终征服女人。那些普通、幼稚的女孩引不起他胜利的喜悦,他瞄准了比自己年纪大一些、经验多一些的成熟、复杂的女性,这样的恋情不世俗、不平常,困难大而愉悦短,结果总是巨大的痛苦。可以说阿道尔夫一开始就预设了自己恋爱的不幸:爱上一个女人,扛着各种压力追求她,等她也爱上自己时,无聊厌倦又会使自己烦恼,从而互相折磨,最终一方不堪其苦,彻底垮掉。

正如勃兰兑斯所言,"阿道尔夫很清楚就是贡斯当本人,只有研究作者的青年时期才能理解这个典型是怎样创造出来的。"② 贡斯当幼年失母,父亲性格冷漠、老于世故,天资过人的他并没有拥有健康的童年,虽然他很小就能以置身事外的态势来观察身处其间的事件,却少有对生活真正的激情。在他成长时期,两位年长于他的女性深深影响了其生活和思想。19 岁时他遇到了40 岁的夏丽叶夫人,由她启发贡斯当开始动笔写他写了一生的《论宗教》;27 岁时遇到大他一岁的斯塔尔夫人,两人间发生的故事构成小说《阿道尔夫》的生活原型,这位杰出的女性强有力地塑造了贡斯当的政治思想。至于贡斯当的婚姻,更充满了玩世不恭的因素。年轻时走马灯式的恋爱,后来因为厌倦才结了婚,可蜜月一过就和第一任妻子离婚;追求第二任妻子夏洛蒂时,这个女人正在和丈夫离婚,之后贡斯当与她分分合合,原因无外乎贡斯当又不断被斯塔尔夫人的引力所吸走。

放浪的态度往往来自性格的软弱、易变,以及对生活的极度失望。在那个动荡的年代里,对一个混迹于贵族圈中的年轻人来说,出身既无荣显可言,又终日流亡在外、无家可归,面对无常世事,软弱的人自然会更加虚弱,甚

---

① 勃兰兑斯:《十九世纪文学主流》第 1 卷,人民文学出版社 1997 年版,第 77 页。
② 勃兰兑斯:《十九世纪文学主流》第 1 卷,第 66 页。

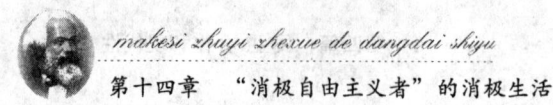

第十四章 "消极自由主义者"的消极生活

至连自己的情感也把握不住!于是自卑、伤感,陷入虚无情绪的深渊,在无聊中不断寻求支持生活的短暂情感刺激。因此,贡斯当虽然能凭他敏锐的思想捕捉到未来的信息,但没落贵族的气质却令他无法亲和于新兴的资产阶级,而是更趋于新社会中渐渐形成的中产阶级的情调。中产阶级不乏教养,追求品味、情趣和浪漫;可又软弱,讲究实际,限制激情,绝不会成为浪漫主义者;同时他们又达不到现实主义的层次,对外在世界总是感到无能为力,甚至产生人生如梦的共同慨叹。因此,中产阶级选择了一条退却的人生道路,各自回缩进一己"私域"中,并希冀用各种手段——法律、习俗、舆论等——来捍卫这片小天地。由此看来,贡斯当所谓的"现代人的自由"只是他预先体会到的"现代中产阶级的自由"。

二

虽然贡斯当的生活有太多消极的色彩,但他毕竟是从新时代生活体系之外来感知、体会,只是把头伸进了"私域"的小天地里,两只脚仍站在旧世界的土地上。所以,贡斯当终究没有对生活采取真正的退势,其放浪的活法也不是小资情调使然,那更可能是没落贵族在失望中的玩世不恭。他缺乏中产阶级一种十分重要的品质,即:不论多么讲求情调、浪漫,现实中他们都是规规矩矩、遵纪守法的老实人、"好人"。

在自由主义的发展史中约翰·密尔起着承先继后的关键性作用,莫奎尔称他为"自由主义之圣",而麦克兰德甚至认为自由主义作为一种现代意识形态,其完成的里程碑可以用1859年密尔出版的《论自由》来代表。① 尽管密尔没有使用"消极自由"一词,而且密尔晚年的观点又受到英国社会主义思潮的影响,但在他对后世发生影响的主要著作中,依然可以清晰地把握到一条通向"消极自由"的思想脉络。他指出:自由"乃是按照我们自己的道路追求我们自己的好处的自由,只要我们不试图剥夺他的这种自由,不试图阻碍他们取得这种自由的努力。"② 因此"私域"的神圣性被郑重提出,个人在自己的生活中对只涉及自己的行为有着最终决定权,公共世界的权力只能用来

---

① 李强:《自由主义》,中国社会科学出版社1988年版,第98页。
② 约翰·密尔:《论自由》,商务印书馆1959年版,第13页。

调节私人间出现的摩擦和冲突，以及追究个人在涉及他人活动中应承担的责任，公共权力的目的实际上是保证个人在自己"私域"中不受侵犯地生活。①

与贡斯当相比，密尔的生活完全沉浸在现代性社会里，而他的思想也是被现代性生活方式喂养长大，他可以算是在更完整的意义上代表了现代中产阶级的价值取向。在密尔出生的前一年（1805年），纳尔逊统领英国海军在特拉法加角彻底打垮了法国和西班牙的联合舰队，从而解除了英国本土卷入拿破仑战争的威胁。在欧洲大陆战火连绵、人民流离失所之时，英国的绅士们却得到了相对安全平静的小环境。在这种环境下，密尔的父亲哲学家詹姆斯·密尔亲自对他进行了完全封闭式的全面教育，人为地切断了英国社会，特别是英国教育体制的影响，专门用他自己和边沁的功利主义原则以及大量的古希腊罗马的经典名著来塑造他的心灵，从而在那个烈火锻造巨人的时代里，老密尔如同《浮士德》中的瓦格那博士，在书斋里精雕细刻出了一个"新人"。②

在"真空"中长大的密尔虽然接受了令人羡慕的全面教育，可这种教育从另一方面来看又是比"天天受鞭打还要残酷和有害"，它使密尔的思想发育不全又缺乏生命力。③ 当然这种教育最终得了报应，密尔青春期的最后几年中，他的精神几近崩溃，老密尔的心血眼看就要付之东流，这倒应了拉罗什富科的话："哲学轻易地战胜了已经过去的和将要来临的痛苦，然而现在的痛苦却要战胜哲学。"④ 好在华滋华斯的诗歌及时出现，使密尔得到了英国式浪漫情调和宁谧田园生活的安慰，他焦灼的心渐渐恢复平静。不过湖畔派诗人与他们的对头——雪莱、拜伦等激进派诗人——比起来，既非贵族，也非革命者，他们是稳定英国社会中介乎绅士和中产者的一批人，在他们的诗歌里，保守战胜了革新，情调代替了激情，因此所谓对密尔的"治疗"，只不过是在这个年轻人最需要生活而又得不到生活时，用平庸的中产阶级情趣化解了他的激情冲动。

经过此劫后，从各种角度看，密尔都成了规规矩矩的好人、理性的人，似乎一切生命激情都化成了绅士温文尔雅的情调，所谓外部世界，湖畔派所描述的天地已经足够大了：一间自己的屋子，一片恬静的英式园林（如果现

---

① 约翰·密尔：《论自由》，第10页。
② 约翰·穆勒：《约翰·穆勒自传》，商务印书馆1987年版，第12—30页。
③ 约瑟夫·熊彼特：《经济分析史》第2卷，商务印书馆1992年版，第230页。
④ 拉罗什福科：《道德箴言录》，三联书店1986年版，第5页。

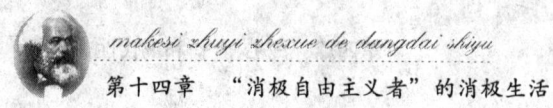

第十四章 "消极自由主义者"的消极生活

实中没有,想象中的也有效),一本柏拉图的对话集,再加上一段浪漫、雅致的梦境。可能也属"幸运",密尔以后的生活确是得到了维系这种小天地的所有偶然条件,他长大后在东印度公司度过了悠悠35个年头,殖民地自然比动荡的欧洲要平静许多,他的生活也局限于狭小的资产阶级和中产阶级的圈子,所以可以沿着个人对学术的敏感和一己私情在思想的深林里漫步,社会的冲击波在他的心头难以引起大的波澜。而当时欧洲却正发生着翻天覆地的变化,马克思的描述显得一点也不过分,"一切固定的僵化的关系以及与之相应的素被遵崇的观念和见解都被消除了,一切新形成的关系等不到固定下来就陈旧了。一切等级的和固定的东西都烟消云散了,一切神圣的东西都被亵渎了"。①这种变化在英国尤为剧烈,1832年险些导致英国国内大乱的"改革法案"成功通过,之后在全国范围内展开了轰轰烈烈的大宪章运动。然而,所有这些现实冲击波似乎都没有引起密尔太多的注意,每当他回忆自己在这段时期的经历时,引得他感慨万分的只有他与哈里特·哈迪(密尔的夫人)的友谊与爱情,这位既聪慧又不乏深刻的女士给密尔的影响远比现实世界的重大事变要深入得多。②

不能说密尔对生活没有敏感性,可他的敏感性只局限于自己的社会圈子,虽然中产阶级中一点小事就可以令他震怒至极,但他又"从未真正正视过作为工业社会特征的个人自由问题,或正视在那种社会里沉重地压在雇佣工人身上的自由问题。"③他与真正的生活、社会深层之间有着太厚的隔膜,对于那种侵入他"私域"的东西,就像落入他鞋中的一粒小石子般让他难受,可鞋之外的路面如何坎坷,不常出门的他就感觉不到了。在密尔幽雅、正派的圈子外,被社会和他自己垒起了一道封闭、冷漠的墙,他的自由观念也正是为这种生活而提供的,无论密尔怎么强调积极投入社会公共生活的重要性,都不能改变在这种自由观念下所埋藏的那种现代中产阶级生活中的孤立、封闭性。

三

作为20世纪主要的自由主义思想家,哈耶克和伯林分别从经济学和哲学

---

① 马克思、恩格斯:《共产党宣言》,人民出版社1997年版,第30-31页。
② 约翰·穆勒:《约翰·穆勒自传》,商务印书馆1987年版,第111-114页。
③ 乔治·霍兰·萨拜因:《政治哲学史》,商务印书馆1986年版,第781页。

中得到了相同的政治自由观。哈耶克把自由状态认定为在社会中"一些人对另一些人所施以的强制（coercion），在社会中被减至最小的可能之限度"，"自由意味着始终存在着一个人按其自己的决定和计划行事的可能性"，这是区别于"政治自由"的"个人自由"，而"所谓政治自由，是指人们对选择自己的政府对立法过程以及对行政控制的参与。"两种自由相比照，哈耶克主张"个人自由"才是自由的原始含义，"政治自由"不过是将这种原始含义的自由赋予整体时形成的一种"集体的自由"，因此自由政策的根本目标就是要保护"个人自由"，其"使命就必须是将强制或其恶果减至最小限度，纵使不能将其完全消灭"。①

伯林则最终提出了为人们广为认可的"消极自由"的概念。和"积极自由"（free to）相比，"消极自由"意味着一个人的行动在他的那个边界虽然变动不居但又永远清晰可辨的"私性"之内应当免受干预（Free from）。② 同时伯林为了清除对自由可能产生的歧义性理解，又明确指出，这里谈的自由都是政治层面上的自由，在此层面上，表达"个体成为他自己的主人的愿望"的"积极自由"倾向于将一种自我实现的权利掌握在自己手中，而"消极自由"则希望尽可能约束这种权威对"私性空间"的侵犯。③

由上可见两人学术观点十分相似，不过更有意思的是，这两个人的生活经历也很相像。他们都出身于欧洲浪漫主义运动所及之地，但最终又都定居英国，成为"地道的"英国绅士；他们从小家庭环境都很不错，两人自始至终没迈出过中上层社会一步，对于底层世界几乎都是靠书本和推理来认识的。哈耶克父母的家族中出过几位在奥地利颇有名气的学者，他们都过着富裕、保守、安宁、规矩的生活，虽然够不到达官贵人的层次，但足以在维也纳新兴的中产阶级圈子里引来羡慕的眼光。哈耶克年轻时基本没吃过苦，读书很顺利，从名校到名校，他在学校里往往"白天刻苦学习，每晚都去跳舞"。④ 1923年哈耶克在没得到洛克菲勒基金会帮助的情况下来到美国求学，他把这段经历之初的遭遇描述为："我的生活是你们所能想像的最贫穷、最悲惨的

---

① 哈耶克：《自由秩序原理》（上），三联书店1997年版，第3—6页。
② 伯林：《自由论》，商务印书馆2003年版，第189页。
③ 伯林：《自由论》，第239页。
④ 阿兰·艾伯斯坦：《哈耶克传》，中国社会科学出版社2003年版，第29页。

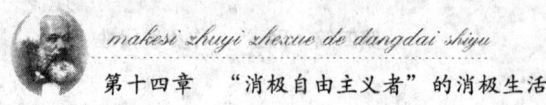

第十四章 "消极自由主义者"的消极生活

了。"① 然而在这段所谓"最悲惨"的时期,他每周仍有 60 美元的生活费!虽然他也想过去洗盘子挣点钱,不过银行行长熊彼特的推荐信起了作用,他称这信上有着"'芝麻开门'的魔咒,我到处受到款待,简直让我有点受宠若惊的感觉。"② 于是哈耶克错失了一生中唯一的一次作穷人的机会,这只让他觉得有点"遗憾"。

作为一个天资聪慧的学者,哈耶克的很多想法来自对知识体系内在矛盾性的困惑,而非残酷现实的刺激,尽管在东西方对立时他也被卷入社会斗争的旋涡,有时还在旋涡中心,但其生活却一直属于学院。在某些问题上他也会支持马克思的理论,对此他没有多少现实政治的考虑,或者说他根本想不到那么多。在高扬自由主义大旗的同时,哈耶克也推崇思想精英的观念,他与内格尔、凯恩思等人一样,相信"从长时段来看,是那些观念从而使那些传播新观念的人支配着进化的进程。"③ 只有少数由知识精英组成的为自由而战的"圣军"挺身而出,去塑造和引导舆论,才能保卫现代人类文明。这种知识精英的自我陶醉很容易转化成为对现实贵族制的热爱。1984 年哈耶克被女王封为最低级爵士勋位,开始他似乎不太在意,但等他从女王那里回来后,他的"心态却大不相同了。他完全'被女王迷住'了。他觉得她是他见过的最仁慈、最博学、最有见识的人"。结果,"在他获得的荣誉中,他最看重成为一名最低级爵士"。④

至于伯林,虽然出生于犹太家庭,而且其出生地"里加"在俄罗斯统治时期对犹太人实行歧视性政策,但由于他父亲在生意上十分成功,以至于"多少也算个精英人士,在帝国中享有荣誉公民权,不受那些适用于次等犹太人的法律的限制"。因此作为大财主的宝贝儿子,贫民区对于伯林来说一直是个未知之地。⑤ 伯林小时候,整个家族都对他溺爱有加,甚至在粮食匮乏的革命时期,家里人也尽力用各种手段搞来白面包,把这个"小皇帝"养得白白胖胖的,"以至于有一次在当地一家食品店排队买东西的时候,他竟听到背后

---

① 阿兰·艾伯斯坦:《哈耶克传》,第 39 页。
② 阿兰·艾伯斯坦:《哈耶克传》,第 40 页。
③ 哈耶克:《自由秩序原理》(上),第 137 页。
④ 阿兰·艾伯斯坦:《哈耶克传》,第 353 页。
⑤ 伊格纳季耶夫:《伯林传》,译林出版社 2001 年版,第 15 页。

的一个女人讥笑他长得太胖了，根本不需要吃东西"。① 在动荡的 1916－1917 年里，伯林仍常常被父母亲带到歌剧院看戏，不过有一次，他在街头亲眼看到愤怒的人群追打一位被称为"法老"的市政警察，当时 7 岁的他被吓坏了，那一瞬成了他一生的梦魇，以至到老伯林还说："人们管街道上的警察叫'法老'——民众的压迫者。有些警察在顶楼或房顶上向革命者射击。我记得看见一个警察被暴民拖着，脸色苍白，挣扎着，显然快死了。那是我永远忘不了的可怕的一幕，给我一种终生不灭的对肉体施暴的恐怖感。"②

当伯林一家离开动荡的拉脱维亚来到英国后，金钱很快把他们推到当地的上流社会中，在之后的生活和学业上，伯林也要比哈耶克幸运得多。他的家庭地位高于中产阶级，日子过得十分舒服，而且伯林年纪轻轻就被选进了牛津大学全灵学院，这种成功在英国贵族中也属少见，更不消说一个刚从俄国迁来的犹太人！伯林非常喜欢上流社会沙龙里的生活，他"喜欢世俗性，喜欢对权势世界的内部运转方式有某种把握，喜欢听闲话，喜欢试着去了解实际上是什么样的卑劣动机在让这个世界运转下去。'世俗性'在他的词典里几乎已经和所谓的'现实感'成了同义词"。③ 尽管伯林和哈耶克一样，在时局变动时总会被卷入政治之中，但最终他还是选择了传统英国乡绅式的宁静、封闭性生活，在牛津大学里养老送终。他的学术思想受到过"犹太性"的刺激，但仍没有太多对现实社会底层人民痛苦的关怀，他也属于那种凭天资聪慧直接在书本中获得灵感的作家，他的许多思想都是在独自阅读中产生的，以至于学术争论都达不到这样的效果。④

在性格上伯林虽有极老成之处，但又脱不掉孩子气，这种孩子气并不是大英雄的"赤子之心"，纯粹是他"在有意识地延长自己的青春时代"。⑤ 从小作为家里的宠儿，后来又成为上流社会沙龙里的才子，那种孩子式轻松戏谑的调侃很合他的胃口。不论写作还是家庭生活，他都讨厌承担责任，这使他的感情生活显得十分幼稚，往往被聪明放荡的女人牵着鼻子走，屡遭伤害、狼狈至极。最终 40 多岁才结婚，而在这桩喜剧中，似乎一个成熟的再婚女人

---

① 伊格纳季耶夫:《伯林传》，第 35
② 拉明·贾汉贝格鲁:《伯林谈话录》，译林出版社 2002 年版，第 4 页。
③ 伊格纳季耶夫:《伯林传》，第 79 页。
④ 伊格纳季耶夫:《伯林传》，第 117 页。
⑤ 伊格纳季耶夫:《伯林传》，第 236 页。

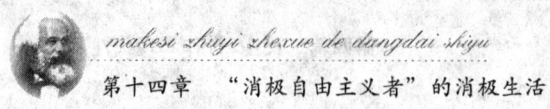
第十四章 "消极自由主义者"的消极生活

在生活上照顾他的因素要更多一些,虽然他把这事称为自己"迟来的觉醒"。

爱因斯坦曾将伯林比作"上帝的巨大但是一般来说不怎么吸引人的剧院里的一名观众。"① 的确如此,作为一名冷静、明智,但缺乏热情的观察者,他总是抱着一双嘲讽的冷眼看着他所热爱的那个生活世界,而有些"剧院"里的戏他永远看不到,当然也不愿去看。

四

思想史并不能脱离生活史单独发展,纯粹生活在思想中的思想家也并不存在,所有人都不可避免地要受生活环境潜移默化的影响,哲学家也不例外,他们的工作往往只是把所感受到的生活进行系统化处理,使之上升到理论的层次。即便康德那样的哲学家,也不是一个不受外界干扰、生活在纯思世界里的人。因此,对几位自由主义思想家生活方式的考察,并非猎奇之举,从中恰恰可以反映出他们的思想脱离不了其中产阶级的生活本质。

在这几位主张"消极自由"的思想家中,除去贡斯当,其他人都定居英国,而贡斯当的思想也与法兰西精神格格不入。英国自1688年"光荣革命"后,进入相对稳定的资本主义发展时期,一方面统治者有意识地通过殖民政策把国内矛盾向外移,另一方面国内社会又出现了利于资本主义社会稳定的结构性调整。自17世纪晚期开始,绅士阶层成了英国新兴阶层登天的中继站,"在当时,当一名乡绅就意味着加入统治阶级的行列"。② 进入这个阶层不但血统要正,还一定得在社会中有累累成就,绅士在社会中被看得神乎其神,甚至"英王詹姆士一世的奶妈求他把她的儿子封为绅士,英王答道:'朕永远无法封他为绅士,尽管朕可以让他当一名爵爷'"。③ 19世纪后,绅士阶层范围不断扩大,上至达官贵族,下到中产阶级精英,这些人都受过很好的教育,生活优裕、举止优雅,同时在他们身上也体现出一种浓厚的英式庸俗气,这在进入绅士阶层的中产阶级身上表现得尤为强烈。

在茨威格谈及狄更斯时,他直言不讳地说:"他伟大的、令人不能忘怀的

---

① 伊格纳季耶夫:《伯林传》,第10页。
② 丹尼尔·布尔斯廷:《美国人——殖民的历程》,上海译文出版社1997年版,第131页。
③ 丹尼尔·布尔斯廷:《美国人——殖民的历程》,第139页。

业绩,老实说,只能是去发现资产阶级的浪漫派,没有诗意的诗。他是第一个把日常生活楔入富有诗意的东西里的人。"而他小说里的主要人物,"想的是每年有一百镑的收入,一个漂亮可爱的妻子,十多个孩子,能够为好朋友摆出令人愉快的餐桌,在伦敦附近他们的乡间别墅窗子前一眼望去尽是绿草地,别墅还附有一个小花园和常交好运。他们的理想是一种市侩的理想,一种小市民的理想。……市民气就是狄更斯所有长篇小说的氛围"。① 这种气氛实际上也就是围绕在"消极自由"主义者四周的气氛,他们代表着现代社会中这样一群人的精神理想,在他们身上也无一不散发出这群人的精神气质。我们所考察的几位英国思想家都在中产圈子里表现得温情脉脉,而对这个圈子外的生活则格外冷漠和封闭,他们要么不去注意,要么是将其放在科学家的解剖台上用研究家的眼光看个仔细。在他们太多情调又太少激情的生活空间里,他们为一切私性的东西辩护,称之为"绝对神圣不可侵犯"的权利。他们没有太多悲悯,无意间就散发出沾沾自喜的情绪。他们表面上显得很坚强,可内心深处却都有些软弱,他们只是规矩的学者而不是战士,尽管有人自称为"自由的战士"。

克尔凯戈尔曾在日记中写道:"一个人只有在目睹了被诱惑和陷阱击倒的牺牲品,并且洞穿诱惑者的铁石心肠以后,才会领悟那黑暗的叹息的现实。"② 然而,这些自由主义思想家却在不同的程度上回避着"那黑暗的叹息的现实",也并不去正视无数"被诱惑和陷阱击倒的牺牲品"。尽管他们都不认为生活是完美的,但他们又觉得:为了已有的优点,对那些缺点忍耐一下有什么不可以?说这话时,并没有一个人真正受过那种"缺点"的折磨。当然追求完美是疯狂之举,但安于不完美又是生命衰弱的表症。

的确,"消极自由主义者"发现了对社会十分有价值的东西,但他们并不因此就变得伟大、神圣,以至毫无错误。在他们身上,不可避免地存在着许多弱点,只有对此有所认识,才能不被他们头上巨大的学术光环所迷惑,才能在他们的生存状态中全面地评价"消极自由"的价值与意义。

---

① 茨威格:《三大师》,人民文学出版社2001年版,第43页。
② 索伦·克尔凯戈尔:《克尔凯戈尔日记选》,上海社会科学出版社1995年版,第6页。

后 记

这是一次学与思、历史与逻辑、观念反思与现实探索等相结合的精神之旅,也是以马克思主义哲学为中心,在其当代视域中展开的跨越哲学、经济学、政治学、管理学、文学等多学科领域和古今中外不同时空系统的集体狂欢。至于这一切过后留下的是转瞬即逝的泡沫,还是有价值的思想结晶,还有待于读者们进行理性的评判。

本书选题由朱晓鹏教授提出,书中的各篇主题及各章内容由石向实教授和朱晓鹏教授共同商定并组织编写。书中各章的成稿时间虽然各有先后,但都请作者自己根据时代和马克思主义理论的发展,做了认真的修订和充实。各章中的观点,只代表作者个人的意见。最后,由石向实教授和朱晓鹏教授审阅全书,进行了统稿。

本书第一篇第一、二、三、四、五、六、九章,第二篇第四、五章,第三篇第一、二章,第四篇第一、二、三、四、七、八、九章的作者为朱晓鹏教授,其中第三篇第一章、第四篇第四、七章与彭跃宏馆员合作,第四篇第九章与张淑英教授合作。第一篇第七、八章的作者为陈锐教授。第一篇第十章、第二篇第一、二、三、六、七章,第三篇第四、五、六章,第四篇第五、六章的作者为石向实教授。第三篇第三章、第四篇第十二、十四章的作者为曹瑞涛博士。第三篇第七章的作者为宋丽艳讲师。第四篇第十、十一章的作者为蔡海榕教授,其中第四篇第十章与杨廷忠教授合作。第四篇第十三章的作者为汤剑波副教授和谢坚硕士。

在本书的编写和出版过程中,杭州师范大学中国哲学重点学科点、研究

后 记

生处以及各位作者都给予了大力支持，孔令俊、彭跃宏付出了大量的劳动，许多研究生也帮忙进行了书稿的校对，在此一并向他们表示深深的感谢！

朱晓鹏

2008 年 9 月于杭州古运河畔